갑을관계와 감정노동의 해결

경영학박사 노 순 규 저

감사의 말씀

노순규 원장의 163권째 저서 '갑을관계와 감정노동의 해결'을 저희 연구원에 강의를 의뢰하여 주신 전국의 시도교육청, 교육연수원 교육담당자님께 감사드리며 아울러 서울시교육연수원(교육관련 노동법의 이해), 부산시교육연수원(교원.공무원노조의 이해), 울산시교육연수원(공무원노조의 이해), 충남교육연수원(공무원 노사관계의 발전방안), 경남공무원교육원(단체교섭 및 단체협약 체결사례), 대구시교육연수원(리더십과 갈등관리), 경기도교육청(갈등관리와 교원의 역할), 충북단재교육연수원(교원능력개발평가의 필요성과 성공기법), 강원도교육연수원(학교조직과 갈등관리), 경북교육연수원(공무원 노동조합의 역할과 발전방안), 인천시교육연수원(교원단체와 노사관계), 광주시교육연수원(교육관련 노동법의 이해), 경남교육연수원(교원단체의 이해), 전남교육연수원(학교의 갈등관리와 해결기법), 전북교육연수원(커뮤니케이션의 기법과 효과), 경북교육청(학교의 갈등사례와 해결방법), 제주탐라교육원 및 제주도공무원교육원(갈등의 원인과 해결방법), 대전시공무원연수원(갈등의 유형과 해결방법), 공무원 인재개발원, 강원도공무원교육원, 전북공무원교육원, 경남공무원교육원, 충남공무원교육원, 부산시공무원교육원, 한국기술교육대학교 노동행정연수원(환경변화관리와 리더십), 강원대학교 교육대학원 교육연수원(학교갈등의 사례와 해결방법, 경북교육연수원(학교폭력의 해결방법과 청소년 문화의 이해), 충남공무원교육원(소통의 방법), 대구시교육연수원(학생.교원 인권교육), 한국교원대학교 종합연수원(인성교육의 새로운 방안 모색)의 교육담당자님께 감사드립니다.

한국기업경영연구원

머 리 말

갑을관계는 계약서상에서 계약 당사자를 순서대로 지칭하는 법률용어였던 '갑(甲)'과 '을(乙)'에서 비롯됐다. 애초 갑을관계는 주종이나 우열, 높낮이를 구분하는 개념이 아니라 수평적 나열을 의미한 것이었지만 한국에서는 상하관계나 주종관계로 인식되고 있다. 사실 갑을이란 계약서상에 계약자들을 단순히 '갑'과 '을'로 지칭하는 단어이지만 관용적으로 '갑'은 상대적으로 지위가 높은 계약자를 지칭하고 '을'은 상대적으로 지위가 낮은 계약자를 지칭하기도 한다. 1997년의 IMF 사태 이후 갑을관계가 더욱 강화됐다는 주장도 있다. 자신을 을이라고 생각하는 직장인들 가운데 '갑이 주는 스트레스 때문에 회사를 그만두고 싶다'는 응답은 무려 72.7%에 달한다. 얼마전 대기업 상무가 기내에서 여승무원에게 행패를 부리고, 제빵회사 회장이 호텔 주차직원의 얼굴을 지갑으로 때리고, 유제품회사 영업사원이 대리점 주인을 협박하고 제품을 강매한 사건 등이 언이어 터지면서 갑을관계가 큰 주목을 받았으며, 갑의 횡포는 공분의 대상으로 떠올랐다.

이성적 및 제도적 범위를 벗어난 자의적 혹은 폭력적 차별이 사회적 관계 도처에서 병적으로 난무하고 있고 우리는 이들 관계의 다양한 속성을 사상한 채 너무 쉽게 갑을의 관점으로 환원한다는 점에서 그렇다.

그런데 모든 사회관계에서 발생하는 시비와 다툼을 무조건 갑을이라는 이분법으로 몰아넣는 것은 가뜩이나 진영논리가 심각한 우리에게는 폭력적인 갑질만큼이나 위험하고 문제이다. 사실관계에 대한 파악과 대화 이전에 내편 네편부터 가르고 상대방을 두들겨야 직성이 풀리는 진영논리는 우리의 병리다.

그리고 감정노동은 말투, 표정, 몸짓 등 드러나는 감정표현을 직무의 한 부분으로 연기하기 위해 자신의 감정을 억누르고 통제하는 일을 수반하는 노동을 말한다. 산업이 고도화되고 서비스업 종사자가 늘어나면서 등장한 노동형태다. 미국 버클리대 명예교수이자 여성 사회학자인 앨리 러셀 혹실드가 1983년에 낸 책 『통제된 마음(The Managed Heart)』에 등장한 용어다. 감정노동(Emotional Labor)은 직장인이 사람을 대하는 일을 수행할 때 조직에서 바람직하다고 여기는 감정을 자신의 감정과는 무관하게 행하는 노동을 의미한다. 판매, 유통, 음식, 관광, 간호 등 대인서비스노동에서 주로 발생한다. 감정노동은 실제로 느끼는 감정과 다른 감정을 표현해야 할 때 발생하며, 감정노동으로 생긴 감정적 부조화는 감정노동을 행하는 조직구성원을 힘들게 만들며 감정노동으로 생긴 문제가 적절하게 다루어지지 않을 경우에는 심한 스트레스를 보이게 되며, 심할 경우에는 정신질환 및 자살까지 갈 수 있다. 이처럼 감정노동자들이 받는 스트레스의 가장 큰 요인은 이른바 '불량고객'이다. 친절과 미소에 따뜻하게 반응해주는 고객이 있는 반면 마치 하인을 대하듯이 판매사원들을 대하는 일부 고객들이 그들이다. 항상 무언가를 요구하고 어떤 노력에도 상관없이 불평을 하는 고객들, 특히 직원들과 합의점을 찾아보려 애쓰지 않는 고객들은 직원들을 끊임없이 힘들게 하고 있다. 그래서 전문가들은 감정노동의 우울증 수준을 감소시키기 위한 전략으로 복지제도 향상, 직무 스트레스 감소 프로그램 개발 등 제도적 보완장치가 필요하다고 강조한다.

특히 그동안 부수적 형태의 노동 혹은 인격과 개인적 차원의 문제로 여겨져왔던 감정노동을 하나의 노동으로 새롭게 인식해야 한다고 주장한다.

그동안 163권의 책이 출간되어 나오는 데는 많은 분들의 도움이 있었다. 그동안 저희 연구원으로 강의를 의뢰해 주신 전국의 시.도 교육연수원, 공무원교육원, 한국기술대학교 노동행정연수원, 서울시교육연수원, 부산시교육연수원, 울산시교육연수원, 대구시교육연수원, 경기도교육청, 충남교육연수원, 충북단재교육연수원, 경북교육연수원, 인천시교육연수원, 광주시교육연수원, 강원도교육연수원, 제주도탐라교육연수원, 경북교육청, 강원도공무원교육원, 제주도공무원교육원, 광주광역시 공무원교육원, 대전광역시 공무원교육원, 강원대학교 교육대학원, 한국교원대학교 종합연수원 교육담당자님께 이 기회를 빌어 진심으로 감사드린다.

1989년에 개원하여 지금까지 27년간 우리나라의 산업평화와 인재개발을 위해 강의 및 출판사업을 매진해왔으며 내조자 아내 박순옥, 항상 자신의 일에 열성을 다하는 든든한 아들 '노지훈(현대백화점 경리과장)', 재원인 며느리 '김수향(캐나다대사관 상무과)'에게 고마움을 표한다.

2015년 6월 10일

저자 노 순 규 드림

목 차

제1장 갑을관계의 개념과 현실

1. 갑을관계의 개념

갑을관계는 계약서상에서 계약 당사자를 순서대로 지칭하는 법률용어였던 '갑(甲)'과 '을(乙)'에서 비롯됐다. 애초 갑을관계는 주종(主從)이나 우열(優劣), 높낮이를 구분하는 개념이 아니라 수평적 나열을 의미한 것이었지만 한국에서는 상하관계나 주종관계로 인식되고 있다.

갑을이란 계약서상에 계약자들을 단순히 '갑'과 '을'로 지칭하는 단어이지만 관용적으로 '갑'을 상대적으로 지위가 높은 계약자를 지칭하고 '을'을 상대적으로 지위가 낮은 계약자를 지칭하기도 한다.[1] 갑을관계의 역사는 뿌리가 깊다. 『조선일보』 2013년 4월 30일자의 기사 「'甲질(甲의 부당행위)'에 치떨고 '乙死조약(불리해도 받아들일 수밖에 없는 계약)' 한탄…, 을의 삶은 고통 그 자체」는 "갑은 군림하고 을은 비위를 맞추는 '갑을'문화는 개발경제시대를 거치면서 나온 뿌리깊은 병폐다. 기업이 고도성장과정에서 과실을 따먹기 위해, 대기업은 관청에 청탁하고 중소기업은 대기업 납품에 매달리는 구조가 정착됐기 때문이다"라고 분석한다.1) 한국 사회의 과도한 승자독식문화가 전근대적인 계층의식과 만나 갑의 횡포현상이 빚어지고 있다는 분석도 있다. 안진걸 참여연대 협동사무처장은 "돈이나 권력이 있는 갑들이 '내가 어떤 경쟁을 뚫고 이 자리까지 왔는데'라는 생각을 하며 약자에게 함부로 대해도 된다고 여기고 있다. 합리적이고 수평적이고 상식적인 사고를 하지 못하는 것이다"고 말한다.2) 급속하게 자본주의화가 진행된 한국 사회에서 봉건적 가치관

1) http://krdic.naver.com/search.nhn?query=%EA%B0%91%EC%9D%84%EA%B4%80%EA%B3%84&autoConvert=false(2015.4.27.)

과 서구 계약문화가 혼재하면서 생겨난 부작용이 갑을관계로 나타났다는 해석도 있다. 계약당사자는 법적으로 평등하다는 게 서구의 계약문화지만 실제로는 '더 가진 자'와 '덜 가진 자'가 존재하기 마련인데, 그런 물질적 불균형이 인격적 불균형으로 이어진다는 게 한국적 갑을관계의 가장 큰 비극이라는 것이다.3) 1997년 터진 IMF 사태 이후 갑을관계가 더욱 강화됐다는 주장도 있다. IMF 이후 민주화·정보화의 진전과는 반대로 일부 대기업에 권력이 집중되는 분위기가 팽배하면서, 강자와 약자의 관계를 '갑을'로 치환하는 경향이 나타났다는 분석이다.4) 갑을관계가 가장 두드러지게 나타나는 현장은 대기업의 횡포가 극심한 경제계지만 '갑을관계의 정치학'은 한국 사회의 모든 영역에 걸쳐 작동하고 있다.

자신을 을이라고 생각하는 직장인들 가운데 '갑이 주는 스트레스 때문에 회사를 그만두고 싶다'는 응답은 72.7%에 달한다.5) 2013년 대기업 상무가 기내에서 여승무원에게 행패를 부리고, 제빵회사 회장이 호텔 주차직원의 얼굴을 지갑으로 때리고, 유제품회사 영업사원이 대리점 주인을 협박하고 제품을 강매한 사건 등이 연이어 터지면서 갑을관계가 큰 주목을 받았으며, 갑의 횡포는 공분의 대상으로 떠올랐다. 한국 언론은 이를 을의 반란이라고 했는데, 을의 반란이 일어난 이유로는 스마트폰의 등장과 SNS의 확산, 2013년 한국 사회의 화두로 떠오른 경제민주화 등이 꼽힌다.6) 하지만 갑과 을 사이의 권력관계가 역전된 것은 아니라는 주장도 있다. 인터넷과 SNS발달은 물론 휴대전화로 녹화와 녹취가 언제든지 가능한 시대가 되면서 을이 억울함을 알리는 방법이 다양해졌을 뿐 근본적인 변화가 일어나고 있는 것은 아니라는 것이다.7)

갑의 횡포를 방지하고 을을 보호하기 위한 법적·제도적 정비가 시급하다는 주장들이 나오고 있는 가운데 이정규는 "누구든 어떤 환경에서는 갑이 된다. 고용인으로서, 구매자로서, 상사로서, 고객으로서 때론 실수한 배우자를 다그치는 집의 마님도 갑이 될 수 있다"며 왜곡된 갑을관계를 바로잡기 위해선 우선 역지사지 정신이 필요하다고 말한다. "대접

받고 싶은대로 대접하라. 당신이 갑이라면 알아야 한다. 당신도 언제고 을의 처지에 설 때가 있다는 것이다. 당신이 만나는 을이 여러분의 경력에 치명적 영향을 미칠 주변인과 한 다리 건너면 동창이고 친구고 지인이라는 사실이다."8) 『위키노믹스』의 저자 돈 탭스콧은 "스마트기기로 모든 사람들이 연결된 21세기에 갑을관계의 구도로는 더 이상 성공할 수 없다"라고 강조했다.9)

〈각주〉

1 김기홍 · 신은진, 「'甲질(甲의 부당행위)'에 치 떨고 '乙死조약(불리해도 받아들일 수밖에 없는 계약)' 한탄… 乙의 삶은 고통 그 자체」, 『조선일보』, 2013년 4월 30일, A8면.2)

2. 갑을병정: 어느 나라의 언어인가. "우리는 늘 '을'의 인생인 거죠.", "갑을병도 아니고 맨 끝에 있는 '정' 정도는 될까요?" 직업의 특성상 많은 홍보인들을 만나게 되는데, 그렇게 만나다보면 심심치 않게 듣게 되는 말들이다.3)4)

불과 여러 해 전만해도 갑을관계는 계약서상에나 존재하는 문서상의 용어였다. 하지만 어느샌가 "갑질한다"는 소리가 우리 주변에서 빈번하게 오르내리고 있다. 몇년째 사회적으로 공론화되고 있는 이러한 갑질논란은 2013년 식품기업인 N사로부터 비롯된 것으로 보는 시선이 적지 않다. 그 이후 K대 패륜녀, H백화점 모녀사건, D항공 회항사건, 아르바이트 갑질논란, 채용논란, 홈쇼핑 갑질논란 등에 이르기까지 해가 바뀌어도 갑질논란은 끊이지를 않고 있다.

---

2) http://terms.naver.com/entry.nhn?docId=2070466&cid=55570&categoryId=55570(2015.4.27.)

3) 2015/04/08 08:52 등록 (2015/04/08 08:59 수정), [사진=뉴스투데이DB], (뉴스투데이=강은희 기자)

4) [기자의 눈]

자료: http://www.news2day.co.kr/n_news/news/view.html?no=66086

실제로 쉬쉬속에 가려져 있던 기업들의 횡포가 곪아터져 언론보도와 SNS를 통해 가감없이 알려지면서 전국민의 공분을 사는 경우가 다반사이기도 했다. 하지만 보이는 게 전부는 아니었다. 그 중에 일부 기업들은 알려지지 않은 뒷배경이 있으나 겉으로 드러난 상황에 밀려 '을'이 되어 버린 '갑(?)'도 여럿 존재한다. 동전은 언제나 양면이 있기 마련, 입장에 따라 각자의 할 말은 있다. 언론보도를 통해 알려진 갑질논란속에서 한쪽 입장만 알려져, 그러한 논란의 진짜 배경은 가려진 탓에 우리가 알고 있는 '갑(?)'들은 적지 않은 속앓이를 해야 했다.

한 홍보인은 "갑질갑질이라고 하지만 언론이나 SNS 등을 통해 알려지는 내용은 일방적이고 한쪽면에 불과한 경우가 많다. 요즘은 기업이 갑이 아니라 을인 것 같다"며 한숨을 내쉬었다.

갑질은 갑을관계에서 권력의 우위에 있는 갑이 권리관계에서 약자인 을에게 하는 부당행위를 뜻하는 말이다. 갑을관계와 비슷한 신분제도는 과거 고대사회에 귀족, 평민, 노비 혹은 지배계층과 일반백성과 같은 종류로 존재했었다. 어떤 사람은 "갑질논란이 끊이지 않는 것을 보면 지금도 보이지 않는 신분, 계급이 있는 것 같다"고 말했다. 심지어 빈부의 차로도 신분의 차이는 쉽게 느낄 수 있다는 것이다. 갑을병정 논란은 마치 다른 나라 말을 듣고 있는 것처럼 어감에서 주는 특유의 거부감도 있다.

사회적인 논란을 의식해서인지 계약서상에 갑을관계를 명시하지 않고 다른 용어로 대체하는 일부 기업들도 생겨나고 있다. 이 모든 것이 '빨리빨리'문화에서 비롯된 건 아닐까. 일을 신속하게 처리하기 위해 사람이 인격체를 가진 인간으로서 보다는 도구나 수단으로 치부되고, 그러다 보면 쉽게 마음의 상처를 입게 되는 것이다. 각자의 신분, 상하관계 등을 내세우기전에 서로를 배려할 수 있는 마음밭을 가꾸는 여유를 가질 수 있으면 좋겠다.[5)6)]

---

5) [강은희 기자 leona01@news2day.co.kr], 오늘의 즐거움, 내일의 꿈(www.news2day.co.kr), 뉴스투데이

6) http://www.news2day.co.kr/n_news/news/view.html?no=66086(2015.4.28.)

2. 갑을관계의 갑질행위

갑을관계에서의 '갑'에 어떤 행동을 뜻하는 접미사인 '질'을 붙여 만든 말로 권력의 우위에 있는 갑이 권리관계에서 약자인 을에게 하는 부당행위를 통칭하는 개념이다. 인터넷에선 갑의 무한권력을 꼬집는 '슈퍼갑', '울트라 갑'이라는 말이 떠돌고 있다. 갑처럼 군림하려 하는 사람을 일러 '갑 마인드'를 가진 사람이라고 한다.1) 널리 알려진 갑질의 사례로는 다음과 같은 것이 있다. "개인의 역량과 조직의 힘을 혼동한다. 한마디로 자신이 잘난 줄 안다. 조직의 이익보다는 사사로운 개인의 이익을 도모한다. 을을 하인부리듯 대하며, 을이라면 손윗사람에게도 반말한다.

자신의 과오를 을에게 넘긴다. 배경에 대한 설명없이 무조건 따르기만을 강제한다. 부탁할 때는 비굴하게 굴기도 하지만 도와줄 때는 끊는다."2) 취업포털 잡코리아가 『한겨레』의 의뢰를 받아 직장인 391명을 대상으로 2013년 1월 25일부터 30일까지 진행한 온라인 설문조사에서 을 직장인들은 '정해진 일 이외에 다른 일까지 요구받았다'(47.6%, 복수응답), 반말(25.4%), 무시(25.1%), '비용을 예정보다 늦게 결제한다'(18%), '주중이 아닌 주말근무나 야근이 불가피하게 일정을 짠다'(17.4%), 욕설(19%), 선물이나 향응요구(14.1%) 등을 대표적인 갑질이라고 토로했다.3)

2013년 5월 7일 국회에서 열린 '재벌·대기업의 불공정·횡포 피해사례 발표회'에서는 "자식뻘인 영업담당에게 욕설과 협박, 갈취에 시달린 후유증으로 정신병원에서 공황장애라는 진단을 받았다", "명절 때마다 떡값과 지점 회식비 등 각종 명목의 돈을 요구받았다"라는 증언들도 터져 나왔다.4)

직장인 매거진 『M25』가 2013년 5월 6~12일 홈페이지 방문자 638명을 대상으로 한 설문조사에서 직장인들이 생각하는 최악의 갑질은 '묻지도, 따지지도 말고 시키는대로 하라고 윽박지르기'로 나타났다. 또 '내가 당했던 최악의 갑질'에 대한 댓글 게시판에는 '자기 아들 과학숙제로 병아리의 탄생을 찍어오라고 해서 양계장까지 달려갔던 일', '퇴근했는데 불러내서 자기 술값 계산하라고 했던 일', '벌초까지 가야했던 일' 등 황당한 갑질에 당했다는 의견들도 있었다.5) 갑질에 대한 공분이 쏟아지면서 갑질이 기업들의 골칫거리로 떠올랐다는 분석이 있지만 갑질이 사라질 것이라고 보는 시각은 여전히 소수다.

〈각주〉

1 유석재, 「직장인 80퍼센트 "나는 乙이다"… SNS、인터넷으로 甲의 횡포 '고발'」, 『조선일보』, 2013년 4월 30일.

2 이정규, 「갑(甲)의 저주… "뿌린대로 거두리라"」, 『지디넷코리아』, 2012년 7월 3일.

3 이완, 「갑의 횡포에 서러운 을… "치사해서 못다니겠어"」, 『한겨레』, 2013년 1월 30일.

4 임기창・김동규・김연숙, 「반격 나선 乙… "즉흥 대응보단 잘못된 구조 고쳐야"」, 『연합뉴스』, 2013년 5월 8일.

5 최정아, 「직장인들이 생각하는 최악의 '갑(甲)질'은?」, 『동아일보』, 2013년 5월 23일.[7]

3. 갑을리즘

'이즘'이란 흔히 일련의 추상적 관념이나 신념이다. 예컨대 사회주의(socialism)나 불교(buddhism)처럼 정치적 신념이나 종교를 지칭하기도 하고, 알코올중독(alcoholism)처럼 병적인 과잉 혹은 인종주의(racism)처럼 어떤 이유로 사람들을 차별하는 태도나 행동을 나타내기도 한다.[8] 이렇게 보면 오늘의 한국사회엔 '갑을(甲乙)리즘'이란 유령이 배회하고 있다.

이성적・제도적 범위를 벗어난 자의적・폭력적 차별이 사회적 관계 도처에서 병적으로 난무하고 있고 우리는 이들 관계의 다양한 속성을

7) http://terms.naver.com/entry.nhn?docId=2070467&cid=55570&categoryId=55570(2015.4.27.)

8) 데스크승인 2015.04.10 | 최종수정 : 2015년 04월 10일 (금) 00:00:01

사상한 채 너무 쉽게 갑을의 관점으로 환원한다는 점에서 그렇다. 그런데 모든 사회관계에서 발생하는 시비와 다툼을 무조건 갑을이라는 이분법으로 몰아넣는 것은 가뜩이나 진영논리가 심각한 우리에겐 폭력적인 갑질만큼이나 위험하고 문제적이다. 사실관계에 대한 파악과 대화 이전에 내편 네 편부터 가르고 상대방을 두들겨야 직성이 풀리는 진영논리는 우리의 병리다. 마찬가지로 모든 사회갈등을 갑을이라는 전선으로 나누고 선악으로 채색해버리는 건 악마화의 위험(dangers of demonization)을 낳는다.

이성에 기초하지 않은 섣부르고 맹목적인 판단이 여론을 부추기고 분노를 만들고 그 분노가 쉽게 집단화하는 사회일수록 갈등지수가 높고 그 스트레스는 다시 개인에게 되돌아온다.

갑을관계는 생각만큼 단선적이고 고정불변이 아니다. 남북관계나 집안의 부모 자식마저 갑을에 빗댄 이도 있다. 과연 누가 갑이고 을인가.

학교에서 교장과 교사, 학생과 부모는 누가 누구에게 갑이고 을인가. 어린이집 교사와 어린이 부모는, 택시기사와 승객은, 국회의원과 유권자는, 백화점과 고객과 점원은, 선장과 승무원, 승객은 누가 갑이고 을이란 말인가.

갑을관계는 양쪽 진영으로 나누고 뭉쳐서 상대방에 화살을 퍼붓고 싸워 이기면 되는 관계가 아니라 씨줄과 날줄이 복잡하게 얽히고 설키고 그 하나하나 매듭이 독특한 관계들이다. 조건과 맥락(脈絡)에 따라 그야말로 변증법적으로 바뀌는 다층적이고 연쇄적이며 순환적인 것이 갑을관계다. 우리의 갑을리즘이 이분법으로 경도되면 선택적 인지(selective perception)라는 부작용이 생긴다. 갑을관계를 지위 높고 힘세고 돈 많은 사람과 그 반대편 사람간의 선과 악, 가해와 피해의 구조로만 보려고 한다. 십중팔구 윗사람 개인의 문제, 가진 자의 품성과 강한 자의 도덕문제로 해결하려 든다. 가치관과 윤리가 중요하지 않다는 게 아니다. 갑을관계의 본질은 상하관계가 아니라 계약관계다. 계약관계는 자급자족하던 원시공동체에서 거듭된 진화를 통해 인류가 도달한 고도분업화의 산물이다. 동시에 그 과정에서 전근대적인 인신(人身) 전면적 지배-복종관계를 극복한 사회적 진화의 산물이다. 그 결과 현대사회를 사는 우리는 복잡한 분업체계에서 때로는 갑으로 때로는 을로 다양한 역할을 영위한다. 계약은 상대방을 전제로 하고 상호간의 권리와 의무이행으로 완성된다. 문제적 갑을관계는 정상적인 계약관계에 일탈이나 남용같은 비정상이 덧칠될 때 그리고 계약 자체가 불완전한 채 존재할 때 발생한다.

그러므로 우리에게 필요한 것은 부당한 갑에 대한 통제장치와 정당한 을에 대한 보호장치를 형평성있게 정교하게 다듬고 완성도를 높여 나가는 일이다. 그렇지 않고 개별적 갑의 자발적 성찰과 도덕적 고양, 개과천선만을 부르짖고 말면 그 분노의 회오리가 지나간 뒤안길에 고립무원으로 남게 되는 개별적 을들은 오히려 구차해질 수 있다. 약자의 굴욕이 선(善)으로 대체될 수 없는 것처럼 을의 희생된 존엄을 계약상 책임의 면제나 해제와 맞바꿀 수 있다는 일단의 온정주의적 시각과도 단호히 결별함으로써 을은 당당하게 해방될 수 있다. 한 조사결과, 직장인의 80%가 자신을 을로 생각하며 살고 있다는 대한민국의 2015년은 공교롭게도 을(乙)과 미생(未生)의 해다.[9)10)]

4. 제자 등친 '갑질교수'의 연구비 착복 만연

지난해 서울시내 한 명문 사립대학교 이공계열 석사과정을 졸업한 A(29) 씨는 졸업한지 1년이 지났지만 B 교수로부터 연구인건비 등 800만원을 지급받지 못했다. 이 씨는 두 학기 등록금인 1200만원 상당을 연구인건비로 지원받는다는 조건으로 공부를 시작했지만 400만원만 지원받았다. 3년전 석사과정을 시작하면서 연구실의 요구로 개인통장과 현

---

9) 김상섭 인천시 부이사관
10) http://www.joongboo.com/news/articleView.html?idxno=982733(2015.4.28.)

금카드를 만들어 제출했고, A 씨에게 지급되는 수당은 고스란히 교수 수중으로 들어갔다.[11] A 씨는 졸업을 한뒤 돈을 돌려줄 것을 요구했지만 B 교수는 차일피일 미루기만 했다. A 씨는 5일 "B 교수가 나에게 돈을 되돌려주지 않겠다고 했다는 말을 전해들었다"면서 "불이익을 당할까봐 금전적 피해를 감수할 수밖에 없는 상황"이라고 토로했다. 학생들의 인건비와 연구비를 빼돌리는 사례가 빈발하면서 형사사건으로 비화된 경우도 있다. 서울중앙지검 첨단범죄수사2부(부장검사 김영기)는 연구원의 인건비 빼돌리기와 연구비 부당수령 등으로 수억원을 챙기고 명품 구입과 개인 빚 탕감에 사용한 혐의(특정경제범죄가중처벌 등에 관한 법률상 사기)로 김 전 서울대 자연과학부 부교수를 구속기소했다. 김 씨는 2008년 1월부터 지난해 5월까지 석・박사 연구원들의 인건비를 가로채거나 허위로 연구물품을 청구해 모두 7억6500만원을 편취한 혐의를 받고 있다.

조사결과 김 씨는 석・박사 연구원들 명의의 인건비 통장을 공동관리할 수 없는 규정을 어기고 14명의 월급을 직접 관리하면서 돈을 빼내 개인용도로 사용했고, 연구과제에 참여하지 않은 연구원을 등재시켜 인건비를 타내는 등 6년동안 6억8000만원을 편취한 것으로 드러났다.

김 씨는 납품업체에서 연구물품을 구입한 것처럼 증빙서류를 꾸며 입금된 연구재료비를 현금으로 돌려받기도 했다. 서울 소재의 한 사립대학 졸업예정자인 이(25) 씨는 "교수들이 연구원 인건비 신청을 올리는데 연구원수가 부족하면 친한 학부생들을 설득해 통장을 받고 이름만 올리기도 한다"며 "연구비 금액이 많은 이공계열에서는 학생통장으로 금액이 입금되면 교수가 가져가는 일이 비일비재하다"고 말했다.[12][13]

---

11) 일그러진 상아탑 '부끄러운 자화상'세계일보|이재호|입력2015.04.05 19:26|수정 2015.04.05 20:04

12) 이재호 기자 futurnalist@segye.com, 세계일보 실시간 주요뉴스

13) http://media.daum.net/society/education/newsview?newsid=20150405192608977(2015.4.6.)

5. 맥도널드의 갑을관계

1) 맥도널드의 습격

1999년 8월 12일 프랑스 농부인 조세 보베(José Bové)가 프랑스 서남부 미요(Millau)에 있는 맥도널드(McDonald's) 건물 신축공사장에 들어가 기물을 파괴해 재판을 받게 된 사건은 맥도널드 반대운동의 기폭제가 되었다. 보베는 햄버거로 대표되는 요리문화의 브랜드 획일화와 다국적 기업의 침입으로 공동체가 받게 되는 충격에 대해 분노했다. 2000년 7월 보베의 재판이 진행되는동안 3만명으로 추산되는 시위자들이 "맥도널드를 거부하자"는 구호가 적힌 팻말을 들고 있었으며, 이와 같은 시위는 세계 각국으로 퍼져 나갔다. 세계 어느 곳에서 건 반미시위나 반세계화 시위만 벌어졌다 하면 맥도널드 매장이 습격을 당하곤 했다.1)

중국의 한 기차역에 설치된 거대한 맥도널드의 사인. 맥도널드는 오늘날 전 세계 120개국에 3만4천여개의 매장을 두고 있다.[14]
자료: http://navercast.naver.com/contents.nhn?rid=214&contents_id=29649

어디 그뿐인가. 맥도널드는 쇠고기 대량생산, 포장지, 노조 불인정, 값싼 노동력 고용 등으로 환경보호운동가들에서부터 인권운동가에 이르기까지 다양한 종류의 사람들로부터 공격 대상이 되고 있다. 그러나 오늘날 전 세계 120여개국에 걸쳐 3만4천여개의 매장을 두고 '햄버거 제국주의'라는 말을 들을 정도로 맥도널드가 세계적인 성공을 거둘 수 있었던 이유를 미시적으로 접근하면 우리가 꼭 배워야 할 한가지 놀라운 사실을 발견하게 된다. 그건 바로 지금 우리 사회에서 큰 문제가 되고 있는 갑을관계, 특히 프랜차이저(franchiser: 가맹점 영업권 제공회사)와 프랜차이지(franchisee: 가맹점)의 관계다. 을의 강점과 장점을 이용함으로써 갑의 장기적 번영을 이루려는 게 아니라, 을을 압박하고 착취함으로써 단기적인 이익을 얻되 장기적으론 몰락의 수렁을 향해 나아가는 질주를 어떻게 이해할 것인가? 말로는 파트너십이 대안이라고 말하지만, 구조화 또는 제도화되지 않은 파트너십이 가능한가? 이에 대한 답을 얻기 위해 파트너십 구조를 중심으로 '맥도널드 제국'의 성장사를 살펴보기로 한다.

자료: http://ko.wikipedia.org/wiki/%EB%A7%A5%EB%8F%84%EB%82%A0%EB%93%9C

14) <출처: 연합뉴스>

2) '맥도널드 제국'의 독특한 파트너십

미국 메릴랜드대학 사회학 교수 조지 리처(George Ritzer)가 쓴 맥도널드 그리고 맥도널드화: 유토피아인가, 디스토피아인가는 미국의 200여 대학에서 교재로 쓸 정도로 맥도널드는 학문적 연구의 대상이 되고 있다. 이 책은 맥도널드를 다루고 있지만 어떤 의미에선 맥도널드에 관한 책이 아니다. 막스 베버(Max Weber, 1864-1920)의 합리화이론을 근거로 이 세상의 작동방식을 탐구한 책이다. 리처는 '맥도널드'로 대표되는 패스트푸드점의 원리가 미국 사회와 그밖의 세계의 더욱 더 많은 부문들을 지배하게 되는 과정과 그것이 초래하는 비인간화를 '맥도널드화(McDonaldization)'라고 부른다. 맥도널드 모델은 전 세계로 수출되고 있으며 세계 각지에서 큰 성공을 거두고 있다. 왜 그럴까? 리처는 맥도널드의 효율성(efficiency), 계산가능성(calculability), 예측가능성(predictability), 그리고 통제(control)에 주목한다.2)

맥도널드의 그런 원리를 만든 창시자는 오늘날의 '맥도널드 제국'을 건설한 레이 크록(Ray Kroc, 1902-1984)은 아니다. 맥도널드의 뿌리는 아일랜드계 이민자인 패트릭 맥도널드(Patrick J. McDonald)가 캘리포니아주 몬로비아에 에어드롬(The Airdrome)이란 레스토랑을 연 1937년으로 거슬러 올라간다. 이 레스토랑을 물려받은 그의 두 아들 딕 맥도널드(Dick McDonald, 1909-1998)와 맥 맥도널드(Mac McDonald, 1902-1971)는 1940년 레스토랑을 캘리포니아주 샌버너디노(San Bernardino)로 옮겨 맥도널드로 이름을 바꾸었다.

레이 크록 회장은 한때 믹서기 세일즈맨이었던 나이 52세에 맥도널드의 사업 가능성을 확신하고 맥도널드 형제로부터 사업권을 따냈다. 25가지 메뉴 가운데 주로 팔리는 게 햄버거라는 점에 착안한 맥도널드 형제는 1948년부터 제조업의 어셈블리 라인방식을 도입해 햄버거 중심의 스피디 서비스 시스템(Speedee Service System)을 선보였다.

자료: http://cafe.naver.com/woqlslwma/1962

바로 이 시스템이 오늘날 맥도널드 원리의 대부분을 구현한 것이다. 이 방식이 성공을 거두자 맥도널드 형제는 1953년부터 프랜차이즈 시스템을 도입해 캘리포니아주와 애리조나주에 몇 곳의 가맹점을 두었다. 레스토랑에서 사용하는 믹서기 세일즈맨인 레이 크록은 1954년 맥도널드를 방문한 후 이게 '대박사업'이 될 것을 직감적으로 알아차렸지만, 맥도널드 형제는 50세 이전에 100만달러만 벌면 은퇴하겠다는 야심이 없는 사람들이었다. 크록은 그런 맥도널드 형제로부터 캘리포니아주와 애리조나주를 제외한 미국 전역의 가맹점 사업권을 손쉽게 따냈다. 크록은 자서전에서 그 감격을 이렇게 적고 있다. "1954년, 비행기를 타고 시카고로 돌아오던 그 운명의 날에 내 서류가방에는 갓 서명한 맥도널드 형제와의 계약서가 들어 있었다. 나는 비즈니스라는 전쟁터에서 잔뼈가 굵은 상처입은 노병이었다. 그럼에도 전장에 나가고 싶은 열망에는 변함이 없었다. 당시 내 나이는 52세였다. 당뇨병에 관절염 초기 증상도 있었다.

치열한 전투를 거치며 갑상선 대부분과 담낭도 잃어버렸다. 하지만 내 인생의 절정기는 아직 시작되지 않았다. 나는 그렇게 확신했다."3)

3) 본사와 가맹점의 상호 운명공동체 구조

크록은 1955년 4월 15일 일리노이주 시카고 교외의 드플레인(Des Plaines)에 자신의 가게를 열었는데, 이는 맥도널드의 9번째 가맹점이었다. 크록은 이 가게를 본부로 삼아 전국 체인화를 시도했다. 프랜차이즈 시스템은 미국에서 이미 30여년의 역사를 갖고 있는 것이었기에, 크록은 한참 뒤처진 후발주자였다. 그러나 그는 그간의 프랜차이즈 시스템과는 전혀 다른 방식으로 프랜차이즈의 새로운 역사를 쓰게 된다. 당시 프랜차이즈 기업들은 처음부터 고액의 가맹비를 책정해 이걸 주요 수입원으로 삼았나. 그래서 가맹점 관리에도 별 신경을 쓰지 않았다. 뽑아낼 건 다 뽑아냈다는 식이었으니 신경을 쓸 필요조차 느끼지 못했다. 반면 크록은 최저가의 가맹비를 책정해 진입장벽을 낮추었다. 다른 패스트푸드 프랜차이저는 처음에 5만달러 또는 그 이상을 받았는데, 크록이 책정한 가맹비는 그 50분의 1도 안되는 950달러였으니, 이는 당시엔 혁명적인 발상이었다.4) 그 대신 크록은 가맹점에게 매출액의 1.9%를 본사에 내도록 했다. 이 가운데 0.5%는 맥도널드 형제의 몫이었으므로 크록에게 떨어지는 건 1.4%였다. 이는 가맹점이 성공해서 돈을 벌어야만 본사도 돈을 버는 상호 운명공동체 구조라고 할 수 있는 것이었다. 이 때문에 크록은 초기엔 큰 어려움을 겪어야 했다.

"이 때문에 우리는 상당히 아이러니한 상황에 처했다. 총매출 수치는 지속적으로 상승하고 가맹점들은 번창했다. 미니애폴리스의 한 매장은 1개월동안 3만7262달러의 매상을 올리기도 했다. 당시로서는 믿기 어려울 정도의 기록이었다. 하지만 바로 그 시기에 본사는 직원들의 급여를 주기에도 빠듯했다.”5)

1955년에 처음 문을 연 맥도널드 1호점을 본떠 만든 ‘맥도널드 뮤지엄’의 모습을 볼 수 있다. 맥도널드 형제는 앞서 말한 맥도널드 원리를 햄버거를 만드는 데에만 적용했을 뿐, 캘리포니아주와 애리조나주의 가맹점들에겐 아무런 신경을 쓰지 않았다. 반면 크록은 맥도널드 원리를 가맹점들에게도 그대로 적용했다. 직접 경영하면서 매장에서 일할 뜻이 없는 사람들에겐 가맹점을 허락하지 않았으며, 특정 개인이 여러 가맹점을 갖는 걸 통제했으며, 지원자의 지역사회 기반과 더불어 열정을 중시했고, 업무표준화 기준을 만들어 가맹점들이 절대적으로 지키게끔 관리했다. 크록은 특히 ‘QSC & V’ 즉, 품질(Quality), 서비스(Service), 청결(Cleanliness), 가치(Value)를 입버릇처럼 강조하면서 가맹점들을 세뇌시켰다. “전직 식료품점 점원, 소다수 판매점 점원, 군인, 그밖의 다양한 직업에 종사하던 수많은 사람이 맥도널드라는 이름 아래 매장 운영자가 되었다. 기본은 이들의 머리에서 갑자기 튀어나와 저절로 효과를 내는 것이 아니다. 실제로는 그와 정반대다. 기본을 제대로 지키기 위해서는 몇 번이고 되풀이해서 강조하고 또 강조해야 한다. 만약 내가 ‘QSC & V’라는 구절을 이야기할 때마다 바다에 벽돌을 하나씩 쌓았다면 아마 대서양을 가로 지르는 다리도 놓을 수 있었을 것이다. 운영자들 역시 매장의 관리자 및 종업원에게 기본을 강조해야 한다. 신규가맹점인 경우는 특히 더 그렇다.”6)

4) 가맹점을 '혁신적 아이디어'의 원천으로 대우

맥도널드의 성장사에서 가장 눈에 띄게 두드러지는 게 바로 가맹점을 혁신의 원천으로 간주해 대등한 파트너 대접을 한 것이다. 단기적인 이익을 놓고 보자면 가맹점 대신 직영점을 두는 게 훨씬 낫지만, 맥도널드는 직영점의 비율이 높아지는 걸 두렵게 생각했다. 그래서 본사 소유의 직영점 비율은 전체업소의 30% 이상을 넘지 않게끔 하는 원칙도 정했다(현재의 직영점 비율은 15%). 거대 관료조직에 소속된 직영점에서는 성공을 해야 한다는 절박함과 더불어 지역사회에 대한 이해부족으로 아무런 혁신도 나올 수 없다고 보았기 때문이다. 실제로 맥도널드가 성공을 거둔 혁신과 새로운 아이디어는 거의 대부분 가맹점들로부터 나온 것이다.

다른 프랜차이저들은 가맹점들에게 설비와 재료를 팔아 큰 차익을 남겼지만, 크록은 가맹점들의 불만을 살 수도 있는 갈등의 소지를 없애기 위해 독립적인 설비·재료 공급업체들에게 그 일을 맡겼다. 그들로부터 당시 관행으로 통용되고 있던 이른바 '리베이트'도 전혀 받지 않았다. 그 대신 그들에게 품질기준을 엄격하게 충족시켜 줄 것을 요구하였다.7)

가맹점이 빠른 속도로 늘기 시작하자, 이젠 맥도널드 형제가 성장의 걸림돌이 되었다. 새로운 변화를 시도할 때마다 성장엔 관심이 없는 맥도널드 형제의 허락을 일일이 받아야 하는 계약서상의 조건이 크록의 발목을 잡은 것이다. 1961년 우여곡절 끝에 크록은 270만달러의 빚을 내어 맥도널드 형제의 모든 사업을 인수했다. 큰 빚을 지긴 했지만, 이제 자신의 마음대로 할 수 있게 된 크록은 회사 비행기로 미국 전역을 샅샅이 돌아다니면서 맥도널드 매장을 세울 곳을 물색했다. 크록은 품질관리를 위해 1961년 햄버거대학을 세웠는데, 최초 졸업생 18명을 배출한 감격을 이렇게 적고 있다. "우리는 그들에게 햄버거학(Hamburgerology) 학사학위를 수여했다. 부전공은 프렌치프라이였다. 아아, 푸름을 간직한 채 성장한다는 것은 얼마나 기쁜 일인가! 전국 각지의 신문에는 맥도널드가 업계에 미친 영향력을 인정하고, 지역사회 문제에 적극 참여하는 가맹점 운영자를 칭송하는 기사가 실렸다. 이 또한 즐거운 일이었다."8)

그러나 한 신입사원은 햄버거대학에 입소한지 2-3일 가량 지난 어느 날 자리에서 벌떡 일어나 "너희들은 다 미치광이야!"라고 외친 후 밖으로 나가더니 다시는 돌아오지 않았다고 한다.9) 어떤 사람들에겐 미치광이로 보일 수 있는 열정, 이게 바로 가맹점을 경영할 수 있는 자격조건이기도 했다. 그게 없이는 집요할 정도로 이루어지는 본사의 교육을 감당하긴 어려운 일이었다. 1982년 크록의 80세 생일을 맞아 본인이 구단

주였던 샌디에고 파드리스 구장을 방문한 크록에게 마스코트인 샌디에고 치킨이 축하를 하기도 했다. "지원자가 직장을 그만두고, 살던 집을 처분하고, 매장이 들어설 지역에 새 집을 구하는 등 운영자가 될 준비를 하는동안 우리는 계속해서 그와 긴밀한 연락을 주고 받는다. 그는 맥도널드 매장에서 추가로 500시간을 더 일해야 하며 오리엔테이션과 경영수업에 참석할 것을 권유받는다. 또 개점 4-6개월을 앞둔 시점이 되면 햄버거 대학의 상급 운영과정을 수강한다. 이를 통해 손님을 맞기 위해 필요한 경영기술과 운영 노하우를 한층 더 갈고 닦는 것이다. 이 모든 준비작업과 교육과정은 맥도널드 가맹권을 얻은 소기업 경영자들의 성공 가능성을 끌어올리는 역할을 한다. 이것이 전부가 아니다. 이후에도 현장담당 인력을 통해 필요할 때면 언제든지 운영자를 지원한다."10)

물론 지원은 곧 간섭이기도 했다. 본사 직원들이 매장을 방문해 이모저모 살펴본 뒤 가맹점별로 등급을 매기는 등의 통제를 하는 걸 좋아할 가맹점은 없을 것이다. 그러나 맥도널드가 1980년대에 품질관리 통제가 어렵다는 이유로 미군의 모든 기지에 맥도널드 매장을 개설할 수 있는 기회를 거절할 절도로 'QSC & V'에 집착하며, 그것이 곧 맥도널드의 성공비결이었으니, 성공과 통제는 동전의 양면과 같은 것이었다.

5) "당신이 먼저 1달러를 벌면, 우리가 그 다음 1달러를 번다."

1983년 12월 에스콰이어는 20세기 미국인의 생활방식에 위대한 기여를 한 50명 중 '선지자'군의 한 명으로 크록을 선정했다. 작가 톰 로빈스는 에스콰이어에 기고한 글에서 "콜럼버스는 미국을 발견했고, 제퍼슨은 미국을 세웠으며, 레이 크록은 미국을 '맥도널드화'했다. 이 나라의 대표적인 분위기를 형성한 것은 전지전능한 컴퓨터도, 아무도 막을 수 없는 무기체계도, 정치혁명도, 예술사조도 혹은 유전자 변형 약물도 아니다. 그것은 다름 아닌 햄버거였다."고 말했다. 이에 대해 로버트 앤더슨은 다음과 같이 말한다.

"하지만 크록의 진정한 공로는 미국인의 입맛을 표준화한 것이 아니라 맥도널드 프랜차이즈 시스템을 창조한 것이다. 그는 타고난 리더로서 탁월한 능력을 발휘해 새로운 사업구조를 창조하고 수많은 기업가들을 끌어들였다. 이 구조는 높은 수준의 품질과 서비스 제공을 강조하는 동시에 운영자들에게 독립된 사업가로서 자유롭게 매장을 운영하도록 했다. 이들 가맹점 운영자에 본사 관리자와 다양한 식재료 및 설비공급자가 더해져 하나의 시스템이 형성되었다. 맥도널드 가맹점은 계속해서 세계적으로 가장 인기있는 사업 아이템 중 하나로 꼽히고 있다."11) 그렇다. 맥도널드는 늘 뜨거운 논란의 한복판에 선 글로벌 기업으로서 글로벌 자본주의의 폐해를 보여주는 상징으로 간주되지만12) 잠시 눈을 돌려 경영학적 관점에서만 보자면 가맹점들과의 운명공동체적 파트너십을 형성한 것이 성공비결이자 중요한 사회적 기여였다.

크록의 다음과 같은 좌우명은 '갑질'을 해대는 한국의 프랜차이저들이 꼭 배워야 할 교훈이 아닐까? "당신이 먼저 1달러를 벌면, 우리가 그 다음 1달러를 번다."[15]

〈주석〉

1. 에릭 슐로서(Eric Schlosser), 김은령 옮김, [패스트푸드의 제국](에코리브르, 2001), 325-328쪽. 2.조지 리처(George Ritzer), 김종덕 옮김, [맥도날드 그리고 맥도날드화: 유토피아인가, 디스토피아인가](시유시, 1996/1999), 37쪽.3.레이 크록, 장세현 옮김, [성공은 쓰레기통 속에 있다: 맥도날드 창업자 레이 크록 자서전](황소북스, 1977/2011), 23쪽.4John F. Love, [McDonald's: Behind the Arches], 2nd ed.(New

15) 글: 강준만 | 전북대 신문방송학과 교수, 글쓴이 강준만은 언론과 대중문화를 포함하여 문화사 전반에 깊은 관심을 갖고 있다. 성균관대 경영학과를 졸업한 후 미국 조지아대에서 신문방송학 석사, 위스컨신대에서 신문방송학 박사학위를 받고 1989년부터 전북대 신문방송학과 교수로 일하고 있다. 주요 저서로는 [한국현대사 산책(전 23권)](2002~2011), [한국대중매체사](2007), [미국사 산책(전17권)](2010), [세계문화의 겉과 속](2012) 등이 있다. 발행 2013.06.18.

York: Bantam Books, 1995), p.57. 5레이 크록, 장세현 옮김, [성공은 쓰레기통 속에 있다: 맥도날드 창업자 레이 크록 자서전](황소북스, 1977/2011), 194-195쪽.6레이 크록, 장세현 옮김, [성공은 쓰레기통 속에 있다: 맥도날드 창업자 레이 크록 자서전](황소북스, 1977/2011), 140쪽.7John F. Love, [McDonald's: Behind the Arches], 2nd ed.(New York: Bantam Books, 1995), pp.61-64. 8레이 크록, 장세현 옮김, [성공은 쓰레기통 속에 있다: 맥도날드 창업자 레이 크록 자서전](황소북스, 1977/2011), 191쪽.9폴 퍼셀라(Paul Facella), 장세현 옮김, [맥도날드 사람들: 세계 최고의 브랜드를 만든 맥도날드 리더십의 숨겨진 비밀](황소북스, 2008/2010), 99쪽.10레이 크록, 장세현 옮김, [성공은 쓰레기통 속에 있다: 맥도날드 창업자 레이 크록 자서전](황소북스, 1977/2011), 272-273쪽.11로버트 앤더슨, <부록: 레이 크록을 그리며>, 레이 크록, 장세현 옮김, [성공은 쓰레기통 속에 있다: 맥도날드 창업자 레이 크록 자서전](황소북스, 1977/2011), 312-314쪽.12Bryan S. Turner, <McDonaldization: Linearity and Liquidity in Consumer Cultures>, Paul James & Imre Szeman eds., [Globalization and Culture(Vol. III)](Los Angeles, CA: Sage, 2010), p.207.[16]

6. 갑을관계의 갑질사례

글을 읽다 보니 언젠가부터 갑과 을 사이라거나 갑을관계 또는 갑질 등의 말이 유행처럼 사람들 사이에 많이 사용된다는 사실이 새삼스럽게 떠오른다![17] 그런데 생각을 좀 해보자면 개그프로에서나 잠시 유행어처럼 사용하다가 그치는 정도여야만 옳지 않을까라는 용어일 것이다! 하

---

16) http://navercast.naver.com/contents.nhn?rid=214&contents_id=29649(2015.4.27.)

17) 송원용 (wonyon*****) 공감 6 | 조회 276 | 2014.12.12 |

지만 정치인을 비롯한 일반인들은 물론이고 심지어 기자와 방송관계자들과 학계의 관계자들까지도 무분별하게 남용하는 것처럼 보여 귀에 거슬린다! 그보다 상황에 따라 적합하고 다양하게 표현할 수 있는 어휘와 용어들이 상당한데 이를 놓아두고 우선 편하게 표현할 수 있는 갑을관계라거나 갑질이라는 등의 말로 한정해서 표현하는지가 의문이다!

이처럼 편리성만 추구하다가는 어휘 사용의 부재로 인한 소통과 표현에 한계를 가져올 것이니 앞으로 여러분들은 사용을 자제하시고 보다 낫거나 다양한 표현을 해보시라고 권장한다!

특히 자녀들을 두신 분들은 자녀들에게 이같은 점을 주지시키고 개선할 것을 요구하시라고 말씀을 드리고 싶다! 그러니까 갑에 해당하는 말로는 우월한 자, 월등한 자, 우월적 지위에 있는 자 등으로 대체할 수가 있으며 당사자의 신분에 따라 상관, 상급자 등으로 나누고 을에 대해서는 열등한 자, 열세에 처해있는 자, 열악한 환경이나 열악한 지위 또는 열악한 자리 등으로 대신하면서 또 하급자 부하 등으로 나눌 수가 있을 것이다! 갑질 또한 우월적 지위에 있는 자의 횡포 또는 행패, 만용, 유세 등으로 을의 마지못한 용인이나 복종은 굴종, 굴복, 추종, 맹종 등으로 상황에 따라서 그리고 당사자의 신분에 따라서 보다 적합하고 다양하게 표현할 수가 있을 것이다! 아니라면 훗날 자녀들의 입에서 시의적절한 표현이 떠오르지 않아서 어이가 없을 경우를 말하고 싶거나 어안이 벙벙하다거나 아연실색할 경우에 또는 기가 막히다거나 기가차서라서나 등을 나타내고자 할 때에 무의식적으로 가리지 않고 무작정에 가깝게 "아, 시바알~ 뻥져서~"라는 원색적이고 단발마적인 표현으로 일관하는 부작용을 초래할 것이다![18)]

18) http://bbs.miznet.daum.net/gaia/do/miztalk/ages/life06/default/read?bbsId=MT021&articleId=480886(2015.4.27.)

7. 갑을관계의 사람심리

홍보판매 시작한지 3달째~ 엄청 네~네~이러면서 상냥하고 친절했던 동생 지인과 내 지인이 두명! 지들이 먼저 제품주문을 하더니(절대 먼저 권유하지 않음) 지들이 먼저 물어봄! 지인들은 그때부터 태도가 그전과 180도 바뀌었다. 전화해도 차갑고 사무적으로 대하고 거만한 태도를 보이고 전엔 이런 모습있을거라 절대 생각하지 못했다. 너무 예의바르고 상냥했기에 누가 보면 몇백만원짜리를 팔았는지 알겠다. 그냥 지들 필요한 2~3만원짜리 두개 구입하면서 사람이 바뀌었다.[19] 나한테 하나도 안남고 오히려 마이너스이다. 그래도 전부터 알던 좋은 지인들이기에 차비들여서 갔다주고 이것 저것 퍼다주고, 근데 동생 남자 지인도, 내 남자 지인도 제품구입을 한 그 순간부터 전후행동이 넘 달라진다. 둘다 서로 모르는 사람인데 똑같이 180도 달라지는 걸 보면서 사람의 심리에 공통으로 작용하는 뭔가가 있구나 싶으면서 다신 상대하기 싫어진다. 도대체 사람이 그리 변하는 그 심리가 궁금하다. 상냥했던 지인이 갑을관계가 되면 딴사람이 되는 이유가 뭔가요? 인성의 문제일까요. 갑을관계가 뭐길래.[20]

8. 갑을관계에서 파트너십의 관계로

1) 갑을관계의 의미

예맥금속은 어떻게 변했나? '갑과 을'의 관계? 까라면 까세요! 갑을이란 원래 계약서상에서의 갑과 을을 지칭하는 표현이지만 갑을관계를 계약서상으로 이해하는 사람은 이제 많지 않을 듯합니다. 아마도 갑을관계란 말을 들으면 대기업과 중소기업, 발주처와 하청업체, 지위가 높은 사

19) [6] 88684| 구염둥이 (ric**) 공감 0 | 조회 1412 | 2014.07.13 | 신고
20) http://bbs.miznet.daum.net/gaia/do/miztalk/life/job/default/read?bbsId=MT008&articleId=88684(2015.4.27.)

람과 낮은 사람처럼 이해하는 분들이 많을 것입니다. 3년전 입사했을 때 예맥금속은 거의 모든 거래처와 갑을관계의 구조로 일을 하고 있었습니다. 갑이면 좋으련만 을의 입장에서 일을 하는 업체였습니다. 발주처나 디자인 회사에서 일을 주면 꾸뻑 숙이고 일을 받아야 했던, 그것도 결제는 미루면서 클레임은 많은 정말 억울한 관계였습니다. 그렇다고 일을 놓칠 수 없어 발주처에 메일 수 밖에 없는 것이다. 영업이 잘되면 모르겠지만 그렇지 않은 상황에서 늘 을의 입장에서 억울하게 끌려다니는 입장이었던 것입니다. 일을 못하는 것도 아니고, 납품을 제때 못하는 것도 아닌데 늘 갑의 눈치만 살피는 구조였습니다. 일의 특성상 'B to B' 구조였지만 'B to B'건 'B to C'건 시장에서 살아남기 위해서는 제대로 된 홍보가 필요했던 것인데 인터넷 환경에 익숙하지 못했던 사장님은 실력이 좋음에도 불구하고 홍보가 안되어 알아주는 고객이 많지 않았습니다.

아무리 일을 제대로 해도 이 핑계 저 핑계 대가며 결제를 제때 안해주고, 늦은 결제에도 불구하고 다시 할인해버리는 상황입니다. 게다가 최악은 일을 다 했는데 부도가 나버리는 것으로 인해 저희가 너무 힘든 상황으로 치닫게 된 것입니다.

몇 되지 않는 메이저 거래처에서 일을 받게 되니 갑에 종속될 수 밖에 없는 상황은 계속됩니다. 이 모든 구조를 바꾸는 방법은 마케팅과 영업을 강화하는 것 밖에 없었습니다. 그 일환으로 시작된 것이 무료이면서 다수를 상대로 홍보할 수 있는 채널입니다. '블로그' 작업이었습니다. 수컷공작이 꽁지덮깃을 활짝펴듯 블로그를 활용해 인터넷 세상에 예맥금속을 널리 알리기 시작했습니다. 전 예전부터 마케팅의 기본원리는 내가 가진 모습을 있는 그대로 보여주는 것'이라 생각했습니다. 다시 말해 예맥금속이 가지고 있는 모습을 그대로 보여주면 되는 것이었습니다.

단, 조건이 있습니다. 꾸준히 포기하지 않고 지속적으로 알리면 되는 것입니다. 멋지게 몇 번하고 끝내면 되는 것이 아니라 어제도 오늘도 또 내일도 계속 끊임없이 보여주는 것입니다.

2) 금속집기 제작에 대한 예맥금속의 다짐

사장님의 일에 대한 철학과 자세는 남다릅니다. '금속집기 제작에 대한 예맥금속의 일곱 가지 다짐'을 보시면 알 수 있습니다. 이 일곱 가지 다짐을 직원 모두가 되뇌이고 실천하기 시작합니다. 이게 싫은 사람은 회사를 떠났고, 그러길 원한 사람은 그 철학을 그대로 배워 실천해 나갔습니다. 때문에 여러 사람이 만들지만 한 사람이 만든 것 같은 제품력을 보여주기 시작합니다. 그리고 이런 모습을 꾸준히 블로그를 통해 보여주기 시작했습니다. 틈나는대로 일하는 모습, 완성된 모습, 일을 대하는 마음가짐 등을 올리고 또 올렸습니다.

우선 기존 거래처와는 갑을관계를 유지하면서 새로운 업체와는 파트너관계로의 변화를 시도했습니다. 어떻게 이런 일이 조금씩 일어난 것일까요? 2년 넘게 제대로 꾸준한 홍보를 통해 저희가 일하는 모습과 제품을 대하는 태도를 보고 예맥금속을 찾아오는 분들이 많아지기 시작한 것입니다. 신규고객의 경우 싼 가격만 원하고, 결제 조건이 좋지 않으면 과감히 일 자체를 포기했습니다. 제대로 된 물건을 만들고, 제대로 된 값을 받고 싶었습니다. 그렇게 조금씩 저희 체질을 개선했습니다. '파트너십'의 관계로 변화하고 그리고 변화가 시작되었습니다. 예나 지금이나 일하는 자세는 변함이 없는데 대접이 틀려지기 시작한 것입니다.

신규고객의 경우 '집기 제작에 대한 일곱가지 다짐'을 본 분들이 많고, 블로그를 통해 저희가 진행한 작업을 보고 온 경우가 많았습니다. 그러다 보니 저희를 갑을관계가 아닌 전문가로 대접해주기 시작한 것입니다.

항상 같은 마음으로 일을 했지만 홍보를 안해 상대가 몰랐고, 존재 자체도 몰랐던 것이지요. 그러다 표현을 하기 시작하면서 상대가 저희의 본질을 보게 된 것이고, 그러다 보니 전문가로 대접을 해 주시더란 것입니다. 여기서 중요한 것은 일을 제대로 한 경우에 해당합니다. 언제나 그렇듯 선수처럼 일해줄 것처럼 하고, 물건이 초보처럼 만들어지면 고객은 더 빠른 속도로 떨어져 나가게 되어 있습니다. 우리가 맛집 후기를 보고 방문한 후 맛에 실망한 경우를 많이 경험하셨을 것입니다.

처음에는 속는 사람이 많아 매출이 늘 것이지만 속은 사람들의 넋두리는 더 빠른 속도로 퍼져나가면서 문제가 발생하게 되고 망하게 되는 것입니다.

3) 대박집의 비결

'대박집'의 비결! 무엇일까 생각해 보신 적 있으신가요? 장사나 사업을 하는 분들은 당연히 매일 생각할 것입니다. 저희의 경우 보통 고객이 회사이다 보니 후기를 받는 경우가 거의 없었습니다. 개인의 경우 저희에게 감사문자를 남겨주신 경우도 있지만 업체의 경우 후기를 남겨주는 경우는 거의 없습니다. 그래서 저는 만족한 업체들의 제품을 꾸준히 직접 올린 것입니다. 거짓 후기로 고객을 현혹하지 않고, 저희가 어떻게 집기를 만들고, 어떻게 매장에 세팅되었는지 보여준 것입니다. 이런 일련의 과정이 보여 많은 변화가 생긴 것입니다.

'까라면 까는 을'이 아니라 어떻게 하면 잘 깔 수 있는지를 서로 의논하며 문제를 해결해 나가는 파트너 관계로 발전하게 된 것입니다. '행거나 만들던 곳'이란 소릴 듣던 회사에서 공공기관, 건축가분들과 협업을 이뤄 큰 프로젝트에 참여하는 곳으로까지 변했습니다. 그리고 올해 4월 1일 만우절에 거짓말처럼 연기자 류진 씨가 찾아왔습니다.[21)]

직접 예맥금속을 방문해 집기제작을 의뢰한 이유는 '어려운 것도 잘 만들 것 같아서였다.'고 합니다. 그렇습니다. 저희 예맥금속은 남들도 할 수 있지만 귀찮아 안하거나 어려워서 못하거나 시간이 촉박해 만들지 못하는 상품을 전문으로 맞춤제작합니다. 가격만 가지고 승부할 생각이 없습니다. 남들이 하기 싫어하는 것을 제대로 만들어서 전문가로 인정받고 싶은 것입니다. 그리고 중요한 것은 이제 많은 분들이 예맥금속을 찾

---

21) 홍천연수원, 건축 인테리어 설계 - 건축가 류철 [에스빠시오] 용, 비상을 꿈꾼다. 홍천연수원 - 龍, 비상을 꿈꾼다. 연수원건축, 건축설계, 인테리어설계, 연수원인테리어, 건축인테리어 전문가 - 에스빠시오. blog.naver.com본문으로 이동

아와 주신다는 것입니다. 일을 줄테니 '한번 들어와 봐라.'가 아니라 '회사분위기도 궁금하고, 일도 맡길 겸 공장으로 찾아 오신다.'는 분이 많습니다. '가격을 떠나 무조건 예맥금속에 일을 맡기겠다.'는 업체도 늘어나고 있습니다. 참 고마운 일입니다. 저희 '마케팅의 핵심'은 다음과 같습니다.

하나, 상품을 제대로 만듭니다(기본입니다. 이게 안되면 나머지는 무의미합니다.)

둘, 저희 일하는 모습과 생각을 있는 그대로 보여드립니다.

자료: http://blog.naver.com/PostView.nhn?blogId=sayno9988&logNo=220329869516

셋, 거짓 후기를 올리지 않고, 작업과정과 결과를 꾸준히 홍보합니다(블로그, 카페, 페이스북 등 원하는 방식으로).

넷, 차별화하고, 가격만 가지고 경쟁하지 않습니다.

다섯, 이 과정을 무한 반복합니다.

매출이 봄꽃마냥 활짝 펴고 있습니다. 2014년 저희 회사에서 창립이래 처음으로 비시즌이란 말이 없어진 한해를 보냈습니다. 기존에 있던 시즌(6~8개월)과 비시즌(4~6개월)의 구분이 없어진 상황입니다. 일이 꾸준합니다. 이 모든 것이 단지 홍보만 제대로 해서 가능했던 것일까요? 그렇지 않습니다. 이 변화를 가능하게 했던 것은 조직 내 사람들의 변화가 우선했던 것입니다. 사람이 일을 만들고, 성장시키기도 하고, 일을 그르치기도 합니다. 사람이 바뀌니 일이 바뀌고, 대접이 바뀐 것입니다. 이 일련의 과정을 조금씩이라도 풀어 나가도록 하겠습니다.[22] 저희처럼 작은 회사는 늘 사람 때문에 고민일 것이고, 홍보 때문에 어려움을 겪고 있을 것입니다. 이런 것들을 해결할 수 있는 방법을 조금씩 알려드리도록 하겠습니다.

저희가 많은 분들의 도움으로 성장을 했으니 저희가 성장하게 된 비결을 공유해 같이 성장하는 기회로 삼을 생각입니다. 큰 도움이 될지 모르겠지만 응용하시면 분명 조금이라도 나은 방향으로 바뀔 것이라 믿습니다. 같이 성장의 기회로 삼았으면 합니다. 예맥금속의 성장은 모두 여러분 '덕'이니까요. 시간이 날 때마다 좋은 정보 업데이트하도록 노력하겠습니다. 감사합니다.[23]

9. "No하는 순간 모든 걸 잃는다"

≪"노(No)라고 거절하는 순간, 모든 걸 잃을까 두렵습니다." 현장에서 만난 '을'들의 직업은 다양했다. 영화관 매니저, 중소기업 사장, 대학원생, 인턴사원, 제약업체 직원, 아파트 경비원 등, 그만큼 갑을관계는 이제 먼 남의 일이 아니라 우리 자신의 일이 됐다. 병원상 부인 빛 자녀들

22) 금속인테리어 업계의 칭기스칸을 꿈꾸는 사람! 철든남자 김광열이사, 금속인테리어업계의 칭기스칸을 꿈꾸는 사람! 예맥금속 가족을 한명씩 소개하고 있는데요. blog.naver.com본문으로 이동

23) http://blog.naver.com/PostView.nhn?blogId=sayno9988&logNo=220329869516(2015.4.27.)

과 놀이동산에 가는 제약업체 직원('연가시'), 고객에게 무릎을 꿇는 마트 직원들('카트')은 이제 영화에도 흔히 등장한다.≫[24] 5년동안 영화관 현장매니저로 일한 김 씨(27・여)는 일을 그만두고 나서야 고객들의 '갑질'과 막말에서 벗어날 수 있었다. 지난해 말 청소년관람불가 영화를 고교생 아들과 함께 보겠다고 우기던 부모의 막말은 아직도 생생하다.

김 씨가 영화관 입장을 막자 그 부모는 "야 이 ×같은 년아, 이년이 어디서 어른한테 말대꾸야"라고 했다. 김 씨는 20분동안 'ㅇㅇ년' 소리를 수없이 들으면서도 고객에게 '님'자를 붙여야 했다.

1) "대-중소기업 상생은 한편의 쇼"

"특허심판, 민사소송, 공정거래위원회 제소까지 할 수 있는 방법을 다 동원해 싸우고 있지만 이미 회사는 망했고 소송비용도 걱정입니다." 특허기술로 냉장고 부품을 만들던 배흥진 씨(43)는 지난해 9월 결국 회사 문을 닫았다. 직원 20여명은 뿔뿔이 흩어졌다. 그의 회사 제품은 범용성이 없는 냉장고 부품이라 원청업체인 A전자와만 거래할 수 있었다. 독점공급계약을 맺었지만 A전자는 돌연 다른 협력업체인 B사에도 일감을 주기 시작했다. 배 씨는 "우연히 B사의 금형을 본 순간 피가 거꾸로 솟았다"고 말했다. 배 씨 회사의 기술을 그대로 이용해 만든 것이었기 때문이었다. A전자의 소행이었다. 특허심판원에서의 권리범위확인 청구소송 끝에 B사 부품은 배 씨 회사의 특허범위에 들어 있다는 결론이 났다.

하지만 배 씨는 앞으로가 더 걱정이다. "대기업인 A전자가 굴지의 로펌을 선임했어요. 대출받아 겨우 소송비용을 대는데 언제까지 싸울 수 있을지 모르겠네요." 대기업의 중소기업 핵심기술 탈취는 최근 국정감사에서도 화제가 됐다. LG유플러스와 서오텔레콤은 10년동안 특허침해, 기술유용 여부를 두고 법정공방 중이다. 한 중소기업 관계자는 "갑의 기

24) [국가대혁신 '골든타임' 2부]"NO 하는 순간 모든 걸 잃는다", 김현수 기자 , 김호경 기자, 입력 2014-11-03 03:00:00 수정 2014-11-03 07:40:44, <2>사회에 뿌리박힌 갑을관계 (上) 비뚤어진 인식

술유용은 증명하기도 어렵고, 소송비용이 커 그냥 포기하는 중소기업이 대부분"이라고 말했다.

2) 갑의 개인사도 을이 처리

"내 차가 방전됐는데 시동 좀 걸어줘." 병원장의 부탁에 제약업체 영업직 김 씨(34)는 병원장 차의 시동을 켠 채 배터리가 충전될 때까지 2시간이나 멍하니 앉아있어야 했다. 그는 "화장실에 가고 싶었지만 혹시 중간에 자리를 비운 걸 병원장이 알면 싫어할까 봐 참아야 했다"고 말했다. 한 광고업체 10년차 박 과장(37)은 인턴직원 이 씨(28・여)에게 자신의 대학원 논문을 대신 쓰도록 했다. 정규직 전환평가가 얼마 남아 있지 않았던 이 씨는 어쩔 수 없이 대필을 해줬다. 중소기업에 다니는 전 씨(31・여)는 지난해 강원도로 여행을 떠났다가 황당한 전화를 받았다. 원청업체 직원이었다. 그 직원은 "우리 회사 관계자가 상을 당했다"며 "당장 근저 꽃십으로 가 사신을 씩어 내게 확인을 받은 후, 상가로 화환을 보내라"고 했다.

전 씨는 결국 낯선 여행지에서 화환을 찾아 헤매야 했다. 갑의 횡포는 신체적 폭력으로 이어지기도 한다. 한 사립 명문대 대학원생 정 씨(26)는 지난해 여름 군대에서나 볼법한 장면을 목격했다. 대학원생 1명이 교수 책상에 손을 짚은 채 엎드려 있었고 교수는 그 옆에서 지시봉을 손에 들고 있었다. 정 씨는 "교수가 폭력을 휘둘러도 대학원생의 미래를 쥐고 흔들고 있으니 아무 말도 할 수가 없다"고 말했다.

3) '만인에 대한 만인의 갑질'

평소 110대를 유지하던 경비원 10년차인 장 씨(67)의 혈압은 올 8월 말 '그 사건' 이후 140 이상으로 오른 뒤 떨어지지 않고 있다. 그는 자정 무렵 아파트 주차관리를 하다 술취한 아들뻘 방문객에게 주먹으로 얻어맞았다. 체중 50kg의 왜소한 체격인 그는 맞는 순간 쓰러지면서 바닥에 얼굴을 부딪쳤다. 틀니가 날아가 버렸다. 하지만 그를 더 서럽게 한 것은 관리소의 태도였다. 왜 취객을 건드려 아파트에 소란을 일으켰냐는 것이었다. 장 씨는 "주차관리를 안하면 주민들과 관리소로부터 문책을 당하고, 업무대로 하다 폭력을 당하면 소란을 피웠다고 욕을 먹으니 너무 억울하다"고 말했다. 불특정 다수가 소수의 서비스직에 대해 갑으로 군림하는 일은 비일비재하다. 고객의 폭력과 관리자의 침묵속에 이른바 감정노동자의 직무 스트레스는 극에 달하고 있다. 지난달 서울시내 한 아파트에서 일하던 경비원은 주민의 폭언에 분신자살을 시도하기도 했다. 한 백화점 판매직원은 "서비스직 흡연율이 다른 어떤 직종보다 높을 것"이라며 "서비스직은 고객과 기업 모두의 을"이라고 말했다. 이렇게 우리 사회의 갑을관계는 전방위로 뻗어 있다. '만인에 대한 만인의 갑질'이다. 제어받지 않는 갑의 횡포는 수없이 많은 사회적 갈등비용과 마찰, 창의성 저해 등 부작용을 일으킨다. 실제로 현장에서 만난 을들은 "갑들은 일을 잘하는 것보다 내가 더 납작 엎드리기만 바라는 것 같다"고 토로했다. 한 대형마트 납품업체 관계자는 "'더러우면 나도 갑이 돼야지'라는 생각이 들 뿐 현 상황에서 당당히 일할 수 있는 여건은 떠올리기 어렵다"고 말했다. 현용진 KAIST 테크노경영대학원 교수는 "우리나라에서는 봉건적인 상하관계에 대한 가치관이 뿌리 깊어 '을'도 기회만 되면 순식간에 '갑질'을 한다. 대기업이나 법을 집행하는 주체도 개선의지가 별로 없다"며 "결국 사회 전체가 비싼 수업료를 물게 될 것"이라고 말했다.[25)]

한국 사회에서 '갑을관계'는 단순한 계약관계가 아니다. 업무의 영역을 넘어 사생활에서까지 갑이 을에게 복종을 요구하는 특수성을 갖고 있기 때문이다. 우리 사회 도처에서 비정상적 권력관계인 '갑을문제'가 생겨난 까닭은 무엇일까. 정치 사회 경제 문화 등 각 분야의 전문가들에

---

25) 김현수 kimhs@donga.com, 김호경 기자, [국가대혁신 '골든타임' 2부] "밟고 올라야 살아남는다", 권기범 기자, 최고야 기자, 입력 2014-11-03 03:00:00 수정 2014-11-03 11:32:11, <2>사회에 뿌리박힌 갑을관계 (上) 비뚤어진 인식

게 그 이유를 들어봤다.

4) 일제강점기 및 산업화를 거치며 내재화

갑을문제가 공론화된 것은 최근이지만 그 뿌리가 형성되기 시작한 것은 훨씬 이전이다. 상당수 전문가는 조선시대의 관존민비(官尊民卑·벼슬아치를 우러러보고 일반백성은 낮추어 봄)에서 갑을관계의 연원을 찾는다. 그러나 현재 우리가 말하는 갑을관계는 일제강점기에 그 뼈대가 완성됐다는 견해가 많다. 식민지 경험은 우리의 뇌리에 적자생존과 약육강식의 논리를 심었다. 일제의 철권통치와 민족차별 분위기에서 식민지 백성들은 잘살기 위해서 뿐만 아니라 횡포에서 보호받기 위해 출세를 해야 했다. 전우영 충남대 교수(심리학)는 이와 관련해 "시스템이 약자를 보호하는 기능이 떨어지면 떨어질수록 개인이 자기 스스로를 지키기 위해 힘있는 위치에 가려는 성향이 커진다"고 해석했다. 물론 이런 심리 이면에는 '출세하면 남에게 갑질을 해도 된다'는 논리가 자리잡게 된다.

권위주의와 비정상적 갑을관계는 사실 동전의 양면이다. 일본 역시 전통적인 갑을관계로 사회적 진통을 겪어 왔다. 라경수 일본 가쿠슈인대 교수는 "일본에서는 갑을관계라는 표현을 계약서 이외에는 사용하지 않지만 한국과 유사한 사회적 불평등 구조 자체는 일본 사회 곳곳에서 찾아볼 수 있다"고 말했다.

한국에서의 갑을논리는 집약적 경제성장을 이룬 산업화를 겪으면서 더욱 공고해졌다. 성장중심적 사고가 자리잡으면서 경쟁이 심화됐고, 여기서 뒤처진 낙오자를 '을'로 여기는 게 당연시됐다. 결과적으로 종전에는 가정을 제외한 가장 가까운 공동체로 여겼던 학교와 직장 내에서조차도 갑을관계가 생겨났다. 인사조직컨설팅 전문가인 양진영 박사(심리학 기반 코칭그룹인 PBCG소속)는 "같은 조직 내에서 함께 일하는 사람들이 서로의 관계를 갑을로 여긴다는 것은 그만큼 경쟁이 심하고 삶이 빡빡해졌다는 뜻"이라고 말했다. 부당한 권력관계가 '갑을관계'로 정의되며 사회적 논의의 도마에 오른 것은 2000년대 초반부터다. 이때부터

선거구 구분이나 법률용어로만 쓰여왔던 '갑'과 '을'이란 표현이 권력관계를 의미하는 말로 통용되기 시작했다. 신율 명지대 정치학과 교수는 "2000년대 초반은 권위주의 타파와 함께 사회의 투명성을 높이자는 목소리가 주목받기 시작한 시점"이라며 "집약적 경제발전을 거치며 그동안 묵과돼왔던 일상적인 삶에서의 권력관계에서도 권리를 찾기 위한 노력이 시작된 것"이라고 설명했다. 하지만 이후에도 여전히 '벤츠 검사' '그랜저 검사' 등 사회 고위층의 갑질사건은 끊이지 않았다. 이에 대해 강준만 전북대 신문방송학과 교수는 저서 '갑과 을의 나라'에서 '이렇게 일부 고위공직자의 비위가 제대로 처벌받지 않는 현실을 지켜보면서 국민들의 무의식속에 '갑'이 되면 떵떵거리고 살 수 있다는 인식이 자리잡게 됐다'고 분석했다.

5) '연못속 고래'와 성과주의의 그늘

경제적 관점에서 갑을문제는 '힘의 불균형'에서 주로 발생한다. 대기업과 하청 중소기업의 권력 차가 크면 클수록 을의 자율적 선택권이 작아지기 때문이다. 김대호 사회디자인연구소장은 "국내 내수시장을 보면 작은 연못에 큰 고래 몇 마리가 살고 있는 것과 비슷하다"라며 "과거 산업화 시대에 해외기업과 경쟁하기 위해 계획적으로 육성한 대기업들이 내수시장에서 시장 장악력을 무기로 연못에서 '갑질'을 하고 있다"고 지적했다. 전문가들은 1990년대 말 외환위기와 2000년대 말 경기침체를 계기로 부각된 성과주의와 효율 우선주의가 을의 피해를 더 심화시켰다고 말한다. 이런 풍토는 '납품단가 후려치기'와 재고를 강제할당하는 '밀어내기' 등으로 나타났다. 현용진 KAIST 테크노경영대학원 교수(공정거래센터장)는 "언제든지 다른 하청업체로 대체될 수 있는 중소기업은 대기업에 끌려다닐 수밖에 없다"며 "이는 고유 개발능력 부재로 이어져 경쟁력 감소의 악순환을 부른다"고 말했다. 지나친 성과주의는 최근에 이슈가 된 서비스업 감정노동자의 문제로도 이어진다. 한인임 노동환경건강연구소 연구원은 "서비스업에서도 경쟁이 치열해지면서 고용주들이 종사자들에게 필요 이상의 친절을 강요하게 됐다.

이 과정에서 저절로 손님과 직원 사이에 '절대적' 갑을관계가 생겨났다"고 지적했다. 그러나 갑을관계의 제도적 해결은 아직도 요원해 보인다. 최근 공정거래위원회는 가맹점주에게 부당하게 광고비를 전가한 베트남 쌀국수 프랜차이즈본부 '포베이'에 과징금 부과없이 시정조치만 내렸다. 이 업체는 드라마에 상호와 매장의 모습을 노출하는 조건으로 맺은 광고계약에 들어간 2억여원의 비용 가운데 7000여만원을 가맹점주들에게 일방적으로 부담하게 해 문제가 됐다. 전문가들은 이처럼 갑의 횡포에 대한 감시가 제대로 이뤄지지 않거나, 갑질이 적발되더라도 솜방망이 처벌에 그치기 때문에 복종적인 갑을의 권력관계가 심화된다고 지적한다. 실제로 공정위가 2011년 1월~2014년 9월 불공정행위를 한 기업에 내린 '경고' 이상의 행정조치 가운데 검찰 고발로 이어진 비율은 2.5%에 불과했다.[26)]

10. 직장인 10명 중 9명: 회사에도 갑을관계 존재

조사대상 직장인 92.5%는 자신을 '乙'이라고 생각[27)] 땅콩회항을 시작으로 연예인 전속계약 문제까지, 연초부터 불거진 갑을관계 논란이 아직까지 이어지고 있는 가운데 이런 갑을관계는 함께 일하는 동료들 사이에도 존재하는 것으로 나타났다. 온라인 취업포털 사람인(www.saramin.co.kr 대표 이정근)이 직장인 796명을 대상으로 '사내 갑을관계 존재 여부'를 주제로 조사한 결과, 전체 응답자의 87.2%가 '있다'라고 답했다. 회사 내에서 갑을관계를 결정하는 요소로는 '직급'(65.7%, 복수응답)이 1위를 차지했다. 나음으로 '부서 및 입무특성'(38.9%), '사내정치, 연줄'(25.4%), '장기근속 여부'(19%), '나이'(17%), '인맥 네트워크'(12.4%)

---

26) 최고야 best@donga.com ・권기범 기자, '甲乙民國'… 직장인 90% "갑질 당해봤다", 권기범 기자 , 김현수 기자, 입력 2014-11-03 03:00:00 수정 2014-11-03 07:26:48

27) 허정완 기자l 승인2015.04.07(한국정책신문=허정완 기자)

등이 있었다.

자료: http://news.zum.com/articles/21036509

또한, 이러한 갑을관계속에 조사대상 직장인들의 대부분인 92.5%가 '을에 가깝다'고 응답했다. 특히, '사원급'(97.3%), '대리급'(89.6%), '과장급'(83.7%), '부장급 이상'(77.4%) 순으로 직급이 낮을수록 자신이 을이라고 생각하는 비율이 높았다. 자신이 을이라고 생각하는 이유로는 '지시를 따라야 하는 상황이 많아서'(69.6%, 복수응답)를 첫번째로 꼽았다.

계속해서 '회사에서 발언권이 적어서'(30.8%), '이유없이 야근 및 잡일하는 일이 많아서'(26.5%), '소속부서의 사내 영향력이 적어서'(22.9%), '수익창출과 직접적 연관이 없는 업무라서'(15.3%), '질책당할 때가 많아서'(13.4%), '소속된 부서장이 무능한 편이라서'(12.1%) 등의 답변이 이어졌다.

자신에게 갑질을 하는 존재로는 '직속상사'(34.9%)를 가장 많이 선택했고, 이밖에 'CEO'(26.3%), '오너 일가'(12.5%), '관리부서원'(8.1%), '타부서 선배'(4.4%) 등이 있었다.

을의 입장에서 근무하는 것으로 인해 95.5%가 직장생활에 부정적인 영향을 받고 있다고 밝혔다. 부정적 영향으로는 '이직을 고민하게 된다'(69.2%, 복수응답), '근무의욕을 떨어뜨린다'(65.7%), '애사심이 줄어든다'(53.8%), '스트레스로 업무에 지장이 생긴다'(53%), '자신감이 없어지고 소심해진다'(29.9%), '야근이 많아 집중력이 떨어진다'(15.7%) 등을 들었다.[28][29]

28) 허정완 기자 gladius@kpinews.co.kr, 한국정책신문

29) http://www.kpinews.co.kr/news/articleView.html?idxno=7405(2015.4.28.)

제2장 갑을관계의 잘못된 조직문화

1. 갑을관계의 조직문화

일상에 만연화된 횡포를 막는 법안들은 국회서 낮잠, "나보다 위치가 높거나 입장이 유리한 사람에게 '갑질'을 당해본 적이 있는가?"[30) 한국 직장인 10명 중 9명은 '그렇다'고 했다. 동아일보와 잡코리아가 지난달 22~30일 직장인 724명을 대상으로 설문조사한 결과다. 이는 거래관계에서 상대적 우위에 있는 '갑'이 권력을 남용하는 것을 뜻하는 '갑을관계'가 기업간 거래 뿐 아니라 조직문화와 일상생활에서도 만연해 있음을 뜻한다. '갑질'을 한 사람으로는 직장상사(61.3%)가 가장 많이 꼽혔다.

납품 원청업체 등 거래처(38.3%)와 규제담당공무원(13.8%)이 뒤를 이었다. 응답자들은 상대방이 '자신의 이익을 극대화하기 위해 무리한 요구를 했고' '유리한 지위를 이용해 미묘한 부담을 줬다'고 했다. 갑의 횡포는 변함이 없지만 이를 해결하기 위한 제도적 노력은 지지부진하다.

지난해 4월 대기업 임원이 여성승무원을 폭행한 이른바 '라면상무'사건 이후 우후죽순으로 발의된 갑을관계관련 법안 대부분은 아직도 국회통과를 기다리고 있다. 국회의안정보시스템에 따르면 '남양유업방지법'으로 알려진 '대리점 거래의 공정화에 관한 법률' 제정안 4건은 여전히 국회에 계류 중이다. 유통대기업의 보복금지 조항 등이 담겨있는 '대규모 유통업에서의 거래공정화에 관한 법률 개정안' 5건도 마찬가지다.

전문가들은 법과 제도의 정비와 함께 우월적 지위를 남용해선 안된다는 사회적 합의가 필요하다고 말한다.[31)

---

30) [국가대혁신 '골든타임' 2부], 갑을관계, 조직문화-일상에 만연… 횡포막는 법안들은 국회서 낮잠

31) 김현수 kimhs@donga.com ・권기범 기자, 美, 수백배 징벌적 손배, 英, 기업살인법 통

2. 세계 각국의 '갑을문제' 대처방법

일본에서는 정부가 시장감시 '첨병', 기업들도 동반성장 위해 노력[32]
'갑을관계'는 한국만의 문제가 아니다. 지난해 일본에서는 미디어업계 등 사회 곳곳의 갑을관계에서 발생하는 성희롱 문제가 사회문제로 떠오르기도 했다. 미국 및 유럽에서도 공정거래는 산업영역에서 가장 중요한 키워드 가운데 하나로 여겨지며 어기면 강력한 제재가 뒤따른다. 일본에서는 시장을 감시하는 정부의 역할이 강조된다. 이정희 중앙대 경제학부 교수는 "일본에서는 공정거래위원회를 포함해 농림수산성, 경제산업성 등 관련 부처들이 불공정거래 행위에 대해 철저히 감시하고 매년 각종 문제점들을 모은 불공정거래관련 백서를 발간한다"며 "정부의 노력이 지속되면서 매년 불공정거래 고발건수가 감소하고 있다"고 말했다. 갑이 우월적 지위를 이용해 횡포를 부릴 경우 시장에서 쫓겨날 수 있다는 신호를 주는 것도 정부의 역할이다. 이병훈 중앙대 사회학과 교수는 "미국에서는 불공정거래 행위가 적발될 경우 많게는 수백배까지 징벌적 손해배상을 청구해 기업운영 자체를 어렵게 만든다"고 말했다. 영국에는 '기업살인법'이 있다. 2008년 4월부터 시행되고 있는 이 법은 원청업체가 협력업체에 무리한 요구를 하거나 업무관련 모든 안전조치를 하지 않아 발생한 근로자 사망사고일 경우 기업에 '살인'에 해당하는 법적 책임을 지게 한다. 거래업체들과 대등한 관계를 바탕으로 함께 성장하기 위해 기업 스스로 노력하는 경우도 많다. 맥도널드 시스템이 대표적이다. 맥도널드는 세계 어느 나라에서도 계열사를 두지 않는 원칙을 고수하고 있다. 현지 공급업체를 찾아 직접 거래하며 동반성장을 추구한다.

키스톤스푸드라는 미국 필라델피아주의 작은 육류 공급업체는 맥도널드와 함께 사업을 시작한 뒤 글로벌 육류 유통기업으로 성장했다. 이병

해 엄벌, 서동일 기자, 입력 2014-11-04 03:00:00 수정 2014-11-04 05:23:19

32) [국가대혁신 '골든타임' 2부]세계 각국 '갑을문제' 대처 어떻게

훈 교수는 “네덜란드 등 유럽의 경우 중소사업자들이 대기업과 협상이나 교섭을 할 때 집합적 행동, 즉 을이 연대를 할 수 있도록 각종 장치가 마련돼 있다”며 “누구나 대등한 관계에서 사업을 할 수 있다는 인식도 필요하다”고 지적했다.[33)]

3. 사회에 뿌리박힌 갑을관계: 이렇게 뿌리 뽑자

“영원한 갑을관계는 없다.” 한국 사회의 뿌리 깊은 갑을관계는 상황에 따라 역전되거나 달라진다. 중소기업 사장에게는 절대 ‘갑’인 대기업 임원도 공권력 앞에서는 약자가 된다. ‘손님을 왕처럼 대한다’는 백화점 판매원도 자신이 사는 아파트 경비원에게는 ‘갑’으로 군림한다.

이처럼 꼬리에 꼬리를 무는 갑을관계의 악순환을 끊는 해법은 무엇일까. 한때 ‘갑’이었다가 지금은 ‘을’이 된 이들의 경험담에서 그 해답을 찾아봤다.

1) “나도 갑이었습니다”

물티슈 제조 중소기업 우일씨앤텍의 이상업 부사장은 10년동안 대기업 계열사인 유통회사에 다녔다. 이 부사장은 당시 자신이 ‘슈퍼 갑’이었다고 회상했다. 초임과장 시절 그는 납품업체로부터 구입한 물건 가운데 팔리지 않은 물건을 강제로 반품시켰다. 그는 “재고처리를 하는 게 원칙이지만 실적 욕심에 재고부담을 납품업체에 떠넘겼다”며 “이때가 내 생애에서 가장 후회스러운 순간이었다”고 털어놓았다. “과거 철없던 제 행동을 뒤늦게 후회했습니다.” 여러 의류 브랜드를 거느린 대기업에서 퇴직한 뒤 2005년부터 편의점을 운영하는 강 씨(57)는 대기업에 다니던 때를 떠올리며 이렇게 말했다. 여러 매장을 돌며 실적관리를 했던 강

---

33) 서동일 기자 dong@donga.com, [국가대혁신 ‘골든타임’ 2부]甲도 언제든 乙 될 수 있다. 권기범 기자 , 김현수 기자 , 김호경 기자, 입력 2014-11-04 03:00:00 수정 2014-11-04 09:37:05, <2> 사회에 뿌리박힌 갑을관계 (下) 이렇게 뿌리 뽑자

씨는 매장의 실적을 높이기 위해 수단과 방법을 가리지 않았다. 그는 "할인행사를 강요하거나 신제품이 출시되면 할당량을 정해 채우라고 강요한 적이 많았다"며 "그렇게 해서라도 실적을 높이는 게 열심히 일하는 것이라고 생각했다"고 말했다. 하지만 퇴직 후 편의점을 운영하면서 생각이 바뀌었다. 업종은 달라졌지만 이제 강 씨가 본사 직원들의 눈치를 보고 실적압박을 받는 점주가 됐기 때문이다. 그는 "과거 내게 머리를 조아리던 점주들의 표정이 아직도 생생하다"며 "잘못된 행동으로 상처를 준 이들에게 미안한 마음이 든다"고 말했다.

2) 당신도 언젠가는 을이 됩니다

한때 '갑'이었다가 '을'이 된 이들은 계약상의 갑을관계가 부당한 권력관계로 변질되는 것을 막기 위해서는 "'누구라도 을이 될 수 있다'는 인식이 우선돼야 한다"고 입을 모았다. 국내 카드회사의 입사 4년차 영업사원인 김 씨(29)는 남들보다 이른 나이에 갑의 달콤함을 맛보았다.

대학 학생회 간부이던 김 씨는 당시 연간 1억원에 달하는 학내 복지사업권을 쥐락펴락했다. 이 사업권을 따내려는 업체들로부터 값비싼 식사를 대접받는 것은 기본이고 매번 동아리 수련회(MT)비용도 지원받았다. 행사비 명목으로 수백만원을 지원받기도 했고 겨울이면 스키장도 무료로 다녀왔다. 김 씨는 "작은아버지뻘인 업체 직원에게 사업제안서의 형식과 디자인이 마음에 들지 않는다고 퇴짜를 놓기도 했다"며 "직장생활을 하면서 만난 진상고객들이 과거 내 모습같아 부끄러웠다. 갑을의 심정을 모두 잘 알고 있어서 이제라도 나쁜 '갑'이 되지 않도록 노력한다"고 말했다. 지방의 한 백화점에서 스포츠 브랜드 매장들을 관리하는 매니저 정 씨(29)는 입점업체들을 돌며 매출을 올리라고 독려하는 일을 한다. 나이는 어렸지만 백화점 본사 직원인 그의 말을 무시할 수 있는 입점업체는 없었다. 하지만 그는 한 홈쇼핑업체의 온라인 쇼핑몰 바이어를 만나면서 갑에서 을로 추락했다. 온라인 쇼핑몰 매출이 큰 비중을 차지하는 지방백화점의 특성상 "제품가격을 더 낮추라"는 온라인 쇼핑몰

바이어의 요구를 무시할 수 없었던 것이다. 정 씨는 "'울며 겨자 먹기'로 백화점 마진의 절반을 온라인 쇼핑몰에 넘겨야 했다"며 "그제야 내가 '갑질'을 했던 입점업체들에 미안한 마음이 들었다"고 털어놓았다.

3) 을도 바뀌어야 합니다

'갑'이었던 '을'들은 '을'의 자세가 달라지는 것도 중요하다고 말한다. 공공기관 출신 중소기업 사장인 최 씨(48)는 "갑의 횡포를 막으려면 을의 경쟁력을 높이는 게 가장 현실적인 대책"이라고 말했다. 정부의 지나친 개입은 기업간 거래를 얼어붙게 하거나 거래처가 납품업체에 피해를 떠넘기는 부작용을 가져올 수 있고 갑이 자발적으로 개선하기를 기대하는 건 너무 오랜 시간이 걸려 실효성이 없을 거라는 판단에서다. 그는 "중소기업이 틈새시장을 개척하거나 경쟁력을 높여 '갑'이 함부로 할 수 없는 '을'이 되는 게 가장 현실적이면서 근본적인 해법"이라며 "갑을관계에서 비롯된 권력관계가 특히 강력한 산업현장에서 경쟁력이 없는 중소기업은 어떠한 제도가 생기더라도 결코 '갑'의 횡포에서 자유로워질 수 없기 때문"이라고 강조했다.

부당한 갑의 횡포를 겪게 되면 이를 신고하거나 조정할 수 있는 창구를 활용하라는 조언도 있다. 대기업 출신인 이상업 부사장은 "비교적 젊은 초임대리나 과장들의 갑질이 심한 편"이라며 "이럴 때에는 임원들이랑 만나 얘기하면 풀리는 경우가 많다"고 말했다. 현장 직원들의 횡포를 직접 맞대응하기보다는 고위급 직원을 통해 해결하거나 거래처의 윤리경영팀, 중소기업을 대상으로 한 옴부즈만 제도를 적극 이용하면 갑의 횡포를 줄일 수 있다는 조언이다.

또 이 부사장은 침묵하는 '을'의 자세에 대해서도 따끔한 충고를 했다. 그는 "불편부당한 일을 당해도 참으며 굴욕적인 자세를 계속 유지하면 그게 관행이 된다"며 "가만히 있으면 안된다"고 당부했다.[34]

---

34) 김호경 whalefisher@donga.com ·김현수·권기범 기자, [국가대혁신 '골든타임' 2부]

4. 뿌리박힌 갑을관계를 뿌리뽑는 방법

"고객이 왕이라는 말도 몰라? 왕한테 말대꾸하는 너는 회사 다닐 자격이 없어!" A 씨는 114 전화번호 안내서비스를 하는 KT 자회사 KTcs의 '관심고객'이었다. 지난해 4월부터 3개월동안 A 씨는 114에 1600차례 전화를 걸어 매번 여성상담원만 골라 욕설과 음담패설을 일삼았다.

KTcs는 A 씨를 성희롱 및 업무방해 혐의로 경찰에 신고했다. A 씨는 징역 8개월 집행유예 2년, 성폭력 예방교육 40시간을 명령받았다. KTcs가 A 씨를 신고할 수 있었던 것은 '악성민원매뉴얼'을 만들어 대처한 덕분이다. 악성민원전담팀과 법무팀에서 대응방안을 결정하는 시스템이다.

KTcs 관계자는 "악성민원매뉴얼이 생기기전까지 성희롱 폭언 등 악성민원은 '견뎌야 하는 일'이었다"고 말했다.

1) '피할 수 있는 권리'를 주는 기업들

갑을 논란에서 서비스 직군 종사자는 '을 중의 을'로 꼽힌다. 소비자가 왕이란 통념 아래 이들은 늘 웃음과 친절로 무장한 신하가 돼야 한다. 불특정 다수에게 부당한 갑질을 당해도 호소할 곳이 없다. 언어적 혹은 신체적 폭력을 당해도 전화를 끊거나 자리를 피하는 일은 금물로 여겨졌고 끝까지 고객을 상대해야 한다고 강요받았다. 최근 갑을문제가 사회적 문제로 자리잡으면서 이들에게 '피할 수 있는 권리'를 주는 기업이 늘고 있다. 무조건적인 친절이 갑질을 더 부추긴다는 판단에서다.

KTcs도 악성민원매뉴얼을 만들어 강경대처를 시작한 뒤 악성민원이 20% 가까이 줄었다. 서울시 120 다산콜센터도 지난해부터 상담사의 감정노동 문제해소 및 규제방안을 만들었다. 악성민원에 대해 '3번 경고→경고문 발송→고소·고발조치' 등 단계적으로 대응한다. 성희롱 등 명백한 위법행위를 하면 경고없이 바로 법적 처벌 또는 제재를 하는 '원스트

갑질 막아줄 우산이 필요해, 김호경 기자 , 서동일기자 , 최예나 기자, 입력 2014-11-04 03:00:00 수정 2014-11-04 05:22:57

라이크아웃제'를 시행 중이다. 아시아나항공도 최근 직원보호 프로그램을 강화하고 있다. 승무원들에게 습관적으로 행패를 부리거나 무리한 요구를 하는 고객을 별도관리하고 '운송거절가능 고객'임을 통보한다.

박주영 숭실대 벤처중소기업학과 교수는 "직원들이 부당한 대우에 적극 대응할 방안을 기업들이 직접 마련해 보호하는 것이 갑의 횡포를 막는 효과적 방법"이라고 말했다.

2) '라면상무사건 1년', 제도적 대책 마련 위한 노력

한국 사회에서 '갑을관계'라는 종기가 곪아 터지기 시작한 것이다. '라면상무' '신문지 회장' 등 사회적 지위가 높은 사람이 을의 지위에 놓인 사람에게 '갑질'을 한 사실이 알려져 문제가 됐다. 또 기업과 기업 사이의 갑질문제도 잇따라 터졌다. 대리점 사장에게 제품을 받으라며 폭언을 한 사례가 공개돼 공분을 샀고, 밀어내기에 견디지 못한 대리점주가 스스로 목숨을 끊기도 했다. 이후 갑을문제를 제도적으로 해소하려는 다양한 노력이 이어지고 있다.

지난해 11월부터 시행되기 시작한 징벌적 손해배상제도 및 납품단가 조정 협의제도가 대표적이다. 징벌적 손해배상제도는 불공정행위를 한 대기업에 소비자나 중소기업이 입은 피해액보다 훨씬 많은 손해배상금을 물리는 제도다. 지난해 5월 개정된 '하도급거래 공정화에 관한 법률'에는 부당한 하도급 대금인하, 부당한 발주취소, 부당한 반품 등에 대해 최대 3배까지 징벌적 손해배상제를 적용한다는 내용이 담겨 있다. 공정거래위원회는 중소기업협동조합이 개별 중소기업을 대신해 원청사업자와 직접 납품단가를 조정해 협의할 수 있도록 한 '납품단가 조정협의제도'를 지난해 11월부터 시행하고 있다. 가격협상력이 낮은 개별 중소기업이 납품단가 조정과정에서 입을 불이익을 방지하기 위한 제도다.

올해 말부터는 중소기업청 산하 '중소기업 기술분쟁 조정 중재위원회'가 설치돼 운영된다. 기술을 탈취당한 기업이 위원회에 중재조정을 신청하면 약 50명의 전문가들이 신속하게 중재 조정을 할 수 있도록 했다.

기술 탈취에 대한 신속한 판단으로 막대한 소송비용을 들이지 않고도 조정 결과를 얻을 수 있는 것이 가장 큰 장점으로 꼽힌다.

3) 스스로 검열하는 문화 동반

직원들 머릿속에서 '갑'이라는 인식을 지우기 위해 노력 중인 대기업들도 있다. 현대백화점은 3500여개 협력사와 체결하는 모든 거래계약서에 '갑'과 '을'이란 표현을 쓰지 않고 있다.

임직원을 대상으로 예절교육까지 실시할 예정이다. 한국야쿠르트는 영업일선에서 뛰는 '야쿠르트 아줌마'와 계약을 할 때 아줌마를 '갑'으로 표기하고 있다. 오세조 연세대 경영대학 교수는 "제도적 뒷받침은 필수지만 근본적 해결책은 '나도 을이 될 수 있다'는 인식과 인간적인 반성이다"라며 "계급장이 있을 때와 없을 때 나는 어떤 사람인지 스스로 검열해야 한다"고 지적했다. 서울시도 공무원의 부당한 횡포를 막기 위한 갑을관계 청산 10대 행동강령을 마련했다. 인허가 권한을 쥔 공무원이 민원인에게 함부로 대하는 것을 막자는 취지다. 시는 각종 공문서에서 갑과 을이라고 쓰던 관행도 없애 갑은 그냥 서울시 또는 발주기관으로, 을은 '계약 당사자'로 쓰고 있다. 국내 한 게임회사에 근무하는 박 상무는 "최근 '여러분은 회사 안에서만 임원이고 상사이지 밖에선 임원이 아니다'란 사내교육을 수시로 받고 있다"며 "'갑'의 지위에 젖어 밖에서 돌출행동을 할 위험을 미리 차단하기 위한 것"이라고 말했다.[35)]

5. 갑을관계를 넘어 공생의 관계로: 디자인 표준계약서

순서나 우열을 나타낼 때, 첫째와 둘째를 이르는 말이 있습니다. 많이 들어보셨을 텐데요, 갑을이 바로 그것입니다. 본래 갑을은 "갑을병정무기경신임계"(이하 '십간')에서 나온 말로 하루하루를 표현하는 방식이라고 합니다. 즉, 십간의 10일을 1순으로 하여 한달을 3순으로 나누었으며

35) 서동일 dong@donga.com ·최예나·김호경 기자

매번 중복되는 달수를 피해 12지간을 붙여 사용하는 것이죠. 이것이 많이 들어보신 '60갑자'입니다.[36)]

이미지 출처: Richard Busch, CC BY-NC-SA 2.0
자료: http://slowalk.tistory.com/2030

이 갑을의 의미가 최근에는 조금 다르게 사용되는 것 같습니다. 첫째와 둘째, 하루하루, 이런 의미는 시간의 변화와 흐름을 의미합니다. 그런데 지금 갑을의 의미는 상하관계나 주종관계를 의미하는 것 같습니다.

흔히 갑질한다거나 을의 비애처럼 갑에는 힘이 들어가 있고 을에는 인내하고 참아야만 하는 느낌이 듭니다. 무엇이 갑을의 의미를 이렇게 만들었을까요?

갑을이라는 단어가 가장 많이 쓰이는 곳이 있습니다. 바로 계약서이지요. 서로의 필요한 부분을 보충해 상호간 믿음을 바탕으로 결과를 위해 최선의 노력을 다한다는 약속의 문서입니다. 하지만 지금까지 사용되었던 계약서 내용에는 그것의 본래 의미를 퇴색케 하는 많은 내용들이 있습니다. 불공정조항, 바로 그런 내용들 때문에 갑을의 의미가 다르게 해

36) 2014/11/25 07:00green life&etc.| 일상다반사

석되는 게 아닐까요. 지난 2010년 한국디자인진흥원에서는 디자인 계약의 큰 문제점 4가지와 그 개선안을 제시하며 디자인 용역 표준계약서를 공개하였습니다. 4가지 문제점은 각각 다음과 같습니다.[37] 낮은 디자인 단가, 과업범위의 불명확, 지적재산권의 귀속, 그리고 무한책임전가 등 그 중 지식재산권의 귀속과 무한 책임전가 부분이 현재 어떤 불공정한 모습으로 나타나 있는지, 그리고 그 개선안은 어떻게 되었는지 보여드립니다.

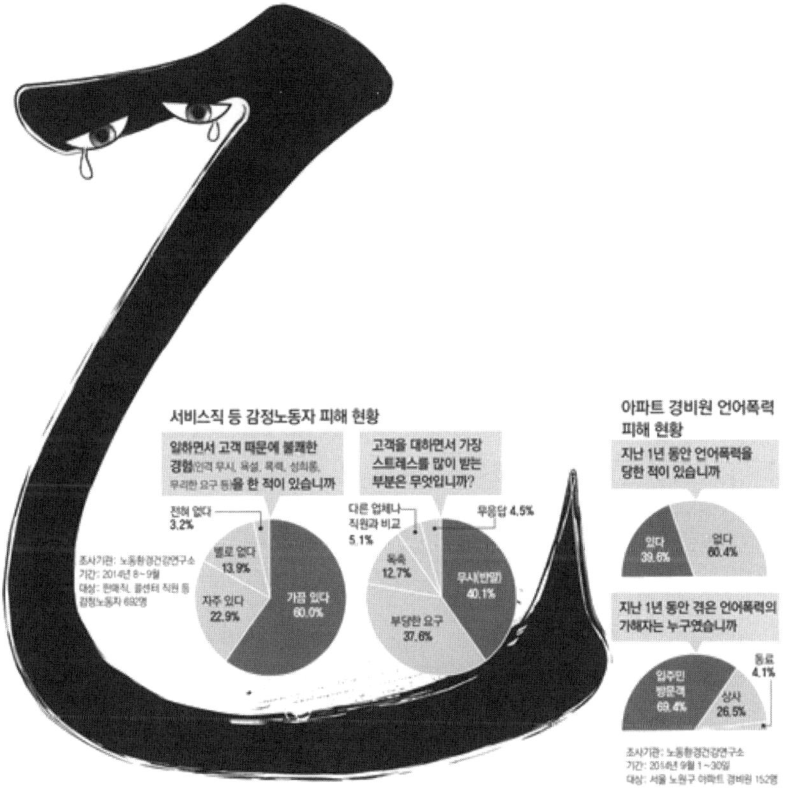

자료: http://blog.daum.net/obk2030/16532588

37) 한국디자인진흥원발간(2010), 디자인권리보호가이드북

1) 지식재산권 소유

(예시) 을이 보유하고 있는 저작권 등을 포함한 지식재산권 이외의 본 도급을 통하여 얻어진 모든 지식재산권(2차적 저작물 포함)은 갑에게 있으며 을은 본 계약 체결 이전에 자신이 소유하거나 권리를 보유한 지식재산권에 대하여 본 계약상 목적 범위 내에서 갑에게 무상의 실시권을 허용하여야 한다.

(개선안) 을이 보유하고 있는 저작권 등을 포함한 지식재산권을 사용할 때는 을과 협의하여 승인을 얻은 후에 사용하고 갑은 을에게 대가를 지불할 수 있고, 본 도급계약을 통하여 얻어진 모든 지식재산권(2차적 저작물 포함)은 갑과 을이 협의하여 지식재산권별로 권리자를 지정하고 을은 본 계약체결 이전에 을이 소유하거나 권리를 보유한 지식재산권에 대하여 본 계약상 목적범위 내에서 갑과 협의하여 유상, 무상의 실시권을 구분하여 승인하고 공급하기로 한다.

제목	디자인 용역계약 표준계약서 고시		
담당자	이재연	담당부서	디자인생활산업과
등록일	2013-06-13	조회수/추천	4583
내용	산업통상자원부고시 제2013 - 49호 디자인 용역계약 표준계약서 고시 「산업디자인진흥법」제5조에 의거, 디자인 용역계약 표준계약서를 다음과 같이 고시합니다. 2013년 6월 13일 산업통상자원부장관		

자료: http://www.motie.go.kr/motie/in/ay/policynotify/notify/bbs/bbsView.do?bbs_seq_n=61938&bbs_cd_n=5

참고: 지식재산권은 소유권, 특허권, 실용신안권, 디자인권, 상표권, 저작권, 초상권 등 제 권리의 본래적 일체를 포함

개선안의 내용이 조금 복잡하지만 요약하면 이렇습니다. 예시의 조항은 현재의 업무관계를 이용해 을이 보유하고 있는 지식재산권을 무상으로 사용하겠다는 내용이다. 만약 현재의 업무와 관련해 필요한 지식재산권이라면 그에 준하는 대가를 지불하고 사용해야 한다는 것으로 개선안을 내놓았다.

2) 무한책임 전가문제

(예시) 디자인 용역 결과물의 인도전에 발생한 손해는 특별히 정한 경우를 제외하고는 을의 부담으로 한다. 제3자에게 손해를 끼친 경우에도 같다.

(개선안) ① 디자인 용역 결과물을 갑에게 인도하기전에 발생한 손해에 대해서는 을의 귀책 사유에 해당하는 경우에는 을의 비용으로 부담하고, 갑과 을의 책임소재가 불명확할 경우에는 갑과 을이 협의하여 합의한 비율대로 비용을 공동부담한다. ② 제3자에게 손해를 끼친 경우에도 ①항의 규정을 적용한다.

계약은 신실성의 원칙에 입각한다. 즉, 상호간의 권리와 의무가 평등하게 부담되어야 함이 원칙이다. 책임의 소재가 분명한 경우에는 그에 맞는 책임을 지어야 함이 마땅하지만 그렇지 않을 경우에는 상호 협의하는 과정이 필요하다는 내용의 개선안이다.

위 2가지 사례의 개선안에 대해 어떻게 생각하나요? 좀더 합리적으로 보이나요? 당시에는 이런 을을 위한 계약처럼 보이는 내용에 대해 상당히 파격적이다라는 의견이 많았었데요, 아마도 불과 몇년전까지도 을은 약자일 수 밖에 없는 현실이 반영되어 그런 것 같습니다. 무엇보다 다행인 것은 개선안의 내용이 담긴 표준계약서 발표 이후, 지속적인 연구와 관련부처 협업을 통해 발전에 대한 논의가 계속되었다는 것이죠.

참고: 산업통상자원부 고시(2013), 디자인 용역계약 표준계약서, 그리고 2013년 6월, 좀더 발전된 형태의 디자인 표준계약서가 산업통상자원

부 고시로 발표되었다. 이 표준계약서는 제품, 시각, 멀티미디어 등 3개 분야에 대한 내용을 담고 있는데, 특히 그동안 불명확했던 발주처와 공급자간의 권리와 의무관계를 좀더 구체화했다. 앞서 살펴본 2가지 부분에 개선안이 이곳에는 이렇게 반영되어 있다.

3) 지식재산권 문제

(중략) 본 용역 수행과정 중 수요자에게 제시된 공급자의 중간인도물, 사전작업물, 최종인도물의 개별구성요소에 대한 지식재산권은 공급자에게 귀속되며 공급자의 허락없이 사용할 수 없다.

<무한책임 전가문제>

① 공급자는 최종 인도물에 제3자의 지식재산권을 의도적으로 침해하지 않을 것을 보증한다.

② 공급자는 제3자의 지식재산권을 침해함으로 인한 수요자의 손해에 대하여 책임을 부담한다. 다만, 공급자의 책임없는 사유로 인하여 발생한 경우에는 수요자가 부담한다.

(중략)

고시 발표된 디자인 표준계약서에는 이외에도 어느 한 쪽이 일방적으로 계약을 변경, 해지한 경우의 손해배상을 규정했다는 점, 최종 인도물에 대한 검수·승인절차를 규정했다는 점, 용역단계별로 발생하는 창작물의 지적재산권 귀속 주체를 명시했다는 점 등이 기존의 디자인 용역계약서와 다른 점이다. 또 갑과 을이라는 명칭 대신 수요자와 공급자라는 명칭을 사용해 평등한 관계를 유도한다는 점도 눈에 띈다. 참고로 슬로워크에서는 갑과 을이라는 명칭 대신 수요자와 창작자라는 명칭을 사용하기도 한다. 혹시 회사내에 볼 수 있는 계약서가 있다면 표준계약서의 내용과 어떤 점이 다른지 살펴보는 것도 재미있을 것 같다. 사전에 표준계약에 대한 내용을 알고 있다면 좀더 당당하게 을의 권리를 요구할 수 있지 않을까. 계약서 자체가 일의 본질은 아니지만 그 내용이 표현하고자 하는 것은 본질에 가까워야 한다. 서로간 최선의 노력으로 최고의 결과를 내는 것, 그렇게 하기 위한 요구는 당당한 "창작자"의 권리이다.[38][39]

6. 땅콩회항 사건 등 최악의 갑을관계 개선

세상이 점점 약자에게 강해지고 있는 것 같은데요. 모든 관계의 문제점은 아마 갑과 을이라는 권력구조 안에서 시작되는 것이 아닐까 싶습니다.[40] '힘희롱의 전성시대', 2014년은 '갑을 논란'의 정점을 찍은 한해였죠. '힘희롱'은 특권층이 자신의 지위를 악용해 막말과 폭언 등으로 직원들에게 모멸감을 주거나 피해를 주는 등의 사례를 지칭한 말입니다.

올해는 특히 각계각층의 지위남용 사례들이 줄을 이으며 올해의 키워드를 장식했습니다.

직장인들이 꼽은 '최악의 갑질' 순위

순위	내용	비율
1	묻지도 따지지도 말고 시키는 대로 하라고 윽박지르기	26.9%
2	나이, 직급 차이 다 무시하고 무조건 반말로 지껄이기	25.6%
3	정해진 업무 외에 개인적인 일 다 시키기	20.2%
4	금요일 오후에 전화해서 월요일 오전까지 자료 달라고 하기	18.1%
5	일 시키고 비용처리는 마감기한 지나고 해주기	4.2%
6	무슨 날이나 때가 되면 선물이나 접대 요구하기	3.8%
7	기타	1.3%

자료: http://koreablog.korea.kr/549?srchid=BR1http://koreablog.korea.kr/549

38) 출처 : 한국디자인진흥원 디자인권리보호가이드북(2010), 산업통상자원부 디자인 용역계약 표준계약서 고시(2013)

39) http://www.motie.go.kr/motie/in/ay/policynotify/notify/bbs/bbsView.do?bbs_seq_n=61938&bbs_cd_n=5

40) 공감정책특집 2015/01/05 09:30

최근 물의를 빚은 '땅콩회항' 사건은 항공사 부사장이 승무원의 서비스에 문제가 있다며 비행기를 회항시켜 사무장과 승무원을 강제로 내리게 하면서 불거졌습니다. '땅콩(미친)분노(nuts-rage)'라는 조롱섞인 별칭을 얻으며 전 세계적으로 전파를 타기도 한 이 사건으로 '사상 초유의 갑질'이라는 비판과 함께 국민들의 분노도 쉬 가라앉지 않고 있어요.

직장인들이 꼽은 최악의 갑질은 시키는대로 하라고 윽박지르기이다. 직장인들은 갑질에 대해 어떻게 생각할까요. <직장인> 매거진에서 지난해 실시한 최악의 갑질은 '묻지도, 따지지도 말고 시키는대로 하라고 윽박지르기'로 26.9%(172명)를 차지했어요. '나이 차이, 직급 차이 다 무시하고 무조건 반말로 지껄이기'가 25.6%(163명)로 뒤를 이으며 언어폭력에 상처를 입는 것으로 나타났습니다. 또 '정해진 업무 외에 개인적인 일까지 다 시키기' 20.2%(129명), '금요일 오후에 대뜸 전화해서는 월요일 오전까지 자료달라고 하기' 18.1%(115명), '일은 득달같이 시키면서 비용은 마감기한 지나서 결제해주기' 4.2%(27명), '무슨 날이나 때만 되면 선물이나 접대 요구하기' 3.8%(24명), '기타' 1.3%(8명) 순으로 답한 바 있습니다.

1) '권력형 성추행' 기승

'권력형 성추행'도 기승이었어요. 최근 서울시향 대표는 폭언과 막말을 일삼고 성추행을 한 혐의를 받았습니다. 지식의 상아탑으로 불리는 학교도 마찬가지였어요. 국립대학교 강 교수는 한 대회에서 인턴여학생을 성추행한 혐의로 구속됐죠. 이외에도 몇 개의 사립대 교수 등이 성문제 피의자로 전락했음에도 진상조사를 이유로 여전히 강의를 진행하는 등 웃지못할 일이 벌어지기도 했어요. 전 국립중앙의료원장 윤 씨도 20대 비정규직 여직원을 강제추행한 혐의로 현재 검찰수사를 받고 있어요.

법무부 장관을 지낸 전 국회의장도 강원도의 한 골프장에서 20대 여성 캐디를 성추행한 혐의로 기소됐습니다. 성문제 피해로 더 문제가 되는 건 '2차 피해'입니다. 성추행 피해를 회사에 알린 뒤 부당해고나 보복성 징계, 왕따 등 2차 피해를 당하는 경우가 35%에 달합니다. 반면 성추행 가해자가 처벌받는 경우는 5%에 불과한다고 합니다. 박 씨는 피해자를 도와주려다가 협박을 당했는데요. "(피해자를) 도와주면 근무평가에 반영해서 공무직 전환을 힘들게 하겠다. 내가 재 어떻게 하나 한번 봐라. 내가 밟아줄테니까, 한번 지켜봐라"고 하며 협박했다고 전했습니다. 누구에게 말하기도 수치스럽고, 알려지면 소위 '밥줄'이 끊길지도 모른다는 두려움 때문에 한동안 떨어야했다고 합니다. 이렇듯 민원들이 제기되는 가운데 개선방안으로 대두되는 것은 '엄중한 처벌'입니다. 여성가족부에서는 <성폭력특별법 시행 20년을 점검한다>에서 법적 체질개선과 처벌강화 등을 성과로 꼽으며 더욱 강력한 법제화에 각고의 노력을 기울이고 있습니다.

2) 정부의 국민들 체감도조사 정책반영정도 점검

정부는 국민들의 체감도를 직접 조사해 정책반영정도를 점검할 계획입니다. 동반성장위원회는 '대리점 갑을관계'가 개선됐는지 체감도 조사를 실시하기로 했습니다. 본사와 대리점간 거래관계에 대한 체감도 조사인데요. 이는 지난해 남양유업의 대리점 물량 밀어내기가 논란이 된 것이 계기였습니다. 남양유업은 대리점에 강제로 제품을 구입하게 하고 대형 유통업체 판매사원 임금도 대리점에 전가해 공정거래위원회로부터 123억원의 과징금과 시정명령을 부과받고 검찰에 고발까지 당했죠. 남양유업 사태로 사회 전반에 만연한 본사와 대리점간 갑을문화를 청산해야 한다는 움직임은 동반성장위원회의 대리점 체감도 조사로 이어졌습니다.

건물의 갑을관계도 개선합니다. 앞으로 220만명으로 추산되는 모든 상가임차인은 건물주가 바뀌어도 5년간의 계약기간을 보장받습니다. 상가주인이 별다른 이유없이 임차인의 권리금 회수를 막으면 임차인은 소송을 통해 손해배상을 받을 수 있습니다. 자영업의 최대 핵심 애로사항인 권리금 보호방안은 임차인이 상가건물주와 상가주인(임대인)인 갑의 횡포에 피해를 입지 않도록 권리금을 법제화하고 임차인에게 대항력을 부여하는 것이라고 합니다. 갑을관계 개선을 통해 앞으로는 약자가, 약자만이 고통받아야 하는 억울한 일들이 없어지기를 바랍니다. 특권층은 자신의 지위를 악용하는 것이 얼마나 부끄러운 일인지 알아야 할 것입니다.[41)]

7. 미국의 독점금지법(Antitrust)

미국의 독점금지법(Antitrust)은 경쟁을 촉진하기 위한 정책입니다. 그런데 초기의 독점금지법을 보면 기업결합, 끼워팔기, 거래계약, 판매지역 제한, 재판매 가격 유지 등을 위법으로 규정했습니다. 이런 기업행위가 시장질서를 어지럽히고, 경쟁자에게 큰 피해를 줄 수 있다는 우려입니다. 어딘가 의심쩍은 기업행위는 당연히 위법이라는 판단이었습니다.

때문에 독점금지법이 경쟁을 보호하기보다, 막연히 약자라고 생각했던 '경쟁자'만 보호하는 것 아니냐는 목소리가 높아졌습니다. 냉철한 판단없어 경쟁 자체와 소비자들이 피해를 본다는 의문이 제기되었습니다.

경쟁정책은 경쟁을 보호하는 것이지, 경쟁자를 보호하는 것이 아닙니다. 최근에는 위의 사례처럼 위법으로 여겨지던 기업의 행위를 '합리의 원칙(rule of reason)'으로 봅니다.

즉, 기업 및 경제 주체들의 행위는 나름대로 이유가 있습니다. 따라서 면밀히 따져봐야한다는 입장으로 변했습니다. 위법이라 생각했던 행위들을 따지고 보니 나름대로 이유가 있는 경쟁행위였습니다. 궁극적으로 소비자 후생을 높여주었고, 시장의 형성과 유지에 도움이 되었다는 것이 밝혀졌기 때문입니다.[42)] 이런 시행착오로 인해 독점금지판결이 한층 발전했습니다. 시장참여자의 행동과 여러 경제현상에 대하여 면밀한 분석

---

41) http://koreablog.korea.kr/549?srchid=BR1http://koreablog.korea.kr/549(2015.4.28.)

42) 사진출처:패스트체인징 아메리카

이 이뤄졌습니다. 판단을 위한 노하우가 쌓여갔지요. 그 결과 대중과 여론에게 흔들린 감정적 판단이 잘못되었다는 것을 알았습니다. 결국 겉만 보고 판단해서는 안됩니다. 자칫하면 문제가 아닌 것을 문제라고 판단하는 오류를 범할 수 있게 된다는 교훈을 얻었습니다. 물론 대중은 위와 같은 기술적 분석을 하기 어렵습니다. 그렇지만 나름대로 이유가 있을 것이라는 판단의 여지를 남겨둘 필요가 있습니다. 내가 모르는 부분이 있을 수도 있다는 것, 해결책이 없다는 그 자체를 알고 있는 것을 아는 것이 무엇보다 중요합니다. 인간이란 혼자 살 수 없습니다. 서로의 필요와 효율에 의하여 관계를 만듭니다. 그리고 관계속에서 교환을 이루고 협력관계를 맺습니다. 이렇게 나름대로의 이유가 만들어 낸 관계는 보는 시점에 따라 여러 가지 해석이 가능합니다.

최근 '갑을관계'라는 말이 유행처럼 번지고 있습니다. 그런데 삶의 한 단면을 '갑-을'이란 관계로 이름지어 버리는 행위가 좋은 걸까요? 미국 반독점금지법 역사처럼 잘못된 판단을 하게 되는 시작이 아닐까요? 열 길 물속은 알아도, 한 길 사람속은 모르는 법이란 말이 있습니다.

이해관계가 복잡하게 뒤엉킨 관계가 많습니다. 이런 관계를 전부 '갑-을'이라는 말로 규정해도 좋을까요? '갑을관계'는 지배와 종속이란 의미를 포함합니다. 섣부른 규정이 냉철한 판단을 흐리는 결과를 가져올 것입니다. 갑의 위치에 있다고 하여, 그것이 '악'을 의미하지 않습니다.

'을'의 위치에 있다고 무조건 동정받아야 하는 것도 아닙니다. 따지고 보면 갑이나 을도 많은 사정이 있고, 말못할 사연도 있을 겁니다. '합리의 원칙'을 세운 미국 독점금지법의 역사적 교훈을 생각해 보아야겠습니다. 요즘 갑을관계가 온 나라를 흔들고 있습니다. 여러 사건들을 통해 우리는 하루아침에 갑이 추락하는 것을 보았습니다. 갑과 을의 위치가 바뀌거나 상황에 따라 갑이 되기도 하고 을이 되기도 하는 것을 보았습니다. 서로의 관계는 상황과 이해관계에 따라 언제든지 변합니다.

하지만 여론은 묻지도 따지지도 않고 갑과 을이란 이름으로 집단이나 개인을 매도합니다.[43] 미국 독점금지법의 역사에서는 어떻게 했을까요?

기업행위를 판단하는 여러 원칙, 시장과 경쟁을 보호하는 원칙을 쌓았습니다. 그런 원칙이 없이 대중의 감정으로 관계를 이해하려하면 안됩니다. 결과적으로 누구도 원하지 않은 결과를 만들 수 있습니다. 미래세대에게 부끄러운 모습으로 기억될지 모릅니다. 인간이 대체로 이해에 좌우될지라도, 그 이해 자체와 모든 인간사는 전적으로 여론에 좌우됩니다.[44] 복잡한 이해속에서 이루어지고 있는 것이 관계입니다. 상황의 진실을 파악하는 노력을 해야 합니다. 그런데 요즘은 누군가 만든 '프레임'에 여론이 좌우됩니다. 혹시 '갑을관계'가 정치적 목적으로 쓰이고 있는 건 아닐까요? 사람 하나를 바보만드는 데는 그저 악의적인 '이름짓기' 한번이면 충분합니다.[45][46]

8. 갑을관계의 용납범위

갑과 을의 관계, 언제 어디서나 공존하는 갑을관계, 서비스업을 하다보면 을의 입장이 될 수 밖에 없는 것이 또 숙명이다. 처음부터 작정하고 덤벼드는 고객은 감당하기가 쉽지 않다.

갑과 을에서 을이 견뎌야하는 슬픔과 실망은 적지 않은 상처가 되기도 한다.[47] 가까운 지인인 고객이 동생분과 함께 왔다. 업무진행에 직접적으로 참여되지 않은 상태이면서 본인의 생각을 마구마구 쏘아 붙이기 시작했다. 왜 그렇게 진행된 것인지 들어 보려고 하지도 않은 채 말꼬리

---

43) 사진출처: 뉴스토마토

44) D. Hume

45) 변종국

46) http://www.freedomsquare.co.kr/1669?srchid=BR1http://www.freedomsquare.co.kr/1669 (2015.4.28.)

47) 똑똑똑 다섯번째/ 갑을관계 어디까지 용납해야 할까?? 똑똑똑 / Diary 2015/02/16 17:40, http://blog.naver.com/tmsk9371/220275170131, 갑과 을의 관계, 언제 어디서나 공존하는 갑을관계

잘라먹는 건 기본이고 높은 언성에 이랬니 저랬니 공격적인 태도에 남의 사업장 업무시스템 조언까지 나서는 당신은 당췌 무슨 오지랖인지. 혼자 열변을 토하며 막던지는 한마디 "일을 이렇게 하시나봐요." "내가 이 일을 좀 해봐서 아는데요." 피식 웃음이 났다.

정녕 그래서 당신이 전문가이신가? 얼마나 많은 지식을 갖고 계시는가? "그럼 네가 하시든가요!" 목구멍까지 차 오른다. 팔다리가 떨리고 심장이 쿵쿵쿵 뛰기 시작하지만, 그래도 참고 참고 또 참는다. 내가 나설 자리가 아니기에 괜히 분란만 일으킬 것같아 조마조마한 내 마음을 애써 달래본다. 안들었으면 모를까. 지켜보는 나도 이런데, 고객을 대하는 담당자는 오죽하려나. 당장 뛰어 들어가 언행이 지나치신 게 아니냐고 하고 싶었지만 내가 그렇게 판을 깰 수는 없는 상황이다.

몇십년 알고 지내온 인연인데 감히 내가 끼어들어 그르칠 순 없었다. 그 사람은 그렇게 해서는 안되었다. 적어도 얘기를 들어줘야했다. 오해에서 발생되었기에 사과할 수 있는 일이었고 서로의 입장을 이해하고 풀어야했다. 충분히 그럴만한 일이었고 대화가 가능했던 일이다.

그 사람이 그렇게 나서지만 않았다면, 본인이 직접적으로 한일이 아니지 않던가. 제3자의 입장에서 끼어들어 큰소리치며 상대방 말을 다 잘라가며 감놔라 배놔라 기가찬다는 식의 언행을 내보여선 안되었다. 적어도 언니입장을 생각했다면, 언니에게도 다그치는 모습은 참, 누가 언니고 누가 동생인지. 더 이상 대화가 이루어질 것같지 않아 최후의 선택을 했다. 그렇게 계약은 무효시켰고 마지막까지 웃는 얼굴로 지인을 보내줬다. 나는 감사했다. 끝까지 참아줘서, 존경합니다. 인내의 끝을 보여줬음에, 대인배였다. 멋있었다. 세상을 살다보면 이해하기 힘든 사람들을 여럿 만난다. 그럴때마다 내 입장과 내 생각만으로 고집하고 몰아 세운다면 그 삶엔 타협이란 없을 것이며 항상 외로울 것이다. 그 순간을 참고 견디며 대인배 모습을 보여줘서 너무나도 감사하고 존경한다. 나는 오늘 일을 교훈삼아 내 모습을 다시 한번 되돌아봐야겠다.

나는 어떤 얼굴을 하고 있는가? 나는 어떤 모습으로 보여지고 있는가?[48)]

9. 영도구의 갑을관계 배제

부산시 영도구는 지난 10일 규제개혁위원회 심의회를 개최하고 안건으로 채택된 '계약체결 및 협약서 작성시 갑을관계 명칭개선안'을 만장일치로 원안 가결시켰다고 11일 밝혔다.[49)]

이날 가결된 '갑을'관계의 명칭개선안은 시행계획이 수립된 이후 작성되는 모든 계약서상에서 '갑을' 문구 대신에 순화된 문구로 대체될 전망이다. 영도구에서 한 해 동안 계약서를 작성하는 연간 물품 및 용역의 종류는 대략 100종이 넘고, 계약건수는 수백건에 이른다. 물품 및 용역 뿐 아니라 근로계약의 경우도 연간 50건 이상의 계약이 이뤄지고 있다.

특히 계약서상에서 '갑을'을 표기하는 계약은 전체 계약의 90% 이상을 차지하고 있다.

'갑을'관계는 수평적 나열을 의미하지만 한국사회에서는 주종관계, 상하관계로 인식돼 있다. 이로 인해 '갑을' 표기가 자칫 공직사회에서 권한남용으로 이어질 수 있다. 이에 영도구의 '갑을'관계 명칭개선은 공무원의 권위주의적 의식개혁과 권한남용을 계약서류 작성시부터 개선해 계약관계가 주종관계가 아닌 '평등관계', '공생관계', '협업관계'가 되도록 하는데 의의를 두고 있다. 구 관계자는 "앞으로 계약서상에 '갑을'표기 개선 뿐 아니라 불평등한 계약조건도 지속적으로 개선해 나갈 계획"이라고 말했다.[50)][51)]

---

48) http://blog.naver.com/PostView.nhn?blogId=tmsk9371&logNo=220275170131(2015.4.28.)
49) 아주경제 원문l 입력 2015.03.11 11:38, 아주경제 부산 정하균 기자
50) 정하균 a1776b@ajunews.com, [아주경제 ajunews.com]
51) http://news.zum.com/articles/20372298(2015.4.28.)

자료: http://news.zum.com/articles/20372298

10. '슈퍼맨' PD "갑의 횡포? 말도 안돼, 충분히 양해 구한 것"

'슈퍼맨이 돌아왔다' PD가 촬영 섭외과정에서 있었던 체험관측과의 마찰에 대해 다시 한번 해명했다. 앞서 인사동에서 체험관을 운영한다고 밝힌 한 누리꾼은 KBS2 예능프로그램 '해피선데이- 슈퍼맨이 돌아왔다' 제작진이 촬영 섭외과정에서 보인 일방적인 행동 때문에 가게에 손해를 입었다며 불만을 토로하는 글을 공식 게시판에 올렸다. 이에 23일 '슈퍼맨이 돌아왔다' 관계자는 티브이데일리에 "섭외과정에서 오해가 생긴 것 같다. 논란이 될만한 상황은 아니었다. 아무래도 아이들 위주로 촬영이 되기 때문에 안전이 가장 중요하다. 생각보다 사람이 너무 붐비는 장소라서 촬영을 할 수 없을 것 같다고 말씀을 드렸고, 현재 오해는 모두 풀었다"고 설명했다.[52] 하지만 이 체험관측은 보도자료를 통해 사실과는 다르다는 입장을 밝히며 "'슈돌'측 섭외 횡포논란에 대해 사과하고 잘 마무리했다는 공식입장은 사실과 내용이 다르다"며 "막내급 스태프가 전

52) 2015. 04.23(목) 14:51, [티브이데일리 오수정 기자]

화해서 사건을 무마시키려고 했고, 본인들 편하자고 밤 10시가 넘어 전화해서 '죄송합니다'식의 한마디 일방적 사과가 진정한 사과인 것이냐"라며 반박했다. 그러자 '슈퍼맨이 돌아왔다'의 강봉규 PD는 "어제(22일) 촬영을 위해 원래 지난주 토요일에 답사를 가기로 했었지만 시간을 맞출 수 없는 상황이 생겨 화요일(21일)에 답사를 갔다. 그런데 답사를 가보니 아이들이 활동하기가 조금 힘든 거리더라. 그리고 공방에서 할 촬영 내용도 아이들에게 조금 위험할 수도 있겠다는 판단이 들었다. 그래서 오후 1시에 답사를 하고 6시에 '촬영이 힘들겠다'는 이야기를 전했고, 조금 뒤 업체측에서 '촬영을 했으면 좋았을텐데 아쉽다. 예약 2~30명을 취소를 한 부분이 있긴하지만 '슈퍼맨' 프로그램을 응원하겠다'는 말까지 주고받았다. 그래서 마무리가 된 것으로 생각했다"고 상황을 설명했다.

이어 강 PD는 "우리가 촬영을 수요일 아침부터 시작을 하는데, 오후 1시 넘어서 '공식입장입니다. 우리에게 공식사과를 하고 손해배상을 해라'라는 문자를 받았다. 한창 촬영 중이라 빨리 연락을 못드렸다. 그리고 촬영정리를 하고 밤 10시에 막내작가가 아닌 담당작가가 전화를 해서 손해가 난 부분에 대해서는 배상을 하겠다고 했다. 그런데 갑자기 업체측에서 '무조건 촬영을 해달라'고 했다"고 전했다. 이어 "촬영을 위해서 답사는 수도 없이 많이 한다. 우리는 아이들 위주로 촬영을 하기 때문에 돌발상황이 많다. 때문에 촬영을 약속해 놓고도 갑자기 아이들이 아파서 촬영을 접어야 하는 경우도 있었다. 그런 일이 있으면 충분히 사과의 말을 전하고 업체측의 의견을 받아서 배상을 했다. 그런데 이번의 경우에는 우리가 촬영을 약속한 것도 아니고 답사를 갔을 뿐인데 '갑의 횡포'라고 해서 안타깝다. 우리가 진짜 갑의 횡포였다면 지금까지 프로그램을 끌고 오지도 못했을 것이다"라며 업체측과는 다른 제작진의 입장을 전했다.[53][54]

---

53) [티브이데일리 오수정 기자 news@tvdaily.co.kr / 사진제공=KBS], 기사제보 news@tvdaily.co.kr, 오수정 기자

11. 갑의 횡포: 우리를 도와주세요. 근혜님께 드리는 편지

안녕하십니까? 저는 한국도로공사 예산수덕사영업소에서 근무하는 근로자 대표 지선영입니다. 저희 영업소는 2015년 1월 1일부터 출퇴근 근태관리를 한다는 이유로 근로자들을 효율적이지 못한 초번근무자 전후교육을 실시한다며 매일 9시간을 붙들고 있습니다.[55] 한국도로공사 톨게이트는 하루 8시간 3교대 근무를 원칙으로 합니다. 그런데 저희 영업소는 2014년 12월 31일까지는 8시간 근무를 하였으나, 2015년 1월 1일부터는 9시간 근무를 하라는 영업소운영자의 지시가 있었습니다. 예산수덕사영업소는 2014년 1월 6일 톨게이트노동조합이 설립되었고, 예산수덕사영업소 근로자를 대표하는 지부장도 있습니다. 그러나 일 잘하고 있는 사원을 갑자기 계약이 끝나기전에 근로계약을 다시 쓰게하고 왜 쓰냐고 물어보면 그냥 형식적으로 쓰는 거라하고 계약만료통지서 보내고 따지고 들이대면 없던 설로 하사고 합니다. 도로공사 근무한지 1달도 안된 사원을 입구근무도 시킵니다.

출구일도 못하는 사원을, 더 중요한 건 입구교육도 시키지않고요. 저는 해인기업에 들어와서 입구교육은 한번도 해준 적이 없습니다 허나 잘못하면 사람에 따라 확인서, 경유서, 시말서를 쓰게 합니다. 그러나 예산수덕사영업소 운영자는 근로자대표와 어떠한 상의없이 내부결재의 공문으로 이행동보를 시행하게 합니다. 하루에 공지사항을 27가지 등 해서 3장씩 올려 공지하고 매일 불러 누가 지시했냐, 지부장이 지시했냐며 해인기업 취업규칙을 따라라. 이런 건 검찰고발했을 때 그때 사용해라하며 저희 근로자들을 교육 아닌 갑의 횡포로 부당노동을 하고 있습니다. 저희는 해인기업 맹문주 사장님의 지시사항을 충실히 이행하고 있습니다.

장애인이 비장애인보다 더많은 영업소 장애인에게 전생에 죄가 많아

---

54) http://tvdaily.asiae.co.kr/read.php3?aid=14297683038917990l9(2015.5.10.)

55) youn 아름다운여자 | 조회 136 |추천 0 | 2015.02.02. 12:38

장애인이 되었다면 자기말에 반박하면 싸가지없는 년 짐승만도 못한 년 전 이런 욕설이 화가나서 녹음도 했습니다. 안했다고 할까봐요. 이런 욕설에 화가 나고 제마음을 다스리기 힘들어 얼굴에 콩알만한 두드러기같은 것이 나서 15일동안 병원치료하면서 고객님들 앞에선 웃어야 하고 이런 제가 제 자신한테 화가 난 적도 많았습니다. 이런 일이 계속 이어지다 보니 노동조합이 생겼고 그나마 숨좀 쉬나 했더니 이젠 말도 안되는 계약만료통지서로 전직원의 숨통을 막고 있습니다.

더 이상은 못하겠습니다. 2014년 저희는 4월 사장님의 부실운영으로 감사실에 고발한 내용도 있습니다. 경고장은 용역계약 특수조건 제20조(부실운영조치)에 따라 "경고"조치하오니 추후 유사한 사례가 발생치 않도록 각별히 유념해주시기 바랍니다."라고요"

그리고 2015년 1월 23일 천막에서 오는 길에 한국도로공사 감사실에서 전화가 왔습니다. 사연은 작년도 부정제보 심의를 끝내서 포상지급을 한다며 신분증 앞뒤복사해서 보내달라고요. 이렇게까지 결론이 났는데도 영업소 사장은 아직도 저희에게 부당노동을 일삼고 연장수당 연차수당 등을 말로하여 달라면 안줍니다 노동청을 통해야 비로소 주는 이런 힘든 일을 정말 싫습니다. 더 힘든 건 실장 맹유진(딸) 사무실은 실장자리보다 사장실이 자기업무 자리입니다.

근무표도 팀장들이 모두 짜야하고 다해 놓으면 실장이 고치고 운영자 맘대로 25일 전해주면 좋은데 말일이 되어야 근무표가 나옵니다. 그것도 잘했네~ 못했네~ 운영자들은 여행이나 볼일있음 편하게 바꿔놓고요. 팀장들은 쉬는 시간없이 빵빵 돌려 일합니다 식사후 양치할 시간도 없습니다. 요즘은 공지사항에 사원은 회사에 허락없이 타 직무에 종사할 수 없습니다.

위호에 해당하는 자는 자진사직서를 제출하랍니다. 이글을 쓰면서 심장이 마구떨립니다. 화가 나네요. 해인기업 입사시 이력서에 타직장에 근무한다고 썼으며 우리 일에 누가 되지않도록 하라 하셨고 사실 누가 되지도 않고 해인기업 일만 열심히 합니다. 저희 근로자들은 열심히 최선을 다해 3교대 근무에 임하며 충실히 일하고 있습니다. 지각을 하는 근로자도 없구요. 근태를 부실히 행하는 근로자도 없습니다. 저희들은 톨게이트 근무특성상 3교대 근무시 초번근무가 오전 6시에 시작해서 오후 2시에 끝납니다. 끝나고 나면 교육을 합니다. 민원이 고객님 방문시 사장님의 목소리 하늘을 찌르지요 우렁찹니다. 민원님들이 소리를 죽일 정도로 말입니다

그러나 요즘은 한국도로공사 톨게이트 근무시간이 오후 3시에 끝난다고 오후 3시 이후에 퇴근하라고 합니다. 저희는 3시까지 특별한 업무없이 시간을 죽이고 있습니다. 퇴근시간이 오후 3시가 맞습니까? 한국도로공사에서 운영자에게 지시한 것이 맞습니까? 이 또한 불만입니다 용역을 쓰게 되어 있으며 용역비가 나오는데 왜? 저희한테 청소를 시키나요.

저희는 출근하면 부스청소 퇴근후 아님 휴식시간 걸레들고 나와서 열심히 합니다. 입구 근무자는 열심히 차로 청소합니다. 야근시에는 복도와 화장실까지 합니다 더 힘든 건 야근근무자는 쉬는 시간이 없습니다.

또, 중번근무가 오후 2시에 시작해서 오후 10시에 끝나고 밤 11시에 퇴근하라고 합니다. 퇴근시간이 오후 11시 맞나요? 한국도로공사에서는 운영자에게 이렇게 지시한 것이 맞나요? 저희 중번 근무자들은 오후 10시에 끝나면 퇴근 못하고 1시간을 사무실에서 특별한 업무없이 11시가 되도록 있습니다 피곤하고 집에 가면 11시 30분 세면하고 나면 12시 이젠 잠도 안옵니다. 업무가 끝났는데도 이렇게 해야 합니까? 말번근무는 오후 10시에 시작하여 다음날 오전 6시에 근무가 끝납니다. 밤새 졸음과 추위도 참아가며 근무를 해야 하고, 자동차 매연과 소음으로 야간근무를 했던 근로자들도 근무가 끝났음에도 6시에 퇴근을 못하고 7시에 퇴근해야 하기 때문에 1시간을 회의실에서 특별한 업무없이 잡혀있습니다.

말이 됩니까? 상상은 해 보셨나요? 갑질의 횡포가 심하다고 생각 안하십니까? 저희 근무자가 연차휴가를 내게 될 경우 연장근무가 발생을

하게 됩니다. 한국도로공사에서 해인기업영업소 운영자에게 지시한 근무시간이 9시간이 맞는지 알고 싶습니다. 근무시간이 이렇게 계속 운영 지속된다면 초번, 중번을 근무하고, 다음날 초번근무를 하게 될 경우 저희 근로자들은 피로가 누적되어 운영자가 원하는 고객서비스와 근무부실로 인한 민원발생을 예방하기 어렵다고 판단됩니다. 저희 예산수덕사 근로자들 중 조기퇴근 및 지각하는 사람없습니다.

그러나 예산수덕사운영자가 지각하고 조기퇴근하는 것은 그동안 수없이 많이 있었습니다. 예산수덕사영업소 관리자는 예산수덕사영업소 운영자를 어떻게 관리감독하시나요? 근로자의 인권은 어디에도 없고, 갑질의 횡포만 늘어갑니다. 더 이상은 이렇게 근무를 할 수 없습니다.

보다 나은 고객서비스와 저희 근로자들의 건강을 위해 근로자 대표로서 간곡히 부탁드립니다.[56]

12. 대기업 '갑의 횡포' : 날려버린 '과일찹쌀떡' 청년 달인의 꿈

대기업 회장이 유망 청년의 가게를 빼앗아 대형 프랜차이즈로 사업을 확장하려는 변종 '갑의 횡포'를 부린다는 주장이 나왔다. 27일 서울 명동에서 '이찌고야'라는 가게를 운영했던 김민수 씨와 관계자들은 "동업자인 안 씨와 한 인터넷 포털을 운영하는 지주회사의 박 회장에게 자신이 연구한 '과일찹쌀떡'과 가게를 모두 빼앗겼다"며 본보에 제보해왔다. 이들에 따르면 김 씨는 일본에서 배워온 기술 등을 토대로 오랜 시간 과일 찹쌀떡을 만드는 방법을 연구해 왔다. 이를 인정받아 6월 19일에는 SBS '생활의 달인'이라는 프로그램에 '청년 달인'으로 출연하기도 했다.[57] 그는 명동에서 '별별스낵'이라는 분식집을 운영하고 있던 안 씨를

---

56) http://cafe.daum.net/parkgunhye/Utq0/11077?q=%B0%A9%C0%C7%C8%BE%C6%F7&re=1 (2015.5.10.)

57) [단독]대기업 '갑의 횡포'…날려버린 '과일찹쌀떡' 청년 달인 꿈, 기사입력 2013-06-27 20:29 최종수정 2013-06-28 11:13, [경제투데이 이승연 기자]

만나면서 일이 꼬였다고 설명했다. 올해 5월 3일 공증계약서를 작성하고 동업을 시작한 김 씨와 안 씨는 '이찌고야'라는 이름의 점포를 6월 3일 공동으로 열었다. 김 씨는 "이 매장을 오픈하고 10일도 지나지 않아 SBS 방송이 나간 다음 날부터 매출이 4~5배가량 늘었다"며 "대기업에서도 단체주문이 밀려들어 40m~50m 줄을 서야 겨우 상품을 살 수 있을 정도였다"고 설명했다.

하지만 안 씨는 김 씨 모르게 함께 고안했던 '이찌고야'라는 상호를 5월 3일 특허청에 '간판상호출원'을 신청했다. 김민수 씨는 계약서를 쓰기전부터 안 씨가 대기업과 공동으로 체인사업을 준비하고 있었다고 설명했다. 안 씨와 박 회장은 친구사이라는 것이 김 씨의 주장이다.

김 씨는 '생활의 달인'에 출연할 당시에도 촬영현장에 박 회장 등 건장한 체격의 7명이 찾아와 진을 치고 촬영을 방해했다고 말했다. 결국 방송촬영은 4~5시간 지연된 끝에 "나도 출연을 시켜주면 방송촬영을 허락하겠다"는 안 씨의 요청을 들어주고서야 겨우 촬영을 마칠 수 있었다고 설명했다. 하지만 인기를 얻으며 매출이 급상승했지만 김 씨에게 돌아온 것은 믿고 의지했던 동업자로부터의 배신 뿐이었다. 지난 18일부터는 안 씨가 '이찌고야'의 떡과 과일 납품을 가로막은데다 가게 열쇠까지 바꾸고 자신이 독자적으로 '달인' 타이틀을 내걸고 직접 장사를 하고 있다고 김 씨는 밝혔다. 이 뿐만 아니라 김 씨는 이찌고야 매장앞 커피숍에서 박 회장을 직접 만나 협박까지 당했다고 했다. 이 과정에서 김 씨는 박 회장이 "소송해. 재판걸어봐. 너는 변호사를 큰 돈을 들여서 선임해야 하는 입장이지만 나는 변호사들에게 월급을 주는 입장이다. 우리 형님이 어디 부장판사다. 너와 내가 싸움이 될 것 같냐? 나는 이 싸움을 3년까지 끌고 갈 수 있는 능력의 사람이다"며 "3년동안 너는 아무 것도 못하고 법원에 끌려다니면서 망가질 수밖에 없다. 돈도 버리고 마음도 다친다"고 말했다며 녹취록을 별도보관하고 있다고 말했다. 현재 신변의 안전마저 보장받지 못한 상황이라고 밝힌 김 씨는 "전 재산을 쏟아부어 소송준비까지 했었지만 박 회장의 협박과 함께 촬영현장에 조직원까지 동원한 것을 보고 가족들에게 피해가 갈까봐 법적대응을 망설였다" 며 "내가 처음 투자한 4500만원을 돌려받기는커녕 오히려 손해배상청구를 하라고 요구해 어떻게 해야할지 모르겠다"고 하소연했다.

이에 대해 박 회장은 "이 대표랑 같이 클라우드펀딩을 운영하고 있으며, 친구인 안 이찌고야 대표에게는 조력자 역할을 했을 뿐이다"며 "이찌고야 지분도 김민수 씨가 49%, 안 대표가 51%인데 무슨 말이 필요하겠느냐"고 말했다. 결국 지분관계에서 안 씨가 유리하며 별다른 의도없이 조언을 했을 뿐이다는 것이 박 회장의 설명이다. 하지만 박 회장은 "SBS 달인 프로그램이 김민수 씨가 안 모 대표에게 비법을 배우러 온다는 처음 콘티와 달리 거짓된 촬영을 나가게 했다"며 "담당 PD와 CP에 대해서도 법적 대응을 검토하고 있다"는 말을 본보와의 인터뷰에서 밝혔다. 다음은 페이스북에 당사자의 글이다.

안녕하세요. 저의 억울함을 호소하고자 이렇게 여러분들에게 장문의 글을 올립니다. 저는 SBS 방송프로그램 6월 10일 "생활의 달인"에서 청년달인으로 나온 "과일찹쌀떡의 달인 김민수라고 합니다" 저는 과일찹쌀떡을 피나는 노력과 연구끝에 지금의 한국 최초 과일찹쌀떡의 달인으로 인정받을 수 있었습니다. 장사를 하려고 자리를 알아보던 중 우연히 명동의 한 점포를 알게 되었습니다. 그 자리는 지금 제가 "이찌고야"로 영업을 하고 있는 자리였구요.

그곳에서 "별별스낵"이라는 이름으로 원래 장사를 하고 계시던 안00이라는 사람을 알게 되었습니다. 안00 씨는 수 차례에 걸쳐 투자동업제의를 하여 2013년 5월 3일 동업을 시작하고 공증계약서를 작성하고 가게 오픈준비를 하여 "이찌고야"라는 점포를 6월 3일 오픈하게 되었고, 그 맛을 알아주신 분들의 기대 이상의 반응으로 TV 프로그램" 생활의 달인 "방송출연제의"가 들어와서 방송출연까지 하게 되었습니다. 오픈하고 10일도 안돼서 방송 이후 매출은 바로 다음 날부터 4~5배 가량 주문이 폭발적으로 늘었고 대기업에서도 단체주문이 밀려 들어와서 현장 구입은 40m~50m 줄을 서야 겨우 살 수 있을 정도로 일명 줄서서 먹는 대박집으로 번창하게 되었습니다. 하지만 여기서부터 동업자와 대기업의 횡포가 발생하게 되었습니다.

1. 2013년 5월 1일 날자로 공동동업으로 있는 "이찌고야"라는 상호를 특허청에 5월 3일 계약서를 쓰기도전에 몰래 '간판상호출원신청'을 하였고 과일찹쌀떡이라는 저의 아이템을 이름을 말하면 누구나 알고있는 대기업과 공동으로 체인사업을 준비하고 있었던 것입니다.

그 후 아무 일도 없다는듯 5월 3일 저랑 버젓이 동업계약을 체결하게 된겁니다. 처음부터 기술과 아이템을 뺏을 생각이었습니다.

2. 제가 "이찌고야"라는 점포를 오픈한 6월 3일 오픈한 결과 기대 이상의 반응으로 TV프로그램 "생활의 달인" 출연제의가 들어 왔을 때에도 가게가 더욱 잘될 수 있는 좋은 취지였음에도 불구하고 방송출연을 하게 되면 절대 안된다는 납득이 되지않는 말로 결사반대를 하였습니다.

체인사업을 하게 됨에 있어서 저의 얼굴이 방송을 타게 되면 저를 속이고 프랜차이즈 사업을 시작하게 됐을 때 제 얼굴이 과일찹쌀떡의 메인이 되고 걸림돌이 될 것을 의식하고 추후 저를 내보냈을 때 문제점이 발생하지 않도록 하기 위함이였습니다. 조폭같은 사람들과 대기업 회장님을 대동하여 방송당일날도 촬영방해를 했지만 몇시간 지나지 않아서 "방송출연을 나도 시켜달라, 그러면 방송촬영을 허락하겠다"는 안00 씨의 공동출연조건으로 겨우 촬영을 마칠 수 있었습니다.

6월 18일 과일찹쌀떡을 만들기 위해 재료를 여느 때와 다름없이 거래처에 구입하러 갔지만 떡과 과일의 공급처를 전부 차단해 놓은 안00 씨의 사술에 그날부터 장사를 할 수 없게 되었습니다. 중요한 건 저를 그렇게 몰아 보내고 열쇠를 바꾸고 직원을 고용해서 지금 본인이 "달인" 타이틀을 붙여놓고 직접 장사를 하고 있는 것입니다.

자료: http://cafe.daum.net/ssaumjil/LnOm/1193935?q=%B0%A9%C0%C7%C8%BE%C6%F7&re=1

3. 법적으로 대응을 망설이는 이유는 소송에 관련된 비용은 힘들지만 어떻게든 마련할 수는 있습니다. 하지만, 안00 씨와의 체인사업을 진행 중인 대기업 회장님이 저를 직접 불러내서 저에게 이런 말을 했습니다. "소송해. 재판걸어봐. 너는 변호사를 큰돈을 들여서 선임해야 하는 입장이지만, 나는 변호사들에 월급을 주며 고용하는 입장이다. 우리 형님이 어디어디 부장판사다. 너와 내가 싸움이 될 것같냐? 나는 이 싸움을 3년까지 끌고 갈 수 있는 능력의 사람이다." "3년동안 넌 아무 것도 못하고 법원에 끌려다니면서 망가질 수 밖에 없다. 돈도 버리고 마음도 다친다"라는 말을 하면서 가시더군요. 저는 괜찮은데 싸울 수 있는데 가족에게 피해를 줄까봐 그게 제일 걸리더군요. 이것은 빙산의 일각이구요. 위 사실을 증명할 수 있는 녹취파일도 가지고 있는 상태입니다. 오히려 저에게 그동안 장사에 대해 피해를 입혔다고 손해배상청구를 준비 중이라고 조용히 있으라고 협박을 한 상태구요. 제돈 4500만원 투자금액 중

100원 한푼도 받지 못하고 쫓겨난 상태입니다. 3줄로 요약하면 다음과 같습니다.

(1) 개인이 각고의 노력끝에 새로운 메뉴개발

(2) 미리 대기업과 짜고 기술을 빼려고 동업제의

(3) 기술 빼돌리고 대박 나자마자 횡포! 대기업 회장이라는 사람은 협박까지[58)59)]

58) 원문 링크:http://www.facebook.com/photo.php?fbid=498489983574883&set=a.354241

59) http://cafe.daum.net/ssaumjil/LnOm/1193935?q=%B0%A9%C0%C7%C8%BE%C6%F7&re=1 (2015.5.10.)

제3장 갑을관계의 실태조사와 해결방법

1. 동반위의 식품-주류, 대리점 갑을관계 조사추진

동반성장위원회가 식품 및 주류 대기업과 대리점 사이의 갑을관계에 대한 체감도조사를 진행하는 방안을 추진하고 있다. 안충영 동반위원장은 3일 오후 여의도에서 기자간담회를 열고 “최근 식품 및 주류업체와 대리점 사이에 갑을관계가 재연되고 있다는 이야기가 있어 대리점을 대상으로 본사에 대한 갑을관계 체감도 조사를 진행하는 방안을 고민하고 있다”고 밝혔다.[60] 이를 위해 동반위는 올해 안으로 체감도조사 문항 개발을 마무리하고 내년 초 위원회 의결을 거쳐 이르면 내년 1분기에 조사를 진행하는 방안을 검토 중이다. 대상은 국내 대리점수가 일정수 이상인 식품이나 주류업체이며, 조사는 이들 업체와 거래하는 대리점을 상대로 진행될 예정이다. 다만 조사 결과를 외부에 공개할지는 검토 중인 것으로 알려졌다. 안 위원장은 또 중소기업 적합업종 권고기한이 만료되는 품목의 경우 기한 내에 대중소기업의 재합의를 유도하고 대・중소기업의 상생발전을 위한 상생협약도 확대하겠다고 덧붙였다. 동반위는 현재 이랜드, CJ, 포스코 등 5개업체와 상생협약을 맺었으며 앞으로 롯데와 SK 등으로 확대할 예정이다. 한편 3년전 중소기업 적합업종으로 지정됐던 막걸리는 이달 안으로 적합업종에서 해제된다. 대신 대기업이 중소기업과 함께 프리미엄 브랜드를 개발하고 해외시장을 개척하는 방향으로 진행될 것으로 보인다.[61][62]

---

60) 전자신문 원문1 입력 2014.12.03 16:171 수정 2014.12.03 16:25
61) 정미나 기자 mina@etnews.com, 전자신문
62) http://news.zum.com/articles/18101975(2015.4.28.)

2. '갑을관계'와 청렴

연초부터 '갑을관계'가 화두이다. '갑을관계'란 본래 대등한 계약관계를 뜻하는 말이다. 그러나 실제로는 우월적 지위에 있는 '갑'과 상대적 약자인 '을'간의 관계로, 업무상 부당한 지시나 인격적인 모욕에 이르기까지 갑이 우월적 지위를 남용할 수 있는 관계의 의미로 사용되고 있다. 최근 발생한 '땅콩회항' 사건 등 언론에 드러난 이러한 행태에 국민들이 분노하는 이유는 갑의 횡포를 우리 일상생활속에서 종종 체험해왔기 때문일 것이다.[63] 더 중요한 것은 이런 잘못된 갑을관계는 부정과 부패를 먹고 자란다는 사실이다. 특히 자신의 자리를 우월적 지위로 인식하는 공직자는 위민(爲民)이 아닌 위세(威勢)행정을 펼치게 되고, 이는 부정한 청탁과 부패행위로 이어지기 쉽다. 잘못된 갑을관계가 형성된 사회에서 개인은 더큰 불이익을 피하기 위해 부당한 요구에도 응하게 되고, 또 이를 무마하기 위한 편법을 동원하게 되기 때문이다. 갑의 우월적 지위로부터 비롯된 잘못된 행태를 근절하기 위해 우리 사회를 투명하게 만드는 일이 무엇보다 중요한 이유가 여기에 있다. 이를 위해 우선 공직자들부터 서비스 정신으로 임하며 국민의 눈높이에 맞는 청렴을 실천해야 한다.

이를 위해 국민권익위원회에서는 올해 보다 적극적으로 공직자의 솔선수범과 깨끗한 사회정립을 위한 활동을 전개하고자 한다.

우선, 고위공직자부터 청렴실천을 위해 솔선수범하도록 독려할 계획이다. 건전한 경조문화 조성을 위해 앞장서 노력하도록 하고, 직무와 관련한 강의시 강의료를 받지 않도록 선언하며, 공직을 시작하면서 청렴서약을 하도록 하는 등 자율적 실천노력을 유도함과 함께 이를 제도적으로 뒷받침할 수 있노록 (가칭) '장관행동강령'을 제정해 공직사회의 반부패 의지가 보다 효율적으로 실천될 수 있도록 하고자 한다. 국민권익위원회가 매년 실시하는 부패인식도조사의 지난 5년간 결과를 보면 공직

63) [차관칼럼] '갑을 관계'와 청렴, 파이낸셜뉴스 원문l 입력 2015.02.01 16:48

사회가 부패했다고 생각하는 일반 국민은 무려 55.4%에 달하는 반면, 공직자들은 3.3%만이 그렇다고 인식하고 있는 것으로 나타났다. 이는 공직자들이 생각하는 청렴에 대한 개념이 일반 국민들과 큰 차이가 있음을 보여주는 결과다. 공직자들이 국제사회의 반부패라운드에 부응하는 올바른 청렴의 개념을 정립하고 구체적인 실천방식을 교육받아야 할 필요성을 확인해주는 결과라고도 할 수 있다. 이에 권익위에서는 공직자들에 대한 청렴교육을 의무화해 청렴을 실천하는 공직사회를 위한 제도적 기반을 마련하고 참여형 반부패 프로그램을 운영, 공직자들의 청렴실천을 촉구하고자 한다. 이러한 공직사회의 변화와 함께 전(全)사회의 부패친화적 문화를 바꿔줄 수 있는 '부정청탁 및 금품 등 수수의 금지에 관한 법률'이 현재 국회 통과를 기다리고 있다. 이 법은 공직자에 대한 부정청탁 및 금품수수를 차단하기 위한 엄격한 기준과 실효성 확보방안을 제시해 줌으로써 우리 사회의 청렴문화 정착에 기여할 수 있을 것으로 기대된다. 또 국민권익위원회에서는 이 법이 제정돼 무리없이 정착할 수 있도록 하기 위해 시행령 등 하위규정을 조속히 마련할 계획이다. 법이 적용되기까지 1년의 기간이 있는만큼 이 법의 구체적인 사항들을 시행령 등으로 정리하고 또 그 내용을 적극적으로 교육.홍보함으로써 실효성 있는 법으로 작동할 수 있도록 최선의 노력을 다하고자 한다. 작금의 공직사회에 대한 불신이 결국에는 깨끗한 사회, 희망의 새시대에 대한 국민적인 열망으로 발전할 수 있는 계기가 될 거라 믿으며, 오히려 좋은 방향으로 변화하는 기회로 삼아야 할 것이다. 이를 위해 공직자들부터 항상 국민의 눈높이에서 바라보고 일하는 자세를 잃지 않도록 노력해야 한다. 이렇게 할 때 우리 사회의 잘못된 관행과 부정이 사라질 것이며, 왜곡된 갑을관계로부터 벗어날 수 있기 때문이다. 갑과 을이 상생하는 건전한 동반자 관계가 되고 서로 신뢰하는 관계가 될 때, 박근혜정부가 추구하는 국가혁신도 완성될 수 있다.[64)][65)]

3. 갑을관계 품앗이의 국회의원 후원금 '천태만상'

지역구내 기초·광역의원·보좌진, 여지없이 여야의원에 거액 후원, 의원끼리 '누이좋고 매부좋고' 기부[66] 중앙선관위가 공개한 2014년도 국회의원 후원금 모금현황을 살펴보면 정치권의 '후원금 천태만상'이 그대로임을 알 수 있다. '갑을관계'에 따른 후원금 납부나 의원간 이뤄지는 품앗이는 물론 교묘하게 숨겨진 정치자금성 후원금도 엿볼 수 있다. 우리나라 정치의 발전이 더디게 이뤄지고 있다는 증거이면서도 정치를 향한 민심의 차가움을 느낄 수 있는 대목이기도 하다.

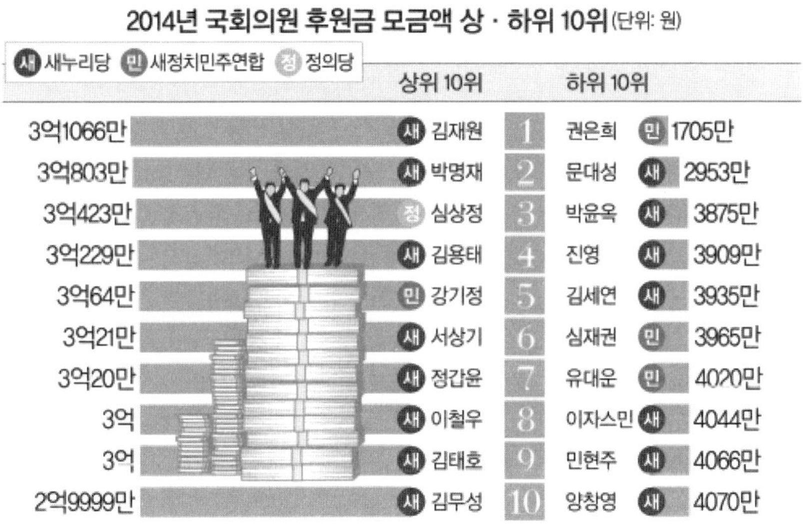

자료: http://news.zum.com/articles/20179964

1) 반복되는 '후원금 천태만상'

매년 3월 초 발표되는 국회의원 후원금 모금현황에서 반복되는 첫번

---

64) 곽진영 국민권익위원회 부패방지부위원장, 파이낸셜뉴스

65) http://news.zum.com/articles/19496624(2015.4.28.)

66) 세계일보 원문l 입력 2015.03.03 19:171 수정 2015.03.03 23:11

째 요소는 갑을관계다. 국회의원 지역구 내 기초·광역의원이나 보좌진으로부터 후원을 받는 것이 발견된다. 지난해에도 여지없었다. 우선 새누리당 최고위원인 김을동 의원은 지난해 서울시의원(비례대표)으로부터 500만원, 구의원으로부터 500만원, 자신의 보좌관으로부터 400만원을 후원받았다. 이장우 의원은 모 광역의원으로부터 13차례에 걸쳐 40만원씩 총 520만원을 후원받았다. 윤상현 의원은 의원직을 상실한 김영주 전 의원으로부터 500만원을 받았다. 새정치민주연합도 다를 바 없었다. 신계륜 의원은 자신이 고용한 비서로부터 350만원을 기부받았다. 이목희 의원은 김두성 서울 금천구의회 의장으로부터 500만원의 후원금을 받았다. 정치자금법상 지역구 기초·광역의원이 국회의원에게 후원금을 내는 것이 정치자금법에 위배되지는 않지만 적절하지는 못하다는 지적이 나온다. 의원들간 '품앗이'도 되풀이됐다. 서로에게 후원금을 내주는 식이다. 기부액 연간 허용액인 500만원을 꽉 채운다. 새누리당 강석호 사무1부총장은 7·30 재보선으로 입성한 나경원 의원에게 500만원을 기부했다. 강 1부총장은 김영우 수석대변인에게도 500만원을 냈다. 김무성 대표는 자신의 핵심측근인 서용교 의원에게 500만원을 기부했다. 윤상현 의원도 이헌승 의원에게 500만원을 냈다. 새정치연합에서는 한명숙 의원이 문재인 당 대표에게 500만원을 냈고, 당소속 윤장현 광주시장은 지방선거 출마전 안철수 의원에게 500만원을 기부했다. 탤런트 박상원·견미리씨 등 유명 연예인이 고액 후원을 한 것도 눈에 띄었다.

2) "내는 사람만 내는 후원금"의 문화

매년 후원금 내역이 공개될 때마다 '적절치못한 후원'이라는 비판이 쏟아지지만 마땅한 개선수단은 없다. 정치권에 대한 국민의 높은 불신은 물론 정정당당한 후원도 '로비'로 인식하는 풍토는 후원금 납부를 주저하게 만든다. "내는 사람만 내는 후원금"이라는 자조가 들리는 이유다.

일각에서는 갑을관계와 같은 풍토도 지양되어야 하지만 후원금 문화도 바뀌어야한다는 주장도 제기한다. 오히려 익명을 내세워 후원금을 내는 '묻지마 후원'에 주목해야 한다는 지적이 나온다. 실제로 올해 선관위 자료를 살펴보면 회사 이름과 직책을 정확히 기록하는 경우도 있었지만 회사원·자영업 등 두루뭉술한 표기도 눈에 많이 띄었다. 무직자나 20대 후반의 후원자가 연간 한도액인 500만원을 내는 선뜻 믿기 어려운 내역도 눈에 띄었다. 일부 후원자는 읍·면·동까지만 기재하게 되어 있는 주소지도 제대로 적지 않았다.[67][68]

4. 갑을관계 악용해 가입시킨 뒤 보험사기 증가

불특정 다수에 조직적 보험사기도[69] 중소기업 사장 김 씨(32)는 지난해 직원에게 퇴직 후 퇴직금을 보장받을 수 있는 보험이라고 속여 종신보험에 가입하게 했다. 보험금 수령인은 회사 앞으로 했다. 사업이 어려워지자 김 씨는 지난해 이 직원을 물품창고로 유인해 둔기로 뒤통수를 내리쳐 살해한 뒤 보험금 총액 26억9,000만원을 챙기려다 경찰조사에서 적발돼 올 초 무기징역을 선고받았다. 갑을관계를 악용한 보험사기가 기승을 부리고 있다. 우월적인 지위를 이용해 피해자를 보험에 가입하게 한 후 보험사기를 저지르고 보험금을 챙기는 신종수법으로 보험사기가 갈수록 흉포화하고 있다는 지적이다. 금융감독원은 올해 보험사기 중요 판결 70건을 선별해 보험범죄 형사판례집을 발간했다. 금감원은 지난해보다 올해 갑을관계를 악용한 신종 보험사기가 두드러졌다고 밝혔다. 주점을 운영하는 A 씨는 돈을 빌려준 여자종업원 B 씨가 돈을 갚지 않자 보험사기를 쳐서라도 돈을 갚으라고 종용했다. B 씨는 하는 수 없이 A 씨의 차를 일부러 들이받는 사고를 냈고, A 씨는 수리비와 병원비 등의 명목으로 보험사로부터 보험금 2,200만원을 받아 챙겼다. 또 사채업자가

---

67) 이도형 기자 scope@segye.com, 세상을 보는 눈, 세계일보 & Segye.com
68) http://news.zum.com/articles/20179964(2015.4.28.)
69) 한국일보 원문l 입력 2014.12.29 18:05

채무자에게 종신보험과 상해보험 등 여러 보험에 가입하게 한 후 채무자를 살해하고 보험금 4억3,000만원을 챙기려다 적발된 경우도 있었다.

금감원 관계자는 “자해로 보험사기를 하는 데는 한계가 있다 보니 최근에는 갑을관계를 악용해 보험사기에 가담시키기까지 한다”며 “피해자나 공모자가 신고하지 않기 때문에 단순 보험사기보다 적발하기가 더 까다롭다”고 말했다. 이밖에 불특정 다수를 상대로 하는 조직적인 보험사기도 신종수법으로 등장했다. 어느 자동차 공업사 사장은 중고차량을 빌려주면 돈을 벌게해 주겠다고 해 중고차량들을 확보한 뒤 마치 교통사고로 파손된 것처럼 위장해 보험금 9,400만원을 청구했다가 적발됐다.

또 한 병원 홍보과장은 의료 실비보험에 가입한 환자 40명의 명의를 이용해 이들이 입원치료를 받은 것처럼 꾸며 보험금 2,400만원을 받아 챙기기도 했다. 금감원 관계자는 “강력범죄가 아니면 대부분 벌금형에 그치는 경우가 대부분이다”라며 “악질적인 보험사기에 대해서는 형량을 높여야 한다”고 말했다.[70][71]

5. 고질적 갑을관계의 병폐사례

건설기계 대여대금 지급보증제도가 시행된지 2년 가까이 됐는데도 아직까지 정착이 안되고 있는 것은 건설업계의 고질적인 갑을관계 병폐가 가장 큰 이유로 꼽히고 있다.[72] 건설사가 건설기계 임대차계약을 맺을 때 장비업자에게 건설기계 대여대금 지급보증서를 발급해야함에도 갑의 위치를 이용해 지급보증서 발급을 회피하고 있는 것이다. 심지어 일부 건설사의 경우 지급보증서 발급을 요구하는 장비업자와 계약 자체를 하지 않는 사례마저 있다는 게 도내 건설기계업계의 설명이다. 건설사와

---

70) 강지원 기자 stylo@hk.co.kr

71) http://news.zum.com/articles/18705472(2015.4.28.)

72) 건설기계 대여대금 지급보증제도 허와 실 (중) 유명무실 원인, 강현규 | kanghg@jjan.kr / 최종수정 : 2015.03.17 00:30:26

갑을관계인 장비업자들은 갑의 압력에 지급보증서 발급을 요구하지 못하고 있는 게 현실이라는 것이다. 또한 장비업자 대부분이 직접 장비를 조종하는 1인 차주나 영세사업자여서 장비대여대금의 10% 가량에 해당되는 계약이행보증서 발급비용에 대한 부담과 매일 건설현장을 돌아다녀야 하는 특성상 신청절차의 번거로움을 피하기 위해 건설사의 지급보증서를 요구하지 않는 대신 계약이행보증서를 발급받지 않는 경우가 다반사라 건설기계대여대금 지급보증제도가 '빛좋은 개살구'로 전락한 상황이다. 실제 계약이행보증서 구비서류가 건설기계 대여계약 이행보증신청서(조합서식), 약정서(조합서식), 건설기계 대여계약서 사본(일반·특수조건 포함), 건설기계 대여업 등록증, 건설기계 등록증 사본, 사업자등록증, 개인인감증명서(본인서명 사실확인서), 법인 등기부등(초)본(법인에 한함), 법인 인감증명서(법인에 한함) 등 한 두가지가 아니다 보니 하루 벌어 하루 생활을 충당해야 하는 장비업자 입장에서는 부담이 되는 것이 현실이다. 건설산업기본법에 따르면 건설사는 건설기계별 구분없이 1건 계약금액이 200만원을 초과(동일대여업자 분할계약시 합산)하면 건설기계 대여금 지급보증제를 발급해야 하고 건설기계업자의 계약이행보증(건설기계 대여금의 10%)을 요구할 수 있다. 그러나 건설기계 대여대금 지급보증서를 요구할 경우 장비업자들 또한 적지않은 계약이행보증서 발급비용과 번거로운 절차를 거쳐 계약이행보증서를 챙겨야 하고 갑을관계에 따른 불이익 등의 이유로 상생차원서 암묵적으로 지급보증서와 계약이행보증서 발급이 이뤄지고 있지 않고 있다. 더욱이 건설현장에서 반드시 이뤄져야 할 건설기계 임대차계약이 오랜 관행으로 인해 공식적인 서면으로 작성되지 않고 대여일에 일했다는 서명과 건설사 관계자의 확인으로만 이뤄지고 있어 임대차계약서를 기준으로 한 지급보증서 발급이 사실상 어려운 실정이다. 대한건설기계협회 전라북도지회 황민택 사무국장은 "임대차계약이 오랜 관행으로 인해 제대로 이뤄지지 않으면서 지급보증서제도가 정착이 되지 않고 있다"며 "지급보증서 제도가 실효를 거두기 위해서는 우선적으로 임대차계약이 정상적인 절차를 거쳐 이뤄져야 한다"고 말했다.[73][74]

6. 공생의 갑을관계 가능성

연말 연초 유난히 사건 사고가 많다. 어이없는 화재에, 인질극까지 등새해라는 느낌을 받기 어려운 것도 이 때문일까? 가뜩이나 나라경제도 어려운데 사회분위기도 어둡다. 개인적으로 가장 심각하게 받아들인 사건이 있었다. 지난해 서울 압구정동 한 아파트 경비원이 입주민의 폭언을 견디다 못해 분신을 시도했다가 결국 숨진 사건이다. 또 갑을문제가 회자됐다.

남양유업 사태부터, 대한항공 회항사건까지 반복 또 반복이다. 대체 한국 사회는 왜 이런가? 강준만 교수는 자신의 책 <갑과 을의 나라>에서 이렇게 표현했다.[75]

'한국인 다수에게 갑을관계는 이익 차원의 개념일 뿐만 아니라 '을 위에 군림하는 맛'이라고 하는 인정욕구를 충족하는 삶의 기본문법이다.

한국인이 갑을관계에 중독된 까닭은 무엇일까? 그 출발점은 한국 사회의 뿌리 깊은 관존민비(官尊民卑)다. 오늘날의 갑을관계에서도 여전히 관은 민을, 대기업은 중소기업을 지배하는 갑 위치에 있기 때문이다. 관존민비의 역사는 조선시대로 거슬러 올라가 나라가 패망하는 원인으로 작용한다.' 얼마전 한 아파트 경비원과 나눈 대화가 떠올랐다. "일이 많아 힘든 게 아니에요. 그 일을 힘들게 만드는 사람이 많을 뿐이지." 경비원은 사회의 먹이사슬로 따져볼 때 을 중의 을이다. 아파트 주민에게도 을, 자신을 고용한 용역업체에게도 을이어서다. 그럼에도 근로환경은 열악하다. 보수 역시 많지 않다.

---

73) 전북일보

74) http://news.zum.com/articles/18705472(2015.4.28.)

75) 진재욱 하나UBS자산운용 대표

대부분이 모자란 노후자금에 보탬이 될까하고 은퇴 후 다시 생업에 뛰어든 이들이다. 몸은 하난데 주민들이 원하는 건 많다. 마치 집사처럼 모든 문제를 해결해주길 원한다. 쓰레기 분리수거부터, 층간소음이나 주차관련 소소한 분쟁까지 경비원의 몫이다. 누구의 편도 못드는 게 그들의 입장인데 우리는 은연 중에 그들에게 결정을 강요한다. 주민간의 수많은 갈등 사이에서 경비원은 늘 애꿎은 희생양이다. 한 경비원의 극단적인 선택에 동의하는 건 아니다. 다만, 우리 스스로 이런 사태를 반복하지 않으려는 의지가 있는지 곱씹어보자. 요즘 한 코미디 프로그램에서 풍자하듯 우리는 누군가에게 때로는 갑이고, 때로는 을이다. 하지만 갑일 땐 을의 마음을 쉬 잊는다. 을이었을 때 받았던 고통과 불만을 떠올리지 못한다. 수시로 갑을을 오가면서 갑으로 군림하는 맛에 취해있다.

그리고 을이 아닐 때 안도감을 느낀다. 갑을문제의 해결은 어쨌든 갑에게 달려 있다. 을이 바꿀 수 있는 것은 제한적이지만 갑이 생각을 바꾸면 문제의 근본에 접근할 수 있다. 직업에는 갑을이 있을지 몰라도 인간에겐 갑을이 없다. 돈과 이해관계 이전에 사람과 사람이 하는 일이다.

아무리 좋은 관계도 배려가 없으면 사상누각이다. 너와 나의 입장을 공유하고, 각자의 일을 존중하는 것, 그 안에서 감사의 마음을 전달하고 타인을 배려하는 것이 해결의 출발점이다. 이런 사람이 많아지면 사회 전체에 온기가 돈다. 그게 곧 건강한 사회다. 뻔한 말을 왜 다시 하냐고 할 수 있다. 말은 쉬우나 행동은 늘 어렵다. 민족 최대의 명절 설이 다가왔다. 경비원 아저씨께 설 선물세트 하나라도 전해보자. 남아도는 식용유 말고 기왕이면 비싸고, 좋은 걸로 고르자. 그리고 딱 한 마디면 충분하다. '고생 많으시죠? 늘 감사합니다.' 이 한 문장이 많은 걸 바꿀 수 있으리라 믿는다.[76)]

---

76) http://jmagazine.joins.com/economist/view/304634(2015.4.28.)

7. '갑을관계'에 빠진 문화관광정책

대한항공의 이른바 '땅콩회항'사건으로 지난해 세모가 떠들썩했다. 그동안 갑의 위치에서 회사운영을 전횡해왔던 '갑질횡포'가 만천하에 드러난 것이다. 횡포당사자는 구속됐고 회사는 천문학적인 액수의 재정적인 손해를 입었다.[77] 불과 얼마전 한 우유회사의 빗나간 상거래행태에 대해 분노했던 사실로 촉발된 '갑질횡포'는 오랫동안 우리 사회 전방위에 걸쳐 퍼져있던 고질병인듯하다. 공공기관이나 대기업, 중소기업은 말할 것도 없이 심지어 교육현장에서도 갑을관계 양상을 띤 노사간 갈등이 되풀이 되고 있다. '갑을공화국'이란 자조섞인 말도 어색하지 않은 분위기다. 그러나 이러한 갑을관계가 자본축적이나 이익을 창출하는 기업영역에 그치지 않고 우리 인간 삶의 질적 수준과 직결된 '문화관광' 영역에도 내재돼있다는 데 문제의 심각성이 있다. 거대한 수도권을 갑으로 여기는 우리나라의 문화관광정책이 바로 그 것이다.

문화체육관광부 조사에 의하면 지난해 1400만명의 외국인 관광객이 우리나라를 찾았다. 이들의 평균 국내체류일은 6.8일인데 그 중 서울에서 보내는 게 5.4일이라고 한다. 일주일여의 방한기간 중 지방에서 지내는 건 단 하루에 불과한 것이다. 외국인 관광객의 서울집중도 역시 2009년 77.4%에서 2013년 80.9%로 점점 높아지고 있다. 서울중심의 수도권에 그만큼 볼만한 게 많아서일까. 아니다. 그동안 우리나라 문화정책이 수도권 위주로 추진돼 지방의 관광자원이 충분히 개발, 홍보되지 않았기 때문이다. 재정이 열악한 지방자치단체가 아무리 애를 써서 홍보해도 정부의 문화관광정책이 지방을 외면한다면 좋은 결과를 낼 수 없는 게 현실이다.

사실상 중앙정부의 정책에 따라 지방의 문화관광산업은 좌지우지되고

77) 김영주 충북도박물관협의회장, 충청투데이 cctoday@cctoday.co.kr 2015년 01월 26일 월요일 제20면, 승인시간 : 2015년 01월 25일 18시 48분

있는 것이다. 이제라도 정부가 문화관광정책을 과감하게 지방분산 지원 정책으로 전환하지 않는다면 한국문화관광정책의 미래는 점점 더 불투명할 수밖에 없다. 전국 각 지방에 있는 수많은 문화관광자원을 산업화 대상 우선순위로 끌어올리는 정책적인 노력은 여타분야에서의 '갑을'관계와는 분명히 달라야 한다. 수도권 중심에서 벗어나 그 대안을 지방의 특색있는 문화관광자원에서 찾아야 한다. 일회성 홍보효과에 머무는 각 지방의 축제를 비롯해 산재한 문화관광자원을 중앙정부가 조정・통제・지원하면서 장기적인 체류형 문화관광단지로 특구를 지정해 나가는 방안이 절실한 것이다. 전국에 산재한 문화관광자원을 개발하고 브랜드화하면서 지방정부를 적극 지원하기만 하면 된다. 이웃나라 일본은 이미 오래전부터 외국인 관광객 지역분산정책인 '외객유치법'을 제정해 시행하고 있다. 외국인 관광객의 지역방문 촉진을 위해 국제관광테마지구를 지정하고 지역 간 관광벨트를 조성한 결과, 그동안 도쿄에만 집중됐던 문화관광집중도가 최근 오사카(25%) 교토(22%) 등으로 분산되는 성과를 거두었다고 한다. 우리가 참고할만한 부분이다. 정부는 2020년까지 2000만명의 외국인 관광객 유치를 목표로 많은 인력과 예산을 투입할 예정이라고 한다. 하지만 정책기조와 방향이 잘못돼 지금처럼 왜곡된 갑을체제가 지속된다면 성공을 장담하기 어려울 것이다. 여기에는 물론 각 지자체가 '을'의 위치에서 안주하지 말고 지역의 특색있는 문화관광자원을 끊임없이 발굴・보전하고 브랜드화하려는 노력을 게을리하지 않는게 전제돼야 한다.78)79)

8. 서울시의 갑을관계 혁신대책 발표

서울시의 모든 공문서에서 '갑을(甲乙)'이라는 용어가 사라진다. 박원

78) 충청투데이(http://www.cctoday.co.kr)

79) http://www.cctoday.co.kr/?act=articleView&idxno=881095&mod=news(2015.4.28.)

순 서울시장은 26일 신청사 브리핑룸에서 이같은 내용을 담은 '서울시 갑을관계 혁신대책'을 발표했다.[80] 시는 우선 공무원 행동강령에 '갑을관계 혁신'에 관한 공무원 행동강령을 제정 및 선포한다. 이와 함께 공무원의 재량권 행사기준을 담은 '재량권 행사 가이드라인'도 제정할 예정이다. 시 공무원의 갑질이 재량권을 넘어서는 행동에서 비롯된다고 판단해서다. 서울시 투자 및 출연기관의 애로사항 접수를 맡는 '안심상담창구'도 신설해 운영한다. 경영평가 지표를 단순화할 계획이다. 투자 및 출연기관의 경우 경영평가를 준비하면서 여관에서 한 달동안 합숙하는 사례도 있었다.

시장에게 바로 연결되는 '원순씨 핫라인'을 만들어 갑의 부당행위 신고센터를 개설해 신고할 수 있도록 한다. 시 공무원에 대한 포상도 강화한다. 갑을관계 행태개선에 크게 기여한 공무원을 매달 선정해 '올해의 MVP'로 포상하며 연말에는 공무원 10명을 뽑아 1호봉 특별승급을 시킬 계획이다. 박원순 시장은 이날 "갑을관계를 깨뜨려 평등한 서울을 만들어 가겠다"며 "공직사회에 남아있는 부당한 관행을 완전히 뿌리뽑을 때까지 혁신대책을 추진하겠다"고 강조했다.[81][82]

9. 갑을문화의 한국 경제 및 사회에 미치는 영향

1) 갑을문화의 개념

본래 갑을(甲乙)은 60갑자 중 천간(天干)에 해당하는 것으로 우열을 가리는 개념이 아니었다. 계약서상에서 계약당사자들을 갑과 을로 칭하였는데 관용적으로 지위가 높은 쪽을 갑, 낮은 쪽을 을이라 부른 것에서 유래한다. 즉, 갑을관계라고 하는 것은 실질적으로 '상하관계'라는 의미

80) 중앙일보 원문| 입력 2014.08.26 11:53
81) 강기헌 기자 emckk@joongang.co.kr,
▶기자 블로그 http://blog.joins.com/center/v2010/power_reporter.asp
82) http://news.zum.com/articles/15695524(2015.4.28.)

를 갖는다.[i] 또한 갑을문화란 이 갑을관계에서 '갑이 일삼는 횡포'가 일반적인 사회 세태로 굳어진 대한민국 경제사회의 일면을 말한다.[83)]

2) 수면 위로 올라온 갑을문화

최근 갑을문화에 대한 이슈가 뜨겁다. 지난 2010년 M&M 최철원 전 대표의 야구방망이 폭행사건부터 경희대 패륜녀 사건, 남양유업 대리점 사건, 대한항공 땅콩회항 사건 그리고 지난 주 발생한 백화점 모녀사건까지 소위 '갑질'로 비롯된 사건사고들이 대중들의 이목을 끌고 있다.

을에게 뼈아픈 상처를 주는 언행과 사후의 후안무치한 태도를 보면 인두겁을 쓴 금수가 아닌가 생각이 든다. 한편, 근래에 들어 갑을문화에 대한 인식이 확산되고 공감대와 분노를 형성하게 된 까닭은 무엇일까.

갑의 횡포가 더욱 심각해졌기 때문일까? 땅콩회항으로 구설수에 오른 대한항공의 전현직 직원들은 이번 사건에 대해 오히려 너무 일상적인 일이라 이제 뉴스화된 것이 더 놀랍다고 한다. 과거에도 비일비재했던 그들의 '갑질'이 주목받게 된 건 SNS의 공이 컸을 것이다. 과거 을의 아픔은 아는 이가 없어 애써 줄이 역시 적었기에 혼자만의 아픔으로 삭혀졌었다. 또 을의 하소연을 거짓으로 위장 혹은 은폐시키는 음모 또한 수월했을 것이다. 하지만 요즘엔 IT발달 덕분에 증거자료를 인터넷에 올리기만 하면 일파만파로 퍼트릴 수 있는 가능성이 높아졌다. 한 두 사람의 눈과 귀를 가리면 끝나는 상황이 아니게 된 것이다.

3) 갑을문화의 해악적 요소

갑을문화가 주는 부정적인 영향은 무엇일까? 긍정적 영향이 없을 정도로 여러 암적인 요인들이 많지만 큰 틀에서 보면 '사회발전의 저해'로 수렴된다고 할 수 있다. 먼저, 갑을관계는 우리 사회의 신뢰를 훼손한다. 오너의 말이 회사의 공식매뉴얼을 뒤집고 작은 실수에 논리없이 폭언을

83) hink/잡담요. 2015/01/29 10:06, http://blog.naver.com/blueon102/220255905146, 갑을문화가 한국 경제/사회 미치는 영향, 해악적 요소 및 개선책, 2015-01-11

퍼부으며, 범행을 축소시키기 위한 조작 및 은폐가 비일비재한 세상에 신뢰가 뿌리 내리긴 어려울 것이다. 경제 및 사회발전에 선결적 요건인 신뢰가 없는 사회는 발전의 한계에 부딪히기 마련이다. 즉, 신뢰를 훼손한 경제인들에게 사면을 내려 도모하는 경제적 이익은 그에 상응하는 것 이상의 사회적 비용을 치룰 것이다. 둘째, 갑을문화는 부패를 재생산한다. 아직 대한민국 사회는 악행 혹은 불법을 일삼는 사람들에게 적절한 처벌을 내리지 못하는 경우가 많다. 비윤리, 범법을 자행하는 사람들이 더 성공하는 사회에서 올바른 소신이 정의로 보일지, 멍청함으로 여겨질지 남들만큼 하며 살아온 대중에게는 쉽지 않은 판단일 것이다.

이렇게 부패한 갑들을 용인하는 사회에서 '그래도 되는 건가'라는 의식이 자리잡기 시작하는 순간 을 역시 어느 순간 병, 정에게 횡포를 휘두르는 가해자로 변모하고 만다. 갑을관계가 재벌과 서민, 대기업과 중소기업에만 일어나는 것이 아니라는 건 청소부 아주머니에게 윽박지르던 여학생에게서, AS센터에 전화해 짜증을 퍼붓던 우리의 생활을 통해 알 수 있다. 셋째, 갑을관계는 기회주의를 창궐한다. 무소불위의 권력을 휘두르는 갑은 만약의 사태가 발생했을 때 사건의 목격자들을 다양한 수단으로 유혹한다. '땅콩회항'의 사실은폐에 대한 '보상'으로 대학교수직을 약속받은 승무원은 폭력의 방관자, 조력자가 되어버린다. 인사청탁, 뇌물들이 허락되는 사회의 갑과 을의 엄청난 격차는 정의를 바로 잡을 수 있는 기회보다 개인이 출세할 수 있는 기회로 비춰질 수 있다.

4) 갑을문화의 개선책

갑을문화를 타파하기 위해서는 물질보다 신뢰와 정의가 앞서는 사회가 만들어져야 한다. 해결책을 세가지 차원에서 논의해 볼 수 있다. 첫째, 기본적으로 법적인 처벌이 강화되어야 한다. 불의에 약한 법은 국민들을 지킬 수 없다. 횡포 혹은 방조로 얻는 이익보다 큰 처벌이 따른다면 갑을문화의 폐단은 자연스럽게 사라질 것이다. 하지만 처벌의 수위를 논하기전에 제대로 잡느냐의 문제도 함께 해결되어야 한다. 둘째, 올바른 의식을 확산시키는 것이다. 부패의 전염성은 굉장히 강하지만 의로운 정신 역시 확산될 수 있다. '그것이 알고 싶다'의 지난 편에서 재조명된 유한양행의 유일한 박사의 고결한 정신은 감동을 주며 마음의 경종을 울렸다. 유한양행이 네이버 실시간 검색어 1위를 차지하며 회자된 것에서 그 가능성을 엿볼 수 있다. 셋째, 을들의 저항수단 진화를 들 수 있다.

위에 언급했듯 SNS 덕분에 '갑질'의 피해자들은 목청을 높여 구원을 청할 수 있게 되었다. 대중에게 심판을 맡길 수 있게 된 것은 국민들에게 계몽적 측면에서, 갑들에게 경각심의 측면에서 도움이 될 것이다. 하지만 이것이 '신상털기' 등의 악용을 불러오지는 않을지 우려되는 점이 있다. 도덕의식, 제도적 뒷받침 그리고 을의 저항수단이 조화를 이루며 발전한다면 몇 십년동안 급속한 성장으로 만들고 방치했던 부패의 빈틈을 채울 수 있으리라 기대를 가진다. 칼로 흥한 자 칼로 망한다는 말이 있다. '갑질'로 흥한 자 역시 민주사회 최대의 갑인 시민에게 죗값을 치르게 될 것이다.[84][85]

10. 하도급법의 갑질근절 방법

1) 갑질근절의 의미

요즘 사회뉴스에는 이른바 '갑질'이라는 용어가 자주 등장하고 있다. 갑을관계에서 파생된 이 용어는 대개 대기업과 하청관계에 있는 중소기업간의 불공정한 관계를 나타내는 말로 쓰인다. 대기업은 가격 후려치기 등으로 표현되는 부당한 납품단가 인하를 요구하지만, 정작 중소기업은 대기업의 눈치를 보며 울며 겨자먹기로 요구를 들어줄 수밖에 없는 것이 현실이다.[86] 이런 불공성 하노급거래행위를 근질하기 위해 '하도급

84) 네이버 트렌드 지식사전 '갑을관계'

85) http://blog.naver.com/blueon102?Redirect=Log&logNo=220255905146(2015.4.28.)

86) [입법평가시리즈 6] 하도급법, 갑질 근절할 수 있을까? 대한변협신문, news@koreanbar.or.kr, [537호] 승인 2015.04.06 09:34:14

거래 공정화에 관한 법률'이라는 특별법이 제정되었다. 그럼에도 불구하고 불공정 하도급행위가 쉽게 근절되지 않자 지난 2012년 8건의 일부 개정법률안이 발의됐다. 개정안에는 원사업자가 수급사업자의 기술자료를 유용함으로써 손해를 입힌 경우, 발생한 손해의 3배 범위 내에서 손해배상책임을 지도록 하는 징벌적 손해배상제도를 담았다. 기술유용 뿐만 아니라 하도급 대금의 부당한 단가인하, 발주취소, 반품행위라는 세 가지 하도급법 위반행위에 대해서도 징벌적 손해배상책임을 부과하도록 했다. 또 중소기업협동조합에 납품단가조정신청권과 원사업자와의 납품단가조정협의권을 부여하고, 협의 결렬시 하도급 분쟁조정협의회를 통해 조정할 수 있도록 하는 내용을 포함하고 있다.

2) 변협의 평가

그간 부당한 단가인하, 발주취소, 반품행위에 대해 이를 불공정 하도급거래에 포함시켜 경제적 약자를 보호해달라는 입법요구가 계속 있어 왔으나 입법에 이르지 못하고 있다가, 지난 대선과정에서 여·야가 한 목소리로 위 법률을 경제민주화를 실현하기 위한 핵심공약으로 삼으면서 입법추진되었다. 이는 그동안의 입법 요구사항을 여·야가 대선공약사항으로 삼은 후 입법화시켰다는 점과 법의 기본적 역할인 약자보호 측면에 있어 긍정적으로 평가할 만하다.

또 부당한 단가인하 등을 이유로 원사업자에 대해 징벌적 손해배상을 청구하는 것은 쉽지 않겠지만 제도가 존재한다는 그 자체만으로도 불공정거래를 억제할 수 있는 점에서 정당성을 갖는다. 그러나 하도급법상 3배 배상제도는 우리나라 불법행위법상 최초로 도입된 손해배상제도라는 점에서 위법여부를 판단함에 있어 명확한 기준과 실효성을 제고할 수 있는 제도적 보완이 필요해 보인다. 중소기업협동조합에 납품단가조정협의권을 부여한 것도 경제주체 간의 힘의 불균형을 시정하고 불공정거래행위를 방지하고자 하는 개정법의 입법취지에 부합한 것으로 보인다. 하도급법은 경제민주화의 가장 상징적 법률로서 평가되고 있으나 입법절차에 있어 공청회 개최 등 다양한 의견을 들을 수 있는 절차를 거치지 않았다는 점이 아쉬움으로 꼽힌다.[87][88]

11. SNS의 힘을 느끼게 한 '갑을논란'

1) 갑을관계의 횡포

비행기 탑승 중 라면이 맛없다며 승무원에게 폭행 등 행패를 부리다 사표를 제출하게 된 라면상무, 차를 빼달라는 호텔 도어맨을 괘씸하다며 폭행했다가 베이커리를 폐업하게 된 빵 회장, 영업사원이 대리점주에게 욕설한 녹음파일이 널리 퍼지며 주가가 하락하고 불매운동에 들어간 조폭우유 등 최근 우리 사회의 불합리한 관행처럼 여겨졌던 갑을관계 문제가 한꺼번에 터져 나왔는데요. 이 모든 사건에서 초기에 결정적인 역할을 한 것은 인터넷 여론과 SNS였습니다. 오늘은 이른바 을의 반란을 실어나르는 SNS바람에 대해 살펴볼께요.[89][90]

2) 을의 저항을 가능하게 만든 SNS의 힘

개인소통의 도구로 만들어진 SNS가 선거국면에서 힘을 발휘하더니 이제 갑을관계에서도 바람을 불러 일으키고 있습니다. 밀어내기나 불합리한 감정노동 등에 시달리는 을들의 울분을 가감없이 실어 나르고 공감을 부르는 장이 된 거죠. 포스코 라면상무, 프라임 베이커리 빵회장, 남양유업 강매와 욕설 등 핍박받던 을들을 다른 을들이 보여 응원하고 같이 분노하기 시작한 겁니다. 최근 '갑의 횡포'가 잇따라 세상에 고발되는 과정에는 인터넷과 SNS가 결정적인 역할을 했다. 포스코 계열사의 한 상무가 항공기 내에서 "라면이 맛이 없다"며 승무원에게 행패를 부린 '라면상무'사건은 당시 상황을 기록한 항공사의 내부문서가 인터넷

---

87) 대한변협신문
88) http://news.koreanbar.or.kr/news/articleView.html?idxno=12515(2015.4.28.)
89) 다독다독 (多讀多讀) |2013/05/13 10:06|말랑말랑
90) [출처 - 서울신문]

을 통해 퍼지면서 파장이 걷잡을 수 없이 커졌다. 일부 네티즌은 해당 상무의 신상을 낱낱이 공개했고, 결국 기업측의 공식사과와 상무의 사표라는 결과를 이끌어 냈다.(후략)

3) 인터넷 및 SNS타고 '乙'의 목소리

남양유업 영업사원의 막말 녹취록이 유튜브에 공개되자 분노한 사람들이 자신의 트위터와 페이스북 등 SNS로 이 사실을 퍼 나르고 다시 이 소식을 접한 그 사람들의 지인들이 함께 분노합니다. 이 분노는 사람들의 주목을 받으며 온갖 패러디가 등장하고 여론이 되어 취재대상이 되기에 이릅니다. 이를 TV나 신문 등 기성 미디어도 보도하면서 온 사회가 이 사건을 알게 되는 거죠. 이 때문에 남양유업은 대표이사 명의로 사과문을 발표했고 불매운동에 휩싸였습니다. 최종적으로 압수수색과 검찰수사까지 받기에 이르렀죠.[91] 설동훈 전북대 교수(사회학)는 "최근 갑의 횡포와 관련된 잇단사건으로 갑과 을 사이의 권력관계가 역전된 것은 아니다"라면서도 "을이 목소리를 낼 수 있는 여건이 마련됐다"고 진단했다. 설 교수는 "과거에는 신문이나 방송에 나오는 게 가장 무서웠지만 지금은 그렇지 않다"며 "갑이 을의 목소리를 힘으로 누를 수 없게 됐다"고 덧붙였다.(후략) 스마트폰이 전 국민에게 확대되고 녹음이나 사진, 동영상 등 증거를 남기고 SNS로 퍼뜨리기가 극단적으로 쉬워지면서 SNS 폭로는 을을 비롯한 약자들의 억울함을 다른 사람들에게 알리는 무기가 되어가고 있습니다.

4) SNS폭로에 부작용과 우려의 목소리

한편 최근의 SNS 폭로에 대한 우려의 목소리도 없지는 않습니다. 약자들이 적법한 수단으로 하소연할 데도 없고 해봐야 제대로 들어주지도 않는 억울함 때문에 분노를 터뜨리는 창구로 SNS를 사용하고 있지만, 이는 자칫 잘못하면 불법이나 범법행위에까지 이를 수도 있기 때문입니

91) 세계일보, 2013-05-07

다. SNS의 긍정적 기능 이면에 숨겨진 냉혹함을 직시해야한다는 겁니다. SNS로 인해 이 땅에는 '죽일 놈, 나쁜 놈'들이 양산되고 있습니다. 나아가 전후좌우의 맥락없이 단편적이고 순간적인 측면만을 드러내는 SNS의 위험성도 간과되고 있습니다. 전문가들은 SNS의 자정기능에도 불구하고 상황에 따라 얼마든지 조작되거나 악용돼 '마녀사냥'하는 수단이 될 수 있음을 우려합니다. 또 최근 디지털공간에서 '잊혀질 권리'가 부상하는 것처럼 지극히 개인적인 영역은 누구나 원칙적으로 보호받아야합니다. 우리는 이미 SNS를 통한 집단적 분노와 성급한 여론몰이, 신상털기의 위험성을 체득해왔습니다.(후략)

5) 포스코 왕상무 라면사건의 그 이후

정의실현에 대한 목소리가 직접 반영되는 한편으로는 신상털기나 성급한 여론몰이 등 오히려 사태를 악화시킬 수도 있다는 점은 분명히 인식해야 할 것입니다. 지닌 채선당 임산부 폭행사태나 쓰레기 만두사건의 경우 성급한 여론몰이와 마녀사냥식 비난남발로 오히려 무죄였던 기업이 치명적인 피해를 본 경우도 있습니다. 이는 다독다독에서 이미 말씀드린 바 있죠.[92)]

자료: http://dadoc.or.kr/m/post/882#

92) 머니투데이, 2013-05-11

6) 불안 파고드는 과잉보도

기성 미디어의 보도보다도 SNS는 전파력이 훨씬 빠르기 때문에 더 조심해서 사용해야 할 필요가 있습니다. 정의실현이라는 이름 아래 명백히 불법인 신상털기 등의 방법을 동원하는 것은 자제해야겠죠. 정의는 합법적인 테두리 안에서 이루어질 때 진정 의미가 있는 것입니다.[93)]

자료: http://dadoc.or.kr/m/post/882#

7) 사회의 요구에 맞춰 변화한 모습

을의 저항은 많은 변화를 이끌어 내고 있습니다. 포스코는 회식과 개인적 약속을 단속하기 시작했고, 남양유업은 결국 회장이 직접 나서 대국민 사과와 대리점 지원금을 2배로 늘리겠다고 약속했습니다. 이뿐만이 아닙니다. CJ대한통운은 연말까지 기사 수익을 40% 이상 올리겠다고 선언했고 현대백화점은 계약서의 갑, 을 표현을 없애고 협력사의 고충을 듣는 프로그램을 마련했습니다. 국회에서는 하도급법, 가맹사업법 등에

---

93) http://dadoc.or.kr/842

대한 개정안이 쏟아지고 있지요.[94][95] '절대 갑(甲)'으로 인식돼온 대기업들의 "갑 포기" 선언이 잇따르고 있다. 특히 우월적 지위를 이용해 협력업체에 무소불위의 권력을 휘두른다는 편견을 갖고 있는 유통업체들 중심으로 이같은 바람이 일고 있다.

8) 대기업들 '甲 포기선언'

최근 사건들은 불공정 거래 감시와 개선 등 정부와 국회가 먼저 나서서 바로 잡았어야 할 일을 SNS가 들고 일어서 해결했습니다. 대통령의 공약이었던 경제민주화 실현과 사회적 요구까지 이제는 기업이 변화한 모습을 보여야 할 때입니다.[96][97][98]

12. '갑을 명칭 지양 조례' 발의의 실제 효과

전북도와 산하기관, 공공기관 등이 작성하는 각종 계약서 등에 갑을(甲乙) 명칭이 사라질 전망이다. 전북도의회는 6일 도와 산하기관, 공공기관 등의 계약서나 협약서, 양해각서 등에 갑을 명칭 사용을 지양하도록 하는 조례를 발의했다고 밝혔다. 조례는 각종 계약서, 협약서, 양해각서 등에 갑을 명칭 대신 당사자의 지위나 성명, 상호 등을 그대로 사용하도록 했다.[99]

또 해당 기관장은 계약서 등의 세부사항 문구나 표현이 상호대등하고 평등한 지위에서 작성하도록 했다. 조례를 발의한 강용구 의원은 "갑을 표현은 계약 당사자의 명칭이 반복되는 데에 따르는 번거로움을 간소화하자는 취지에서 사용됐지만, 부정적인 갑을관계가 만들어지는 계기가

94) [출처 - 서울신문]
95) http://dadoc.or.kr/m/post/882#(2015.4.28.)
96) (서울신문, 2013-05-10)
97) 다독다독, 여러분의 관심과 성원으로 다음뷰 pick에 선정되었습니다. 감사합니다.
98) http://dadoc.or.kr/m/post/882#(2015.4.28.)
99) 강용구 전북도의원, '갑을 명칭 지양 조례' 발의, 실제 효과는 글쎄? 온라인 기사 2015년 05월 06일 10시24분, [일요신문]

됐다"며 "조례 제정으로 왜곡된 갑을문화에 대한 인식을 없애고, 사회의 부정적 인식을 개선하는 데 도움이 될 것으로 기대한다"고 말했다. 하지만 갑을 명칭 사용이 관행화돼 온데다 조례도 '노력'을 강조하고 있어 실제 얼마나 효과가 있을지 미지수다.[100][101]

13. 발주량 급감에 갑의 횡포까지: 다중고 빠진 통신장비업계

통신장비업계가 발주량 급감과 갑의 횡포에 벼랑으로 내몰리고 있다. 기대했던 국가재난안전통신망(재난망)사업도 차일피일 미뤄지면서 '개점휴업'기업이 늘어난다. 화웨이로 대변되는 중국 기업의 저가공세까지 겹쳐 사면초가 형국이다. 네트워크 뿌리산업이 고사위기에 처하면서 투자유인, 해외진출 등 다양한 지원책 마련이 시급한 실정이다. 대한민국 통신산업기반이 와해되고 있다. 28일 중계기, 기지국 부품, 데이터 장비, 전송장비를 비롯한 주요 유무선 통신장비업체에 따르면 지난 1분기 전체 발주물량이 지난해 동기 대비 20~30% 감소했다. 2011년 LTE 상용화 이후 3년간 꾸준히 통신사 신규투자가 이어졌지만 지난해부터 발주물량이 눈에 띄게 줄었기 때문이다. 중견 전송장비업체의 한 임원은 "전송분야는 올해 1분기 장비수요가 지난해 동기와 비교해 반토막으로 줄었다"며 "기가인터넷 등에서 일부 투자가 있지만 대부분 업계가 어려운 시간을 보내고 있다"고 말했다. 그는 2분기 이후에도 마땅한 신규투자 기약이 없는 게 더 심각한 문제라고 털어놨다. 건실했던 한 기지국 관련업체는 결국 구조조정에 들어갔다. 지난해부터 상황이 나빠지기 시작했다.

올 초 연구인력을 먼저 감원했고 연말까지 전체 인력 20%를 줄일 계획이다. 수익성이 악화되면서 다른 회사로 옮기는 인력도 생겨났다. 올해 통신사 설비투자규모는 6조4000억원으로 지난해(6조8710억원)보다

100) 정성환 기자 ilyo66@ilyo.co.kr
101) http://ilyo.co.kr/?ac=article_view&entry_id=125179(2015.5.10.)

7%가량 감소할 전망이다. 1분기는 KT 부정당 제재기간이 겹치면서 발주량 감소에 영향을 미쳤다. 하지만 이를 감안하더라도 예년보다 사업물량이 크게 줄었다. 기대를 걸었던 재난망사업도 예산 재검토로 지연되고 있다. 기획재정부는 5월 중순까지 검토를 마칠 계획이다. 하지만 예산 외에도 정보전략계획(ISP) 자체에 문제가 많다는 잡음이 일고 있어 사업 착수 시점은 미지수다. 원가 수준으로 가격을 후려치는 '갑의 횡포'도 업계 어려움을 가중시킨다. 민간 통신시장 대안인 공공분야는 수년에 한 번씩 발주할 때마다 입찰 가격을 15% 정도 낮춘다. 회선속도와 장비가격은 높아지는데 가격만 내려가는 아이러니한 상황이 벌어진다. 사업을 수주해도 이익이 안나는 악순환이 이어지고 있다. 통신사도 자체망 구축 사업을 시장가격보다 낮춰 발주하는 일이 비일비재하다.

최근 한 통신사가 장비가격을 정상가 30%까지 낮춰서 입찰하라는 요구를 해 업계 반발이 일기도 했다. 업계 관계자는 "일정 금액 이하로 입찰하면 감점을 주는 소프트웨어와 달리 회선을 포함한 통신장비분야에는 그런 규정조차 없다"며 "채산성이 안 좋으니 신규개발은 생각도 하기 어려워 국산장비 경쟁력이 떨어지는 악순환이 되풀이되고 있다"고 지적했다. 업계는 일러야 2019년 새로운 통신투자가 발생할 것으로 전망했다. 2018년 동계올림픽에서 5세대(5G) 이동통신 시연이 진행되기 때문이다. 이후 한동안 줄었던 신규투자가 늘어날 것으로 전망했다. 그때까지 3~4년간 시장은 냉각기를 보낼 수밖에 없다.

해외수출이 대안으로 거론된다. 하지만 단품장비로는 규모의 경제를 갖춘 글로벌업체와 경쟁하기가 힘들다. 업계는 범정부 차원에서 전자정부 등 서비스와 공동진출하는 방안을 찾아야 한다고 강조했다. 정부 정보통신망 구축관련 지침을 신기술과 공정경쟁 유도, 적정가격 책정에 맞춰 현실화해야 한다는 주장도 나왔다. 한 중계기업체의 임원은 "1차 협력사가 무너지면 2차, 3차 협력사도 연쇄적으로 무너져 산업 전체가 자생력을 잃고 결국 외산 제품에만 의존하게 된다"며 "정부, 민간 생태계

정점에 있는 통신사가 국내업체를 살리기 위한 시장 만들기에 적극적으로 나서야 한다"고 강조했다.[102][103]

14. '갑의 횡포' 대기업 광고대행사 7곳 적발

총 33억원 과징금 부과, 계약서 안쓰는 '구두계약' 횡행, 대기업 계열 광고회사들이 하도급업체를 대상으로 '갑의 횡포'를 벌이다가 과징금을 물게 됐다. 공정거래위원회가 광고업종에서 벌어지는 불공정거래 행태를 처음으로 직권조사한 결과다.[104] 공정위는 대기업 계열 7개 광고대행사에 불공정 하도급 거래행위에 대한 시정명령을 내리고 과징금을 부과하기로 했다고 22일 밝혔다. 삼성그룹 계열인 제일기획의 과징금이 12억 1천500만원으로 가장 많고 현대차그룹 이노션(6억4천500만원), 롯데그룹 대홍기획(6억1천700만원), SK그룹 SK플래닛(5억9천900만원), 한화그룹 한컴(2억3천700만원), LG그룹 HS애드(2천500만원), 두산그룹 오리콤(400만원) 순이다. 조사 결과 대기업 광고대행사들은 계약서 교부, 대금 지급 등 하도급법상 원청 사업자의 기본적인 의무를 지키지 않은 것으로 나타났다. 광고대행사들은 광고제작을 시작하기전에 하도급업체에 계약서를 줘야 하지만 제작 중간이나 심지어 제작이 끝난지 1년 이상 지나고서 계약서를 주는 사례가 다수 있었다.

A업체는 제일기획의 발주를 받아 일을 마쳤지만 돈은 1년 4개월가량 지난 후에 받을 수 있었다. 이노션의 발주를 받은 B업체는 세트제작비·인건비 등으로 얼마가 들어간다는 견적서를 내고 광고를 만들었다가 제작이 끝난 후 견적보다 더 낮은 금액으로 계약서를 다시 썼다. 일종의 '단가 후려치기'사례다.

---

102) <국내 통신장비 업계 다중고/자료:업계종합>, 안호천 기자 | hcan@etnews.com, 2015 전자신문 & etnews.com

103) http://www.etnews.com/20150428000237(2015.5.10.)

104) 송고시간 | 2015/04/22 12:00, (세종=연합뉴스) 박초롱 기자

자료: http://www.yonhapnews.co.kr/bulletin/2015/04/22/0200000000AKR20150422089100002.HTML?input=1179m

광고대행사들은 광고주가 광고 내용과 대금을 확정해주지 않았다는 이유를 들어 관행적으로 서면계약서없이 구두작업을 진행하기도 했다.

하도급업체들이 계약서를 통해 법적으로 권리를 보호받기 어려운 구조다. 하도급 대금이나 선급금을 줘야하는 날짜(법정지급기일)보다 늦게 주고, 이에 따른 이자를 주지 않는 사례도 적지 않았다.

제일기획이 185개 협력업체에 돈을 늦게 줘 발생한 이자가 3억719만원으로 조사됐다. SK플래닛도 107개 사업자에게 줘야 하는 이자가 1억9천155만원 쌓일 정도로 대금지급을 미뤘다. 하도급업체가 제작·편집 등을 완료한 광고가 방송을 탄 이후 세금계산서가 발급된 사례도 적발됐다. 준공을 마친 아파트에 입주가 시작되고 나서야 건설회사가 하도급업체에 대금을 지급하는 식이다. 김충모 공정위 건설용역 하도급 개선과장은 "이번 조사가 원청업체의 기본적인 의무에 대한 인식이 부족한 광고업종에서 공정한 거래질서를 확립하는 계기가 될 것으로 기대한다"며 "광고업종의 표준하도급계약서를 개정할 계획"이라고 밝혔다.[105)106)]

제4장 공무원연금개혁의 갑질행위: 공무원노조와 전교조 및 야당

1. 공무원연금개혁의 필요성

1) 연금의 개념과 의미

연금이란 소득상실이나 상당한 소득저하 등 향후 발생할 수 있는 생활상의 위기로부터 보호받을 수 있는 소득보장수단으로 경제활동기간 중 소정의 기여금을 납부하고 노령에 접어들거나 퇴직, 재해, 사망 등이 발생했을 때 일정기간마다 계속하여 지급받는 급여를 가리키는 말이다.

연금은 소득상실의 위험에 대한 소득보장이고, 그 가운데서도 장기소득보장을 부여하는 사회보험의 일종으로 일상생활속에 상존하고 있는 각종 소득상실로 인해 생활의 위험에 직면하였을 경우 일정수준의 소득을 보장하기 위한 제도이다. 우리 나라에는 전 국민을 대상으로 하는 4개의 공적연금제도가 설치, 운영되고 있다. 국가공무원 및 지방공무원을 적용대상으로 하는 공무원연금제도, 장교 및 지원에 의하여 임용된 하사관 등의 직업군인을 적용대상으로 하는 군인연금제도, 사립학교 교원 및 사무직원을 적용대상으로 하는 사립학교 교원연금제도, 일반국민을 적용대상으로 하는 국민연금제도 등이다. 공적연금은 가입과 탈퇴가 자유로운 사적연금과 달리 해당자의 가입이 강제되는 특징을 가진 일종의 사회보험이라 할 수 있다. 국가적 차원에서 공적연금이 필요한 이유로는 첫째, 국민 개개인의 미래에 발생할 수 있는 빈곤의 위험을 분산·감소시킴으로써 사회적 안전망을 마련하고, 둘째, 공공부조제도에 의존해 최

---

105) chopark@yna.co.kr, 연합뉴스, 2015/04/22 12:00 송고

106) http://www.yonhapnews.co.kr/bulletin/2015/04/22/0200000000AKR20150422089100002.HTML?input=1179m(2015.5.10.)

저생계를 보장받으려는 이들로 인해 소득활동을 하는 이들이 타인의 노후생활비용까지 지불하는 이중부담을 지지 않고 사회 전체가 고루 비용을 부담하게 하며, 셋째, 저소득층에게는 납부한 기여금이나 세금 이상의 급여를 지급하고 빈곤에 빠질 위험이 있는 이들에게는 빈곤해소에 필요한 자금을 지원함으로써 소득재분배를 통해 지나친 계층간 불평등을 완화하여 사회통합을 증진시킬 수 있다는 점을 꼽을 수 있다. 정부 및 산하기관이 독점적으로 관리하는 공적관리체제로 운영된다. 연금 급여액은 확정급여방식(사전에 약속한 급여를 지급하기 위하여 가입자들이 납부한 보험료 및 연금자산의 투자·운용 위험을 100% 정부가 부담하는 방식)을 채택하고, 연금재원 조달은 부과방식(공무원연금과 군인연금) 또는 부분적립방식(국민연금과 사립학교교직원연금)을 따르고 있다.

2) 공무원연금의 운영원리

(1) 공무원연금의 법적 근거

공무원연금은 공무원의 퇴직 또는 사망과 공무로 인한 부상·질병·폐질에 대한 급여이며 관련 법률에 근거한다. 즉, 공무원연금법(9장 90조 및 부칙)은 공무원의 퇴직 또는 사망과 공무로 인한 부상·질병·폐질에 대하여 적절한 급여를 실시함으로써 공무원 및 그 유족의 생활안정과 복리향상에 기여함을 목적으로 하는 법률이다. 공무원연금제도의 운영에 관한 사항은 인사혁신처 장관이 관장하고 공무원연금사업을 위해 공무원연금공단이 있다. 공무원의 공무로 인한 질병·부상과 재해에 대하여는 단기급여를 지급하고, 공무원의 퇴직·폐질 및 사망에 대하여는 장기급여를 지급한다. 각종 급여는 그 급여를 받을 권리를 가진 자가 당해 공무원이 소속하였던 기관장의 확인을 얻어 신청하는 바에 의하여 인사혁신처 장관의 결정으로 공무원연금공단이 지급한다.

(2) 공무원연금의 종류와 액수

급여액은 보수월액을 기초로 하여 산정한다. 급여를 받을 권리는 양도

·압류하거나 담보에 제공할 수 없다. 다만, 연금을 받을 권리는 금융기관에 담보로 제공할 수 있고, 국세징수법·지방세법 기타 법률에 의한 체납처분의 대상으로 할 수 있다. 단기급여는 공무상 요양비, 공무상 요양 일시금, 재해부조금, 사망조위금으로 하고, 장기급여는 퇴직급여, 장해급여, 유족급여, 퇴직수당으로 한다. 퇴직연금은 공무원이 20년 이상 재직하고 퇴직한 때에 지급하며, 조기퇴직연금은 공무원이 20년 미만 재직하고 퇴직한 때에 지급한다. 공무원의 연금급여를 받을 권리의 소멸시효 기간은 단기급여는 3년, 장기급여는 5년으로 한다. 급여에 소요되는 비용은 그 비용의 예상액과 기여금·부담금 및 예정운용 수익금의 합계액이 장래에 있어서 재정적 균형이 유지되도록 하여야 한다.

(3) 퇴직급여의 계산방법

재직기간이 20년인 경우에는 퇴직 당시의 최종 3년의 평균월보수액의 50%를 매월 지급하고, 재직기간이 20년을 초과하는 경우에는 그 초과하는 매 1년마다 보수월액의 2%씩을 가산하여 지급한다. 이 경우 퇴직연금을 지급하는 재직기간은 33년을 한도로 하고 있다. 퇴직연금일시금과 퇴직일시금은 재직기간 매 1년에 대하여 최종 보수월액의 100분의 150에다 재직기간 누진에 따른 누진금액을 가산한 금액으로 하되, 재직기간이 5년 미만인 자에 대하여는 퇴직 당시 본인이 부담하는 월기여금에 재직연수를 곱한 금액에 10%를 가산하여 지급한다. 공무원연금제도의 재정방식은 적립방식의 기초에 의해 설계되었다. 즉, 급여지출 비용의 예상액과 기여금·부담금 및 그 예정운용수익금의 합계액이 장래에 있어서 재정적 균형이 유지되도록 하기 위하여 제도 초기부터 공무원연금기금을 조성해 왔다. 그러나 제도발족 당시 설정했던 2.3%의 징수료율을 1969년에 3.5%, 1970년에는 5.5%, 1996년에는 6.5%, 1999년에는 7.5%, 그리고 2001년에는 8.5%로 점차 상향조정함으로써 수정된 적립방식에 가까운 제도로 운영을 하여 왔다. 공무원연금제도는 성숙단계에 들어서면서 수입·지출상 불균형 구조가 심화되어, 2001년도부터는 급여부족분에 대하여는 사용자(국가 또는 지방자치단체)가 전액 보전하는 형태로 전환하였다.

3) 공무원연금법의 개정

(1) 공무원연금의 개혁

1960년 공무원연금이 도입될 당시의 평균수명은 60세에 불과했지만 이제는 평균수명은 100세를 내다보게 됐다. 적자가 날 수 밖에 없는 구조다. 고령화로 인해 연금을 받는 퇴직공무원은 늘어나고 또한 이 적자폭도 늘어나고 있어서 공무원연금 지급에 애로가 생긴 것이다. 지난 1960년 공무원연금이 도입된 이후 33년이 지난 1993년 연금은 적자로 전환했다. 적자는 커졌갔다. 공무원연금의 적자는 2011년 1조3000억원, 2012년 1조7000억원, 2013년 2조원, 2014년(추정치) 2조5000억원으로 증가되었다. 연금액 월 300만원 이상을 받는 퇴직공무원수가 7만여명에 이른다. 공무원연금개혁안은 2001년, 2007년에 정치권을 중심으로 개혁안이 있었지만 진행되지 못했고 올해는 무상복지와 맞물려 최대 이슈로 된 것이다. 올해만 하더라도 정부가 국민의 세금으로 공무원연금 적자를 보전하는 돈은 2조 5000억원에 달한다. 그리고 앞으로 2022년까지 공무원연금 적자는 연평균 16%씩 증가될 예정이다.

〈매년 늘어나는 공무원연금 적자〉

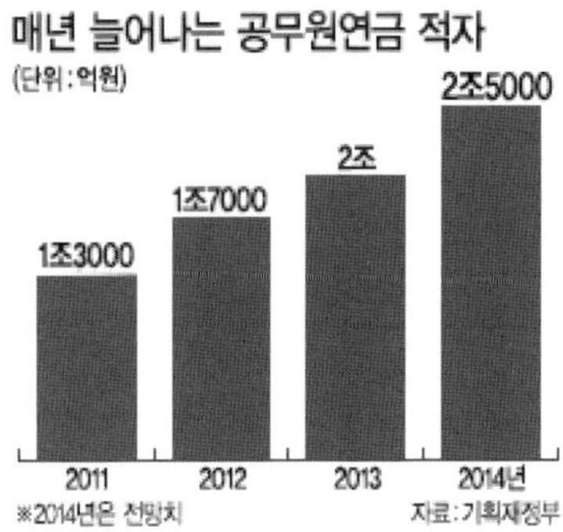

9급으로 임용후 30년간 근무시 보통 6급으로 퇴직을 하게 되면 현행 7856만원의 연금액을 30년간 납부하여 4억7270만원의 연금+퇴직수당 4733만원=5억2003만원을 받는다. 개정안은 9231만원의 연금액을 30년간 납부하여 4억249만원의 연금+퇴직수당 6553만원= 4억6802만원을 받는다. 연금개혁을 하는 이유는 적자난을 국민에게 부담을 줄이고자 하는 것이다. 공무원연금개혁(안)을 보면 30년 재직 6급공무원이 퇴직시 재직기간 평균월액이 300만원이라면 현재 연금액 약 170여만원은 개정후 약 110만원이 되어 월 60여만원 삭감된다. 또 연금학회개혁안에서 재직자(2015.12.31 이전 임용 공무원)는 공무원 기여율 7%에서 10%(월급여 200만원이면 140,000원에서 200,000으로 인상하고 연금급여율은 1.9%에서 1.25%으로 인하된다. 또 신규자(2016.1.1 이후 임용될 공무원)는 공무원 기여율은 4.5%로서 국민연금과 동일하고 연금 급여율은 1.0%이다.

기여금 납부기간을 33년에서 40년으로 연장하고 퇴직공무원(연금수급자)은 40년간 재정안정화 기여금(공제금)을 납부한다. 뿐만 아니라 국민연금 수령자와 공무원연금 수령자의 평균 수령액은 84만원 대 219만원으로 차이가 있다. 국민연금연구원에 따르면 퇴직 후 국민연금가입자는 매달 납입액의 1.7배, 공무원 연금가입자는 2.5배를 돌려받아 형평성 문제도 거론된다. 공무원들이 재직 중 납입한 보험료는 평균 1억4천만원인데 비해 연금은 평균 5억원을 넘게 받고 있다. 이러한 점을 고려하면 공무원연금의 개혁이 필요해 보인다. 하지만, 공무원들의 입장에서도 할말은 많다. 공무원연금은 애초 박정희 정부 시절 '공무원은 보수도 적고 퇴직금도 적고, 재직 중에 각종 불이익을 받으니 이 점을 감수하고 연금으로 보상을 해주겠다'는 취지로 도입된 것이다. 실제 공무원의 퇴직금은 민간기업의 39% 수준에 불과하며 급여 또한 높지 않다.

(2) 공무원연금개혁안과 전망

전체적인 내용은 공무원연금이 줄어든 반면에 지불해야 하는 금액이 오를 것으로 보여진다. 대신 퇴직수당이 상승될 수 있다. 공무원연금개혁안에 관한 내용을 국민연금과 비교할 경우 공무원연금이 국민연금에 비해 많다든지, 국민의 평균수명이 높아짐에 따라 공무원연금이 적자를 피할 수 없다는 이유로 공무원연금개혁안이 대두되고 있다. 공무원연금의 정부부담률은 일본 28%, 미국 35%, 프랑스 62%, 한국 12.6%로서 한국은 OECD 최저수준이다. 국가의 재정부담률이 높지 않다는 것이며 이는 그만큼 공무원들이 내돈 내가 타서 쓰는 비율이 높다라는 뜻이기도 하다.

〈공무원연금과 국민연금의 비교〉

공무원 · 국민연금 특성 비교

구분		공무원연금	국민연금
제도 시작		1960년	1988년
수지불균형		1993년	2044년
본인 · 사업주 부담률		7%	4.5%
소득대체율		62.7% (33년 재직)	40% (40년 재직)
가입 기간	최대	33년	제한 없음
	최소	20년	10년
지급 보장 법적 근거		있음	없음

공무원연금 vs 국민연금 받는 액수

375만원(국민연금 가입자 월평균 소득) 소득, 2010년 가입, 33년 가입			
구분		공무원연금	국민연금
납부보험료		2억700만원	1억3365만원
월 수급액	퇴직금 미포함	243만원	97만원
	퇴직금 포함	267만원	157만원
소득 대체율	퇴직금 미포함	64.9%	26%
	퇴직금 포함	71.2%	42.2%
수익비	퇴직금 미포함	2.38배	1.48배
	퇴직금 포함	2.61배	2.4배

〈공무원연금의 개혁안(1)〉

		기여금	연금급여율 (30년 가입기준)	수익비 (총수령액/총납입금)
현행		14%	57%	2.3배
개혁안	재직 공무원	20%	37.5%	1.0배
	신규 공무원	9%	30%	1.7배

〈공무원연금의 개혁안(2)〉

항목	현행	정부안
공무원 기여율	과세소득의 7%	2016~2018년까지 과세소득 8.0% -> 10% (2016년 후 신규 임용자는 과세소득의 4.5%)
기여금 납부 기준소득 상한액	평균소득 1.8배	평균소득 1.5배
재직기간 1년 당 연금지급률	1.9%포인트	2016~2026년까지 1.35 -> 1.25%포인트 (신규 임용자는 2016~2028년 1.15 -> 1%포인트)
지급 개시연령	2010년 전 60세 2010년 후 65세	2025~2033년에 걸쳐 61->65세
유족연금	2010년 전 70% 2010년 후 60%	2010년 이전 임용자도 60%
수령액 인상률	물가상승률	자동안정화장치 도입 물가 인상률 이하로 인상
재정안정화 기여금	없음	최대 3%
소득심사 강화	취업 시 최대 50% 삭감	선출직, 공공기관 재취업 공무원 지급 중단
퇴직수당	민간퇴직금 6.5~39%	민간퇴직금의 100%

4) 공무원연금법의 개정

(1) 기여금

현직자는 본인부담 기준 기준소득월액 7% => 8% (2016년) => 10%(2026년)로서 최종 현재 대비 42.7% 인상한다.

(2) 연금지급액

생애소득 대비 연금액의 비율은 33년 가입 기준 62.7% => 41.3%(국민연금은 38.7%이며 2028년 후에는 33%)으로 한다. 2016년의 신규공무원은 개혁안 시행 즉시 적용하며 보험료와 소득대체율 국민연금과 동일하게 한다.

(3) 기존 연금수급자 부담

재정안정화 기여금 부담은 수령액의 3%이며 연간 수령액 인상폭의 인하와 물가상승률 반영을 인하한다.

(4) 연금제도관련 급여제도 보완

퇴직수당은 민간근로자 퇴직금 6.5~39% => 100%, 연금수령 최소가입기간은 20년 => 10년으로 낮춘다.

〈연금계획에 따른 공무원임용 연도별 연금액〉

연금 계획에 따른 공무원임용 연도별 내는 돈과 받는 돈은
단위:원

임용연도		1996년 (20년 근무했고 향후 10년 근무)	2006년 (10년 근무했고 향후 20년 근무)	2016년 (신규임용 후 30년 근무)
현행	보험료+정부부담금 →	1억8130만	1억7930만	1억8100만
	연금총액+퇴직금 →	6억5902만	5억8971만	4억8471만
검토안	보험료+정부부담금 →	2억420만(13% 증가)	2억2940만(28% 증가)	1억1630만(36% 감소)
	연금총액+퇴직금 →	6억1241만(7% 감소)	4억6464만(21% 감소)	3억7969만(22% 감소)

※연금 총액은 기대수명으로 계산

자료: 한국연금학회

자료: http://bbs1.agora.media.daum.net/gaia/do/debate/read?bbsId=D115&articleId=3082665

5) 새누리당의 공무원연금개혁안

공무원연금공단이 새누리당에서 내놓은 퇴직 공무원연금개혁안 내용이 시행되면 공무원들의 평생소득은 줄지만 그래도 여전히 민간근로자보다 1억원 정도 많다. 새누리당의 퇴직공무원연금개혁안 내용의 핵심은 보험료는 더내고 연금은 덜받되 첫 수령시기도 65세로 늦추자는 것이다. 공무원연금공단이 새누리당의 방안(공무원연금개혁방안)대로 개혁을 단행했을시 공무원들의 평생소득이 어떻게 될지 분석했다. 분석대상은 전체 공무원 90만명의 평균치 소득 416만원을 급여로 받는 일반직 6급에 맞춰졌다. 그 결과 총급여는 그대로인 반면 자기부담보험료는 2000만원 더내고 연금은 1억5000만원 덜받게 되는 것으로 나타났다. 퇴직수당이 다소 현실화된다고 해도 평생동안 버는 돈은 18억여원으로 지금보다 1억3000만원이 줄게 된다. 이를 100인 이상 기업의 정규직 근로자와 비교했을 때 민간 근로자에 비해 보험료 부담이 2배 이상 큰 반면 퇴직수당은 적었다. 그러나 정년이 4년 더 길어 총급여가 많고 연금은 2억원을 더 받아 평생소득은 근로자에 비해 6.8% 즉 1억1000만원이 더 많았다. 즉, 새누리당측은 현행 공무원연금제도 아래 공무원의 생애소득(총 근로소득+연금총액+퇴직수당-보험료)은 19억5000만원이고, 새누리당 개정안을 적용한 이후에도 18억2000만원이라고 했다.

좀더 구체적으로 전체 공무원 90만명의 평균소득(416만원)을 급여로 받는 일반직 6급 15호봉을 표본으로 삼았다. 새누리당 개혁안을 적용하면 공무원 본인이 부담하는 연금 보험료는 9000만원에서 1억1000만원으로 늘어난다. 퇴직후 받는 연금총액은 5억9000만원에서 4억4000만원으로 1억5000만원 준다. 그래도 100인 이상 기업의 정규직 근로자 생애소득인 17억원보다 많다고 했다. 퇴직수당은 민간근로자가 1억4700만원으로 공무원(8700만원)보다 6000만원 정도 많지만, 공무원들의 재직기간(30년)이 민간근로자보다 4년 더 길어 총급여가 많고, 연금도 2억원을 더 받기 때문이다. 새누리당측은 공무원의 생애소득은 다소 줄게 된다.

그렇지만 여전히 민간근로자들에 비해서는 생애소득이 더 높기 때문에 상대적 박탈감은 다소 줄어들 것이라고 했다. 반면 공무원노조측은 임금상승률 등에 변수가 많아 단순비교는 무리라며 노조를 포함한 사회적 협의체 구성을 요구했다. 새누리당은 새정치연합에 공무원연금개혁을 연내 처리해야 한다고 주장했으나 새정치연합은 이해당사자를 포함하는 사회적 협의체를 구성하기전까지는 대안제시가 없을 것이란 원칙을 고수했다. 대한민국 공무원이 흔들리고 있다. 공무원연금개혁안이 급류를 보이고 있는 것과 관련이 크다. 공무원단체의 반대에도 불구하고 시민들은 6대 4 혹은 7대 3 정도로 연금개혁에 찬성하고 있다. 이유는 재정난 때문이다.

〈공무원과 민간근로자의 비교〉

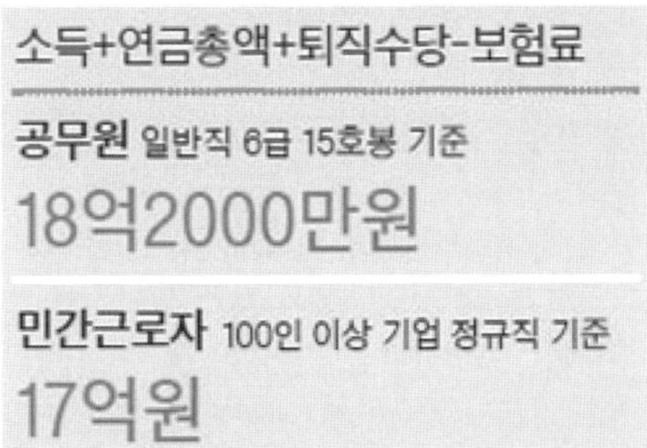

자료: http://joongang.joins.com/article/aid/2014/11/19/16030511.html?cloc=olink|article|default

6) 공무원연금 여론과 공무원연금법 개정전망

9월 26일에 발표된 MBC의 공무원연금제도에 대한 여론조사 대상은 한국연금학회가 마련한 연금개혁안으로서 연금부담액이 43% 상승하고, 연금지급액은 34%가 감소한다는 것이었다. 여론의 70.0%는 이 개혁안에 찬성의견을 나타냈고, 25.6%는 반대의견을 나타냈다. 또 9월 29일에 발표된 모노리서치의 공무원연금제도에 대한 여론조사결과는 정부의 연금개혁안은 납입액은 최대 41%가 상승하고, 수령액은 최대 34%가 감소하고, 첫 연금 수령연령은 65세로 늦춰지는 내용에 대해 찬성의견은 59.1%, 반대의견은 22.2%로 나타났다. 또 10월 6일 발표된 YTN의 공무원연금제도에 대한 여론조사 결과는 공무원연금의 개혁 필요성에 대해 필요 69.3%, 불필요 24.9%로 필요하다는 의견이었다. 연금개혁시 하후상박을 적용하는 것에 대해서는 찬성이 83.0%로 압도적으로 높게 나타났다. 또 11월 6일 발표된 JTBC의 공무원연금제도에 대한 여론조사에서 공무원연금개혁 방안으로 어느 쪽을 택하는 것이 좋은지에 대해 정부와 전문가와 공무원이 합의안을 도출해야 한다는 의견이 47.9%로서 정부·여당안을 올해 안에 처리해야 한다는 의견보다 약 10% 높게 나타났다. 정부, 전문가 그리고 공무원이 합의해야 한다는 것이다.(노순규, 공무원연금개혁의 필요성 강의안, 경북교육연수원, 2014)

2. 국민들의 공무원연금개혁에 분노

최근 공무원연금개혁을 하라고 하니 엉뚱하게 공무원연금을 살짝 고치고 오히려 국민연금에 더큰 개혁을 하자고 나서고 있는 형국이다.

2060년에 벌어질 국민연금 적자를 걱정한다는 것이다. 참 기가 막힌 것은 지금 당장 발등에 불이 떨어져 국가세금으로 지불되어야 하는 공무원연금은 뒷전으로 하고 반세기 즉, 50년후의 국민연금을 걱정한단다. 이승만 자유당 정권이 오늘날의 연금을 걱정하는 것과 같다. 자신의 발등에 불을 끄는 둥 마는 둥하면서 먼 훗날에 벌어질 국민연금 일을 먼저 걱정하는 이 지랄 육갑을 누가 감당하나?[107] 국민들이 왜 공무원연금을 개혁하는 것에 찬성을 하는지 살펴보자.

1) 공무원연금과 국민연금의 극심한 차이

지금 현재 국민연금 수령자를 기준으로 볼때 340만명이 수령하고 수령액이 31만원 수준이다. 반면 공무원연금 수령자는 35만명이고 액수는 월 220만원 수준이고 교직자는 250만원 수준으로 거의 8배에 가까운 차이를 보인다.

2) 국가의 세금으로 봉급을 주는 자들에게 연금까지 세금

공무원과 군인연금 누적적자가 이미 598조원으로 국민 1인당 공무원에게 1000만원이 넘은 빚을 떠넘겨지고 있는 형국이다. 더 놀라운 것은

107) 탱아찌 (circ****), 주소복사 조회 8857315.05.12 08:33

이런 공무원연금의 부채가 그대로 두면 기하급수적으로 늘어난다는 것이다. 공무원연금과 군인연금이 정부 부채 500조보다 더 많은 나라는 우리 나라 외의 지구상에 존재하지 않는다.

3) 공무원들의 일강도와 일수준으로 봐서 높은 봉급

현재 공무원의 봉급수준은 중소기업에 비해 1.5배정도 높고 대기업에 비해 90%정도가 된다. 근무연한이 짧고 근무강도가 쎄고 지적수준이 다른 일부 대기업에 비해 봉급이 상대적으로 적다고 하는 것은 어불성설이다. 공무원 임금도 영국, 프랑스, 독일, 미국 등 선진국 공무원은 국민소득 1일 때 1-1.3을 받는데 한국 공무원은 2배를 받고 있다.

4) 터무니없이 긴 근속기간

우리나라 중소기업 근로자의 평균 근속기간은 7년이고 대기업은 9년이다. 거기에 비하면 공무원은 27.5년으로 거의 3-4배에 이른다. OECD 국가공무원 평균 공무원 근속기간인 12.5년에 비해서도 2배가 넘는 상기근속이다. 이는 공무원들이 설령 무능해도 해마다 호봉수는 올라가고 아무 성과가 없어도 정년을 다 채우고 나간다. OECD국가에서 공무원들은 정년이 보장되지 않고 정부에서 불필요하다고 생각하면 언제든지 공무원을 퇴식시키거나 정리해고를 하는 것에 비하면 귀족 철밥통에 해당된다.

5) 공무원의 무능하고 게으르며 부정부패

세월호 참사에서 말해주듯이 우리나라 해수부와 해경 공무원들의 비리가 얼마나 큰지 확인되는 순간이다. 전반적으로 대한민국 공무원의 부패지수는 OECD국가보다 1.8배 높고, 생산성은 30% 수준이다. 이는 대한민국 공무원들이 조선시대와 일제시대에 관료집단화되어 있어 국민의 혈세를 가렴주구식으로 빨아먹는 습성이 그대로 남아 있기 때문이다.

영국은 대처가 수상이 된 이후에 75만명이던 공무원수를 줄여서 현재 공무원 수가 52만명이다. 인구 6400만명의 영국이 공무원수가 52만명인데 한국은 5000만명의 인구에 공무원수가 102만명이다. 이는 인구 천명당 공무원수가 영국의 두배가 훨씬 넘는 인원이다. 그리고 영국의 공무원 봉급 수준은 GDP대비 1.3배로서 한국의 2.03배에 비해 훨씬 적게 받고 있다. 전체적으로 공무원에게 국가의 부담이 영국이 대한민국의 1/4 수준으로 적게 세금이 들어가는 결과를 낳고 있다. 거기에 추가로 영국의 공무원들의 청렴도는 한국에 비해 월등히 높고, 생산성이 2배에 이른다. 이와같은 여러가지 이유로 인해 지금 국민들은 폭발 일보직전에 있고 현 공무원연금개혁 또한 여전히 공무원의 기득권을 보호해주고 신규 공무원들에게만 불이익을 가도록 하는 것은 선배공무원들이 후배공무원의 고통을 담보로 계속 자신들의 이득을 쟁취하는 모양새이다.

현재 연금을 수령하고 있는 기존수령자에게도 연금삭감을 하지 않으면 공무원연금에 국민의 혈세가 들어가는 것은 막을 수가 없을 것이다.[108]

3. 공무원연금개혁을 보면서 답답한 마음

오늘도 우리나라 국가발전을 위해 노력하시는 우리나라 모든 공무원들분께 감사를 드리며 최근 공무원연금개혁에 관해 한말씀 드립니다.

우리나라의 기틀을 마련하고 국가발전에 엄청난 노력을 하신 공무원들의 공을 항상 잊지 않고 있습니다. 최근 가장 잇슈가 되고 있는 공무원연금에 대해 언급하기 위해 몇년동안 공무원 연금과 국민연금에 대한 비교분석을 하고 동시에 그에 대해 강의와 토론을 하면서 비교를 하였습니다.[109] 공무원연금이 처음에 설정될 때 공무원들의 급여가 민간인에 비해 50%에도 못미치는 액수여서 그를 보충하는 차원에서 공무원연금을 마련하여 국가차원에서 어느 정도 혜택을 준 결과가 바로 공무원연금입니다. 그런데 오래전부터 국가차원에서 공무원들의 급여를 민간

108) http://bbs1.agora.media.daum.net/gaia/do/debate/read?bbsId=D125&articleId=1133623 (2015.5.12.)

109) 노순규(we***), 주소복사 조회 1309015.05.11 07:03<공무원연금 개혁과정을 보면서>

수준으로 인상하는 것을 목표로 하여 이제는 민간수준 즉, 기업의 수준과 비슷하거나 얼마전 통계에 의하면 대기업의 급여보다 높은 것으로 나타났습니다. 공무원의 정년과 민간기업의 정년 등을 비교하면 민간기업보다 엄청나게 높은 생애급여를 받게 됩니다. 급여는 계속 올라가지만 공무원연금의 혜택은 줄지 않고 오히려 급여수준에 따라 상승하므로 연금의 혜택은 더욱 커지게 되는 것입니다. 그런데 조세에 의해 충당되는 공무원연금에 대해 개혁을 할려고 하면 공무원노조, 교원노조 등이 합심하여 집단행동을 통해 결사반대를 하는 것을 보면서 씁쓸한 마음을 금치 못합니다. 이번에 개혁한 결과는 거의 깎이지 않는 것은 물론 오히려 다른 수단을 통해서 더욱 높아지게 만든 것을 보면서 더욱 씁쓸하였습니다. 국민연금의 액수는 공무원연금에 비하면 절반도 되지 않고 그 마저도 못받는 국민이 50%에 이릅니다. 흔히 공무원들은 퇴직금도 적다고 하지만 결코 적지 않은 퇴직수당이 있으며 기업의 경우 도산하면 그마저 받지도 못하는 경우가 허다합니다. 국민연금의 소득대체율이 계속 낮아질 때도 국민들은 항의를 할 수 있는 노조나 단체가 없습니다. 모두 생업에 바빠 그렇게 할 시간도 없습니다. 공무원이나 교원은 노조전임자를 통해서 할 수 있지만 힘없는 국민은 그냥 체념해 버립니다. 이번 공무원연금에 국민연금 소득대체율을 올려준다고 하는데 허울좋은 수치놀음입니다. 현재의 국민연금 보험료 납부도 허덕이는데 5%는 아니라도 1%라도 올린다면 아마 그 비율만큼 임의가입자는 해약할 것이고 기업은 추가보험료 등의 인건비 부담 때문에 경영에 애로를 느끼거나 고용을 또 줄이겠지요. 국가의 세금으로 운영하는 것이 아니기 때문입니다.

현재도 많은 국민들은 국민연금 보험료 부담 때문에 아우성인 것을 들어 보지 못한 것 같습니다. 현재 공무원연금과 국민연금을 연계시키고자하는 국회의원들 자신들이 그 추가보험료를 납부해 준다면 혹은 세금으로 부담해 준다면 쌍수를 들고 환영할 것입니다. 그것이 아니라면 길게는 40년후의 혜택을 보기 위해 국민연금 보험료를 당장 더 인상하라는 것은 무리입니다. 현재의 집권당인 새누리당이나 야당인 새정치민주연합은 국민연금을 납부하는데 따르는 어려운 실정을 잘 모르시는 것 같습니다. 현실이 매우 어렵습니다. 꼭히 해야 한다면 여론을 한번 더 살펴보시고 반영하시기를 바랍니다. 비정규직에 대해 국민연금을 가입해준 회사는 보험료가 올라가면 어쩌면 가입을 안시킬 수 있을 것입니다.

적어도 집권할 의지가 있는 정당이라면 혹은 계속 국가를 운영할 정당이라면 지금이 아니라 40년 혹은 100년을 내다 보고 국가를 설계해 주시면 좋겠습니다. 국민소득 대체률을 지금의 야당이 과거 집권할 때 낮추었다면 왜 그렇게 했는지를 한번 더 검토하시기 바랍니다. 아무리 국민연금이라고 하더라도 수익자 부담에 따라 보험료를 부담해야 하는 것은 분명하기 때문입니다. 그리고 공무원연금의 개혁은 어느 부처가 담당해야 합니까? 왜 당과 청와대만 앞장서서 해야 합니까? 인사혁신처는 공무원의 사기를 올리는 부처이지만 반대로 국가를 위해 공무원들을 설득하고 이해시키는 업무를 담당해야 하지 않습니까? 장관이 되기전에는 공직을 개혁하고 공무원연금을 개혁한다고 큰소리치다가 막상되고 나니까, 뒤로 숨어버리고 모든 것을 대통령과 당에게 미룹니까? 참 비겁한 장관입니다. 그래서 우리나라는 항상 문제입니다. 얼마전에 노사분규가 터져도 노동부장관은 숨어버리고 물론 결국 경질되었지만, 그런 것을 볼 때마다 그와같은 공직자들이 한심하다는 생각이 듭니다. 모두가 약간의 양보가 필요하다는데 공무원들이 이제 우리가 공무원연금을 대승적 차원에서 더욱 적게 받겠다고 한다면 그것은 국민의 심금을 울릴 것입니다. 그에는 공무원노조와 전교조의 대승적 양보와 공무원과 교원의 절대적 헌신이 필요합니다.[110]

110) http://bbs1.agora.media.daum.net/gaia/do/debate/read?bbsId=D115&articleId=3273485 (2015.5.12.)

4. 공무원연금개혁과 대통령의 한숨

박 대통령, 국무회의서 직접 공무원、국민연금 연계 반대 못박아. "협상가에게 재량권 줘야", 새누리 지도부 靑에 불만 표출, 野 설득 못하면 5월 국회처리 난망, 박근혜 대통령이 12일 청와대에서 열린 국무회의에서 생각에 잠겨 있다. 박근혜 대통령도, 새누리당 지도부도 12일 깊은 한숨을 내쉬었다. 공무원연금개혁안을 5월 임시국회에서 처리해야 한다는 큰 방향은 공유하고 있지만, 야당을 설득해 관철시킬 방법이 마땅치 않은 데다 당청관계가 점점 꼬여가는 탓이다.

1) 박 대통령의 국무회의 도중 한숨

박 대통령은 청와대에서 국무회의를 주재하면서 한숨과 뒤이은 긴 침묵으로 불편한 감정을 숨김없이 드러냈다. 박 대통령은 여야의 공무원연금개혁안의 조속한 처리를 압박하는 언급을 쏟아낸 뒤 "하…, 이것(공무원연금개혁)만 생각하면 한숨이 나온다"고 탄식하고 약 8초간 아무런 말도 하지 않았다. 다시 발언을 시작한 박 대통령은 공무원연금、국민연금개혁 연계 반대입장을 분명히 했다. 박 대통령은 "(정치권이) 해야 할 일을 안하고 빚을 줄이는 노력을 외면하면서 국민에게 세금을 더 걷으려 하는 것은 너무나 염치없는 일"이라고 못박았다. '공무원연금개혁=국가채무 줄이기, 국민연금강화=세금폭탄'이라는 청와대의 논리를 반복한 것이다. 이어 박 대통령은 "지난 1년여동안 충분한 논의로 국민적 공감대가 형성된 공무원연금개혁을 마무리하는 것이 급선무"라며 "국민연금 관련 사항은 충분한 시간을 갖고 사회적 논의를 통해 신중히 결정할 사안"이라고 말했다. 이로써 박 대통령은 '야당의 국민연금 연계 주장을 수용하지 말라'는 강경한 지침을 여당 지도부에 다시 한번 내려 보냈다.

박 대통령은 7일과 10일 김성우 홍보수석을 통해 연이어 입장을 낸데 이어 12일 직접 입을 열어 여론전에 나섰다. 현정권의 최대 치적이 될 가능성이 높은 공무원연금개혁을 올해 안에 반드시 이뤄내야 한다는 절박감을 느끼는 데다, 공무원연금개혁에 찬성하고 국민연금 강화를 사실상의 증세로 받아들이는 여론이 청와대에 기울어져 있다고 자신하는 데 따른 선택이다. 박 대통령은 "10년, 15년전에 공무원연금개혁을 했으면 이렇게까지 어렵지는 않았을 것"이라고 꼬집었다. 김대중정부와 노무현정부에서 공무원연금을 제대로 손보지 못한 것을 거론해 '야권이 책임감을 느끼고 개혁안 처리에 협조해야 한다'고 압박한 것으로 볼 수 있다. 박 대통령은 "정치권, 정부가 이번에 해내지 않으면 이제는 아무도 손을 못대고 시한폭탄이 터질 수밖에 없지 않겠느냐"고도 했다.

자료: http://www.hankookilbo.com/v/9290978ddb2e4e7ca677ae02337b0f6f

2) 여 지도부의 더 깊은 한숨

청와대가 여야를 향해 직접 협상 가이드라인을 제시하면서 김무성 새누리당 대표와 유승민 원내대표의 고민이 더 깊어졌다. '국민연금 명목소득대체율 50%'조항을 고집하며 꿈쩍하지 않는 야당과 대야협상에서 유연성을 발휘할 여지를 전혀 주지 않는 청와대, 공무원연금개혁을 관철시키라고 요구하는 민심이라는 3각 파고속에 마땅한 해법을 찾기 어려운 상황에 놓였기 때문이다. 김 대표와 유 원내대표는 12일 답답함을 털어놓았다. 김 대표는 국회에서 기자들과 만나 "협상가에게 재량권을 주지 않는 협상은 성공할 수 없다"며 청와대를 향해 불만을 표했다. 유 원내대표는 원내대표 취임 100일 기자간담회에서 "협상재량권이 별로 없다"고 토로하고 "6일 국회 본회의에서 공무원연금개혁안을 처리하는 것이 국민을 위해서도, 박 대통령을 위해서도 옳았다"고 말해 청와대와 일부 친박계 의원들이 개혁안 처리에 제동을 건 것을 우회적으로 비판했다. 유 원내대표는 전날 공무원연금개혁안의 5월 국회 처리전망을 놓고 "야당과 입장차가 너무 커 비현실적 목표"라고 했었다.[111][112]

5. '소문난 잔치'의 공무원연금개혁

소문난 잔칫집에 먹을 것은 없었다. 지난 5월 3일 치러진 '세기의 대결' 플로이드 메이웨더 주니어(38)와 매니 파퀴아오(37)의 복싱경기를 두고 하는 말이다. 미국의 메이웨더는 47전 무패신화의 주인공이다. 파퀴아오 역시 8체급을 석권한 필리핀의 영웅이다. 이들의 대결은 5년간 이어진 우여곡절 끝에 성사된만큼 경기전부터 열기가 뜨거웠다. 경기 입장권은 판매 시작 60초만에 매진됐고 링사이드 좌석 암표는 25만달러(약 2억7000만원)를 호가했다. 하지만 경기는 특별한 난타전없이 메이웨더의 판정승으로 끝났다. 통쾌한 승부를 기다렸던 복싱팬들로서는 허탈할 따름이었다. 공무원연금개혁 역시 마찬가지다. 지난 2009년 미완성으로 남았던 공무원연금법을 이번에 다시 손대기로 히면서 관심이 집중됐다.

여야는 지난 2일 오랜 진통끝에 기여율 9%, 지급률 1.7%라는 수치의 공무원연금개혁안을 도출했다. 이처럼 여야의 절충하는 모습은 국민의 기대를 더욱 키웠다. 하지만 결과는 싱거웠다. 지난 6일 여야는 '국민연금 소득대체율 50%' 등을 국회 규칙에 반영하는 문제를 놓고 내립하면서 공무원연금개혁안 처리를 끝내 성사시키지 못했다. 공무원연금개혁

111) 최문선 기자 moonsun@hk.co.kr, 정승임 기자 choni@hk.co.kr

112) http://www.hankookilbo.com/v/9290978ddb2e4e7ca677ae02337b0f6f(2015.5.13.)

안에 무리하게 국민연금 문제를 끼워 넣은 탓에 파행으로 치달았다. 심지어 여야는 지리한 공방을 이어가며 서로에게 책임을 떠넘기는 데 급급했다. 여당은 개혁안 처리 무산의 원인으로 공무원연금보다 훨씬 방대하고 복잡한 문제인 국민연금개혁을 연계한 야당 때문이라고 주장한다.

야당은 청와대와 새누리당이 국회 규칙의 부칙에 국민연금 소득대체율 50%를 명기하는 서류를 첨부키로 한 원내지도부간 잠정합의를 파기한 게 원인이라고 반박했다. 결국 초미의 관심사로 이목을 끌었던 공무원연금개혁안 처리작업은 아무런 결실도 맺지 못했다. 여야는 임시국회를 다시 열어 공무원연금개혁안을 재차 처리하겠다고 밝혔다. 하지만 쉽지 않아 보인다. 국민연금 소득대체율 50% 명기를 놓고 여야가 합의점을 찾지 못하고 있어서다. 게다가 국민연금을 공무원연금과 연계한 데 대한 비판여론도 확산됐다. 최근 메이웨더와 파퀴아오의 재대결 얘기가 나돌았다. 하지만 소문만 무성할 뿐 재대결에 대해 정해진 것은 아무 것도 없다. 속 시원한 세기의 대결을 기다리는 복싱팬들의 바람만 가득할 뿐이다. 공무원연금개혁도 평행선상에 있는 여야의 입장차로 인해 장기간 표류할 가능성을 배제할 수 없다. 이 역시 제대로 된 공무원연금개혁을 기다리는 국민의 바람만 있을 뿐이다.[113][114]

6. 공무원연금개혁의 올바른 개혁

1. 공무원연금개혁은 여야합의안으로 개혁은 개악일 뿐 하나마나이다. 개혁안을 적용해도 금년에만 국민혈세로 3조를 지원해야하고, 매년 이 금액 이상을 국민혈세로 보전해주도록 하는 것이 개혁하는 것인가?[115]

---

113) 본 기사는 <머니위크>(www.moneyweek.co.kr) 제383호에 실린 기사입니다. 박성필 feelps@mt.co.kr, 금융을 담당하고 있습니다.

114) http://www.moneyweek.co.kr/news/mwView.php?no=2015050811388075688&outlink=1 (2015.5.13.)

2. 박지원의 꾀에 넘어간 어리숙한 황우여 때문에 만들어진 국회선진화법(야당결재 없으면 어느 법안도 상정할 수 없도록 한 것은 국가헌법의 원칙인 다수결 원칙을 위배한 초헌법) 때문에 여당이 제구실을 못한다.

3. 야당이 이제 계속되는 보궐선거에서 계속 꼭두각시 노릇만 하여서는 차기 총선에서는 흔적도 없이 친노세력들을 포함하여 날라가게 될 것이다.

4. 정부 여당은 다시 한번 국민의 혈세로 더 이상 공무원들만 국민연금(낸건만큼 받는 연금제도)같이 내고 3배를 더 받으려 해서 국민들이 혈세로 보전해준 것은 양심에 관계되는 것으로 정말로 후세에 떳떳하지 못한 행위일 뿐이다는 인식을 심어주어 합의안을 이끌어내야 한다.

5. 나아가 향후 원점에서 다시 검토하여 당장 국민연금같이 자기들이 낸 것만큼만 받아, 국민혈세로 보전해주는 법을 김대중.노무현 때 공무원 표만 의식해서 국민혈세로 보전 해주도록 한 이법을 폐기해서 공무원연금 부족액을 정부예산으로 보전해주도록 한 법을 폐기해야 한다.

6. 그럴 경우 국민연금같이 자기들이 자진해서 공무원연금도 자체적으로 자진해서 개혁하게 될 것이다.

7. 정부 여당도 우리 후손에게 공무원연금까지 부담시키는 세금폭탄을 계속 맞아 나라가 흔들리도록 해야하는 역사적 부담을 맡겨서는 말이 안된다.

8. 공무원노조는 더 이상 억지를 써서 나라가 흔들리도록 하면서 연금을 더 받겠다는 비양심은 일소해야 한다.[116]

7. 공무원노조와 전교조의 갑질행위(국민과 학부모의 존경 못받는 이유)

공무원연금개혁! 공무원노조와 전교조가 아무리 반대하고 행패를 부

115) surekhk (kim****), 주소복사 조회 3415.05.12 17:33

116) http://bbs1.agora.media.daum.net/gaia/do/debate/read?bbsId=D003&articleId=5750520 (2015.5.13.)

리더라도 멈추어서는 안된다. 공무원연금개혁이 성공하여야 사학연금, 군인연금, 공기업개혁도 성공시킬 수가 있다. 국가의 빚더미에서도 많은 혈세를 부담함으로서 나라경제가 파탄이 날 지경에 처해있고 이 상태로 가다가는 미래의 우리 후손들이 빚더미에 몰려 거리에 나앉을 지경인데도 국민의 혈세로서 자신들의 배를 채우기 위하여 공무원노조와 전교조는 떼법을 쓰고 있다.[117] 국민의 공복으로서 오히려 국가의 미래를 걱정하며 국가경제에 앞장서야 할 공직자들이 국민의 혈세로서 자신들의 연금부족액을 채워달라고 온갖 행패로서 땡깡을 부리는구나. 국가가 어려울 때는 국민 모두가 다같이 고통을 분담하여야 함에도 공직자들은 예외이더냐! 그럼에도 국민을 선도해야 할 공직자들이 자신들의 이익을 위하여 폭력을 행사하고 있다. 공무원연금은 이미 2001년도에 기금이 바닥이 나 매년 수조원의 세금으로 채우고 있고 국민연금과 비교해도 형평성에서 불공정한 혜택을 받고 있는 공무원연금을 개혁하여야만 나라의 미래가 안정될 것인데 이들은 나라의 미래는 안중에도 없고 오직 자신들 이익 뿐이다. 공직자란 자들이 공무원연금 정책토론회에 집단으로 난입하여 조폭과 다름없이 소란을 피우고 국가미래를 위한 개혁을 개악이라고 호도하며 공무원연금개혁 토론회를 무산시켰는데도 사정기관은 이들을 처벌하지 않고 지켜보고만 있을 것인가! 이것이 과연 법치국가인가? 일부 부도덕한 공직자 떼거리들이 자신들의 사익을 위해 국가는 안중에도 없이 행패를 부려도 국가경제의 불투명한 미래에 대한 걱정과 지금의 연금정책의 개혁 필요성을 인지하고 있는 많은 의식있는 공직자들은 말없이 지켜보며 고통을 분담하려고 참아내고 있는 것이다.

주변의 일가친척, 친구 및 지인들도 연금개혁의 고통분담을 당연시하고 있다. 그럼에도 일부 지각없는 공직자 떼거리들은 온갖 떼법으로서 국기를 흔들며 자신들의 사익을 빼앗기지 않으려고 발악을 하고 있음에

117) 시메온 (dkffpf****), 조회 6514.09.25 12:18

비통함이 앞서는구나. 이것이 대한민국의 현실인 것을, 퇴직공무원이 받는 평균 연금 5억3천만원 가운데 본인이 낸 보험료는 불과 1억4천만원뿐이고 나머지 3억9천만원은 국민의 세금으로 보태주고 있는 것이다. 어디 국민이 공무원의 봉이든가? 공무원에게 개혁을 맡기면 결국 고양이에게 생선을 맡기는 꼴이 되므로 이번 개혁을 정부 대신 국회가 맡으려고 하는데 야당의원들은 공무원들의 눈치를 살피고 있다. 진정으로 다수의 국민에게 환호를 받으려면 이번 개혁은 반드시 성공시켜야만 한다.

이 눈치 저 눈치를 보며 과거 정부들처럼 손을 대다가 말면 우리의 미래는 영원히 없을 것이다. 악질노조 민노총과 공무원노조 및 전교조는 현 정부의 개혁작업을 방해하며 온갖 떼법을 쓰겠지만 이제는 국민들이 한 목소리로서 이들 반정부집단, 불순세력들에게 저항하여야 할 것이다. 우리의 미래는 이번 공무원연금개혁작업에 사활이 걸려있음을 분명히 인식하여야 한다.[118] 22일 오전 서울 여의도 국회 의원회관 대회의실에서 열린 공무원연금개혁을 위한 정책토론회에서 공무원 노조원들이 구호를 외치며 항의하고 있다.[119] 이날 토론회는 결국 노조원들의 항의로 무산됐다.[120][121]

---

118) http://bbs1.agora.media.daum.net/gaia/do/debate/read?bbsId=D110&articleId=2521840 (2015.5.14.)

119) 기사입력 2014-09-22 11:31, (서울=뉴스1) 박세연 기자

120) 2014.9.22./뉴스1, 뉴스1코리아(news1.kr)

121) http://news.naver.com/main/read.nhn?mode=LSD&mid=sec&sid1=100&oid=421&aid=0001020670(2015.5.14.)

자료: http://news.naver.com/main/read.nhn?mode=LSD&mid=sec&sid1=100&oid=421&aid=0001020670

8. 이한구 "공무원연금개혁 합의안은 노조작전이 성공한 것"

"공무원연금개혁, 공무원표 의식한 포퓰리즘"[122] 새누리당 이한구 의원은 5일 공무원연금을 개혁하는 대신 공적연금을 강화하기로 여야가 합의한 내용에 대해 "(공무원노조의) 작전이 성공한 것"이라고 말했다.

새누리당 공무원연금개혁 TF팀장을 역임했던 이 의원은 5일 KBS라디오 '안녕하십니까 홍지명입니다'에 출연해 "(정치권이) 공무원연금은 개혁 안하고 주위를 분산시키기 위해서 엉뚱한 걸 내놓았다"면서 이같이 말했다. 이 의원은 특히 "(공무원연금개혁은) 공무원들한테 인심잃는 일이지만, 정작 일반 국민들은 잘모른다"면서 "이해당사자들(공무원)은 펄펄 뛰고 일반 국민들은 그런가보다 하고 대충 넘어가니까 이걸 이용한 것"이라고 강조했다. 그는 이어 "합의를 하려면 제대로 했어야 한다"면

122) 김명지 기자, 입력 : 2015.05.05 14:58

서 "(합의안을 보면) 재정개선효과도 6년 뒤에는 다시 도로 아미타불이 되며, 공무원연금은 5년마다 다시 계산을 해서 고치고 더 재정투입이 안 되도록 해왔는데, 이번 합의는 거의 20년동안 고치기 어렵게 만들어 버렸다"고 지적했다. 박근혜 대통령이 '국민연금제도 개선문제는 국민적 동의가 필요하다고 언급한 것'에 대해선 "동의한다"면서도 "지금 국민연금도 개선을 해야 한다"고 밝혔다. 그러면서 "이대로 가면 2044년부터는 연금기금이 줄고 2060년이면 완전 바닥이 난다"면서 "또 남북통일과 고령화 속도를 감안하면 이런 상황에서 고민을 많이 해서 개혁방안을 마련해야 한다"고 설명했다. 다만 국민연금 명목소득대체율 인상에 대해선 "국민연금이라는 것은 국민들이 보험료를 낸 것을 모아서 은퇴하면 보험금을 주는 것"이라며 "지금은 외상으로 했다가 나중에 연금받을 때쯤 세금을 걷든지 해야 되는데 지금 보험료를 더낼 처지에 있느냐"고 반문했다. 한편 새정치민주연합 최재성 의원은 이날 MBC라디오 '신동호의 시선집중'에 나와 "'국민연금 소득대체율을 50%로 하고' 이렇게 분명히 명시하고, 처리시점까지 명시했다"며 '50%를 명시하지 않았다'는 여당의 주장을 일축했다. 최 의원은 "공무원연금개혁으로 절감된 부분은 국민연금 사각지대에 20%를 쓰고 또 국민연금을 강화하는 방안을 이번 협상에서 지속적으로 논의해왔다"며 "합의문이 두가지 버전으로 생기는 그런 실수는 있을 수 없는 일"이라고 밝혔다.[123][124]..

9. 공무원연금개혁: 야당의 갑질행위(정권을 절대로 못잡는 이유)

국민연금 소득대체율 대치, 5월 민생법안 처리 불투명, 공무원연금 개정안 처리가 5월 임시국회에서도 불빌될 조짐을 보이고 있다. 새누리당이 당론으로 '국민연금 소득대체율 50% 인상불가' 입장을 정하자 야당

123) ChosunBiz.com

124) http://biz.chosun.com/site/data/html_dir/2015/05/05/2015050501265.html(2015.5.14.)

은 '합의파기'라며 거세게 맞서 합의점을 찾기 어려운 상황이다. 여야 이견이 좁혀지지 않을 경우 다른 민생법안처리까지 불투명해져 5월 국회가 '빈손'으로 끝나는 것은 물론 6월 임시국회처리도 장담할 수 없다는 얘기가 나오고 있다. 유승민 새누리당 원내대표는 12일 원내대책회의에서 "어제 최고위원회의에서 명목 소득대체율 50%를 포함하지 않는 사회적기구 운영에 관한 규칙안으로 협상하자는 방침을 정했다"며 "당분간 합의가 쉽지 않은 소강상태가 계속될 것"이라고 말했다. 이군현 사무총장은 이 자리에서 "소득대체율 50%는 막연한 기대심리만 키우는 것"이라며 "새정치민주연합은 구체적 숫자가 들어간 공무원연금 자체안을 마련해 국민연금 소득대체율 50%가 가능한지 국민앞에 먼저 제시해야 한다"고 촉구했다. 야당은 '소득대체율 50%' 명시방침을 고수하며 물러서지 않고 있다. 이종걸 새정치연합 원내대표는 이날 원내대책회의에서 "국민연금 소득대체율 50%를 포함한 연금개혁관련 합의는 정부, 이해당사자, 여야가 4개월에 걸친 숙고 논의끝에 마련한 사회적 대타협"이라며 "합의내용을 새누리당 지도부에서 손바닥 뒤집듯 뒤엎었다"고 비판했다. 강기정 정책위의장 또한 "공무원연금법, 공무원 인사정책 합의, 국민연금관련 합의는 한 세트이며, 어느 것 하나 지켜지지 않으면 다른 것도 모두 무효"라며 "협상의 여지가 있는 것이 아니다"고 못박았다. 새누리당 한 원내 인사는 "지금 분위기로는 5월 내 처리가 쉽지 않을 것"이라며 "6월 임시국회에서까지 미뤄지면 총선 국면에 접어들기 때문에 더욱 힘들어진다"고 말했다.

새정치연합 관계자도 "28일 본회의까지 시간이 남았기 때문에 접점을 찾아야 하지만 현재로선 50% 명시를 포기하기 어렵다"면서도 "여론추이를 살펴볼 필요가 있다"며 처리 가능성을 열어뒀다.[125][126]

---

125) 윤정아 기자 jayoon@munhwa.com

126) http://www.munhwa.com/news/view.html?no=2015051201070730128001(2015.5.14.)

제5장 감정노동의 개념과 의미

1. 감정노동의 개념

감정노동(Emotional Labor)은 직장인이 사람을 대하는 일을 수행할 때 조직에서 바람직하다고 여기는 감정을 자신의 감정과 무관하게 행하는 노동을 의미한다.[1] 판매, 유통, 음식, 관광, 간호 등 대인서비스노동에서 주로 발생한다. 감정노동은 실제로 느끼는 감정과 다른 감정을 표현해야 할 때 발생하며, 감정노동으로 생긴 감정적 부조화는 감정노동을 행하는 조직 구성원을 힘들게 만들며 감정노동으로 생긴 문제가 적절하게 다루어지지 않는 경우에는 심한 스트레스(좌절이나 분노, 적대감, 감정적 소진)를 보이게 되며, 심할 경우에는 정신질환 및 자살까지 갈 수도 있다.[2]

〈참고 문헌〉

1. See, For instance, H.M.Weiss "Learning Theory and Industrial and Organizational Psychology," in M.D. Dunnette and L.M.Hough (eds.), Handbook of Industrial & Organizational Psychology, 2nd ed., vol. 1 (Palo Alto:Consulting Psychologists Press, 1990), pp 172-73
2. 이완 (2009년 12월 20일), "백화점 주6일 노동 "웃어도 웃는 게 아니야"", 한겨레, 2010년 4월 17일 확인[127)]

2. 감정노동(emotional labor)의 의미

감정노동(emotional labor)은 배우가 연기를 하듯 근로자가 고객의 감

127) http://ko.wikipedia.org/wiki/%EA%B0%90%EC%A0%95%EB%85%B8%EB%8F%99 (2015.4.2.)

정을 맞추려 자신의 감정을 억누르고 통제하는 일을 일상적으로 수행하는 것을 말한다. 예를 들어 백화점이나 대형할인점에서 근무하는 종업원 역시 거의 매일 수 십명의 고객이 내뱉는 폭언에 가까운 말을 들으면서도 싫은 표정 한번 지을 수 없기 때문에 불안감과 가슴이 답답해지는 통증을 자주 느끼는 상태까지 이르는 것으로 나타났다.128) 이처럼 감정노동자들이 받는 스트레스의 가장 큰 요인은 이른바 '불량고객'이다. 친절과 미소에 따뜻하게 반응해주는 고객이 있는 반면 마치 하인을 대하듯이 판매사원들을 대하는 일부 고객들이 그들이다. 항상 무언가를 요구하고 어떤 노력에도 상관없이 불평을 하는 고객들, 특히 직원들과 합의점을 찾아보려 애쓰지 않는 고객들은 직원들을 끊임없이 고갈시키고 있다.

그래서 전문가들은 감정노동의 우울수준을 감소시키기 위한 전략으로 복지제도 향상, 직무 스트레스 감소 프로그램 개발 등 제도적 보완장치가 필요하다고 강조한다. 특히 그동안 부수적 형태의 노동 혹은 인격과 개인적 차원의 문제로 여겨져왔던 감정노동을 하나의 노동으로 새롭게 인식해야한다고 주장한다.129)

3. 감정노동의 용어

감정노동이란 게 뭐죠? 다른 건 다 알겠는데 감정노동이란게 뭐죠? 감정을 가지고 노동을 한다는 것 같은데 너무 추상적이라 대체 무슨 뜻인지 이해가 안되네요. 또 우리나라에서는 어떤 곳에서 감정노동이 쓰이고 있는 건가요?130) 일상생활에서 자신이 가진 감정과는 별도로 상대를 배려해야만 하는 장소가 있지요. 학교나 친구들 사이에서는 자기가 느끼고 있는 감정을 표정으로 나타낼 수 있지만 직장이나 업무 중에 표정을 표현하지 못하기도 합니다. 특히 고객과 대면(face to face)하는 업무가

128) 작성자 손주선, 등록일, 2013-02-12 오전 9:51:29

129) http://www.bbc.kr/board/View.aspx?Cate_Code=Establish&srno=1671(2015.4.2.)

130) wangKim| 2009.05.21 00:15, 추천해요0 답변2, 조회2,386

그러합니다. 이럴 때는 감정과 표정의 컨트롤이 필수겠지요. 예를 들면 호텔, 백화점, 콜센터, 음식점, 편의점 등 고객에 대한 태도가 바로바로 매출이나 이미지에 영향을 주는 곳이 감정노동을 하는 곳이라 할 수 있겠습니다. 냉정하게 손님이 말하는 걸 듣고, 맞장구까지 쳐주며 때로는 자신이 잘못한 게 아니더라도 사과까지 해야하지요. 손님이 화가나서 욕이라도 하면 그것을 달래주기까지 해야 합니다. 속에서는 부글부글 끓더라도 고객만족, 고객감동이라는 구문으로 억지로 웃으며 속을 태우는, 이런 일들을 감정노동, 거기에 종사하는 노동자를 감정노동자라고 합니다. 힘을 쓰는 육체노동, 머리를 쓰는 두뇌노동을 잇는 노동입니다. 이 감정노동은 사회학자 A.R 호크실드가 제창한 노동으로서 업무상 감정이 크게 좌우하는 일을 말합니다. 승객의 불이해로 생겨난 클레임에 자신의 감정을 나타내지 않고 웃는 얼굴로 응대해야 하는 항공사 객실승무원이 그 모델이었습니다. 하지만 요즘에는 점점 늘어나서 간호사, 변호사, 카운셀러까지 점점 확장되고 있지요. 비지니스 사회에서는 자신의 감정 컨트롤이 사회에서 성공하는 하나의 요소입니다만, 감정노동자의 경우에는 원래 자신의 감정을 직업의 감정으로 맞추고 컨트롤해야 되기 때문에 스트레스가 더욱 큽니다. 이 스트레스는 혼자서는 풀기 어렵기 때문에 해소할 수 있는 환경이 필요합니다. 취미, 자기계발, 일과 개인의 분리 등을 균형있게 다룰 줄 알아야 합니다. 또 일을 할 때는 고객이 화를 내더라도 자신이 잘못한 게 아니며, 누구에게라도 화를 냈을 거라고 생각하는 게 좋으며, 일과 자신을 분리하는 게 중요합니다. 그냥 연극을 한다고 생각해도 좋으며, 화가 난다면 심호흡, 소리지르기 등으로 빨리 풀어주는 게 좋습니다. 또는 용서를 하거나 남을 축복함으로써 미움의 싹을 자르는 것도 좋습니다. 그리고 다음 중 7개 이상 체크가 된다면 전문가와 상의하는 게 좋습니다.

- 회사에서 고객의 입장을 이해하도록 강요한다
- 고객에 대한 어떠한 부정적인 감정도 감춘다.

- 고객에게 의도적으로 친근하게 웃고 행동한다.
- 감정적으로 메말라간다는 생각이 든다.
- 내가 하는 일에 좌절감을 느낀다.
- 회사 동료들에게 냉담해지는 것을 느낀다.
- 모든 일에 점점 소극적이 된다.
- 전반적으로 내 일에 대해 만족하지 못한다.
- 상사는 업무상 실수를 덮어주거나 격려해 주지 않는다.

감정노동이 힘들어지면 제일 먼저 나타나는 현상은 약자에게 공격성을 들어내는 것입니다.

아랫사람이나 후배, 부모님, 자녀에게 짜증을 내고 화풀이를 하게 됩니다. 그 뒤로 내가 못나서 이런 곳에 일한다는 자기비하, 자기존중감 결여 등이 뒤따릅니다. 심할 때는 감정을 느끼지 못하는 경우까지 오게 됩니다.[131] 감정노동의 스트레스는 누구에게 많은가. 자동차정비라는 단순기술직에 종사해왔던 김 씨(35세), 3년전 사무관리직인 고객만족팀장으로 승진한 것이 그에게는 오히려 불행의 첫 단추였다. 어느날 회식 도중 가슴이 답답하고, 숨을 쉬지 못할 것같은 과호흡 증상을 보이며 의식을 잃은 뒤 공황장애로 병원을 전전하게 된 것이다. 최근 그는 고객의 다양한 불만처리와 대인관계 책임에 따른 감정노동이 직무 스트레스를 일으켰다는 사실을 인정받아 산업재해 요양판정을 받았다. 인제대 백병원 신경정신과 우종민 교수는 "3차산업인 서비스업 중심으로 산업구조가 바뀌면서 직장인들의 대인관계 스트레스 강도가 높아지고 있다"며 "이를 극복하기 위한 개인과 기업 차원의 노력이 시급하다"고 강조했다. 감정노동은 고객의 다양한 요구를 처리하는 직종일수록, 또 고객과 접촉빈도가 높은 직업일수록 강도가 높다. 예컨대 손님을 직접 대면하는 창구업무 종사자, 영업직, 서비스직, 객실 담당자 등의 스트레스가 높다. A백화

131) 2009.05.13 18:00 |신고 우와, 정말 최고의 답변입니다. wangKim, 추천해요2, vianney jung

점 식품매장에서 일하는 박(38) 씨의 말. "나보다 어린 손님들이 반말을 한다거나 양반이 상놈한테 무조건 하라는 식의 말 있잖아요. 그런데도 회사의 담당은 매일 무조건 친절할 것을 강요하는데, 정말 대인기피증이 생길 정도예요." 특히 한국 사회에서는 계층간 격차, 학벌, 기혼여성의 위치를 남편에 비추어 해석하려는 관습 때문에 감정노동 종사자들은 고객들과 곧잘 정서적 충돌을 겪는다. '공부못해서 이런 데서 일한다' '남편 잘못 만나 고생한다'는 식의 직업을 낮추어보는 시선이나 말이 스트레스를 가중시킨다는 것이다.[132)]

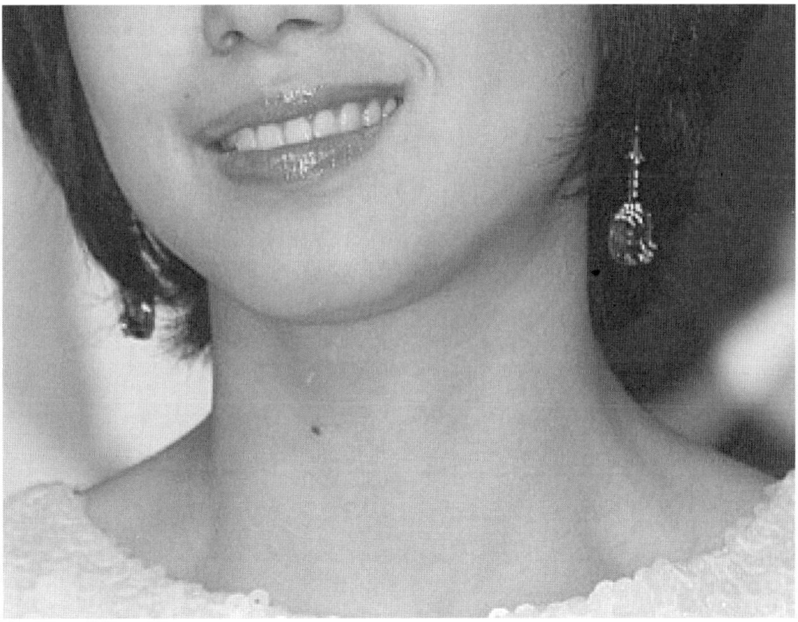

자료: http://tip.daum.net/question/56530596/56530924?q=%EA%B0%90%EC%A0%95%EB%85%B8%EB%8F%99

132) 2009.05.13 21:15, 행복한 헤벌쭈기~

감정노동이란 게 뭐죠? 호텔, 백화점, 콜센터, 음식점, 편의점 등 고객에 대한 태도가 바로바로 매출이나 이미지에 영향을 주는 곳이 감정노동을 하는 곳이라 할 수 있겠습니다.[133]

감정노동은 실제로 느끼는 감정과 다른 감정을 표현해야 할 때 발생하며, 감정노동으로 생긴 감정적 부조화는 감정노동을 행하는 사람에게 치명적입니다.[134] 판매나 서비스업 종사자가 늘어나고, 고객만족이 기업 생존의 화두가 되면서 '감정노동'으로 스트레스를 받는 사람들이 크게 늘고 있습니다.[135] 감정노동 스트레스 해소법의 적응하기가 있습니다.

"나를 일부러 무시하려고 한 것은 아니냐" "누구에게도 화를 냈을거야"하며 고객의 입장을 이해하려고 합니다.[136][137]

4. 감정노동의 어원

감정노동은 말투나 표정, 몸짓 등 드러나는 감정표현을 직무의 한 부분으로 연기하기 위해 자신의 감정을 억누르고 통제하는 일을 수반하는 노동을 말한다. 산업이 고도화되고 서비스업 종사자가 늘어나면서 등장한 노동형태다. 미국 버클리대 명예교수이자 여성 사회학자인 앨리 러셀 혹실드가 1983년에 낸 책 『통제된 마음(The Managed Heart)』에 등장한 용어다.1) 감정노동(Emotional Labor)을 하는 사람들을 일러 감정노동자라 한다. 2013년 4월 포스코그룹의 한 임원이 여객기 안에서 승무원을 폭행한 사건이 발생하면서 감정노동자의 현실이 큰 주목을 받았다. 한국의 감정노동자는 약 600만명 정도로 추산되고 있지만 약 1100여만명에 달한다는 통계도 있다.2) 사회 전영역에 걸쳐 작동하고 있는 '갑을관계

133) 답변 2 | 2009.05.13
134) 답변 2 | 2015.03.16
135) 답변 1 | 2004.11.22
136) 답변 1 | 2007.02.28
137) http://tip.daum.net/question/56530596/56530924?q=%EA%B0%90%EC%A0%95%EB%85%B8%EB%8F%99(2015.4.3.)

의 정치학' 때문에 사실상 한국인 거의 대다수가 감정노동에 시달리고 있다는 시각도 있다. 서비스업에 종사하는 사람들의 감정노동이 특히 심각한 것으로 알려져 있지만 감정노동은 모든 업종에 퍼져 있는 일의 한 형태로 대부분 직장인이 겪고 있는 고통이라는 것이다.3) 2012년 한국직업능력개발원이 203개 직업에 종사하는 노동자 5,667명을 대상으로 한 설문조사 결과에 따르면, 항공기 승무원이 감정노동에 가장 많이 시달리는 것으로 나타났다. 항공기 승무원은 심각도 5점 만점에 4.7점을 기록했으며 홍보도우미(4.6점), 휴대폰판매원(4.5점), 장례지도사(4.49점), 아나운서·리포터(4.46점), 식당웨이터(4.44점), 검표원(4.43점), 마술사(4.39점), 패스트푸드점 점원(4.39점), 콜센터상담원(4.38점), 미용사(4.35점), 텔레마케터(4.35점), 은행창구 직원(4.34점) 등이 그 뒤를 이었다.

자료: http://terms.naver.com/entry.nhn?docId=2070441&cid=55570&categoryId=55570

직업군별로는 음식 서비스 관련직이 4.13점으로 감정노동이 가장 심했고 영업 및 판매관련직(4.10점), 미용・숙박・여행・오락・스포츠관련직(4.04점), 사회복지 및 종교관련직(4.02점)이 뒤를 이었다. 감정노동은 주로 여성, 연령별로는 30대 이하에서 가장 많이 수행하는 것으로 나타났다. 또 학력별로는 고졸자와 전문대졸자의 비중이 가장 컸고, 공공기관보다 민간기업 노동자들의 감정노동이 더 많았다.4) 이런 통계가 시사하듯, 감정노동은 결국 권력관계와 관련이 깊다. 박은지는 "자본주의 사회에서 가장 중요하게 여겨지는 것은 돈과 권력이고, 고학력은 자연스럽게 돈과 권력의 필수요소가 되었다"면서 "결국 돈과 권력이 없는 저학력의 사람들은 상대적으로 약자가 되고 '만만하게 봐도 되는 상대'가 되어버렸다"라고 말한다.5)

2013년 4월 29일 한명숙 의원실이 전국민간서비스산업노동조합연맹(서비스연맹) 등과 공동으로 개최한 '감정노동의 실태와 개선방향에 대한 긴급토론회' 실태조사 자료에는 큰 정신적 충격을 입고 '외상 후 스트레스 장애'를 겪거나 알코올 등 약물에 대한 의존이 심해져 일상생활로 복귀하기까지 오랜 시일이 걸린 감정노동자들의 사례가 적지 않게 소개됐다. 상당수의 감정노동자들은 손님의 항의로 정신적 충격을 받은 뒤 다시 관리직원의 질책이 이어지거나 고객만족도 점수를 낮게 받는 이중의 고통도 겪어야 했다. 또 집으로 돌아가 직장에서 받은 스트레스를 자신의 가족들에게 화를 내며 푸는 등 불화를 일으키는 사례도 있어 상처입은 감정이 가정 등 다른 영역으로 전파되는 양상도 나타났다.6) 감정노동에 대한 문제인식에서 한국은 후진국이다. 유럽은 감정노동이 고령화나 고용불안문제 등과 함께 미래사회의 10대 심리적 위험요인 중의 하나가 될 것이라 보고, 산업재해 승인범위를 '사고중심'에서 '질병중심'으로 전환해 기준을 완화하는 추세다. 또 유럽연합은 2000년부터 직장에서 받는 직무 스트레스를 차별행위로 간주하고 법을 통해 이를 처벌할 수 있도록 하고 있다. 한국은 아직 직무 스트레스를 산업재해로 인정하지 않고 있다. 국가인권위원회는 2011년 감정노동자를 위한 가이드라인을 만들어 노동자와 사업주에게 배포한 바 있지만, 정책권고나 그 이상의 강제성있는 대책은 아직 마련되지 않아 감정노동자들은 어떠한 보호막도 없이 방치되는 상황이다.7) 김봉수는 감정노동자에 대한 법적 제도적 보호도 필요하지만, 더욱 중요한 것은 사람이 사람을 대하는 방식에 대해 우리 사회가 다시 생각해봐야 한다고 말한다. 돈으로 다른 사람의 인격까지 살 수 있다는 생각, 돈만 내면 다른 사람의 인격을 지배하고 무시할 수 있다는 우리 사회의 빗나간 '소비자 권리의식'이 사라지지 않는 한 감정노동자의 고통은 끝나지 않을 것이라는 주장이다.8)

이대현은 승자독식주의가 활개를 치고 타인에 대한 배려와 존중이 없으며, 특권의식에 사로잡혀있는 사회에서 지나친 서비스는 오히려 서비스의 아름다움과 가치까지 망가뜨리는 독(毒)이라고 일갈하지만9) 생존을 위해 많은 감정노동자가 인격적 모욕까지 참으면서 웃음을 팔고 있다고 보는 게 맞을 것이다.

〈각주〉

1 김한별, 「무례한 승객 참던 女승무원, 억지로 웃다가 결국」, 『중앙일보』, 2013년 4월 30일.

2 김봉수, 「감정노동자 죄는 분노사회」, 『아시아경제』, 2013년 5월 7일.

3 김태훈, 「"매장 점원 따위가…" 서글픈 감정노동자의 하루」, 『경향신문』, 2013년 4월 27일.

4 최종석, 「슬퍼도 웃는 항공기 승무원 '감정노동' 가장 많이 시달려」, 『조선일보』, 2013년 4월 30일.

5 박은지, 「감정마저 상품화되는 현대사회의 '감정노동자'」, 『한겨레』, 2013년 5월 2일.

6 김태훈, 「"매장 점원 따위가…" 서글픈 감정노동자의 하루」, 『경향신문』, 2013년 4월 27일.

7 김태훈, 「"매장 점원 따위가…" 서글픈 감정노동자의 하루」, 『경향신문』, 2013년 4월 27일.

8 김봉수, 「감정노동자 죄는 분노사회」, 『아시아경제』, 2013년 5월 7일.

9 이대현, 「당신은 '갑'인가, '을'인가」, 『한국일보』, 2013년 5월 8일.[138]

5. 감정노동의 관련성

땅콩회항, 백화점 모녀사건, 아파트경비원 이슈 등 최근 우리 사회를 뜨겁게 달군 사건들이 있는데요. 이 사건들의 공통 키워드는 바로 '감정노동'입니다. 우리 사회에서 감정노동, 감정노동자라는 표현이 어색하게 들리지 않을만큼 널리 쓰이고 있죠.

1) 감정노동이란?

실제 자신이 느끼는 감정과 무관하게 직무를 해야하는 감정적 노동을 뜻합니다. 그리고 이런 감정노동을 하는 직업을 가진 사람을 감정노동자라고 부릅니다. 자신의 개인적인 감정과 상관없이 늘 미소로 손님을 응대해야 하는 판매직이나 서비스직에 종사하는 이들이 대표적이죠. 신체적인 노동 뿐 아니라 감정적으로 스트레스를 받는 직업이라고 생각하면 쉽습니다.

2) 감정노동자의 스트레스

'감정노동을 생각하는 기업 및 소비문화조성 전국협의회'는 감정노동자의 근무환경과 소비자 인식개선을 위해 다양한 상담접수와 진행, 관련 토론회를 개최하는 등 많은 노력을 하고 있는 곳인데요. 이 단체에서 서비스업 종사자 1천명을 대상으로 감정노동자의 스트레스 TOP 5를 조사한 결과, 1위가 무시, 반말(60.2%)이 차지했습니다. 2위는 부당한 요구(20.4%), 3위는 질문에 무응답(7.7%), 4위는 독촉(7.2%), 5위는 타업체나

138) http://terms.naver.com/entry.nhn?docId=2070441&cid=55570&categoryId=55570(2015.4.27.)

직원과 비교(4.7%)라는 결과가 나왔습니다. 이러한 조사결과를 비추어 볼 때 감정노동자의 문제는 개인적인 고민을 넘어 사회적 인식이 필요할 때입니다. 그렇다면 감정노동자들은 어떤 실질적인 고충을 겪고 있을까요. 주변에서 쉽게 접할 수 있는 감정노동자 몇 명에게 이야기를 들어봤습니다. 얼굴을 보지 않고 유선상으로 대화를 하는데요. 보통 제품을 반품하거나 교환하는 고객님을 상대하고 있어요. 안그런 사람도 있지만 불만을 좀 거칠게 표현하는 사람이 종종 있어 힘들 때가 있어요

반말을 하거나 소리를 지르는 분도 있고, 심지어 욕설을 섞어서 말씀하시는 분도 있어요. 수화기 너머로 저를 비난하고 조롱하는 식의 말들이 들려오지만 저는 그냥 참아내야죠. 어떨 땐 너무 힘들어서 통화가 끝나자마자 울 때도 있어요.

3) 감정노동자의 고민에 귀를 기울이는 기업들

몸보다 마음이 더 힘든 감정노동자들의 고충을 덜어줄 수 있는 방법은 없을까요? 최근 감정노동자의 고충이 사회문제로 떠오르자 이들의 어려움을 조금이나마 해소하기 위해 특별한 아이디어를 내는 기업이 등장, 주목을 받았는데요. 바로 커피전문점 엔젤리너스에서 시행하고 있는 "따뜻한 말 한마디 - 내 이름을 불러줘"라는 이벤트입니다.

매월 첫 번째 수요일, 손님이 주문을 할 때, "안녕하세요. OO씨, 맛있는 아메리카노 한잔 주세요." 하고 주문을 하면 아메리카노를 50% 할인된 가격으로 즐길 수 있는 행사입니다. 여기에 "아메리카노 한잔 주세요"하고 말하면 20% 할인, "아메리카노 한잔"하고 말하면 할인이 적용되지 않는 방식이죠. 따뜻한 말 한마디로 주문을 받는 직원도 기분이 좋고, 할인을 받는 손님도 기분이 좋은 이벤트라고 할 수 있는데요. 고객에게 억지 친절을 강요하는 것이 아니냐는 의견도 있지만 실제 해당 카페 직원은 확실히 부드럽고 기분좋은 업무환경이 조성되는 것 같다며 긍정적인 의견이 다수라고 합니다. 또한 대형 유통업체인 홈플러스에서는 점포 전 직원을 대상으로 '직원과 고객의 행복을 위한 감정관리'라는 프로그

램을 운영하고 있는데요. 직원들은 감정관리 전문강사와 서비스 리더에게 업무 스트레스를 관리받고, 화를 다스리면서 회복하는 단계를 배워나갑니다. 그리고 사측은 이슈고객에 대한 응대 가이드라인 메뉴얼을 업데이트 하는 등 직원정서를 직접적으로 관리하고 있습니다. 이렇게 직원들의 감정노동으로 인한 문제를 미리 예방하고 기업내에서 치료할 수 있도록 기업에서도 다양한 활동이 시작되고 있습니다. 그렇다면 정부는 어떤 활동을 하고 있을까요?

4) 감정노동자의 피해를 줄이기 위한 정부의 역할

(1) 여성가족부

여성가족부는 지난 2013년, 감정노동자의 근로조건 개선을 위한 간담회를 개최하며 감정노동자가 받는 스트레스를 파악하고 소비자의 인식을 변화시키려는 노력을 지속해왔는데요. 또한 최근에는 감정노동자의 고민이 무엇인지, 감정노동 문제해결을 위한 사례는 무엇이 있는지, 감정노동자 문제해결을 위해 어떤 노력을 해야 하는지 등을 알리고 있습니다. 다른 사람의 일이라고 생각하고 넘어갈 수 있는 사회문제를 내 일, 우리 가족의 일로 인지하고 관심을 갖는 것이 무엇보다 중요하겠죠.

(2) 고용노동부

고용노동부는 2015년 업무보고에서 사회안전망 확충, 근로감독 강화 등과 관련해 보강된 추진계획들을 함께 보고했습니다. 추진계획에 따르면 감정노동관련 고객 응대업무 종사자의 직무 스트레스 예방조치 도입과 연계해 '업무상질병 인정기준'을 하반기 중에 마련할 계획입니다.

이는 감정노동이라는 추상적인 개념 특성상 이를 한층 구체화시켜 업무상질병으로 인정하는 기준을 신설해 적합한 보상을 마련하도록 조치하는 것인데요. 감정노동자의 고민을 더 이상 개인의 문제로 보지 않고 정부가 함께하겠다는 것이죠. 고용노동부는 이를 위해 직무 스트레스와 건강장해와의 의학적 연관성, 사례 등에 대한 전문가 연구 및 노사 논의

등을 진행하고, 예방조치 도입과 연계해 업무상 질병 인정기준을 마련한다는 계획입니다.

(3) 서울특별시

서울특별시는 지난 2014년 11월에 감정노동자 인권향상을 위해 노력하고 있는 9개의 기업을 선정했습니다. 직원들의 심리적 안정을 위해 기업들이 어떤 노력을 하고 있는지 다양한 사례를 확인할 수 있었는데요.

심한 욕설이나 폭언, 성희롱을 하는 고객의 경우 블랙고객으로 분류하고 업무와 관련없는 통화시 통화를 강제 종료하도록 하는 기업, 심한 스트레스를 야기하는 클레임 상담시 1시간 휴식시간을 제공하는 기업 등이 선정되었습니다.

5) 우리 모두가 관심을 가지면 해결

현재 서비스업에 종사하는 감정노동자의 가장 큰 스트레스는 무시, 반말이라는 결과가 우리 모두를 부끄럽게 만드는데요. 감정노동자의 고민을 해결하기 위해 기업, 정부만 노력할 것이 아니라 품격있는 소비문화를 구축하는 것도 중요합니다. 최근 사회적 이슈로 연일 뜨거운 화제가 되고 있는 감정노동, 감정노동자, 갑질관련 사건들, 이제는 정부와 함께 관련단체들이 추진하고 있는 다양한 정책으로 갈등을 완화할 수 있을 것이라 예상됩니다. 여기에 소비자는 우리가족, 친구도 감정노동자라는 사실을 잊지 말고 매니있는 소비자세를 위해 스스로 노력하는 동시에, 기업은 감정노동자들의 말에 더욱 귀를 기울이고 감정노동자의 처우를 진정으로 생각하는 업무 가이드 구축과 근무환경을 만들어주는 것이 무엇보다 중요할 것입니다. 모두가 행복하고 보람있게 일할 수 있는 대한민국을 위해 노력해요![139]

얼마전 여성가족부 조윤선 장관은 여성가족부(중회의실)에서 감정노동자 근로조건 개선을 위한 간담회를 가졌습니다. 간담회의 주제는 "감

139) http://blog.daum.net/hellopolicy/6985130(2015.4.2.)

정노동자의 실태: 내가 웃는 게 웃는 게 아니야"에 맞추어 진행되었습니다. 이번 간담회는 최근 문제가 되고 있는 감정노동자에 대한 사회적 관심을 제고하고 문제해결을 위한 노력을 위해 마련된 것으로서 여성가족부, 금융감독원, 한국소비자원, 현대카드, KTcs, 관련전문가, 감정노동자 등이 참석하였습니다. 이 날 간담회에서는 실제 감정노동을 하는 상담원의 경험담을 듣고, 감정노동자 보호를 성공적으로 하고 있는 민간기업 사례를 소개하였습니다.

최근 감정노동자, 서비스직 사람들의 근무환경에 대한 말들이 많이 나오고 있습니다. 그만큼 그들에게 가혹한 근로조건이 제시되고 있다는 것인데요. 이제는 그들의 이야기도 들어보아야 할 차례입니다. 이에 대한 에피소드와 실태를 다룬 <SBS 스페셜 '가면 뒤의 눈물'> 다큐멘터리를 통해 그들의 이야기를 여과없이 살펴볼 수 있었습니다. 먼저 홈플러스의 직원휴게실에 배치되어있는 생각의자와 책상에 관한 이야기입니다. 직원휴게실 복도에는 생각하는 의자가 놓여있습니다. 서비스 점수가 낮은 사람은 직원들이 다 보는 복도에서 생각의자에 앉아 반성해야합니다. 실제 한 중년의 여성 직원이 두 시간동안 생각의자에 앉게 되었는데 다른 직원들이 지나가면서 느껴지는 시선에 수치심을 심하게 느끼고 그만 두고 싶다는 생각이 들었다고 합니다. 대부분 그 직장에서 일하시는 분들은 40-50대가 넘으신 분들이고 아무리 힘들어도 실제 그만둘 수 없다는 것이 현실이라고 합니다. 만약 우리 할머니 할아버지께서 유치원생들이 반성할 때 사용하는 생각의자와 책상에서 가만히 앉아 직원들의 시선을 느끼고 있을 상황을 상상해본다면 과연 이 반성은 타당하다고 말할 수 있을까요? 단지 서비스직종에 종사하는 사람이라는 이유로 그곳에서 받은 수치심과 자괴감은 어떻게 보상받을 수 있을까요. 그들에게 인권이란 무엇일까요? 미스터리 쇼퍼업체 대표의 말에 따르면 두 가지 원칙이 권장되고 있다고 합니다. 미스터리 쇼퍼란 손님인 것처럼 가장하고 매장에 들어가 매장 직원들의 서비스를 평가하는 사람을 의미합니다.

1. 매장에 미스터리 쇼핑을 하면서 그 매장의 영업에 방해가 돼서는 안된다.

2. 이 결과가 그 매장에 근무하는 직원들에게 인사적인 관점에서 불이익이 가면 안된다.

하지만 요즘 사실 일부의 경우에는 이렇게 되지 않는 경우가 허다합니다. 낮은 서비스 점수 때문에 만들어진 생각의자와 책상이 그 예입니다. 서울시와 구청의 각 민원전화를 하나로 통합하여 만든 민원시스템으로 2007년에 시작되어 현재 24시간 운영 중인 서울120 다산콜센터입니다. 무엇이든 물어보아도 항상 친절하게 대답해주는 콜센터 직원에게도 손님들에게 끊임없는 비난과 욕설을 들어야 했습니다. 그래서 각 직원들의 책상 앞에는 '화가 나면 열까지 세라', '인내는 쓰다. 그러나 그 열매는 달다.' 등의 인내 권장 문구가 쓰여 있어 그들에게 완벽한 서비스를 압박하는 느낌을 줍니다. 친절과 서비스를 악용하는 손님들에게 항상 친절한 음성으로 무엇이든 대답해주는 그들은 단지 악질 손님들의 전화번호를 적어놓는 등으로 조금이나마 스트레스를 해소할 수 있다고 합니다. 간호사의 경우도 마찬가지로 항상 웃으며 사람들을 대하는 직종이라 힘든 점이 하나둘이 아니라고 합니다. 계속 죄송하다는 말을 입에 달고 조금만 기달려 달라, 죄송하다, 죄송하다만을 반복하는 그들에세 보호자분들은 그저 화만 내기 바쁩니다. 이런 것이 일상인 그들에게 그냥 친절히 웃는 하나의 직원일 뿐 정작 자신은 없다고 말합니다. 이 말을 하면서 눈물을 흘리는 간호사를 보니 그들의 서러움과 답답함이 절로 느껴졌습니다. 물론 본인의 정당한 권리를 보장받는 소비자로서 서비스를 받지만 이런 식의 막무가내 소비자들은 감정노동자들의 인권부터 존중해주었으면 합니다.

골프장 경기보조원 또는 승무원들 또한 서비스직에 대한 고충을 털어놓았습니다. 서비스 직종에는 많은 여성들이 종사하고 있는데 여성으로서 수치심을 느낄만한 일들이 번번이 일어나고 있다고 합니다. 명찰이 보이지 않는다며 신체부위를 만지거나 외모비하에 대한 발언도 서슴없이 하는 등 전혀 서비스에 대한 질이 낮아진 것이 아님에도 불구하고 서비스 노동자들의 책임으로만 돌리는 회사, 그리고 소비자들, 여성으로서 서비스직종 노동자들의 삶은 수치심으로 물들어져 있는 것 같았습니다.

명확한 해결책을 내놓지 않는 이상 여성 서비스직종 노동자들에게 수치심과 외모비하는 어느 정도 당연한 것이다라는 인식이 점점 더 크게 자리잡을 것 같습니다. 감정노동자들의 경우 우울증 환자의 비율이 일반 국민들의 2배에 달했고 이는 징계해직자의 우울증 비율과 비슷한 수준이었습니다. 감정노동자들의 약 4분의 1이 정신과 치료가 필요하다는 결과가 나왔습니다. 이는 서비스직종 노동자들의 정신과적 문제가 굉장히 심하다는 것을 알 수 있습니다. 국민 일반인의 평생 우울증 경험비율과 비교해 보아도 굉장히 높은 수준이라고 합니다. 전화상담원의 경우 욕설을 하는 손님의 전화를 끊는 것만이 그들의 방어권이 될 수 있습니다.

하지만 현실에서는 그들의 방어권이 인정되지 않고 있습니다. 만약 이분이 파견근로자가 아니고 직접 고용된 근로자였다면, 이분이 여성이 아닌 남성이었다면, 이분이 전화상담원이 아닌 전문 컨설턴트였다면, 사실 하던 업무는 전문적인 업무로 같음에도 불구하고 이렇게 인식이 되었다면 이것에 대한 판단은 굉장히 달라졌을 것입니다.

이는 단지 서비스의 질만을 놓고 불만을 토로하는 손님들이 아니라는 것을 알 수 있습니다. 더 나은 서비스를 위해 모든 손님들을 충족시켜주기 위해 입꼬리 수술을 하는 서비스직종 노동자들도 급증했다고 합니다.

인상이 좋지 않다는 이유로 낮은 서비스 점수를 받기 때문입니다. 그 수술을 결정하면서도 자괴감은 끊임없이 그들을 괴롭혔을 것을 생각하니 한없이 막막한 기분이 듭니다. 입꼬리 수술을 하고 인상이 좋아져 높은 서비스 점수를 받고 그들은 자신을 잃어버린듯한 생각이 들면서 그들에게 끝없는 괴로움을 줄 것만 같습니다. 하지만 이는 오직 이러한 손님들만의 문제일까요? 저는 당장 아니라고 말하고 싶습니다. 그들에게 정말 압박을 가하는 것은 손님이 아니라 회사에 있다고 생각합니다. 스트레스를 주는 손님들 뿐만 아니라 잘못을 따지기보다는 무조건 사과를 해라, 시말서를 써라, 반성문을 써라, 최악의 경우 사표를 내라며 압력을 주는 회사의 방침이 더욱 문제인 것 같습니다. 무조건 죄송하다는 말을 입에 달고 사는 그들에게 회사는 이는 당연한 방침이라며 그들의 손을 들어주지 않았습니다.

이에 반해 올바른 사장의 표본 따루 살미넨의 가게 모습입니다. 그녀는 손님이 왕이면 직원도 왕이다라는 모토로 직원들을 교육시키고 메뉴판에 이 글귀를 적어놓는 등 손님들에게 직원들의 인권도 존중하라는 것을 강조합니다. 그러자 이곳 직원들은 다른 종사자들과 다르게 직종에 감동을 받고 이곳에서 일하길 잘했다는 마음이 들었다고 합니다. 해결책은 이렇게 간단하기만 합니다. 서비스직종 노동자들도 그리고 소비자들도 모두 같은 사람으로서 인권이 존재되고 마땅히 존중받아야 합니다. 단지 서비스직종 노동자라고 해서 인권이 사라지는 것을 당연시 여기지 말아야 한다는 것입니다. 사회적 인식변화 또한 필요하지만 우선 실질적인 회사방침에 대한 개선, 감정노동자들의 근로환경 개선이 우선시 되어야 할 것 같습니다. 이제는 감정노동자들의 웃음이 진실된 웃음이 되었으면 좋겠습니다.140)141)

6. 감정노동의 상식

감정노동이란 서비스 및 판매업종사자가 힘들어도 소비자에게 억지 웃음을 지어서 느끼는 맘속 고통인데요. 이게 심해지면 우울증도 나타나

---

140) 출처-여성가족부 보도자료, SBS 스페셜 '가면 뒤의 눈물', 여행상자 7기 통신원 이지수, 블로그는 댓글 및 트랙백 등을 통한 많은 분들의 참여를 환영합니다. 건전한 소통을 위하여 공지사항 내 "女행상자 블로그 댓글정책 " 을 참조해 주시면 감사하겠습니다.

141) http://blog.daum.net/moge-family/6747(2015.4.2.)

고 맘에 병이 생깁니다. 그래서 일부회사에서는 감정휴가나 감정보너스 등을 지급하기도 합니다.[142] 손님은 왕이다란 말을 흔히 쓰는데요.

개인적으로는 저는 이 말을 다르게 해석합니다. 손님이 폭군처럼 종업원을 막대해도 종업원은 신하나 하인처럼 비굴하게 허리를 숙이는 것이 아니라 손님이 왕이면 왕답게 대접을 받으려면 먼저 상대방에게 품위있게 하라는 뜻으로요. 매장에서 일하는데 손님이 넘 매너없게 굴면 예전과는 달리 요즘엔 같이 싸우기도 합니다(말로써). 재작년 이맘 때 어떤 남자손님이 매장에서 노트북받침을 하나 8만원에 사갔습니다. 근데 담날 막 따지듯이 전화가 와서는 우리 와이프가 다른 가게에 알아보니 이 제품을 7만원에 파는데 왜 당신가게는 비싸게 파냐고 따지는 겁니다. 정가대로 팔았을 뿐이라 전화로 자세히 혹시 그 가게서 보신 제품이 저희랑 세부모델이 다를 수 있을 겁니다. 확인해 보세요라고 했죠. 하지만 그 남자는 "당신네 그 따위로 장사하면 온동네에 현수막으로 당신가게 물건 비싸게 판다고 광고할거야. 장사 똑바로 해!"라더군요. 참 어이가 없어서 설사 비싸게 팔았다고 해도 현수막부치냐. 암튼 그때는 오픈초기라 좋게 얘기하고 끊었어요. 근데 몇 시간뒤 전화로 "죄송합니다 제가 제품모델을 착각했네요"라더군요. 전 그냥 웃으면서 "그렇죠. 뭐 그럴수도 있죠. 담에 함 놀러오세요."라며 마무리했어요. 아무리 화나도 그냥 참아야죠 뭐! 근데 얼마전엔 어떤 할아버지가 와서는 물건을 교환해달라는 겁니다 잘보니 저희 제품이 아니라서 "할아버지 이건 다른 데서 사신거네요. 거기 가셔서 교환하세요"라고 하니 "무슨 소리야 난 여기서뿐이 물건 안사. 단골을 이리 속이나. 당신 내가 누군지 알아? 우리 아들이 형사야. 당신 신고할꺼야. 몹쓸 사람이네." 실랑이는 몇 분 계속 이어

---

142) 조회 541 | 추천 0 | 2012.02.19 (일) 22:09, 가입일2004.11.15., 활동지수마력 13,500, 작성글게시글611 | 댓글3,068, 보배드림에 등록된 게시물이나 동영상 자료를 뉴스로 인용하실 때에는 반드시 보배드림이란 출처를 명기하시기를 부탁드립니다. http://www.bobaedream.co.kr/view?code=accident&No=130167

졌고 순간 저도 못참고 "경찰 부르실려면 불러요. 전화기 줘요. 제가 아드님한테 전화할꺼니까"라며 화를 내버렸죠. 아무리 어른이라도 고발하네, 경찰 부르네 못된 놈이네라는 말에 화가 막 나더라구요. 사실 저희 같은 매장은 그나마 감정노동의 고통이 별로 없지만 상담원이나 서비스업 요식업에 종사하는 분들은 집에 안좋은 일이 있어도 직장에선 항상 웃어야하니 참 힘들 겁니다. 그러니 손님 입장에서도 왕대접 받으려면 품위있게 점잖게 행동하고 왕대접 받았으면 좋겠어요!~ 서비스업 종사자들 내일이 월요일이라 더 힘들겠지만 화이팅입니다.[143)]

7. 감정노동과 육체노동

노동에는 육체, 정신을 주로 썼는데 이제는 감정을 써야 할 일이 늘어나지요. 스튜어디스나 의사, 교사는 물론 식당주인도 감정노동을 잘해야 하는 시대이지요. 몸도 피곤한데 정신과 감정도 노동을 시켜야하는 시대지요.[144)] 한 숟가락 뜨면 누구나 평가할 수 있는 음식, 식당에 가면 모두가 왕노릇하려고 하는데 그 왕의 혀는 다 다르고 음식은 오감으로 먹으며 정신과 감정까지 동원하여 맛보지요. 자영업을 십 년 넘게 했는데 업소 사이에 경쟁이 치열해질수록 손님은 왕에서 황제를 넘어 신으로 올라가는 경향이 있더군요. 문제는 왕 가운데는 폭군도 있지만 그에게 잘못 대했다가는 크게 다친다는 데 있지요. 식당은 병원이나 변호사 사무실보다 감정노동을 해야 하는 일이 훨씬 많지요. 더구나 손님을 잘못했다고 하기는 어렵지요. 쫓아버리고 싶은 손님이 있을 수 있지만, 그 또한 잘 처리해야 하지요. 나는 학원을 하면서 한 어머니가 마치 개인과외 수준으로 서비스를 요구하기에 그렇게 할 수는 없다고 했지요. 그렇게 하면 다른 학생에 피해가 가고 힘에 부쳐 할 수 없고 다른 학생과 평형

143) http://bbs1.agora.media.daum.net/gaia/do/debate/read?bbsId=D003&articleId=5705299 (2015.4.3.)

144) 물빛(ekw***), 주소복사 조회 52510.08.10 10:26

에 맞지 않으니까요. 그랬더니 늦은 밤에 전화를 또 했더군요. 한 시간 가까이 통화를 했는데 자기 입장만 말하고 세상에 자기 자녀 혼자 있는 줄 알더군요. 학교와 학원에서 보는 학부모가 다르다는 걸 느꼈지요.

학교에서 교사로 있을 때 만난 학부모는 좋은 말만 하던데 학원을 하면서 보니까 무리한 요구도 당당히 말하는 사람이 있더라고요. 그러나 좋은 사람이 많고 말이 통하는 사람이 많아 재미있게 일을 했지만 지금도 그 일은 잊지 못합니다. 물론 좋은 사람이 많지만 진상손님을 만나면 장사하고 싶은 마음이 달아날 정도인데 그럴 때일수록 고수는 감정을 잘 다스리지요. 대개 감정에 휘둘려 판단하기 때문에 살인사건도 감정이 부딪치는 현장에서 잘 일어나지요. 감정을 처리하는 방식은 대개 부모에게 배우는데 그 손님도 그럴 겁니다. 세상에는 그런 식으로 다른 사람의 감정을 상하게 하는 사람도 있으니 공부한 셈치고 감정을 잘 삭이면 더 성장할 겁니다. 아마 좋은 차를 타고 온 사람에게 괜찮은 감정을 가지고 있다가 그에 반하는 말을 들어서 더 실망한 듯한데 본래 빈부와는 감정처리가 별 상관이 없을 겁니다. 또한 뒤끝이 없다고 하는 사람은 다른 사람에게 감정을 다 쏟는 위험한 사람이지요. 부정적인 감정 한 자락이 2년동안 장사하면서 들었던 칭찬을 덮어버리는데 그렇게 다른 사람에게 분노같은 감정을 다 쏟고 뒤끝이 없다고 하는 건 아주 이기적이고 파괴적인 생각이지요. 그런데 그렇게 살아온 사람은 감정처리방식이 그렇게 고정되어 잘 고치지 못하지요. 좀 부당하고 손해보는 것 같아도 참으면서 나쁜 감정을 잘 승화하면 장사가 더 번창할 겁니다. 또한 분노같은 걸 처리하는 방식은 학벌 등과도 별 상관이 없을 겁니다. 감정도 언어의 일종이라서 그걸 자신을 위해 써먹고, 상대에 대한 경고로도 쓰며, 자기 내면을 가리는 데도 활용하지요. 말처럼 감정도 다용도이니까 읽는 데도 힘이 들지만 그에 대응하는 것 또한 자신에게 있으니 잘 감당하여 사업을 크게 일으킨다면 그런 사람에 대한 거룩한 보복이 될 겁니다. 살면서 얻은 경험과 지식을 서로 나누는 곳은 '인생성형'(www.lifon.co.kr)입니

다.[145]

8. 감정노동자의 수치심

백화점 판매사원, 텔레마케터, 서빙 등 불특정 다수의 고객을 응대하는 서비스업 등 그야말로 '감정'으로 '노동'하는 감정노동자라고 할 수 있죠. '손님이 왕이다'라는 말이 있습니다. 하지만 왕도 왕 나름이죠? 주는 사람도, 받는 사람도 서로를 존중하고 배려해주면 좋겠습니다. '나부터' '나 한명이라도'라는 마음을 가져주세요.[146][147] 감정노동자는 배우가 연기를 하듯 타인의 감정에 맞추기 위하여 자신의 감정을 억누르고 통제하는 일을 일상적으로 수행하는 노동자입니다.

자료: http://blog.naver.com/PostView.nhn?blogId=ebsstory&logNo=220133136079

---

145) http://bbs1.agora.media.daum.net/gaia/do/debate/read?bbsId=D003&articleId=5705299 (2015.4.3.)

146) (리뷰) 감정노동자 : "수치심" - EBS <포커스> 라이프 2014/09/26 09:59, http://ebsstory.blog.me/220133136079

147) EBS <포커스> ■방송일정 : 2014년 9월 19일

백화점 판매원 경력 21년 김미소(가명) 님의 이야기입니다. "'제품에 흠이 있다'라고 불만사항(컴플레인)을 거는 거예요. 내 명찰을 탁 치더니, '너 안되겠구나. 너 같은 것들은 백화점에서 잘려야되겠구나.'합니다. 딸이 보는 앞이었거든요.

자료: http://blog.naver.com/PostView.nhn?blogId=ebsstory&logNo=220133136079

제 멱살을 잡고 백화점을 한 바퀴 돌았던 기억이 있어요. 질질 끌고..."

자료: http://blog.naver.com/PostView.nhn?blogId=ebsstory&logNo=220133136079

면세점 판매원 경력 15년의 김송이(가명) 님의 이야기도 충격적입니다.

"갑자기 '야, 이 XX아' 이러면서 다짜고짜

'야, 이 XX아. 그냥 빨리 해달라는데. 내 이름 알아서 뭐하려고' 이러는 거예요. 욕이 너무 많은 거예요. XX부터 쫙쫙쫙 다 듣고.

'야, XX아. 나 지금 회의 중이야. 한 시간 뒤에 전화걸어'

그러고 끊더라고요. 그래서 '알겠다' 그러고 한 시간 뒤에 전화를 걸었는데, 그 다음부터는 안받아요." 서비스업종의 감정노동자들에게 수치심은 필수가 된 걸까요. 무릎을 꿇으라는 말은 기본, 욕설에 물리적인 폭력까지.

자료: http://blog.naver.com/PostView.nhn?blogId=ebsstory&logNo=220133136079

유튜브 영상이 자료화면으로 제공되었습니다. 고기집 종업원에게 이어지는 폭언은 같은 여자가 여사에게 하는 말이라고는 생각되지 않을 정도로 심했습니다. 아니, 사람으로서 하기도 힘들고 듣기도 힘든 말이죠. 여러분은 어떤 손님인가요?

자료: http://blog.naver.com/PostView.nhn?blogId=ebsstory&logNo=220133136079

한 백화점에서 있던 자살소동은 그만큼 감정노동자들의 고통을 잘 보여줍니다. 김미소(가명) 님의 이야기에서 놀라운 것은 실제 그 이상의 수치심을 억누르고 있었다는 것입니다. 왜냐하면 직장 즉, 생계유지 수단이기 때문입니다. 현실적인 문제이지만 정말 안타깝습니다. 말못할 고통, 얼마나 심하겠습니까. 상대가 누군지 모르고 불특정 다수를 상대로 하는 감정노동.

몸보다 피폐해져가는 건 마음입니다. 감정노동하면 텔레마케터도 빼놓을 수 없는데요. 한 통화를 하더라도 서로 기분좋은 통화가 되었으면 좋겠습니다. 실제로 위로를 받고 싶을 때, 위로를 하면 오히려 받는 것보다 더큰 만족감을 느낄 때가 있듯이요. 행복은 나눌수록 커진다는 말, 유난히 가슴에 깊게 남는 프로그램이었습니다. 여러분은 오늘 어떤 하루를 보냈나요? 그리고 오늘 누군가에게 어떤 하루를 주었나요?[148)149)]

---

148) <EBS 포커스> 홈페이지 : http://home.ebs.co.kr/ebsfocus/main

149) http://blog.naver.com/PostView.nhn?blogId=ebsstory&logNo=220133136079(2015.4.6.)

9. 금융권 감정노동자 쉬게 하는 힐링캠프? 킬링캠프?

금감원의 추진 격려행사 '관제' 논란, "상처받은 며느리들끼리 모여 서로 위로해주고 개선방안을 찾기로 했는데 시어머니가 참석한다네요.

이게 무슨 힐링캠프입니까. 킬링캠프지요.[150] 금융감독원이 추진 중인 범금융권 감정노동자 힐링캠프가 '관제행사' 논란에 휩싸였다. 26일 금융권에 따르면 금감원은 최근 '우수금융 민원업무 종사자 힐링캠프 개최계획' 안내 협조 및 요청 공문을 은행연합회, 손해보험협회, 생명보험협회, 금융투자협회, 여신금융협회, 상호저축은행중앙회 등 6개 협회를 통해 각 금융사에 전달했다. 힐링캠프는 오는 6월 2일 경기 용인의 한화생명연수원에서 열린다. 우수 감정노동자들을 격려하는 차원에서 금감원장상을 줄 예정이니 수상 대상자 후보와 참석명단을 파악해 보고하라는 내용이다. 금감원은 250~300명 정도 참석할 것으로 보고 있다. 당초 보험업계가 지난해 자율적으로 아이디어를 구상했던 것으로 전해졌다. 콜센터 직원 및 텔레마케팅(TM) 상담원 등 금융권 감정노동자들이 고객들의 무리한 요구와 욕설, 성희롱 등으로 극심한 스트레스에 시달리자 같은 업권이 한자리에 모여 서로 고민도 나누고 위안을 찾자는 취지였다. 그런데 '우연의 일치'인지 금감원이 비슷한 기획을 하면서 판이 커졌다.

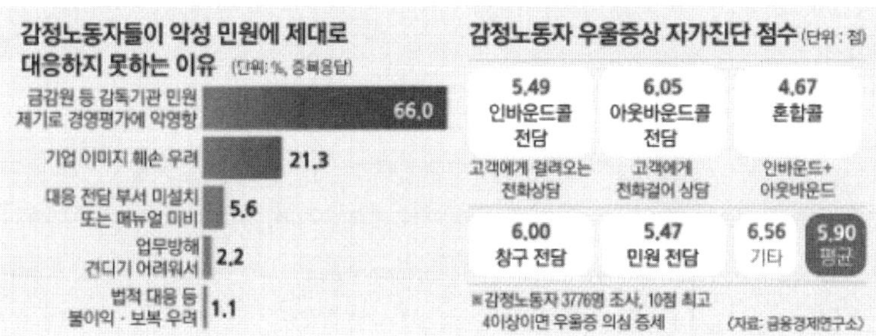

자료: http://media.daum.net/economic/others/newsview?newsid=20150427025211246

150) 서울신문, 입력2015.04.27 02:52

금감원이 추진 중인 힐링캠프 구성은 ▲시상식(금감원장상 6명, 협회장상 6명) ▲우수 민원해결 사례발표 ▲스트레스 해소방안, 악성민원인 대처방안 특강 ▲공연 등이다. 금감원측은 "정보공유 차원에서 범금융권 행사로 기획한 것이고, 인사고과 등에 혜택을 줄 수 있도록 금감원장상을 포함한 것"이라고 행사 취지를 설명했다. 하지만 금융권 관계자는 "증권은 투자손해, 은행은 보이스피싱, 보험은 보상금 등 업권별로 민원의 성격이 다른데 굳이 한데 모으는 것은 금융감독당국이 '위로연'을 열었다고 생색내려는 것으로밖에 볼 수 없다"며 "진웅섭 금감원장의 '가오'(체면)를 세워주기 위해 감정노동자들을 동원하는 것"이라고 비판했다.

지난 2월 '관제세미나' 논란이 일었던 '범금융권 108인 대토론회'가 연상된다는 지적도 나온다. 비용을 금융권에 분담시킨 것도 논란거리다.

힐링캠프 비용은 각 협회와 금감원이 나눠 낸다. 한 시중은행 직원은 "보여주기식 전시행정이 아니라 감독당국이 주관하는 진정한 위로연 취지라면 비용도 금감원이 대야하는 것 아니냐"고 반문했다. 이런 불만은 얼마전 열린 금감원·금융권 실무자협의에서도 터져 나왔다. 한 참석자가 "이런 자리를 왜 만드느냐"고 반발하자 금감원측은 "원장상 준다는데 누가 싫어하겠냐"라고 일축했다. 금감원은 금융민원 업무종사자들의 '최대 스트레스' 중의 하나다. 지난해 12월 정혜자 금융경제연구소 연구위원이 금융노조 조합원 3800여명을 대상으로 실시한 '감정노동 실태조사' 결과에 따르면 악성민원에 제대로 대처하지 못하는 가장 큰 이유가 '금감원 등 감독기관 민원제기'(66%)였다. 금감원 관계자는 "금융권 감정노동자들을 위한 보호방안을 찾다가 낸 아이디어이지, 생색내기용은 아니다"라면서 "금융권의 일부 책임자들이 '일할 사람'이 자리를 비우니 반발하는 것으로 보인다"고 말했다.[151][152]

151) 백민경 기자 white@seoul.co.kr, 신융아 기자 yashin@seoul.co.kr, 서울신문사

152) http://media.daum.net/economic/others/newsview?newsid=20150427025211246(2015.4.27.)

10. 감정노동에 관한 우수도서: 김팀장은 왜 나한테만 까칠할까 등

1) 김팀장은 왜 나한테만 까칠할까

많은 직장인들이 회사생활에서 일보다 어려운 것으로 '인간관계'를 꼽는다. '김팀장은 왜 나한테만 까칠할까'는 까칠한 상사, 답답한 부하, 깐깐한 고객들과 매일 부딪히며 지쳐가는 직장인에게 해결책을 제시하는 책이다.[153] 모든 사람이 나와 같을 수는 없다. 윤태식은 "문제는 성격차이가 아니라 성격의 차이를 받아들이지 못하는 것"이라고 말한다. 저자는 이 책에서 각양각색인 사람의 성격을 크게 9가지 유형으로 정리해 서로의 다름을 파악하는 것을 돕는다.

153) 기사등록 일시 [2015-04-05 15:53:42], 【서울=뉴시스】 조인우 기자

도서의 주요 내용 중 1부에서는 나와 내 주위 사람들의 성격유형을 가려내는 테스트를 통해 9가지 성격유형의 특징과 장단점을 분석한다. 2부에서는 정리된 각 유형의 특징을 토대로 서로를 대하는 팁을 준다. 3부에서는 이렇게 다양한 성격을 가진 구성원을 한 데 모아 조직과 기업을 성공으로 이끄는 방법을 제시한다.154)

2) 중역의 리더십

기업의 중역으로 산다는 것은 어떤 의미일까. 대기업 수습사원에서 시작해 20년 넘게 기업의 경영진으로 일했던 구나르 M 미하엘은 중역의 삶을 '샌드위치 상황'이라고 표현한다. "그들은 최고위층 간부들과 직원들 사이에서 유린당하고, 그런데다가 글로벌화와 비용절감 경영의 결과로 퇴출압박은 날로 심해지고, 직원들은 갑자기 진정한 가치경영을 요구하거나 초과근무 거부 혹은 심지어 육아휴직을 요구한다. 한숨만 나오는 상황이다."(184쪽) 이 책은 저자의 경험을 통해 기업의 중역이 어떻게 리더십을 발휘하고 진정한 경영을 시작해야 하는지를 보여준다. 중역을 포함한 중간간부에게 주는 현실적인 조언과 도움을 담았다.155)

3) 서비스 능력자의 당당한 대화법

'감정노동자'가 아니라 '서비스능력자'가 필요한 시점이다. 대한항공 땅콩회항, 백화점 모녀사건 등 여러 차례 불거지는 갑질논란은 더 이상 억지 감정노동으로는 충분하지 않음을 증명한다. 서비스 커뮤니케이션 코칭강사로 활동 중인 박현정은 서비스현장에서 무엇보다 중요한 것은 감정능력이라고 말한다. 저자는 틀에 박힌 매뉴얼에서 벗어나 사람과 현장을 중심에 두고, 감정능력을 발휘해 고객과 더 친근하게 소통하는 새로운 방법론을 제시하고 있다.

---

154) 280쪽, 1만4000원, 더난출판.

155) 신혜원 옮김, 288쪽, 1만5000원, 열대림.

자료: http://www.newsis.com/ar_detail/view.html?ar_id=NISX20150405_0013581348&cID=10701&pID=10700

이 책에서 저자는 감정능력을 활용한 대화기술을 소개한다. 현장중심적인 사례로 고객과 직원의 상황을 다양한 관점으로 해석하는 법을 알려 준다.[156][157][158]

11. 서울시·9개 기업의 감정노동자 인권향상 우수사례 소개

감정노동자 10명 중 8명 이상(83%)이 여전히 인격무시, 욕설, 폭력 등 고객으로부터 불쾌함을 겪고 있는 것으로 나타난 가운데 서울시가 9개 기업과 함께 감정노동자 인권보호와 근로환경개선 실천을 위한 우수사례를 소개했다.[159] 서울시는 감정노동자 문제를 기업과 함께 해결해 나가기 위해 지난 7월과 10월 두 차례에 걸쳐 9개 기업(▲한국야쿠르트 ▲LG전자 ▲애경산업 ▲동아제약 ▲교원그룹 ▲NS홈쇼핑 ▲이마트 ▲CJ제일제당 ▲아주캐피탈), 녹색소비자연대, 기업소비자전문가협회 ▲감정노동자 인권향상을 위한 소비자와 기업 공동노력 협약서를 체결한 바 있다. 시는 지난 7월 9일 1차 업무협약 이후 '감정노동 문제해결을 위한 소비자와 기업의 협력방안' 정책세미나(7/29)를 개최해 시민들의 관심을 이끌어냈으며 소비자 인식변화를 위해 신세계백화점 영등포점과 서울역광장, 청계광장 등에서 '감정노동자 인권향상을 위한 착한소비자 캠페인'도 실시했다. CJ제일제당은 심한 욕설, 폭언, 성희롱, 협박을 일삼는 고객을 'black고객'으로 분류, 업무와 관련없는 경우엔 통화를 강제 종료하고 업무와 관련된 경우는 즉시 전담부서로 이관하는 '자기보호프로그램'을 시행 중이다. NS홈쇼핑은 성희롱이나 폭언을 하는 소비자의 발신번호를 원천 차단하고 상습적으로 상담원을 괴롭히는 악성고객에게는

---

156) join@newsis.com

157) 240쪽, 1만4000원, 갈매나무.

158) http://www.newsis.com/ar_detail/view.html?ar_id=NISX20150405_0013581348&cID=10701&pID=10700(2015.4.6.)

159) 연합뉴스 보도자료|입력2014.11.27 15:58

ARS멘트로 통화불가를 안내하는 '화이트시스템'을 운영 중이다. 성희롱, 폭언, 협박 등을 일삼는 고객에겐 법적조치도 병행한다.

애경산업은 상담원들의 전문성 역량개발을 위해 교육비, 도서비를 지원하고 해외연수기회도 제공한다. 업무로 인한 스트레스 해소를 위해 폭언, 성희롱 등 강성 클레임 상담시 1시간씩 휴식시간이 주어진다. 동아제약은 고객만족실을 CEO 직속기관으로 운영, 고객응대시 상담사들의 권한과 책임을 강화함으로써 자체 고객 응대 매뉴얼을 개발할 수 있도록 지원하고 사외교육을 통해 상담사들의 전문가로서의 역량강화와 심리치료도 병행하고 있다. 서울시는 이와 같은 내용으로 27일(목) 오전 10시 서울시청 서소문청사 후생동 4층 강당에서 '감정노동자 인권향상 기업 우수사례 발표회'를 개최했다고 밝혔다. 서울시와 녹색소비자연대, 기업소비자전문가협회가 함께 마련한 이날 발표회에는 업무협약체결 기업 뿐만 아니라 소비자, 감정노동자 등 150여명이 참석한다. 발표는 총 9개 기업 가운데 ▲아주캐피탈 ▲LG전자 ▲한국야쿠르트 ▲CJ제일제당 등 4개 기업이 참여했다. 금융업계에서 유일하게 업무협약에 참여한 아주캐피탈은 상담사 보호를 위해 고충처리전담반을 운영하고 언어폭력 응대 매뉴얼을 마련해 상담시 활용 중이다. '12년까지 외부전문업체에서 진행하던 직원 역량교육을 자체 교육파트강사들이 맞춤형으로 운영 중이다. LG전자는 불만고객 전담 민원상담파트를 운영하고 욕설과 성희롱 등 악성고객에 대한 법적조치를 통해 상담사를 보호하고 있다.

또 학자금, 의료비 지원 등 20여개 복리후생제도도 지원한다. 올해부터는 원인진단부터 감성치료까지 이뤄지는 '스트레스 관리과정' 등 정신건강 프로그램을 확대 운영하고 있다. 한국야쿠르트는 고객센터 내에 70여명의 상담사들이 휴식을 취할 수 있는 힐링룸과 휴게실을 운영하고 있다.

서울시는 이날 발표에는 참여하지 않았지만 ▲NS홈쇼핑 ▲애경산업 ▲동아제약 ▲이마트 ▲교원그룹 등 나머지 기업들의 감정노동자 인권향상을 위한 다양한 노력도 소개했다.

이마트는 고객을 응대할 때 생기는 스트레스를 줄이고 사원들을 보호하기 위해 '이케어(E-care)프로그램'을 운영, 각 점포에 고충처리기구를 강화하고 사원에게 폭언과 욕설을 하는 고객에게 쓸 수 있는 대응지침을 만드는 한편, 주기적인 상담을 실시하고 있다.

교원그룹(LC 고객만족팀)은 4월 무비데이, 5월 가족사진 콘테스트, 11월 빼빼로데이 등 매월 이벤트를 계획해 정서적 힐링을 지원하고 있다.

한편 서울시와 감정노동자 인권보호활동을 벌이고 있는 녹색소비자연대 주축의 '감정노동을 생각하는 기업 및 소비문화조성 전국협의회'가 지난 8월~9월 감정노동자 870여명을 대상으로 한 설문조사 결과 응답자의 83%가 고객으로부터 불쾌함을 겪은 적이 있으며 스트레스를 많이 받는 요인으로는 무시(반말)(40.1%), 부당한 요구(37.6%) 순으로 응답했다.

같은 기간에 소비자 1천명을 대상으로 한 '감정노동에 대한 소비자 의식조사'에 따르면 '서비스를 받으면서 불쾌함이나 불편함을 느낀 이유'에 대해 '필요한 정보를 제대로 주지 않아서(26.7%)'가 가장 많았고 '본인이 해결하지 않고 전화나 서비스를 다른 사람한테 돌리는 게 짜증나서(19.2%)'가 뒤를 이었다. 응답자 연령대는 10대부터 60대까지 고르게 분포됐으며 남성(34%), 여성(66%)으로 여성비율이 더 많았다. 녹색소비자연대는 이 결과를 통해 통상적으로 감정노동자에게 강요되는 친절한 웃음, 서서 응대하기 등이 고객불만의 원인이 아니며 고객불만 해소를 위해서는 실질적으로 노동자들에게 필요한 직무교육과 훈련이 시급하게 이뤄져야 한다는 것을 보여준다고 분석했다. 또 고객불만 해소와 동시에 감정노동자들의 정신적, 육체적 고통을 줄이려면 직무교육 및 훈련부족, 과도한 영업목표, 부족한 인력, 불필요한 평가제도, 악성고객 관리시스템 부재 등 문제를 양산하고 있는 기업이 바뀌는 것이 중요하다고 덧붙였다. 조현옥 서울시 여성가족정책실장은 "감정노동자 인권향상 기업 우수사례 발표회를 통해 9개 기업이 서로 각각 추진 중인 사업정보를 공유하고 우수한 사업을 확대전파할 수 있는 기회가 될 것으로 기대된다"며 "감정노동자들은 더 나은 근무환경에서 일하고 이를 통한 업무생산성 향상으로 기업에도 긍정적인 영향을 가져올 수 있도록 시와 소비자단체 그리고 기업이 힘을 합쳐 지속적으로 지원하겠다"고 말했다.[160][161]

160) 출처 : 서울시청 보도자료, 연합뉴스 보도자료
161) http://media.daum.net/press/newsview?newsid=20141127155815470

제6장 감정노동의 상처와 피해

1. 유통가의 감정노동자 상처 치유

홈플러스의 감정관리 프로그램 운영, 이마트의 컴플레인 고객 매뉴얼 배포 등[162] 전화가 왔다. 고객이 주문한 상품이 다른 곳으로 배송됐다고 한다. 확인해 보니 해당 상품은 고객이 요청한 주소대로 배송돼 있었고, 고객에게 문자로 배송사실을 안내한 후 회신까지 받은 상태였다. 상습적으로 배송주소를 잘못 적어 꼬투리를 잡는 '블랙컨슈머' 고객이었다. 관련 백화점에 공식집계된 횟수만 70차례, 컴플레인을 걸고 직원들에게 개인적인 심부름을 강요했다고 한다.[163] 고객은 한밤 중에 전화를 다시 걸어왔다. 폭언과 함께 당장 물건을 가져오고 상품권으로 피해를 보상하라고 요구했다. 퇴근 후였지만 주문상품을 들고 고객집을 찾았다. 고객은 욕설을 하며 뺨을 세 차례 때렸다. 눈물이 났지만 고개를 숙이고 사과했다. 서울의 한 백화점에서 발생한 실제 사례다. 이처럼 고객의 부당한 요구에도 자신의 감정과 무관하게 고개숙여야 하는 서비스 노동자들에 대해 앨리 러셀 혹실드 UC버클리 사회학과 명예교수가 제시한 개념은 '감정노동(emotional labor)'이다. 최근 유통업계에서는 고객과 대면하며 '감정노동'을 강요받는 노동자들에 대한 논의가 한창이다. 홈플러스에 따르면 5월부터 점포 전 직원을 대상으로 '직원과 고객의 행복을 위한 감정관리' 프로그램이 운영되고 있다. 이에 따라 홈플러스 직원들은 점포별 감정관리강사 139명, 따뜻한 서비스 리더 8명에게 업무 스트레스를 관리하고, '화'를 다스리면서 회복 탄력성을 키우는 방법 등을 배운다.

162) 최종수정 2014-07-01 09:39
163) [이투데이 이다람 기자]

지난 1월 단체협약에서 '감정노동 가치를 인정한다'는 합의가 이뤄진 데 따른 조치다. 홈플러스는 또 '이슈고객 응대 가이드라인' 매뉴얼을 업데이트해 관리자들이 직원정서를 실질적으로 관리할 수 있도록 했다.

홈플러스 관계자는 "단순히 감정노동에 대한 금전적 보상보다 감정노동으로 인한 직원들의 어려움을 미리 예방하고 이를 실질적으로 치유하는 데 중점을 두고 있다"고 설명했다. 이마트 역시 지난해 5월 각 점포에 '컴플레인 고객 매뉴얼' 공문을 배포했다. 현장에서 고객을 응대하는 과정에 문제가 생기면, 일선직원 판단으로 팀장 혹은 점장 등 관리자를 호출하도록 하는 내용이다. 이마트 관계자는 "정도가 심해 직원이 직접 대하기 어려움을 느끼는 경우, 자발적 판단으로 자리를 피할 수 있도록 했다"고 말했다. 이마트는 또 '신세계 영랑호 리조트 사원 패키지 프로그램'을 통해 직원들이 힐링할 수 있는 기회를 제공한다. 지난해 정규직으로 전환된 이마트 비정규직 직원을 포함해 대리급 이하 사원들은 객실과 함께 식사권 등을 무료로 받을 수 있다. 그러나 아직 부족하다는 지적도 나온다. 전수찬 이마트 노조위원장은 "고객의 직원 폭행사건이 발생하면 회사가 구제절차를 적극적으로 마련하고, 고객으로부터 부당한 폭언 등 심각한 감성적 훼손이 인정될 때는 직원에게 1시간의 마음 관리시간을 제공하는 등 실질적 방안이 필요하다"고 말했다.

관련 논의는 학계와 정치권에서도 진전되고 있다. 김인아 연세대 보건대학원 교수의 연구에 따르면 감정노동자들은 자살을 생각한 비율이 일반노동자보다 남성 3.7배, 여성은 3.5배 높았다. 한명숙 새정치민주연합 의원이 2259명을 대상으로 진행한 조사에서는 응답자의 30%가 고객에게 성희롱이나 신체접촉을 당했으며, 81.1%가 욕설 등 폭언을 들었다고 답했다. 현재 한 의원, 심상정 정의당 의원 등은 사업주가 감정노동자를 보호해야 한다는 내용을 골자로 하는 산업안전보건법 개정안을 발의한 상태다.[164)][165)]

2. 주말에도 밤 9시반까지 돌봄서비스, '감정노동' 워킹맘 활짝

아이들이 광주신세계 어린이집에서 보육교사의 지도를 받고 있다. 광주신세계의 직장 어린이집은 직원들 근무시간에 맞춰 오전 8시반부터 오후 9시반까지 운영한다.[166] 광주신세계백화점 고객서비스파트에 근무하는 최소윤 씨(39 · 여)는 평소 여섯 살된 아들 때문에 걱정이 많았다.

아들의 성격이 내성적이라 친구와 잘 어울리지 못했고, 어린이집 수업에도 적극 참여하지 않았던 것. 가끔은 수업참여를 유도하는 보육교사를 밀쳐내기도 했고 어린이집에도 잘 가려고 하지 않아 아침마다 전쟁을 벌여야 했다. 최 씨의 고민을 한번에 해결해준 것은 사내 어린이집 보육교사였다. 그는 "엄마와 한곳에 있다는 생각이 들면 정서적으로 큰 안정을 찾을 것"이라며 당시 사내에 처음으로 마련된 어린이집에 보낼 것을 권유했다. 아니나 다를까. 아들은 사내 어린이집을 다니기 시작하면서 얼굴에 미소를 자주 띠기 시작했고 친구와도 잘 어울렸다. 특히 요즘은 "어린이집에 빨리 가자"며 아침마다 엄마를 보채기도 한다. 최 씨는 "출근할 때마다 애 걱정 탓에 마음이 편치 않았는데 요즘은 출근길이 참 즐겁다"며 "틈틈이 어린이집에 들러 아이가 노는 걸 볼 때가 가장 행복하다"고 말했다.

1) 오후 9시반까지 운영하는 어린이집

광주신세계는 2011년 3월 서구 무진대로 본점에 264m²규모의 '신세계 어린이집'을 마련하고 운영하기 시작했다. 전체 직원의 68%에 이르는 여직원들의 경력단절을 막고 직원들의 일 · 가정 양립을 지원하자는 취지였다. 한 해 2억5000만원에 이르는 운영비용도 회사가 전액 지원하고 있다. 아이의 건강을 위해 어린이집 시설은 전부 친환경 소재를 사용해

---

164) 이다람 기자 zing@etoday.co.kr

165) http://www.etoday.co.kr/news/section/newsview.php?idxno=941497(2015.4.6.)

166) 유성열 기자, 입력 2014-11-27 03:00:00 수정 2014-11-27 07:52:58, [저녁을 돌려주세요] ⑩광주신세계 '직장 어린이집'

만들었고, 급식도 친환경재료만 사용하고 있다. 특히 신세계 어린이집은 백화점 근로자의 업무특성에 맞춰 운영한다는 것이 특징이다. 백화점 근로자는 평일에 늦게 퇴근하고, 공휴일과 휴일에도 자주 출근해야 한다. 또 공식적인 공휴일은 백화점이 문을 닫는 월요일밖에 없고, 주 5일제를 하려면 직원들이 서로 돌아가면서 쉬어야 하기 때문에 휴일도 불규칙한 편이다.

이 때문에 신세계 어린이집은 직원들의 편의를 위해 오전 8시반부터 오후 9시반까지 13시간 동안이나 운영한다. 또 월요일을 제외한 주 6일 내내 이용할 수 있다. 기타 민간 어린이집보다 교사들을 많이 배치해 교사 1명이 아동 4명을 돌보도록 했다. 올해에는 이런 점들을 인정받아 보건복지부가 평가한 우수 어린이집에 선정되기도 했다. 최 씨는 "아이를 다른 어린이집에 보낼 때는 출퇴근 시간을 맞춰주지 않기 때문에 불편한 게 한 두가지가 아니었지만 사내 어린이집 덕분에 모든 고민이 말끔히 풀렸다"고 말했다.

자료: http://news.donga.com/3/all/20141127/68199078/1

2) 여성이 일하기 좋은 직장

광주신세계는 또 2010년부터 '여성이 일하기 좋은 직장 만들기'를 목표로 다양한 일·가정 양립 프로그램을 운영해왔다. 출산한 여직원들이 24개월까지 본인 희망대로 탄력적으로 육아휴직을 쓸 수 있는 '희망육아휴직제'가 대표적이다. 보통 다른 직장의 '워킹맘'들이 1년정도만 육아휴직을 쓰는 것과 비교하면 파격적인 제도라고 볼 수 있다. 올 한해에도 여직원 3명이 14~23개월씩 육아휴직을 사용했다. 임신 시점부터 출산전후 휴가 직전까지 하루 1시간씩 단축근무를 할 수 있는 '임신사원 단축근로제'도 있다. 단축된 1시간은 자동 유급처리되기 때문에 월급도 기존과 똑같이 받을 수 있다. 올해 총 9명의 여직원이 이 제도를 통해 안심하고 아이를 낳을 수 있었다. 또 희망출산휴직제를 통해 임신사실을 알게 된 직후부터 곧바로 출산휴가를 쓸 수도 있다. 광주신세계는 이런 공로를 인정받아 올해 5월 고용노동부 주관으로 열린 남녀고용평등 강조주간 기념식에서 대통령 표창을 수상하기도 했다. 광주신세계 관계자는 "법이 정한 모성보호 기준보다 혜택과 범위를 늘려 지원하자는 것이 회사의 방침"이라며 "여직원들이 많은 다른 기업에서도 어떻게 정착시킬 수 있었는지 문의하는 전화가 많이 온다"고 말했다.

3) 마음대로 쓸 수 있는 리프레시 휴가

광주신세계는 '감정노동'을 해야 하는 직원들의 재충전을 돕기 위해 다양한 제도를 운영 중이다. 감정노동자란 고객의 감정을 관리하는 활동이 직무의 40% 이상을 차지하는 형태로 백화점 직원들이 대표적이다.

백화점 근로자는 감정노동 특성상 스트레스가 많다. 광주신세계는 직원들의 스트레스관리를 위해 연중 5일 이상 자유롭게 휴가를 쓸 수 있는 '리프레시 휴가제도'를 운영하고 있다. 또 임직원들의 가족을 위해 지역 내 주요 사찰에서 숙박하며 체험을 할 수 있는 템플스테이 기회를 제공하고 있으며 필라테스와 요가강사를 초청해 직원들이 배울 수 있도록 지원하고 있다. 광주신세계 한가족협의회 손정란 사원대표는 "회사가 마련한 다양한 프로그램으로 여직원들이 안심하고 일과 육아를 병행할 수 있는 분위기가 조성됐다"며 "앞으로도 지속적으로 의견을 개진하면서 직원들의 고용환경을 개선해 나갈 수 있도록 돕겠다"고 말했다.

4) "정시퇴근-휴직, 눈치 안보는 문화만들어"

"대표에 취임한지 2년이 지났는데 아직도 얼굴 한 번 보지 못한 여직원이 여럿됩니다. 육아휴직제가 제대로 정착되고 있기 때문이라고 생각합니다."[167] 유신열 광주신세계 대표이사는 26일 동아일보와의 인터뷰에서 광주신세계의 일·가정 양립 프로그램을 소개하며 이같이 밝혔다. 다음은 일문일답이다.

Q: 직장 어린이집 운영을 위해 과감한 투자를 하는 이유는 무엇인가.

A: "유통업 종사자들이 대부분 그렇듯 우리 직원들도 평일엔 늦게 퇴근하고 주말이나 공휴일에도 어쩔 수 없이 근무해야 하는 여건에 처해 있다. 이런 상황에서 직원들의 복리후생에 관심을 갖는 건 당연하다. 특히 백화점은 근무여건이 여타 기업과 다르기 때문에 일반 직장과 차별화된 제도를 만들어야 직원만족도를 높일 수 있다고 생각한다."

Q: 비용이 많이 들기 때문에 도입과정에서 반대도 심했을 것 같다.

A: "제도의 취지 자체가 설득력이 있었고, 사회의 전반적인 분위기도 삶의 질을 중시하고 있기 때문에 반대는 전혀 없었다. 다만 '눈치'를 해결하는 것이 가장 어려웠다. 그래서 직원들이 정시 퇴근하거나 휴직하더라도 눈치를 보지 않는 문화를 만드는 데 집중했다."

Q: 일·가정 양립 프로그램 때문에 경영에 지장을 받아본 적은 없는가.

A: "경영적인 측면에서 보면 비용이 증가하는 것으로 생각할 수도 있다. 그러나 직원들의 가정환경과 정서가 안정된다면 회사에서도 마음놓고 업무에 몰입할 수 있고, 창의성도 더 발휘될 수 있는 것 아닌가. 가정을 건강하게 하는 것은 기업의 사회적 책임이기도 하다."

Q: 직원의 퇴근시간에 맞춰 밤늦게까지 어린이집을 운영하는 점이 인상적이다.

---

167) 일-가정 양립 주도 유신열 대표

A: "어린이집을 설치하는 것으로 끝나서는 안된다고 생각했다. 중요한 것은 직원들이 실질적으로 이용할 수 있도록 '시스템'을 만드는 것이다. 이런 점 때문에 직원들의 애사심도 고양되고 업무효율도 높아졌다. 우리와 같은 업계에 근무하는 협력사원들도 광주신세계로 이직을 희망한다는 얘기도 자주 듣는다."

Q: 제도만 마련해놓고 실천하지 못하는 기업도 많다. 실천을 위해 필요한 것은 무엇인가.

A: "경영자들의 '의지'라는 씨앗과 직원들의 '인식변화'라는 자양분이 잘 녹아들 수 있는 '토양'이 중요하다. 토양은 바로 기업문화다. 어떤 제도를 막론하고 제도의 성패를 가르는 것은 이해관계자들의 공감과 배려다. 일・가정 양립 문화 역시 최고경영자부터 실무자까지 공통된 목표의식을 가지고 끊임없이 소통하며 공감해야 한다. 이런 기업문화가 정착돼야 일・가정 양립 프로그램도 성공할 수 있다고 본다."[168][169]

3. 수치심: 감정노동자의 압박면접

누군가의 앞에서 공개적인 수모를 당했을 때, 사회적으로 부끄러운 행동을 타인에게 들켰을 때처럼 수많은 사람이 나만 바라보고 있다면 우리는 어떤 감정에 사로잡힐까? 나의 양 볼을 뜨겁게 달아오르게 하는 '부끄러움'을 뛰어넘어, 타인의 시선으로 내가 나를 봤을 때 한없이 나 스스로가 부끄러워졌다면, 그 순간 수치심을 느꼈다는 것입니다. 고객의 무리한 요구에 자신의 무릎을 꿇어야 했던 '감정노동자', 온몸의 체모를 다 태워야 했던 끔찍한 고문을 당한 사이 '간첩이 된 남자', 스스로 통제력을 잃어 어긋난 방향으로 발동된 '성적 충동'까지, 다양한 사람들을 만나 수치심이란 감정이 우리에게 어떤 영향을 미치는지 알아봅니다.[170][171][172]

---

168) 유성열 기자 ryu@donga.com

169) http://news.donga.com/3/all/20141127/68199078/1

170) EBS <포커스> 미리보는 EBS 2014/09/19 13:52, http://ebsstory.blog.me/220126570710

고객의 무리한 요구에 자신의 무릎을 꿇어야 했던 '감정노동자'

2014년 4월 15일, 서울의 한 백화점 옥상 난간에 몸을 걸친 채 30분 이상 자살소동을 벌여 큰 충격을 주었습니다. 최씨가 원하던 것은 단 하나, '모욕적인 발언을 한 고객의 사과'였습니다.

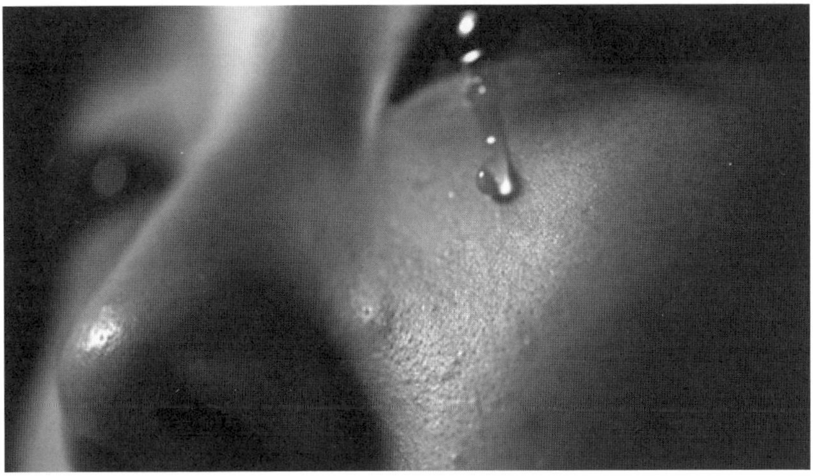

자료: http://blog.naver.com/PostView.nhn?blogId=ebsstory&logNo=220126570710

끊임없는 고객의 유지를 위해 '감정'까지 서비스의 일환으로 포함한 '서비스업체'와 과거보다 더 극진한 대접을 원하며 부끄러움을 잊은 '현대의 고객', 그리고 업체와 고객의 연결고리인 '감정노동자'들.

"두 시간동안 앞뒤 없이 소리지르고 욕하던 나이 어린 고객님이 제가 무릎을 꿇었더니 3분만에 끝내더라고요."

'무조건 되게 해'라고 고집부리는 고객과 '무조건 하게 해줘'라며 과도한 서비스에 집착하는 업체 사이에서 매일매일 불특정 다수와 씨름하며 폭언에 가까운 말을 들어도 호소할 곳 한 군데 없는 '감정노동자'.

---

171) 수치심: 감정노동자, 간첩이 된 남자, 압박면접 - EBS <포커스> 미리보는 EBS 2014/09/19 13:52, http://ebsstory.blog.me/220126570710

172) 수치심, EBS <포커스> 방송일정 : 2014년 9월 19일(금) 오후 7시 50분

울분을 터뜨리며 토해내는 그들의 진솔한 이야기를 들어봅니다. 수치심을 견뎌야 하는 사회, 대한민국. '뭘하고 살았길래 졸업한지 2년이 넘도록 백수예요?'

'남들 다 갔다 오는 해외연수를 안갔는데 집안이 어려운가 봐요?'

인적성을 뛰어넘어 때때로 질문의 의도를 의심하게 하는 잘못된 압박면접, 모욕감과 수치심을 일으키는 질문들로 지원자가 위기상황에서 어떤 대처능력을 발휘하는지 평가한다는 것입니다. 화려한 조명을 받는 아이돌, 자신의 분위기를 뽐내는 잡지속 모델, 개성있게 자신을 꾸미는 현대인들까지. 그들과 자신을 비교할 때면 나 스스로가 한없이 부끄러워진다는 아이들. 자신도 모르게 타인과 나를 끊임없이 비교하고, 그로 인해 내 존재가 부끄러워지도록 만드는 사회. 매순간 수치심을 견뎌야 하는 대한민국에 대한 이야기를 해보고자 합니다. 온몸의 체모를 다 태워야 했던 끔찍한 고문

자신도 모르는 사이에 '간첩이 된 남자'

은행의 예금계장, 두 아이의 아빠, 한 여자의 남편

평범한 삶을 살던 박동운 씨

어느 날, 그의 인생을 송두리째 바꾼 사건이 벌어집니다. 바로 진도간첩단 사건. 박동운 씨는 본인도 모르는 사이 24년간 활동한 간첩이 되었고, 그의 일가친척 모두 어디론가 끌려가는데요. "나는 똥보다 더 더럽고 이런 생각이 그치지 않는거야. 고문에 의해서 죽더라도 안한 것은 안했다고 해야 하는데, 시인한 것은 참 부끄럽게 생각하죠. 지금도..."

죽음보다 더 고통스러웠다는 63일간의 고문이다. 공중에 매달아 놓고, 발가벗겨졌을 때 그를 휩쓸었던 수많은 감정, 그리고 수치심, 결국, 고문수사로 인해 간첩혐의를 허위자백한 그는 '3211'이라고 불리며 수감생활을 하게 됩니다. 가석방으로 나올 때까지 걸린 시간, 18년. 그의 누명이 벗겨지는 데까지 걸린 세월, 28년. 불가촉천민, 간첩의 자식, 빨갱이…

국가로부터 평생 지울 수 없는 상처와 수치심을 받았다는 박동운 씨. 사람들의 손가락질을 피해 숨어 지냈던 그가 상처를 극복하고 세상으로 나오게 된 이야기를 들어봅니다.[173][174]

자료: http://blog.naver.com/PostView.nhn?blogId=ebsstory&logNo=220126570710

4. 감정노동자 콜센터 직원들의 스마일 마스크 증후군

1) 스마일 마스크 증후군의 증상

"안녕하십니까, 고객님. 무엇을 도와드릴까요?" 한 번쯤 이 말을 들어보신 적이 있나요? 이 말의 주인공은 바로 항상 친절한 목소리로 우리를 도와주는 '콜센터 직원'입니다. 우리는 콜센터를 이용함으로써 보다 편안하게 원하는 정보를 얻을 수 있습니다. 하지만 이런 우리와는 달리 콜센터 직원들은 스마일 마스크 증후군을 겪고 있는 '감정노동자'라고 합니다. 감정노동자는 고객을 응대하면서 자신의 감정을 감추고 상대방의 기

173) <EBS 포커스> 홈페이지 : http://home.ebs.co.kr/ebsfocus/main

174) http://blog.naver.com/PostView.nhn?blogId=ebsstory&logNo=220126570710(2015.4.6.)

분을 맞춰줘야 하는 직업군입니다. 그렇기 때문에 감정노동자인 콜센터 직원들의 스트레스는 더욱 높아지고 그 결과 잦은 이직률을 보이게 됩니다.[175]

한 조사에 따르면 상담사들이 고객으로부터 받는 폭언은 월평균 15회, 성희롱 횟수는 1.16회로 나타났습니다. 뿐만 아니라 조사인원 전체 310명 중 221명이 우울증을 앓고 있으며 그중 80.1%가 고도 우울증세를 갖고 있는 것으로 드러났다고 합니다(전국사무금융노동조합에서 2012년 실시한 콜센터 상담사 실태조사 결과). 실제 콜센터에서 근무했던 이희진 씨(가명, 35살)와의 인터뷰를 통해 콜센터 직원들의 스트레스에 대해 보다 더 자세히 알아볼까요?

청년기자(이하 청): 안녕하세요, 간단한 자기소개 부탁드립니다.

이희진 씨(이하 이): 안녕하세요, 저는 35살 이희진입니다. 저는 카드회사 콜센터에서 약 4년간 근무했으며 현재는 육아 때문에 일을 그만두었습니다.

청: 콜센터에서 근무하실 때 가장 힘드셨던 부분은 어떤 것이 있을까요?

이: 콜센터에서 근무할 당시 저를 가장 힘들게 했던 것은 고객님들의 폭언과 욕설이었습니다. 카드회사 콜센터에서 일을 하다 보니 고객님들께 업무상 어쩔 수 없이 납부관련 전화를 드릴 때가 많았습니다. 그럴 때 몇몇 고객님들이 제게 각종 욕설과 폭언을 하시는 경우가 종종 있었는데 그때는 정말 눈물이 날 정도로 서러웠습니다. 뿐만 아니라 가끔 성희롱 발언을 하시는 분들도 계셔서 수치심을 느끼는 경우도 종종 있었습니다.

청: 스트레스로 인해 일상생활에 지장이 온 경우도 있었나요?

이: 소위 말하는 스마일 마스크 증후군이 온 적도 있었습니다. 항상

175) [출처] http://pixabay.com

친절해야 한다는 강박관념에 사로잡혀 화를 속으로만 삭이기 때문에 우울증 증세가 나타나기도 했습니다. 업무에서 뿐만 아니라 일상생활에서도 이런 강박관념이 쉽게 사라지지 않아 더 힘들었던 것 같습니다.

청: 그렇다면 일을 통해 받은 스트레스를 어떻게 푸셨나요?

이: 업무가 끝나면 같은 동료끼리 이야기를 나누면서 풀었습니다. 동료들은 한 번씩 그런 일을 겪어본 경험이 있는 사람들이기 때문에 서로 속상한 일들을 터놓고 이야기하면 제 말에 공감해주고 위로를 해줍니다.

이야기를 나누고 나면 속이 좀 후련해지는 것 같아서 그나마 스트레스가 조금 풀리는 것 같습니다. 하지만 그것도 스트레스를 모두 해결해 줄 수 없기 때문에 혼자 속으로 삭이는 경우가 가장 많았던 것 같네요.

청: 콜센터 직원들의 업무환경이 개선되었으면 하는 점에 대해 말씀해주세요.

이: 저희 콜센터 직원들은 위에서도 말했다시피 감정노동을 많이 합니다. 감정노동으로 받은 스트레스는 해소하기가 쉽지 않습니다. 이러한 콜센터 직원들을 위해 상담실처럼 터놓고 이야기할 수 있는 공간이 마련되었으면 합니다.

청: 마지막으로 하시고 싶은 말씀이 있나요?

이: 콜센터 직원들은 늘 고객님들께 친절히 정보를 제공하고자 노력하고 있습니다. 그렇기 때문에 콜센터를 이용하시는 분들께서도 저희를 조금만 배려해주셨으면 합니다. 그렇다면 서로가 더욱 기분좋게 콜센터를 이용할 수 있을 것이라고 생각합니다.

청: 네, 인터뷰에 응해주셔서 감사합니다.

이처럼 콜센터 직원들은 실제로 엄청난 스트레스로 인해 고통을 받고 있는 것을 알 수 있습니다. 콜센터 직원과 같은 감정근로자들은 일반 근로자들에 비해 우울증에 노출될 확률이 더욱 높습니다. 유럽에서는 미래사회의 심리적 10대 위험요인 중의 하나는 감정노동이 포함될 만큼 그 위험성은 점차 커지고 있습니다. 그렇다면 이러한 감정노동의 문제를 해결하기 위해서는 어떻게 해야 할까요? 우선 기업에서는 감정근로자들이 스트레스로 고통받지 않도록 주기적으로 확인을 해야 합니다. 기업에서 적극적으로 스트레스 해소를 위한 프로그램을 운영함과 동시에 직원들이 이용할 수 있는 상담실을 마련하는 등의 방안들을 구상해 감정근로자들이 더큰 위험에 빠지지 않도록 해야 합니다. 뿐만 아니라 폭언과 성희롱을 하는 사람들에게는 법적인 조치를 취하는 등의 강경대응도 필요합니다. 그리고 감정근로자 스스로도 자신에게 맞는 스트레스 해소법을 찾아 더 위험한 상황에 빠지지 않도록 해야 합니다.

2) 근로자지원프로그램(EAP)

감정노동자들은 근로복지공단의 근로자지원프로그램(EAP)의 도움을 받을 수 있습니다. EAP(Employee Assistance Program)란 근로자들의 직무만족이나 생산성에 부정적인 영향을 미치는 문제들(11개 분야)을 근로자가 스스로 해결할 수 있도록 도와주는 상담 서비스입니다.

▲ 근로복지넷 근로자지원프로그램

자료: http://blog.naver.com/PostView.nhn?blogId=molab_suda&logNo=30189912194

근로복지공단은 근로자의 정신적 스트레스 해결을 지원하기 위하여 근로복지넷(http://www.workdream.net)을 통하여 상담(EAP) 서비스를 무상 제공합니다. 온라인 뿐만 아니라 오프라인 상담 역시 가능하다고 합니다.

우리에게 더 나은 서비스를 제공하기 위해 늘 웃는 얼굴로 지내야 하는 감정근로자들, 우리가 그들을 조금만 배려해 그들이 더이상 '스마일 마스크 증후군'을 겪지 않기를 바라봅니다.[176)]

5. 새로운 직업병의 감정노동

감정노동자는 최근 보도된 사회복지 공무원, 백화점 점원의 자살사례처럼 과도한 스트레스에 시달리며 공황장애, 적응장애, 우울증 등 정신적·물질적 고통을 당하고 있다. 어느 개그 프로그램의 소재인 '진상고객'과 '정여사'의 인기의 바탕에는 일상적으로 감정노동을 접하고 수행하는 시청자의 공감대가 있다. 징부징책의 부재속에 지난주 한명숙 의원이 관련 법 개정 발의에 나섰고, 심상정 의원의 감정노동 산재보상법안도 발의된 상태다. 각종 사고부터 정신질환에 이르기까지 '위험사회'로 치닫고 있는 우리 노동현장 문제의 핵심에는 고용구조와 산업구조의 변화를 따라잡지 못하는 산업재해 정책과 법 제도가 있다. 첫째, 최근의 대형사고는 하청노동자에게 집중되어 있다. '위험의 외주화'에 따른 결과다. 원청사업주가 하도급을 주는 가장 큰 이유는 위험업무이기 때문이다. 원청사업장의 같은 라인에서 일하는 수천명의 하청노동자는 안전교육도, 보호구 지급도 없이 위험업무를 도맡고 있다. 재벌 대기업을 비롯한 원청사업주는 이들에 대해 산재예방 책임도, 사고처벌도, 산재보험료 부담도 지지 않는다. 위험한 업무는 외주하청에 주고 한 해에 수백억원의 산재보험료를 환급받는 이익까지 누리고 있다. 이러한 허술한 법 제도속에서 하청노동자는 빠르게 증가하는 중이다. 조선업은 10년전과 대비해 원청

176) http://blog.naver.com/PostView.nhn?blogId=molab_suda&logNo=30189912194(2015.4.6.)

고용 인원은 변함없으나 하청노동자는 10배 이상 증가했다. 생산라인을 전원 하청노동자로 채운 사업장도 다수다. 재벌 대기업이 하청고용, 특수고용으로 위험을 외주화하는 대가는 결국 중대사고 발생과 발암물질 노출로 이어져 국민의 건강권과 생명을 위협하고 사회적 비용을 높이고 있다. 현재의 고용구조에 맞는 법 제도의 개선이 시급하다.[177]

6. 감정노동자를 위한 방안설정

정여사의 "이거~바꿔줘~!!!"라는 명대사는 소비자의 정당한 권리를 찾는 단어이기도 하지만 한편으로는 고객의 지나친 요구로 인한 감정노동자의 고통을 풍자하기도 합니다.[178] 최근 항공사의 라면사건이나 한 통신사에서 '불났어요?'사건은 감정노동자의 고충을 헤아리고 이슈화시키고 있습니다. "사랑합니다. 고객님!"이라는 미소안에 자신의 감정을 사물화시키고 숨겨야했던 감정노동자들은 콜센터, 승무원, 간호사를 비롯하여 모든 판매직과 서비스직을 포괄할 수 있습니다. 2011년 10월 국가인권위원회가 시민 303명을 대상으로 여성 감정노동자와 관련해 설문조사를 한것을 보면 22.3%(67명)가 여성 감정노동자에게 화풀이한 경험이 있다고 합니다. 실제 최근 이슈화된 통신사 직원의 인터뷰를 보면 '불났어요?'와 같은 전화는 유쾌한 수준이라면서 6개월간 50-60통의 험한 전화를 받는다고 답했습니다. 심한 욕설과 인격모독, 심지어 성추행까지 고객센터전화를 통해 감정노동자들이 겪어야 하는 고통은 이만저만이 아니지만, 실제로 고객응대 매뉴얼에 보면 장난전화도 끝까지 응대해야 하며 고객이 끊기전에 먼저 끊을 수 없다고 합니다.

177) http://bbs1.agora.media.daum.net/gaia/do/debate/read?bbsId=D115&articleId=2382393 (2015.4.6.)

178) smile (smil****), 주소복사 조회 18613.05.13 17:30즐겨찾기

자료: http://bbs1.agora.media.daum.net/gaia/do/debate/read?bbsId=D110&articleId=1049181

감정노동자들의 고통을 이해하고 덜어주기 위해선 '고객응대 매뉴얼'을 개선하는 것부터 필요하다고 생각합니다!!

- '현재의 통화내용은 콜센터 직원의 인권침해방지를 위해 녹음되고 있습니다.'와 같은 안내 멘트 등이다.
- 감성노동자의 스트레스관리를 위한 사내상담소 마련
- 2시간 근무 후 10분 이상 의무휴식
- 콜센터 환경개선을 위한 개인공간 확보
- 장난전화로 판단되는 경우 주의를 준 뒤 끊을 수 있음
- 장난전화 블랙리스트 관리 등

감정노동자들의 '고객응대 매뉴얼'을 개선하기 위한 매뉴얼 재작성에 대해 토론해 보고자 합니다! 여러분이 생각하는 '바람직한 고객응대 매뉴얼'은 무엇입니까??[179]

---

179) http://bbs1.agora.media.daum.net/gaia/do/debate/read?bbsId=D110&articleId=1049181 (2015.4.6.)

7. 실사판 정여사의 감정노동자 의류판매원의 회의

저는 30대 후반의 의류를 판매하고 있습니다. 그런데 오늘 억울하고 열뻗치는 경험을 하고 말았네요. 이야기즉슨, 여성의류쪽에서 발생하였습니다. 전화로 주문을 하고 찾으러온 모녀가 있었습니다. 하지만 그 모녀는 1년전 진상부리던 과거가 있었습니다(입다가 겨드랑이에 구멍났는데 옷을 잘못 만들었다고 지랄지랄하며 환불을 요구하여 환불을 해준 일이 있었네요). 여튼 그래서 여성쪽 그 모녀와 감정이 상했던 여성 매니저는 자리를 피하고 다른 여성직원이 봐주고 있는데 다른 손님도 있던터라 왔다갔다 봐주고 있었는데 응대를 잘 안해 주었다고 짜증내며 트집을 잡기 시작했습니다. 그러다 나갔던 여성직원이 들어오고 어디갔었냐고 뭐라 그러면서 감정적으로 얘기를 했는데, 여성직원도 갑자기 뭐라 그러니 약간 정색하며 죄송하다했는데 그게 죄송하다는 태도냐며 큰 소리를 내기 시작했습니다. 보다못한 저는 다른 매장도 있고 손님도 있으니 목소리 조금만 작게 말씀하시라 했습니다. 그러면서 제가 개입해야겠다 싶어 여성직원은 잠깐 저쪽에 가 있으라고 하고 아줌마 하소연 짜증을 듣기 시작했고 죄송하다고 거듭 사과드린다고 말했습니다. 그러면서 진정된 느낌을 받고 주문상품 계산하며 마무리가 되는듯 했습니다.

그런데 저쪽에 있던 여성직원에게 딸이 다가가서 또 쏘아부치면서 인격적으로 비하하며 사과를 또 요구를 했습니다. 그래서 제가 여성분 잠깐 나가라고하고 사죄를 했습니다.

그러면서 살짝 팔을 잡았습니다. 자기몸에 손대지 말라면서 소리치더군요. 그래서 기분나쁘셨다면 죄송하다고 했습니다. 그러면서 그렇게 인상쓰고 소리지르시면 어떻게 대화가 되겠느냐고 말하며 미간쪽을 가르키면서 어머니 이것보세요했더니 광분하더군요. 그때 알았죠! 이거 100% 돌아이다. 그러더니 자기 팔잡은 것 폭행이라며 경찰에 신고하더군요! 그래서 제가 친절히 주소를 알려드렸습니다. 저도 인생경험이 많은터라 차분하게 대응을 했죠. 그래도 약간 흥분했던터라 물 한잔 마시고 물 두잔을 모녀에게 드시라고 드렸더니 안마시더군요(어머니는 약간 입가에 개거품까지 났는데 안마시더군요. 눈동자는 흔들리더군요.). 그래서 얼른 물을 치웠습니다. 다행히 저희가 CCTV가 있는 관계로 경찰이 온 후 같이 CCTV를 봤습니다. 다분히 저희를 괴롭히려는 걸 알았지만 제가 법과 경찰서 경험이 있는 관계로" 그럼 같이 가서 조사받는거죠 "했더니 딸의 눈동자가 흔들리면서 말이 없어지더군요(저만 같줄 알았나봐요.). 그래서 제가 가시죠하며 강경하게 했죠. 매장에 넘 있으면 안좋으니깐요. 나갔는데, 매장입구 앞에서 또 모녀가 경찰한테 리바이벌하더군요(진상피는 정신력만큼 엄지손가락이 올라가더군요.). 빨리 가자고 강하게 나가고 싶었지만 매장에서 손님을 응대해야하므로 갈등하다가 경찰의 중재로 여성쪽 직원 사과받는 걸로 끝내자고 결론을 냈습니다. 그래서 여성직원과 사과를 하고 끝내려는데 또 리바이벌하려고 훈계와 꼬트리를 잡으려는데 경찰분이 이제 그만하시고 가시라했는데 아줌마는 경찰분 먼저 가시라고, 경찰분은 모녀 먼저 가면 가겠다고 해서 일단락 했네요. 요즘 판매직원들을 감정노동자들이라고 매스컴에서 많이 봤는데 오늘 정여사 모녀를 만났네요! 이런 비상식적인 모녀한테 욕좀 해 주세요. 경찰이 오기전에 여성직원 데려오라고 고래고래 소리 질렀을 때 제가 "싫은데요, 그렇게 못하겠습니다" 그랬거던요. 경찰앞에서 의례적인 사과를 했지만 마지막 자존심은 지킨거겠죠?[180]

8. 감정노동자를 울리는 더러운 대한민국 천민 쓰레기

역시 인류 최악의 쓰레기 나라 중의 하나인 대한민국다운 모습이다. 저런 10대들이 왜 나왔을까? 그 부모란 것들 때문이겠지. 서비스업 종사자들을 가리키면서 '너도 공부 안하면 저렇게 돼'라고 지껄이고 업신여

180) http://bbs3.agora.media.daum.net/gaia/do/story/read?bbsId=K161&articleId=481591(2015.4.6.)

기는 무개념 늙다리나 부모들 꽤 많이 봤지?[181] 그런 쓰레기들 밑에서 자라난 애쉐키들이 바로 저런 쓰레기들이란다. 애초에 대한민국 부모들 상당수의 교육 모토가 '당하기보단 괴롭힐 수 있는 애가 되어라'거든. 거기다 다른 아이들에 대해 사는 집이라든가 이런 걸로 존나 차별하는 걸 좋아하고 말이야. 기죽지 말라고 잘못해도 지적하지 않고, 청소년은 무슨 짓을 해도 보호된다는 것을 철저하게 주입시키고. 그러니 여기저기 패륜아 쓰레기들이 길거리에 널려 있지. 하여간 저런 놈들은 저 짓거리하면 벌금 왕창 물리게 해야 하고, 그 부모한테도 강력한 처벌을 가해야 해. 까놓고 말해서 저놈들 하는 짓거리에 따라서는 때려 죽여버려도 정당방위로 쳐야 한다고 본다. 미성년 보호? 꼴깝떨지 말라고 해. 저 나이라면 이미 자기행동에 책임을 져야 할 나이다. 거기다 이 나라 기업들도 아주 쓰레기같은 게, 구시대적인 발상으로 회사 이미지 나빠지니까, 그냥 참자라는 식의 대응이 문제이다. 서비스업 종사자들이나 전화상담원들이 저런 악질적인 쓰레기들 때문에 심한 고통을 겪어도 무조건 고객이 옳다는 식으로 지껄이고 자빠졌으니, 요즘 시대는 폭언을 퍼붓거나 폭력 휘두르는 고객들은 법적으로 대응해서 강력하게 처벌해 대가를 치르게 해야 하는 시대인데 말이다. 심지어 조선시대에도 노비를 함부로 대하거나 상해를 입힌 자는 그에 상응하는 처벌을 받았는데, 대한민국은 그런 점에서 조선보다 훨씬 못해요. 이러니 대한민국이 인류 최악의 쓰레기 중의 하나로 취급받는 게 괜한 게 아니라는거야.[182]

9. 감정노동자의 노동시 감정

실제 자신이 느끼는 감정과는 무관하게 직무를 행해야하는 감정적 노

181) 퍽킹개한민국 (anx***), 주소복사 조회 6814.02.19 21:45, http://news.nate.com/view/20140219n03470(관련 기사 : '감정노동자를 울려라' 10대들의 빗나간 놀이 '퍽치기')

182) http://bbs3.agora.media.daum.net/gaia/do/story/read?bbsId=S103&articleId=269878(2015.4.6.)

동을 감정노동이라고하며 대표적인 것이 대인접촉이 많은 콜센터직종입니다.[183] 슬픈 일, 힘든 일이 있어도 고객앞에서는 웃어야 하는 감정을 말하는 거죠.[184] 신경을 많이 쓴다는 뜻이겠죠. 제 질문의 요지는 노동할 때의 심정이 어떠한가요인데요. 바로 미소와 웃음, 친절한 표정을 뜻하는 말입니다. 심정을 분석한 자료가 있는데 베타파 즉, 분노, 짜증, 자괴, 화, 슬픔, 피곤의 마이너스 감정이 높게 측정되었다고 합니다. 감정노동자로는 홍보도우미, 휴대폰 판매원, 장례지도사, 아나운서・리포터, 식당 웨이터, 검표원, 마술사, 패스트푸드점 점원, 콜센터 상담원, 미용사, 텔레마케터, 은행창구 직원 등이 대표적인 감정노동자입니다. 감정노동자의 노동 스트레스를 환산한 자료가 있는데 5점 만점에 철강노동자(4.1), 공사장 노역(4.3), 감정노동자(4.42), 형사(4.20) 순이였습니다.[185]

미안한 게 많습니다. 그냥 그만큼 힘들다는 얘기죠. 정신적인 스트레스요. 노동할 때 정신적인 스트레스를 많이 받기 때문에 사회적으로 문제가 되고 있습니다.

기분은 무척 안좋지만 겉으로는 웃어야 하기 때문에 이런 직종에 근무하는 분들은 직업병으로 소위 '스마일 마스크 증후군'을 겪는 경우가 많습니다.

참아야쥐~~

참아야쥐~~

참아야쥐~~

세번의 인내와 같은 감정을 공유하기 위한 노력을 부단하게 합니다. 감정노동 서비스업종에서 일하는 사람들은 개인적인 감정은 피해야 되지요. 그래서 속은 울고 싶고 아프고 속이 상해도 겉으로는 웃으면서 친

183) T끌어more泰山|2014.12.17 23:28, 추천해요0 답변10, 조회34

184) http://terms.naver.com/entry.nhn?docId=2070441&cid=43670&categoryId=43670, 2014.12.17 23:32

185) 2014.12.17 23:34 수정됨

절하고 상대방의 기분에 맞춰 움직이는 로보트같은 생활을 하는 것이지요. 그래서 속으론 모든 스트레스를 풀지 못해 썩어갑니다. 또 소화기능이나 면역력이 떨어져서 서비스업종에서 일하는 사람들은 젊은층이 많으며 오래 일하기 힘든 단점도 많습니다. 힘든 거죠. 감정노동이란 게 뭐죠? 호텔, 백화점, 콜센터, 음식점, 편의점 등 고객에 대한 태도가 바로 바로 매출이나 이미지에 영향을 주는 곳이 감정노동을 하는 곳이라 할 수 있겠습니다.[186] 감정노동은 실제로 느끼는 감정과 다른 감정을 표현해야 할 때 발생하며, 감정노동으로 생긴 감정적 부조화는 감정노동을 행하는 사람에게는 고통입니다. 감정노동 스트레스에 있어서 판매나 서비스업 종사자가 늘어나고, 고객만족이 기업생존의 화두가 되면서 '감정노동'으로 스트레스를 받는 사람들이 크게 늘고 있다. 감정노동 스트레스 해소법은 적응하기로서 "나를 일부러 무시하려고 한 것은 아니냐" "누구에게도 화를 냈을거야"하며 고객의 입장을 이해하려고 한다.[187][188]

10. 식당성공의 3대 비결

흔히 창업자, 아이템, 점포입지, 창업자금을 식당창업의 4대 요소라고 한다. 이 중에서 가장 중요한 요소는 창업자다. 아이템이 좋다고, 점포의 입지가 유리하다고, 창업자금이 많다고 해서 식당성공을 보장하지는 않는다. 거꾸로 반대의 경우라고 해서 식당이 반드시 실패하는 것도 아니다. 왜냐하면 창업자가 나머지 3가지 요소를 온전히 좌우하기 때문이다.

따라서 식당창업의 성공과 실패는 전적으로 창업자에 달려있다고 할 수 있다. 즉, 식당성공의 3대 비결은 전적으로 창업자에 대한 것이다.

식당창업자는 '튼튼한 몸', '따뜻한 마음', '차가운 머리'의 3가지 비결

186) 답변 2 | 2009.05.13
187) 답변 1 | 2007.02.28
188) http://tip.daum.net/question/82579399/82579407?q=%EA%B0%90%EC%A0%95%EB%85%B8%EB%8F%99(2015.4.6.)

을 골고루 갖추어야 한다.

1) 식당사장은 힘들고 고달픈 육체노동자

식당사장은 항상 웃어야 하는 감정노동자다.

식당사장은 모르면 진짜 고생하는 지식노동자다."

식당창업전에는 한가지 노동에 충실해서 좋은 성과를 내면 인정받았던 직장인이었지만 식당사장이 되면 상황이 확 달라진다. 식당사장이 해야 할일은 정말 많다. 식당사장은 그 많은 일들을 또 잘 해내야 한다.

하루 종일 쉴새없이 움직이는 '육체노동'도 거뜬히 이겨내야 하고, 항상 웃으면서 고객을 맞이하는 '감정노동'에도 익숙해야 하며, 경험을 쌓으면서 새로운 것을 배우고 노하우를 터득하는 '지식노동'에도 능력을 발휘하는 만능이어야 한다.

(1) 첫번째 성공비결은 튼튼한 몸(Body)이다.

"식당사장은 힘들고 고달픈 육체노동자다." 식당사장은 몸이 약하면 힘든 식당생활을 제대로 해낼 수 없다. 아침 일찍부터 밤 늦게까지 하루 종일 육체노동을 하면 당연히 지치고 고단하다. 이렇게 매일 일하고 몇 달이 지나면 피로가 쌓이고 여기저기 아프기 시작한다. 1년이 지나면 어떤 사람은 큰 병이 나기도 한다. 아픈 몸을 이끌고 식당을 계속하기란 여간 괴로운 일이 아니다. 결국 서서히 매출이 떨어지면서 큰 손해를 보고 식당문을 닫는 사례는 흔한 일이다. 어떤 경우에는 장사가 곧잘 되는 데도 불구하고 도저히 육체적으로 감당할 수 없어서 적당한 권리금을 받고 식당을 넘기기도 한다. 그래도 손해보기는 마찬가지다.

평상시에 건강하다고 해서 식당생활을 자신해서는 안된다. 식당생활은 운동이 아니다. 처음부터 끝까지 육체노동이다. 사람은 오랫동안 어떤 일을 하게 되면 몸에 익숙해져서 능숙해지기 마련이다. 학창시절은 공부 위주의 학습노동을 중심으로 하고, 직장생활은 일반적으로 지식노동과 함께 정신노동을 동반하는 경우가 많다. 물론 육체노동을 하는 직업도 있지만 식당에서의 육체노동과는 질적으로 다르다. 노동시간이 길고 휴식시간은 짧기 때문에 오히려 노동강도가 더 세고 몸의 피곤함을 더 크게 느낀다. 주5일 근무가 보편화된 요즘에도 식당사장은 주5일 근무를 못한다. 1주일에 하루 쉬면 다행이고, 한 달에 한두 번밖에 못쉬기도 한다.

몸이 적당한 휴식을 취하지 못하기 때문에 마음도 쉴 수 있는 틈이 없다. 식당이 영업 중이면 식당사장이 마음 편히 쉴 수 없는 것은 당연하다. 제대로 쉬지도 못한 채, 하루 종일 육체노동을 해야 한다는 점이 식당사장에게는 가장 어려우면서도 가장 중요한 사실이다. 식당사장은 항상 몸을 쓰고 부지런히 움직이는 힘든 자리다. 건강한 몸과 강한 체력은 식당사장으로서 가장 큰 밑천이자 강력한 힘이 된다.

(2) 두번째 성공비결은 따뜻한 마음(Heart)이다.

"식당사장은 항상 웃어야 하는 감정노동자다." 식당은 하루에도 수십 명 또는 수백명의 낯선 손님들이 방문한다. 식당사장은 자신의 감정과는 상관없이 항상 고객에게 따뜻하게 미소짓고 친절하게 인사해야 한다. 평소 웃음 띤 얼굴로 인사를 잘하는 사람이라면 별로 어려운 일은 아니다.

그러나 평상시 잘 웃지 않고 무표정한 사람한테는 고역이다. 며칠 연습한다고 되는 일도 아니고 열심히 해도 어색하여 진실성이 없어 보인다는 오해를 사기도 한다. 이것이 바로 감정노동이 어려운 이유다.

TV에서 미스코리아 선발대회를 보고 있으면 감정노동의 어려움을 금방 느낄 수 있다. 어떤 후보는 2시간 내내 웃고 있는 데도 자연스럽고 화사한 표정이지만, 다른 어떤 후보는 웃고 있는 모습이 아니라 마치 인상을 찡그리는 표정을 짓고 있다.

1달 내내 합숙훈련을 한다고 하지만 짧은 기간 내에 고칠 수 없는 한계를 얼굴 표정에서 읽을 수 있는 것이다. '감정노동(Emotional Labour)'이란 1983년 미국 UC버클리대학 사회학교수인 앨리 러셀 혹실드(Arlie Russell Hochschild)가 최초로 사용한 용어다. 이는 '배우가 연기하듯 직업적인 필요에 의해 자신의 감정을 숨긴 채 타인의 감정에 맞추는 일을 일상적으로 수행하는 것'을 말한다. 이러한 감정노동을 하는 사람들을 가리켜 '감정노동자'라고 한다.

주로 호텔, 백화점, 콜센터, 승무원, 식당 등 각종 서비스업에서 일하며 고객을 직접 상대하는 사람들을 일컫는다. 부당한 상황에도 화를 낼 수 없는 게 감정노동자의 운명인 셈이다.

(3) 세번째 성공비결은 차가운 머리(Brain)다.

"식당사장은 모르면 진짜 고생하는 지식노동자다." 그러면,

- 미국에서 박사학위 따면 박사라서, 그 식당이 성공할까?
- 대기업 부장 출신이면 능력자니까, 그 식당이 성공할까?
- 대학에서 마케팅 공부하면 최신 마케팅으로, 그 식당이 성공할까?
- 조리학과를 졸업하면 음식 맛 때문에, 그 식당이 성공할까?
- 호텔경영학을 전공하면 서비스 때문에, 그 식당이 성공할까?

정답은 모두 '아니다'이다. 왜냐하면 식당성공에 가장 중요한 지식, 즉 식당경험과 노하우를 체득하지 못했기 때문이다. 급변하는 세상에서 자신을 보호하고 생존하기 위해 경쟁력을 확보하도록 도와주는 원천은 바로 지식(Knowledge)이다.

〈출처〉 '이기는 식당의 비밀'
자료: http://tip.daum.net/openknow/78540986?q=%EA%B0%90%EC%A0%95%EB%85%B8%EB%8F%99

헝가리 출신의 영국 철학자 마이클 폴라니(Michael Polanyi)교수는 지식을 크게 두 가지로 나누었다. 하나는 형식지(形式知, Explicit Knowledge)다. 학교나 책을 통해서 얻을 수 있고 객관적이고 이성적인 지식이다.

이는 다른 사람에게 말이나 글로 손쉽게 전달할 수 있다. 우리가 흔히 지식이라고 말하면 이 형식지를 이야기하는 경우가 대부분이다.

2) 감정노동을 하는 직업의 3가지 종류

첫째는 항상 밝은 미소를 짓는 '긍정적 감정노동'을 하는 직업이다. 위에서 얘기한 백화점, 식당같은 서비스업에 속한 사람들이 하는 일이다.

둘째는 되도록 화난듯한 목소리나 태도를 보이는 '부정적 감정노동'을 하는 직업이다. 경찰, 검찰, 조사관, 감독관, 채권추심원같은 사람들이 여기에 해당된다.

셋째는 무표정한 '중립적 감정노동'을 하는 직업이다. 판사, 운동경기 심판원, 장의사 등의 전문적인 사람들이 하는 일이다.

이렇게 구분해 보니 부정적 또는 중립적 감정노동을 하는 사람은 아무래도 식당같은 서비스업에 어울리지 않는다는 것을 알 수 있다. 직업을 바꾸더라도 비슷한 종류의 일을 계속하는 것이 좋다는 얘기다. 위에서 살펴본 감정노동의 분류와 성격은 다르지만 군인, 교사, 교수, 의사, 공무원같은 직업의 경력자들이 서비스업에 잘 맞지 않는 경우가 많다. 특수한 직업관을 소유한 사람, 폐쇄적인 조직생활을 하는 사람, 경직된 '갑'의 입장만 고수하여 '을'의 입장을 모르는 사람 등 다양한 이유로 인해 서비스직종에 적응하지 못하는 경향을 나타낸다.

10년, 20년동안 같은 일을 늘 반복해 왔던 사람에게는 어느 날 갑자기 자신의 습관과 체질을 바꾸는 게 쉽지 않은 일이다. 이럴 경우 먼저 서비스업에 대해 일정기간 직접 경험을 한 후 자신의 적성에 맞는지 냉정하게 판단해야 한다. 감정노동이 어려운 이유는 필요에 따라 개인의 감정을 마음대로 조절하는 것이 거의 불가능하기 때문이다. 감정노동을 하는 서비스업 종사자는 첫인상이 굉장히 중요하다. 미남미녀를 말하는 것이 아니다. 호감가는 인상, 미소띤 얼굴, 친근한 표정, 겸손한 태도, 예의바른 말과 행동 등 외모와 태도가 면접의 첫번째 기준이 될 수 밖에 없다. 겉으로 드러나는 외면의 모습은 내면의 속마음을 거울처럼 반영한다. 마음씨가 착하고 예쁜 사람은 얼굴도 착하고 예쁘게 보인다. 반대로 속마음이 못되고 나쁘면 얼굴표정에 못되고 나쁜 모습이 고스란히 나타난다. 사람의 마음은 표정과 몸짓으로 표현된다.

그리고 말과 행동으로 드러난다. 사람의 태도를 보면 그 사람의 마음을 읽을 수 있다. 마음이 따뜻한 사람은 말과 행동도 따뜻하다. 그래서 식당사장의 품성과 자질이 중요한 의미를 갖는 것이다. 좋은 품성은 배울 수 없는 식당사장의 자질이다. 현대경영학의 창시자인 피터 드러커(Peter F. Druker)는 '경영자의 일은 누구나 배울 수 있다. 그런데 가르칠 수도 없고 배울 수도 없지만, 경영자가 반드시 가져야 할 자질이 한 가지가 있다. 그것은 뛰어난 재능이 아니라 좋은 품성이다.'라고 강조했다.

그가 말하는 경영자의 일이란 경영학 공부를 통해서 배울 수 있는 것들이다. 뛰어난 재능은 목표를 달성하고 성과를 이뤄내는 능력이지만 그것만으로는 경영자가 될 수 없다. 훌륭한 경영자가 되기 위해서는 뛰어난 리더십을 발휘할 줄 알아야 한다. 리더십이란 사람의 마음을 헤아리고 다스리며 움직일 수 있는 힘이다. 그 리더십의 가장 중요한 원천은 바로 좋은 품성에서 나온다. 그가 주장하는 좋은 품성이란 'Integrity'다. 사전적 의미로는 정직, 성실, 진실, 고결, 완전 등 여러 가지 뜻이 있다.

- 정직한 사람은 남을 속이거나 거짓말을 하지 않아 신뢰할 수 있다.
- 성실한 사람은 남이 보지 않아도 매사에 맡은 바 책임을 다한다.
- 진실한 사람은 영혼이 맑고 정직한 사람으로 믿고 따를 수 있다.

리더가 정직하면 부하직원들도 정직해지고, 또 그들과 관계를 맺고 있는 사람들에게까지도 영향을 미친다. 리더가 성실하면 같이 일하는 직원과 이해관계자도 성실한 사람으로 채워진다.

리더가 진실하면 주변의 모든 사람들이 진실한 사람으로 채워진다. 리더의 힘이 곧 조직의 힘으로 발전하는 것이다. 성공한 리더는 자기분야에서 자기방식대로는 성공하지만 그들에게는 두 가지 공통점이 있다.

첫째, 그들에게는 추종자 즉, 따르는 사람들이 있다는 점과 둘째, 그들로부터 대단한 신임을 받고 있다는 점이다. 이는 성공한 리더들의 품성과 인격이 훌륭하기 때문이다. 식당사장은 외식업 경영자로서 훌륭한 리더가 되기 위한 조건으로 좋은 품성 뿐만 아니라 서비스업에 적합한 자질과 태도를 겸비해야 한다. 먼저 식당사장은 사람 만나는 것을 좋아해야 한다. 한달에 수 천명, 1년이면 수 만명의 낯선 사람을 만난다. 그 사람들은 귀한 손님들이다. 주인은 반갑게 인사를 하고 따뜻한 친절을 베풀어야 한다. 혼자 있기를 좋아하고 남과 어울리는 것을 좋아하지 않는 사람한테는 고역이다. 도저히 풀 수 없는 수학문제를 상대해야 하는 기분일 것이다. 또한 식당사장은 남을 배려하는 마음이 깊어야 한다. 배려심이란 '남의 사정을 두루 살펴 누군가를 도와주거나 보살펴 주려고 마음을 쓰는 것'을 말한다. 배려심이 많은 사람은 참 착한 사람이다. 이해심이 많고 베풀 줄 알며 봉사정신과도 일맥상통한다.

배려심 많은 사람이 서비스하면 고객은 200% 만족하여 감동을 느낀다. 그리고 식당사장은 빈틈이 없고 세심해야 한다. 이러한 성격은 특히 음식 만들기에 매우 중요하다. 항상 똑같은 맛을 유지하기 위해 식자재를 철저하게 관리하고, 조리법을 엄수하고, 위생청결에 신경을 써야 한다. 사소한 실수나 방심으로 음식맛이 달라지고 식중독같은 사고가 날 수 있다. 식당은 성격이 꼼꼼한 사람에게 어울리는 직업이다.

다른 하나는 암묵지(暗默知, Tacit Knowledge)다. 인간의 몸과 두뇌에 체화되어 있어 대단히 주관적이고 개인적인 지식이다. 이는 말이나 글로써 좀처럼 표현하기 힘들지만 현장에서 큰 힘을 발휘한다. 그 이유는 암묵지는 오랜 현장경험과 연륜을 통해 터득한 기술과 노하우이기 때문이다. 지식이란 사람들의 심성이나 삶속에 깊숙이 녹아있어 쉽게 드러나지 않는다.

그만큼 또 얻기도 어렵다. 그리고 형식지와 암묵지의 두 가지 지식이 한데 어우러져야 온전한 지식을 갖추었다고 말할 수 있다. 여기에 삶의 지혜가 더해지면 어떤 혼란과 위기가 닥쳐와도 슬기롭게 이겨낼 수 있다. 이 지식들은 둘 다 식당성공에 꼭 필요하지만 특히 암묵지가 더욱 중요하다. 나만의 조리비법, 몸에 벤 고객서비스, 고객의 마음을 읽어내는 직관력, 시장의 변화를 읽어내는 통찰력 등은 오랜 시간 축적된 연륜과 노하우없이는 불가능한 일이다.

그런데 이런 암묵지를 정복하기 위한 지름길이 없다는 사실이 사람들을 난감하게 만든다. 오로지 긴 세월동안 고난과 역경을 이겨낸 사람만이 가질 수 있는 장인의 진면목이다. TV프로그램 '생활의 달인'에 등장하는 달인들의 모습을 보면 감탄사가 절로 나오지 않는가? 한 순간의 노력으로 이룰 수 없는, 돈 주고 살 수 없는, 피땀으로 결실을 맺은 인간승리의 표본이다. 어려운 시기를 헤쳐나가고 복잡한 문제를 풀기 위해서는 차가운 머리가 필요하다. 차가운 머리는 세상을 정확히 바라보고 현실을 냉철하게 판단하며 미래를 개척해 나갈 수 있는 힘이다. 이러한 힘은 한 순간에 이뤄질 수 없다. 긴 시간동안 인내하고 견디면서 많은 것을 배우고 익힘으로써 얻게 되는 진정한 지식이다. 식당을 우습게 보면 안된다.

외식사업은 결코 만만한 사업이 아니다. 식당성공을 위해서는 튼튼한 몸과 따뜻한 마음 뿐만 아니라 차가운 머리가 반드시 뒷받침되어야 하는 이유다.[189)190)]

괜한 감정소비를 하는 걸까요? 시설에서 근무하고 있습니다. 노인분들 30여분을 모시고 있고 동시간대 요양보호사 근무인원이 적습니다.

환자분 중에 파킨슨병을 앓고 계신 분이 있는데 뇌신경계의 이상으로

---

189) 해피맨|2014.04.02 08:52, 추천해요2 조회826

190) http://tip.daum.net/openknow/78540986?q=%EA%B0%90%EC%A0%95%EB%85%B8%EB%8F%99(2015.4.6.)

인한 몸떨림 현상을 자주 보이십니다. 자기 스스로 몸이 제어가 되지않아 아주 힘들어 하실 때가 있습니다. 보호자가 뇌관련약을 처방받아 환자에게 복용하길 원하는데 할머니가 계신 방에는 요양보호사가 배치되어 있지 않습니다. 그래서 챙겨주려고 하는데 자주 깜박할 때가 있습니다. 기독교에서 운영하는 시설인데요. 원장님이 약보다는 기도를 먼저 생각합니다. 어쩔 땐 할머니를 귀찮아하는 모습도 보입니다. 옆에서 보고 있으면 원장님을 향한 마음이 미움에서 분노로 변하는 것을 느낍니다. 약을 제 시간에 주지못한 죄책감도 들고 종교의 힘으로 치료를 한다는 생각이 원장으로서의 의무를 회피하는 목적으로 보이는 시각이 잘못된 걸까요? 요양보호사의 업무가 감정노동이 심한 일이라 하는데 이런 모습들에 피로감을 느끼고 감정의 소모가 심합니다. 정말 제가 예민한 걸까요? 그리고 12시간 근무에 주6일 근무면 근무강도가 다른 시설에 비해 센편인가요?[191]

괜한 감정소비는 절대 아닙니다. 어느 한분이라도 더 신경쓰고 돌봐드리고자 하는 순수한 감정에서 우러나오는 감정에서 바라보는 시각일 뿐입니다. 치료약보다는 기도가 먼저로 보이는 원장님을 바라보는 시선은 지금 바라다본 원장님의 모습이라 그렇게 보일 수도 있습니다.

이는 하나의 오해 아닌 오해로 보일 수 있고, 여러 부분 중에 단편적인 부분을 보고 판단을 하는 경우일 수도 있습니다. 이 모두가 순수한 입장에서 바라다본 시각일 뿐 감정소비는 아닙니다. 시설에서의 주6일 근무에 12시간 근무면 결코 만만한 근무강도는 아닌 센편에 속합니다만, 현재의 시설들이 거의 이러한 열악한 근무강도를 띠고있는 상황입니다.

비록 힘들고 버거운 현실이지만 조금은 너그러운 마음과 긍정의 힘으로 헤쳐 나가시길 기원해 봅니다. 많은 도움이 되어 드리질 못해 죄송한 마음이 듭니다.[192]

---

191) 리더를 위하여|2013.10.27 13:16 수정됨, Daum카페 요양보호사 사랑나누미 모임(요사나모)에서 등록된 질문 |답변 0, 추천해요0답변2, 조회70

안녕하세요? 돌아온 장고입니다. 귀하는 요양보호사인 것 같은데 수고가 아주 많으십니다.

가족도 아닌 남을 보호해준다는 것, 아무나 못하는 일일 겁니다. 원장님이 약보다는 기도를 먼저 생각하신다고 했는데, 종교시설이니 그럴 수 있습니다. 아마도 기독교단체의 목사님이나 장로님이 운영하는 시설인 것 같군요. 그 분이 그 시설의 원장이 되기까지는 기독교라는 종교의 힘이 그를 시설의 원장으로 이끌었을 것입니다. 그런 분들이 있어 그러한 시설의 운영이 가능한 것이기도 하지요. 파킨슨씨병을 가지고 있는 환자라니 생각이 납니다만, 본인이 알고 있는 그분은 다른 정신상태는 건강한데, 멈춰있다가 움직일 때의 동작이 원할하지 않은 것입니다. 즉, 일어서서 첫 발을 떼기가 무척이나 힘이 드셨지요. 그런 분들을 돌보는 것이 희생정신을 갖지 않고서야 가능하겠습니까? 요양보호사의 업무가 감정노동이 심한 일이라고 했는데, 그런 만큼 보람이 있는 일이기도 하지요!

감정노동 뿐만 아니고, 육체적으로나 정신적으로도 힘든 업무인만큼, 육체적으로 건강해야 하기도 하지만, 봉사정신을 가지고 일에 임해야 할 것입니다. 보통은 하루 8~9시간, 일주일에 5~6일 근무를 하는데, 그 시설에서는 근무시간이 많은 것 같군요. 그럴 때는 조절해 줄 것을 요구할 수도 있는 것이지요. 도움이 되셨기를 바랍니다.[193)194)]

3) 직원을 파트너로 대할 것

'빨리 가려면 혼자서 가라. 하지만 멀리 가려면 함께 가라.' 이 말은 아프리카 속담이다. 사실 이 속담은 설명이 필요없다. 처음 들었다고 해도 이 말이 무엇을 의미하는지는 대부분 알고 있다. 문제는 함께 가는 것이 얼마나 중요한지 제대로 인식하지 못하는 사람이 많다는 것이다.

---

192) 2013.10.27 08:26, 이시안

193) 2013.10.27 13:16 |신고, 추천해요0, 돌아온 장고, 관련Q&A

194) http://tip.daum.net/question/77037047/77039199?q=%EA%B0%90%EC%A0%95%EB%85%B8%EB%8F%99(2015.4.6.)

먼 길을 혼자서 떠나는 사람은 중간에 위험에 빠질 수도 있고, 중도에 포기할 수도 있다. 그러면 목적지에 도착할 수 없다. 그러나 먼 길을 여럿이 함께 가면 서로 의지하고 도와주면서 목적지에 무사히 당도할 수 있다. 식당경영은 혼자서 빨리 가는 짧은 길이 아니다.

앞만 보고 전력 질주하는 100미터 달리기가 아니다. 식당경영은 여럿이 함께 가야 하는 머나먼 길이다. 처음부터 끝까지 페이스 조절하면서 완주하는 마라톤이나 다름없다. 식당경영이라는 먼 길을 함께 가려면 좋은 사람과 같이 가야 한다. 나쁜 사람은 멀리 해야 한다. 서로 뜻이 맞고, 다른 사람과도 협력을 잘하며, 좋은 인성과 태도를 가진 사람을 구해야 한다. 기술과 실력은 가르칠 수 있고 시간이 지나면 길러지게 마련이다.

식당경영은 사장 혼자서 할 수 없다. 좋은 직원과 함께 가야 한다. 그리고 그 직원을 파트너로 인정해야 한다. 같은 목표를 향해 함께 달리는 동반자로 대해야 한다. 단순한 고용관계가 아니라, 수직적 상하관계가 아니라, 식당이라는 한 배를 탄 수평적 협력자의 관계를 형성해야 하는 것이다. 여기서 식당사장의 애로사항 중의 하나인 직원의 높은 이직률의 원인에 대해 먼저 살펴볼 필요가 있다. 직원관리에 실패하는 바람에 식당 폐업으로 이어지기도 한다. 직원이 자꾸 식당을 그만두는 이유는 다양하다.

1. 노동강도에 비해 상대적으로 급여수준이 낮다.
2. 승진기회가 별로 없고 급여인상이 적다.
3. 감정노동 등 정신적 스트레스가 장기근무를 방해한다.
4. 다양한 경험과 경력을 쌓기 위해 자주 옮긴다.
5. 체력적 한계와 각종 질병으로 그만두기도 한다.
6. 사장 또는 다른 직원과의 갈등이나 마찰에 의해 이직한다.
7. 높은 식당 폐업률로 인해 어쩔 수 없이 퇴직한다.
8. 외식업의 미래비전이 약하다.

그러면 급여를 올려주면 직원의 이직률이 떨어질까? 맞을 수도 있고,

틀릴 수도 있다. 실제로 인상된 월급에 만족할 수도 있지만 월급과 상관없이 떠날 사람은 떠난다. 왜냐하면 다른 여러 요인들과 복합적으로 얽혀 있기 때문이다.

4) 효과적인 파트너경영을 위한 6가지 원칙

결국 직원들이 장기간 근무함으로써 번창하는 식당을 만들려면 직원을 동반자이자 협력자로 생각하는 '파트너경영'을 해야 한다. 효과적인 파트너경영을 위해 지켜야 할 여섯 가지 원칙이 있다.

(1) 바람직한 직원상을 명확하게 정해야 한다. 식당마다 다양한 기준이 있겠지만, 직원의 자질과 태도를 우선 순위에 두는 것은 바뀌지 않는다. 경험과 능력은 그 다음의 문제다. 그리고 오랫동안 같이 일할 수 있는지의 여부도 중요한 판단기준이다.

(2) 외식업계 평균 이상의 급여수준, 승진기회, 근무조건, 복리후생 등을 제공한다. 작은 식당일수록 좋은 직원 구하기가 더 어렵기 때문이다. 작은 식당의 직원수라고 해봐야 불과 몇명이다. 평균치보다 조금 더 준다고 해서 추가비용 때문에 적자가 나진 않는다. 비용보다 많은 이익을 낼 수 있도록 직원들을 독려하는 것이 사장의 할일이다.

(3) 사장을 포함한 직원들간 팀워크가 개인의 능력보다 중요하다. 식당 일은 혼자서는 할 수 없다. 여러 사람이 같이 하는 일이다. 그래서 각자 맡은 역할을 충실히 하면서 서로 도와주고 서로 협력하는 분위기를 조성해야 한다. 한명의 뛰어난 능력보다는 보통 능력의 여러 사람의 팀워크가 더큰 성과를 만들어 낸다. 만일 어떤 사람이 팀워크를 깨뜨린다면 교육을 통해서 개선되지 않을 경우, 썩은 사과가 되기전에 빨리 골라내야 한다.

(4) 서로 아껴주고 보살펴주는 가족적인 분위기를 만들어야 한다. 아침부터 밤 늦게까지 하루 종일 얼굴 맞대고 힘든 일을 하기 때문에 가족처럼 편안하게 느끼고 서로 의지하게 된다. 팀워크와 가족적인 분위기는

동전의 앞 뒷면과 같은 관계다. 어느 한 쪽이 무너지면 다른 한쪽마저 무너지기 때문에 상호균형이 이뤄지도록 애써야 한다.

(5) 직원이 목표를 달성하면 칭찬과 함께 소정의 성과급을 지급한다. 직원들과 함께 달성 가능한 일별과 월별 목표를 설정하고 목표달성시 적더라도 의미있는 인센티브를 제공함으로써 동기부여를 한다. 식당의 발전이 곧 나의 발전임을 몸소 느끼도록 해서 일할 의욕을 고취시키는 것이다.

(6) 직원과의 원활한 소통은 경청에서 시작한다. 경청의 의미는 상대에 대해 세심한 배려와 예의바른 태도를 보임으로써 상대방이 인정받고 있다는 느낌을 주어 긍정의 에너지를 솟게 하는 것이다.

"스스로 빛나는 별은 없다" 누군가가 위에서, 밑에서, 곁에서 자신을 끊임없이 비춰주기 때문에 빛나는 것이다. 이 세상에 혼자서 이뤄낼 수 있는 일은 아무 것도 없다. "내부고객 만족없이는 외부고객을 만족시킬 수 없다." 식당사장에게 중요한 고객은 밖에 있는 손님이 아니라 안에 있는 직원이다. 내부고객인 직원이 만족해야 외부고객인 손님을 만족시킬 수 있는 법이다. 세계적 호텔체인인 리츠칼튼호텔의 모토에는 진정한 파트너경영의 의미가 담겨있다. "우리는 신사숙녀에게 서비스를 제공하는 신사숙녀다."[195)][196)]

---

195) <출처> '이기는 식당의 비밀'

196) http://tip.daum.net/openknow/81394986?q=%EA%B0%90%EC%A0%95%EB%85%B8%EB%8F%99

제7장 감정노동자의 숙면과 산업재해

1. 숙면의 방법

세상 모르고 푹 깊이 자는 법은 무엇인가요? 잘깨서 자도 잔 것 같지 않네요.[197] 수면제를 사용하면 되지만 위험하고 귀마개와 안대를 써서 외부자극을 차단해 보세요.[198] 예, 숙면에 대해 문의하셨습니다. 여러가지 방법이 있겠지만 하루에 20분 이상 낮에 햇볕을 쬐어 비타민 D를 흡수하면 칼슘 흡수도 돕고, 멜라토닌 분비도 잘되어 숙면에 도움이 되겠습니다.[199]

1) 정답을 향하여

(1) 자기전에는 심한 운동이나 과음, 과식은 금물이고, 무서운 영화나 책을 읽으면 신경이 흥분되어 쉽게 잠들기 힘듭니다.

(2) 샤워하고 주무시는 게 좋습니다. 반신욕은 혈액순환을 원활하게 해서 부교감 신경의 작용으로 목이나 어깨의 결림 등 근육의 긴장을 부드럽게 하고 몸을 충분히 따뜻하게 합니다.

(3) 따뜻한 우유 한잔 드시고 주무시면 좋습니다. 우유에는 칼슘이 많이 포함되어 있어 스트레스 해소에 좋습니다. 우유, 치즈 등의 유제품, 달걀, 생선(고등어 등), 콩 종류, 바나나, 양상추, 시금치, 밤 등은 불면에 좋습니다.

(4) 적정한 온도, 환경이 중요합니다. 침실은 어둡고 조용하고 온도와 습도가 알맞고 편안한 이부자리가 좋습니다.[200]

---

197) 솔깃한상상|2015.02.22 23:24, 추천해요45 답변42, 조회83,744
198) 2015.02.22 23:25, 솔깃한상상, 추천해요24, qodampam
199) 2015.02.22 23:25, 솔깃한상상, 추천해요37
200) 2015.02.22 23:36, 추천해요30, 중개사 교수

여러 가지 실험에서 밤잠을 잘자는 것은 우연히 이루어지는 것이 아니라는 것은 주지의 사실이었습니다. 잠을 잘 자는 것은 단순히 불안과 스트레스를 제어한다고 되는 일이 아니라 그 이상의 여러 가지 요인에 달려 있습니다. 그러한 요인들은 통칭 수면위생이라고 알려져 있습니다. 효과적인 수면위생은 하나의 생활방식입니다. 거기에는 주간의 적절한 시간에 정기적으로 운동을 하는 것이 포함됩니다. 오전이나 오후에 운동을 하면 잠자리에 들었을 때 졸음이 오는 데 도움이 될 수 있습니다. 하지만 잠잘 시간이 다 되어서 운동을 하는 것은 수면을 방해할 수 있습니다. 자극적인 영화나 흥미진진한 독서물도 각성시키는 효과가 있을 수 있습니다.

잠자리에 들기전에는 긴장을 풀어 주는 내용을 읽거나 부드러운 음악을 듣거나 따뜻한 물로 목욕을 하는 것이 더 좋습니다. 전문가들은 정말로 잠을 자려고 할 때만 침대에 누움으로써 침대를 잠과 연관시키도록 뇌를 훈련시킬 수 있다고 말합니다. 침대에서 먹거나 공부하거나 일하거나 텔레비전을 보거나 비디오게임을 하는 사람들은 잠들기가 더 어려울 수 있습니다.

편안하게 잠자리에 들 준비를 하는 것에는 먹고 마시는 것에 유의하는 것도 포함됩니다. 술을 마시면 졸음이 오지만 술은 사실상 수면의 질을 떨어뜨릴 수 있습니다. 커피, 차, 코코아, 초콜릿, 콜라류는 자극성이 있으므로 밤에는 피해야 합니다. 반면에 소량의 망고, 고구마, 바나나, 감, 캐비지야자, 밥, 콩나물, 견과류는 세로토닌의 생성을 촉진하며, 따라서 졸음을 유발할 수 있습니다. 한 가지 주의할 점이 있는데 밤늦게 많이 먹는 것은 빈속으로 잠자리에 드는 것만큼 잠을 자는 데 방해가 될 수 있습니다. 잠자기전에 일상적으로 하는 일만큼이나 중요한 것은 잠을 자는 환경입니다. 쾌적한 온도, 어둡고 소음이 없는 조용한 방, 편안한 침대와 베개는 밤잠을 잘자는 데 도움이 됩니다. 사실, 너무 편안하다 보면 다음날 아침에 일어나기가 어려울 수 있습니다. 하지만 주말이라고 해서 너무 오래 잠자리에 누워 있으면 수면패턴에 변화가 일어나 그날 밤에 잠을 자기가 더 힘들어질 수 있다는 것을 기억하십시오.

자신의 중요한 신체기관을 일부러 상하게 할 사람은 분명히 아무도 없을 것입니다. 잠은 그에 못지않게 중요한 것으로서 소홀히 여기거나 과소평가해서는 안되는 생활의 일부입니다. 아무튼, 우리는 생애 중 3분의 1을 잠자면서 보내게 됩니다. 수면습관을 개선하는 것은 가능합니까? 오늘 밤부터 당장 시작해 보는 것이 어떻겠습니까!

2) 불면증의 주요 원인

(1) 의학적 원인: 알츠하이머병, 무호흡증, 수면 중 기도상부가 막히는 증상, 하지 불안 증후군, 파킨슨병, 주기성 사지운동 장애, 팔다리가 움직이면서 잠깐씩 잠이 깨는 증상, 천식, 심장병과 소화기질환

(2) 정신의학적 원인: 우울증, 불안증, 공황, 강박장애, 심리적 외상 후 스트레스 장애

(3) 환경적 원인: 빛, 소음, 더위, 추위, 불편한 침대, 계속 뒤척이는 배우자

(4) 기타 원인: 알코올 남용, 마약 남용, 일부 약물의 부작용[201)]

3) 잠을 깊이 자게 하는 방법

- 평소에 스트레칭을 통해 경직된 근육을 반복적으로 이완시키거나 풀어주는 게 좋은데 그 외에 올바른 자세유지, 스트레스를 줄이는 것이 중요하다고 합니다. 잠자리에 들기전에 따뜻한 물로 샤워를 하고 안정된 상태를 유지할 수 있게 TV시청을 삼가고 잔잔한 책을 읽어주세요. 책을 읽을 때에는 침대에 누워서 읽기보다는 소파 등에서 보시다가 졸리면 침대로 가서 자는 것이 좋아요.

- 숙면을 돕는 음식

① 바나나

---

201) 2015.02.23 00:24, 추천해요 26, 카라

'자연산 수면제'라 불리는 세로토닌의 생성을 돕고 근육을 이완시키는 마그네슘을 함유하고 있다.

② 카모마일차

긴장된 몸과 마음을 이완시키는데 이보다 효과적인 차는 없다. 저녁마다 따뜻한 물에 우려내 향기를 맡으며 마시면 좋다.

③ 따뜻한 우유

잠자리에 들기전 따뜻한 우유 한잔은 숙면을 위한 상식이다. 우유속 트립토판이 몸속에서 세로토닌으로 바뀌어 심신을 안정시킨다.

④ 꿀

우유나 카모카일차를 마실 때 꿀을 한 순갈 섞어주면 편안한 잠을 잘 확률이 더욱 높아진다. 꿀에 든 탄수화물이 트립토판의 체내 흡수를 돕기 때문이다.

⑤ 감자

마그네슘이 풍부해 바나나처럼 세로토닌의 생성을 돕는 역할을 한다. 푹 삶은 감자 약간을 우유와 섞어 저녁에 섭취해 보자.

⑥ 오트밀

오트밀의 재료인 귀리는 잠을 부르는 원천이라 불린다. 따뜻한 오트밀에 메이플 시럽을 조금 넣어 먹으면 간식으로도 적당하다.

⑦ 아몬드

심장을 건강하게 만드는 이 견과류는 근육이완을 돕는 마그네슘과 수면을 촉진하는 트립토판을 함유하고 있다.

⑧ 아마씨

오메가 3 지방산이 풍부하며 항암작용을 하는 것으로 알려진 아마씨는 불면증과 우울증 치료에도 좋다. 매일 2테이블스푼 정도 섭취하면 된다.

⑨ 통밀빵

꿀을 한스푼 탄 카모마일차에 통밀 식빵 토스트 한조각이면 숙면을 위한 간식 테이블 완성이다. 통밀에는 트립토판이 뇌에 전달되도록 돕는 물질이 있다.

⑩ 키위

칼슘, 마그네슘 등 수면에 좋은 영양소를 고루 포함하고 있다. 잠들기 1시간전 키위 2개를 섭취하면 잠들기까지의 시간을 10분 이상 단축할 수 있다는 연구 결과도 있다.[202)]

적당한 운동과 적당한 햇빛을 보는 것과 마음을 편하게 해주는 자기만의 음악을 듣거나 영혼의 쉼을 가져 보는 것도 도움이 된다.

<시편 103:1-5>

1. 내 영혼아 여호와를 송축하라. 내속에 있는 것들아, 다 그의 거룩한 이름을 송축하라.

2. 내 영혼아 여호와를 송축하며 그의 모든 은택을 잊지 말지어다.

3. 그가 네 모든 죄악을 사하시며 네 모든 병을 고치시며

4. 네 생명을 파멸에서 속량하시고 인자와 긍휼로 관을 씌우시며

5. 좋은 것으로 네 소원을 만족하게 하사 네 청춘을 독수리같이 새롭게 하시는도다.[203)]

저 멀리 두고 온 고향 하늘에 아스라이 떠 있는 샛별을 한번 쳐다보고 동토(凍土)를 밟아 노가다판에 나가서 하루 종일 빡세게 비지땀 흘리며 일하고 너덜너덜해진 몸으로 집에 기어들어 온 백성이라면 "잠 잘자는 노하우"를 굳이 알아볼 필요가 없을 것이다.[204)] 노동을 과하게 하든지, 과로를 갖든지, 푹 쓰러질 정도로 일을 하면 된다.[205)]

4) 잠을 잘자게 하는 방법

(1) 규칙적인 기상시간과 취침시간을 가져라. 몸이 불규칙한 시간에 적응하느라 에너시를 소비하지 않도록 하라.

---

202) 팁의 지난 자료, 2015.02.23 00:42, 추천해요 26, 수채화뜨락

203) 2015.02.23 01:01, 추천해요 19, 말씀농장

204) 2015.02.23 01:19, 추천해요 29, 두룡거사

205) 2015.02.23 21:01, 추천해요12, 수월촌장명동

(2) 잠자리에 드는 시간에는 TV 등 전자기기를 멀리하라. 실험 결과, 핸드폰을 켜둔 새싹은 그렇지 않은 새싹보다 썩는 것이 많고 매우 부실하다고 한다. 잘 때는 핸드폰과 컴퓨터 등은 꺼두는 것이 좋겠다.

(3) 숙면을 도와주는 음식을 섭취하라. 숙면에 꼭 필요한 세로토닌 호르몬, 이 호로몬을 만드는 음식은 트립토판이 함유된 것으로 닭고기와 유제품에 많이 함유되어 있다.

(4) 적당한 공복은 좋지만 배고픔은 잠을 설치게 한다. 배가 고프면 미지근한 우유 한잔을 마셔라.

(5) 과음, 과식, 카페인을 삼가하라. 과음은 갈증을 느껴 자꾸 깨게 되고, 저녁 과식은 소화를 시키느라 에너지 소비가 많아 힘든다. 위도 쉬게 하자.

(6) 스트레스와 피로를 풀고 자라. 뇌가 스트레스를 처리하느라 에너지 소비가 많고 스트레스는 꿈속에서조차 이어져 피곤하게 하므로 해소를 적극적으로 해야 한다. 잠자기전 가벼운 스트레칭은 좋지만 운동은 잠자기 3시간전에 마쳐라. 반신욕 또는 샤워를 하라. 긴장과 피로를 풀어주며 심신을 릴랙스하게 해준다. 명상은 뇌파를 안정시켜주기 때문에 더욱 좋다.

(7) 낮잠을 피하라. 낮잠은 집중력을 높이는 데 도움되지만 30분 이상은 밤잠을 설치게 된다.

(8) 밤에는 빛을 차단하고, 낮에는 빛과 만나라. 잠자리에 불빛이 들지 않도록 커튼을 친다. 커튼이 없다면 안대를 하라. 멜라토닌은 수면유도 호르몬으로 숙면을 취하게 하는데, 빛은 이를 방해한다. 낮에는 햇볕을 쐬는 것이 생체리듬 회복에 도움된다.

(9) 침구를 햇볕에 잘 건조하라. 뽀송뽀송한 침구는 쾌적함을 주어 숙면에 도움된다.

(10) 습도와 온도를 유지하라. 건조하거나 더우면 잠이 깨게 된다. 온도 18-20도, 습도는 60~70%가 좋다.[206)]

진짜로 못자는 편인데 잠들 때는 잡생각을 안하고 자면 편히 자는 것 같다. 그리고 낮시간동안 물을 많이 먹는 편인데 물을 많이 먹고 자는 날은 더 잘자는 것같다. 내 생각일 수도 있다.[207]

밤샘하세요. 밤새 정신적 육체적 노동하세요. 음, 1달에서 6달은 적응이 안될건 데, 실망하지 마시고 나사를 쪼이든, 택시운전을 하시든, 나염을 하시든, 주취자나 범죄자 잡으러 다니세요.

대신 최선을 다해서 성심껏, 그럼 평생 편히 주무실 수 있어요. 감정노동서비스업, 소방관, 경찰관, 교도관, 간병인 등등[208] 세상 모르고 깊은 잠을 자려면 "어둡고, 조용하고, 선선한" 침실을 만들어야 합니다. 침실에는 컴퓨터가 없는 것이 좋은데 이는 컴퓨터에서 나오는 푸른광선이 생체리듬에 악영향을 주기 때문입니다. 아니면 암막 커튼을 쳐서 빛에 영향받지 않고 숙면을 취할 수 있도록 해야 합니다. 규칙적인 생활을 하는 것도 숙면에 도움이 됩니다. 정면으로 누워서 자는 것보다는 오른쪽으로 돌아누워서 무릎을 구부린 자세로 자면 더욱 숙면을 취할 수 있고 이런 자세는 간기능과 폐기능에 좋은 영향을 줍니다. 카페인이 들어간 음료인 커피와 홍차는 수면에 방해되는 음료입니다. 카페인은 각성상태로 만들어 수면을 유도하는 신경전달 물질인 아데노신의 활동을 억제시키기 때문에 잠들기 최소 6시간전에는 카페인 음료는 삼가도록 하여야 합니다. 전기장판을 틀거나 수면양말을 신거나 해서 손과 발을 따뜻하게 해주면 혈액순환이 원활히 되면서 잠도 잘오게 됩니다. 잠들기전에 목욕을 해주면 몸의 긴장감이 풀리고 혈액순환이 잘돼서 숙면을 취하도록 도와주는데 목욕이 힘들다면 족욕만으로도 효과를 볼 수 있습니다.

잠들기 직전에 물을 마시면 요의가 와서 숙면을 취하기 힘들지만 2시간전 정도에 물을 마시면 탈수현상을 예방해 숙면에 도움이 됩니다.

---

206) 2015.02.27 18:52, 추천해요11, 『ㅁㅣㄴㅣ♡』

207) 2015.03.02 00:38, 추천해요10, 하윤1201

208) 2015.03.02 01:43, 추천해요5, kjc

잠이 오지 않아서 술을 찾는 사람들이 많은데 이는 잠에 들 수는 있지만 이뇨작용으로 인해서 깊은 잠에 들기는 힘들고 오히려 술은 숙면에 방해가 된답니다. 잠들기전 흡연도 니코틴이 중추 및 말초신경을 자극해서 숙면을 취하는 데 방해가 되기 때문에 잠들기전 흡연은 삼가야 한답니다.

'멜라토닌'이란 호르몬은 수면을 돕는데 이것은 어두운 밤에 분비가 되고 낮 시간에는 억제가 되는데 낮 시간에 햇빛을 충분히 받지 못하면 멜라토닌이 과하게 분비되어 생체리듬에 혼란을 줄 수 있답니다. 낮에 멜라토닌 분비가 증가하면 밤에 멜라토닌이 줄어들어 수면을 취하기 힘들어지기 때문에 낮에 햇빛을 충분히 받는 것이 좋습니다.[209)]

등산 후 땀을 쫙 빼고 샤워 후 귀마게 끼고 자면 세상 어떤 소음도 들리지 않게 꿀잠이 가능합니다.[210)] 칼슘제품을 섭취하시되 흡수율 좋은 제품으로 드세요. 안그러면 몸에서 흡수를 못하고 결석처럼 그대로 있는 경우를 뉴스에서 봤어요.[211)] 너무 너무 피곤하고 어제도 못자서 운동할 기운도 없네요. 온몸이 쑤시고 머리는 띵하고 눈은 토끼눈인데 잠이 안와요라고 하시는 분들은 생각에 생각에 꼬리를 물고 낮에 있었던 억울한 일, 남편과의 다툼, 말도 안되는 상사 등을 생각하면 더 잠이 안옵니다. 그런데 생각을 몰아내는 것 또한 쉽지가 않지요? 저는 다음날 뭔가가 특별한 일이 있으면 잠을 잘 못잡니다. 가령 수학여행, 수능시험, 미팅, 결혼, 해외여행 등 인생에서 중요한 날은 다 잠을 못자 망쳤다고 할 수 있지요. 요즘 조금 도움이 되는 방법은 생각을 않하는 게 불가능하니 생각의 종류를 바꾸는 겁니다. 불안하거나 억울하거나 한 생각들보다 사소한 것들, 도배색을 어떤 걸로 하나, 나에게 별 비중없는 친구나 가족 등을 생각하는 거죠. 그러다보니 어느새 잠이 들어요.

---

209) 2015.03.02 03:45, 추천해요19, 오룡도사
210) 2015.03.02 09:32, 추천해요5, 정주영
211) 2015.03.02 10:12, 추천해요6, 사랑해

요즘 잘 써먹고 있는 방법이니 머리속에서 그려지는 마인드맵 때문에 잠을 설치신 분이라면 내 얘기가 아닌 드라마라든가 뉴스라든가 이사간 옆집 순이네라든가 시골에서 농사짓는 부모님이라든가 조금은 사소할 수 있는 일들을 생각해 보세요. 어느새 스믈스믈 잠이, 깨어보니 아침일세, 에헤라디야.[212] 베개의 높이가 나와 안맞을 경우에도 잠을 자도 잔 것 같지 않고 피로감을 느낀다고 합니다. 베개 높이를 바꿔 보세요. 알맞은 베개 높이는 누워서 팔을 앞으로 깍지를 낀 상태에서 그대로 옆으로 누웠을 때 척추뼈가 일자상태를 유지되는 정도라고 합니다.[213] 달력에 있는 모든 월요일을 없애면 됩니다.[214] 농촌에 2주정도 봉사활동갔다 와서 24시간 연속으로 푹 잠을 잔 적이 있어요.[215] 따뜻한 물에 샤워를 하신 후 주무시면 잠이 잘 올거예요.[216] 전 눕기만 하면 깊이 자는데, 일어나도 또 눕기만 하면 또 자고.[217]

5) 감정노동에 대해

매출이나 이미지에 영향을 주는 곳이 감정노동을 하는 곳이라 할 수 있겠다.[218] 감정노동은 실제로 느끼는 감정과 다른 감정을 표현해야 할 때 발생하며, 감정노동으로 생긴 감정적 부조화는 감정노동을 유발한다.[219] 판매나 서비스업 종사자가 늘어나고, 고객만족이 기업생존의 화두가 되면서 '감정노동'으로 스트레스를 받는 사람들이 크게 늘고 있다.[220]

감정노동 스트레스 해소법 적응하기는 “나를 일부러 무시하려고 한 것은 아니냐” “누구에게도 화를 냈을거야”하며 고객의 입장을 이해하려

212) 2015.03.02 11:12, 추천해요7, 모퉁이
213) 2015.03.02 11:14, 추천해요5, 민간외교관
214) 2015.03.02 11:13, 추천해요6, red moon
215) 2015.03.02 11:40, 추천해요5, njyl5964
216) 2015.03.02 11:43, 추천해요9, 좋은하루
217) 2015.03.02 11:59, 추천해요7, ksm709
218) 답변 2 | 2009.05.13
219) 답변 2 | 2015.03.16
220) 답변 1 | 2004.11.22

고 한다.[221] 편의점, 캐셔들도 감정노동자인가요?[222] 감정노동자는 대중과 접촉하는 일에 종사하면서 의지를 갖고 어떤 마음 상태를 생산해내야만하는 일을 가리킨다. 승무원, 판매원, 외판원 등 서비스직종에 종사하는 여성을 대표적인 감정노동자라 할 수 있습니다. 편의점, 캐셔들을 감정노동자라 볼 수도 있고 아닐 수도 있습니다. 직장인이 '사람을 대하는 일'을 수행할 때에 조직에서 바람직하다고 여기는 감정을 자신의 감정과는 무관하게 행하는 노동을 의미합니다.[223] 편의점 캐셔 역시 사람(손님)을 상대하는 일이니 감정노동자는 맞죠.[224]

감정노동을 많이 하는 상위 10개 직업

순위	직업
1	항공기 객실 승무원
2	홍보도우미 및 판매원
3	통신서비스 및 단말기 판매원
4	장례상담원 및 장례지도사
5	아나운서 및 리포터
6	음식 서비스 관련 관리자
7	검표원
8	마술사
9	패스트푸드 매장 직원
10	고객 상담원

자료: http://tip.daum.net/question/82216169/82216185?q=%EA%B0%90%EC%A0%95%EB%85%B8%EB%8F%99(2015.4.6.)

221) 답변 1 | 2007.02.28

222) 편의점, 캐셔들도 감정노동자인가요?, 익명|2014.10.13 13:49, 추천해요2 답변3, 조회 64, 친구에게 배달

223) 2014.10.13 13:52, 추천해요1, 블루데이

224) 2014.10.13 13:54, 추천해요1, 세아향

답변 고마워요. 직무의 40% 이상을 자신의 감정은 감추고 고객을 응대해야 하는 노동자를 감정노동자라고 합니다. 편의점 캐셔 등도 해당합니다.[225][226]

2. 감정노동자의 감정 숨김

'감정노동자'도 '사람'입니다. 승객들의 지속적인 성희롱・욕설 등으로 우울증을 앓게 된 KTX 여승무원이 산업재해를 인정받았다는 소식이 전해졌습니다.[227] 근로복지공단은 "승객에 의한 반복적 스트레스가 우울증을 유발한 것으로 판단된다"며 KTX 승무원으로 일했던 A 씨(31)의 우울증을 업무상 질병으로 인정・통지했다고 밝혔습니다. 이는 감정노동자인 여승무원의 우울증이 업무관련성을 인정받아 산재보상을 받는 첫 사례라는 점에서 눈길이 갑니다.

A 씨는 객실순회, 검표업무 등의 업무를 수행하면서 승객들로부터 "만나자" "재미 한번 보자" 등의 말을 들으며 성희롱・욕설・폭행에 시달린 것으로 알려졌습니다. 감정노동자의 스트레스, 우울증으로 인해 불거진 문제는 하루, 이틀 일이 아닙니다. 지난해 10월, 아파트 주민과 갈등을 빚었던 경비노동자 고(故) 이만수 씨가 분신을 시도한 충격적인 사건이 벌어졌습니다.

그는 중환자실로 옮겨져 한달 가까이 병원에서 치료를 받았고 결국 전신 60% 정도의 3도 화상으로 사망했습니다. 같은 해 4월에는 백화점 판매 여사원이 손님과 말다툼을 한 후 자살소동을 벌인 일도 있었죠. 타인의 기분을 맞추기 위해 자신의 감정을 숨기는 일을 일상적으로 수행

225) 자료출처 | 한국직업능력개발원, 2014.10.13 13:55, 추천해요2, 중개사 교수

226) http://tip.daum.net/question/82216169/82216185?q=%EA%B0%90%EC%A0%95%EB%85%B8%EB%8F%99(2015.4.6.)

227) [친절한 쿡기자] 감정노동자는 감정을 숨기는 겁니다, 감정이 없는 게 아니고요. 입력:2015.04.02 15:23. [쿠키뉴스=이다겸 기자]

하는 사람들을 ‘감정노동자’라고 하죠. 항공기 승무원, 콜센터 근로자, 홍보 도우미 등이 대표적이고, 서비스산업이 발전하면서 범위가 넓어지고 있는 추세입니다.

문제는 감정노동자의 범위에 대한 정의도, 이들을 보호할 수 있는 제대로 된 법안도 없다는 것입니다. 이와 관련해 지난해 12월 고용노동부와 여야 의원들이 감정노동보호와 관련된 법안을 놓고 토론을 벌였지만 눈에 보이는 성과를 내놓지 못했습니다. 어떤 사건이 발생하면 잠시 이슈화됐다가 금새 잠잠해지기를 반복하는 감정노동자 문제의 고리를 끊기 위해서라도 관련된 법안 마련이 시급해 보입니다. 더불어 ‘손님이 왕이다’라는 생각으로 감정노동자를 대하는 사회적 인식을 바꾸는 것도 중요합니다. 지난해 12월 방송된 MBC ‘무한도전-극한알바’에서는 방송인 정준하의 콜센터 텔레마케터 도전기가 전파를 탔습니다. 이날 방송에서 콜센터 직원들은 고객들의 무리한 요구와 폭언으로 인한 고충을 털어놨습니다. “‘수고하세요’ 한마디가 눈물이 난다.” 정준하의 소감 한마디는 많은 이들의 공감을 이끌어냈습니다. 감정노동자는 감정을 숨기는 겁니다. 없는 게 아니고요. 앞에서는 웃고 있지만 뒤돌아서 눈물을 흘립니다. 정상적 감정을 가진 사람이라면 이들을 배려하고 매너있는 소비자가 되는 것이 당연합니다.[228]

3. “재미 한번 보자” : 감정노동자 KTX 여승무원 첫 산재인정

지난해 주민의 폭언과 지속적인 괴롭힘을 견디지 못해 분신한 서울 압구정 신현대아파트 경비원 고 이만수 씨가 첫 산업재해를 인정받은데 이어, 승객의 성희롱 및 욕설에 시달려 우울증에 시달린 KTX 여승무원도 2일 근로복지공단으로부터 KTX 승무원 최초 산업재해로 인정받으며

---

228) http://news.kukinews.com/article/view.asp?arcid=0009300973&code=41121111&cp=du (2015.4.2.)

감정노동자의 피해가 조명되고 있다.[229)]

▲ KTX 여승무원의 우울증이 업무연관성과 연결돼 최초로 산업재해가 인정됐다.[230)]
자료: http://www.dailian.co.kr/news/view/497598

고객 성희롱, 폭언, 욕설, 근로복지공단, 감정노동자 KTX 여승무원 첫 산업재해 인정[231)] "남선경 씨 왜 그래요? 괜찮아요? 숨쉬어 봐요. 자 길게 들이 마시고, 내쉬고. 이번 객실 서비스는 제가 할테니 여기서 쉬고 있어요" 선경은 승무원칸 한쪽 벽에 기대앉았다. 평소 쉬던 숨인데 처음부터 배우기라도 해야하듯 자연스럽게 할 수 없었다. 갑작스런 선경의 상태에 다른 승무원도 어찌할 바를 몰랐다. 그저 안쓰러운 눈빛만 보낼 뿐이었다. 선경은 부산역에 도착할 때까지 승무원칸 간이의자에 기대어 말없이 창밖만 바라봤다. 그날 일이 있은 후, 선경은 월차를 내 병원을 찾았다. 내과를 찾았다. 스트레스성 질환이라고 말했다. 몸에 이상이 있는 것은 아닌지 산부인과도 들러보았다. 선경의 증상에 대한 뚜렷한 이유와 병명을 말해주지 않았다. 혹시나 하는 마음에 마지막으로 신경정신과를 방문했다.

"언제부터 이런 증상이 발생했습니까? 상황이 이 지경이 됐는데도 병원을 찾지 않으셨어요? 남선경 씨 지금 심각한 우울증 증상과 공황장애

229) 등록 : 2015-04-02 10:39, 스팟뉴스팀 (spotnews@dailian.co.kr)
230) 근로복지공단 화면 캡처
231) [기사의 극적 재구성] "재미 한번 보자"...감정노동자 KTX 여승무원 첫 산재 인정, 기사승인 [2015-04-02 17:31], 기사수정 [2015-04-02 17:53], 사진=픽사베이

를 겪고 있습니다" 우울증이야 사회인은 누구나 겪는 일이라 생각했다.

업무 스트레스로 간혹 답답함과 짜증이 나긴 했지만 주변 사람도 겪는 일이니 병이라 생각하지 못했다. 더군다나 공황장애라는 말은 TV에서나 가끔 들어봤지 선경이 그 상태일 것이란 생각은 상상도 못했다.

"남선경 씨, 앞으로 주기적으로 정신과를 찾아 상담받고 치료 진행하시죠. 이 상태로 계속 생활하시면 본인한테 정말 위험해질 수도 있습니다" 2006년 선경은 지상을 책임지는 승무원이 되었다. 비행기에서만이 아닌 지상의 고속철도 내에서 목적지까지 고객의 안전과 서비스를 책임지는 역할이었다. 직업에 자부심을 느끼며 사회생활을 시작했다. 그러나 연차가 쌓일수록 회의감과 정신적 고통은 깊어만 갔다.

"어이, 여기 서비스가 왜 이래? 거 물 한잔 가져와봐"

"어이, 아가씨. 반반하게 생겼네. 나랑 재미 한번 볼까?"

꼭 철도 한 량마다 이런 고객들이 있었다. 딱히 선경이 잘못을 하지 않아도, 그저 늘 하는대로 서비스를 제공해도, 어떤 식으로든 꼬투리를 잡거나 성희롱을 서슴치 않았다. 처음에는 얼굴이 빨개지고 어쩔 줄 몰라 했지만 시간이 지날수록 겉모습은 늘 웃고 있었다. 기계적인 웃음이라 해도 어떤 말과 행동을 들어도 선경은 지긋이 미소짓는 얼굴을 유지했다. 그러나 그럴수록 선경의 속은 썩어가고 있다는 것을 알아차리지 못했다.

"어이~ 여기. 이 의자가 불편해. 이것 좀 조절해줘봐. 나는 못하겠네?" 고객의 불편에 의자를 조절하려 몸을 고객 쪽으로 붙이면 그것을 즐기는 남자의 태도가 느껴졌다. 소름 끼치고 소리라도 지르고 싶었지만 그럴 수 없었다. 고객의 불만이 고객센터나 인터넷에 올라가기라도 하는 날에는 문제가 심각해졌다. 회사는 고객불만의 소리에 귀를 기울였지 승무원의 정당한 항의는 듣지 않았다. 서비스 지침은 승무원을 지키는 방법이라기보다는 고객만을 위한 행동 메뉴얼이었다. 길거리를 걷다 우연히 상점 안의 마네킹과 눈이 마주치면 쓸쓸한 웃음이 나왔다.

“너도 나랑 다를 바 없구나. 한결같은 미소와 바른 자세로 사람을 응대하는구나. 너의 속도 나처럼 텅텅 비어 있구나.”

동료 승무원들이 느끼는 것도 마찬가지였다. 일이 끝나 회포를 풀어도 매일 마주하는 감정의 황폐화는 피할 수 없었다. 온몸을 가시로 칭칭 두른 사람들이 어떻게든 선경에게 상처를 주려고 안달하는 모습으로 보였다. 본인들이 사회에서 받은 가시를 선경에게도 주려고 애쓰는 모습과도 같았다. 승무원과 고객이 아니라면 그저 어려운 세상을 살아가는 같은 사람일텐데, 비용을 지불하고 KTX를 탔기 때문에 승무원보다 우월한 지위에 있다고 생각했는지 막대하는 사람들이 많았다. 결국 불특정 다수로부터 받은 상처와 멸시, 성희롱으로 선경은 몇 달째 불면증에 시달렸고 일하는 도중 호흡곤란 상태가 됐다. 병원에서는 우울증과 공황장애 진단을 받았다. 사람은 누구나 존중받아야 한다. 고객이라서 혹은 승무원이기 때문이 아닌 동등한 사람이기 때문에 존중받아야 한다. 하지만 이 당연한 존중이 무시된 선경은 결국 병을 얻은 채 회사를 그만두었다.

고객의 잦은 성희롱과 폭언, 욕설에 우울증과 공황장애 진단을 받은 감정노동자가 산업재해를 인정받았다. 근로복지공단은 KTX 승무원으로 일했던 A(31,여) 씨의 우울증을 업무상 질병으로 인정했다고 밝혔다.

감정노동자로서 KTX 여승무원의 우울증이 업무와의 연관성이 입증된 것은 이번이 처음이다. 공단관계자는 “A 씨의 산재심사를 담당한 서울업무상질병판정위원회가 ‘승객에 의한 반복적 스트레스가 우울증을 유발한 것으로 판단’했다.” 코레일 자회사인 코레일 관광개발에 입사한 A 씨는 2006부터 2012년까지 서울·용산지사에서 근무하면서 고객으로부터 “재미 한번 보자”, “만나자” 등 성희롱과 폭언, 욕설에 시달렸다.

그는 2013년 말 병원에서 우울증과 공황장애 진단을 받고 이듬해 퇴사한 것으로 알려졌다.[232][233] 감정노동자 중에서도 승무원은 웃어야만

232) [기사의 극적 재구성] 실제 사건을 소설 형식으로 재구성 한 기사입니다. 따라서 기사에 등장하는 이름은 가명입니다. 재구성한 내용은 사실과 다를 수 있습니다. 이 점

하기 때문에 뒤에서 눈물을 훔치는 경우가 많은데, 치명적 외상 등이 없어 산업재해로 인정받기 어려웠던 것이 사실이다. 따라서 이번 A 씨의 산재인정은 KTX 승무원의 우울증이 업무와 연관됐다는 것을 인정받은 최초의 사례로 주목받으며 노동시장이 계속해서 세분화되는 현재 감정노동자에 대한 피해기준 강화 등의 논의가 불가피할 것으로 보인다.[234][235]

4. 돌아서서 우는 감정노동자의 정신질환 예방

자기의 감정을 억누르고 늘 웃어야 하는 사람들이 있다. '감정노동자'라고 불리우는 대인서비스 종사자들이다. 대표적인 감정노동자로는 항공기 객실 승무원, 홍보 도우미와 판촉사원, 쇼핑센터의 판매근로자, 음식 서비스 관련직 종사자들을 들 수 있다. 이들은 직장에서 겪는 감정적 부조화로 인해 식욕, 성욕 등이 떨어지고, 정신질환을 앓기도 한다.[236]

1) 감정노동자의 절반 "근무 중 우울감 느낀다"

감정노동자의 건강상태는 심각한 수준이다. 지난해 한국직업건강간호학회가 실시한 '감정노동종사자 실태조사'에 따르면 감정노동자들은 장시간 고객응대로 인해 허리·목 통증(54.7%)·두통(41.3%)·관절염(33.3%)·위장장애(27.5%)·불면증(23.7%)·하지정맥류(23.4%)·알레르기(22.1%)를 겪었던 것으로 나타났다. 근무 중 우울감을 느낀다는 응답자는 58.3%였다. 또한 응답자의 7.5%는 자살을 생각해봤고 0.5%는 실제

유념해 주시기 바랍니다. [아투톡톡] 아시아투데이 모바일 버전에서는 '기사의 극적 재구성'을 들으실 수 있습니다.
http://m.asiatoday.co.kr/kn/atootalk.html?ap=1#2015.04.02., 아시아투데이 조규희 기자, playingjo@asiatoday.co.kr, "젊은 파워, 모바일 넘버원 아시아투데이

233) http://www.asiatoday.co.kr/view.php?key=20150402001543208(2015.4.2.)

234) [데일리안 = 스팟뉴스팀]

235) http://www.dailian.co.kr/news/view/497598(2015.4.2.)

236) http://m.health.chosun.com, 입력 : 2015.03.25 13:00, ▲ 스트레스로 인해 지친 모습을 보이는 남성/사진=조선일보 DB

자살을 시도했다. 감정노동자가 겪을 수 있는 대표적인 정신질환 증상으로는 '미소우울증'이 있다. 겉으론 웃지만 마음속으로는 우울감을 겪는 정신질환의 일종이다. 이는 주로 업무나 대인관계에서 받는 스트레스와 억압으로 인해 나타난다. 겉으로는 웃고 있기 때문에 드러나지 않지, '억지웃음'으로 인해 심리적인 불안정 상태가 나타날 수 있다.

2) 가까운 사람과의 대화로 스트레스 해소해야

감정노동으로부터 오는 스트레스를 해소하는 방법으로는 먼저 자신의 감정을 그때그때 표현하는 것을 들 수 있다. 말하지 않고 감정을 쌓아두다 보면 나중에 주위 사람에게 짜증을 내고 화풀이하게 된다. 가족, 친구, 동료, 전문가 등 누구라도 자신이 편하다고 느끼는 사람에게 속마음을 드러내 이야기하는 것이 좋다. 주변인과 교감하는 가운데 에너지를 얻고, 그 에너지로 다시 직장에 나가 열심히 일하는 직장과 가정의 선순환을 이룰 수 있다.

자료: http://health.chosun.com/site/data/html_dir/2015/03/24/2015032402446.html

기분이 우울하고 머리가 복잡할 때는 잠시 업무에서 손을 놓고 가벼운 소설이나 잡지를 읽으며 기분을 전환하는 것도 도움된다. 이때 업무에 쏟은 집중력을 조금 분산시켜 뇌를 쉬게 할 수 있다. 단순노동으로 머리를 식히는 것도 좋다. 무리하게 일에 매달리기보다 회사에서는 명함정리, 책상정리, 자료 스크랩 등으로, 집에서는 청소나 설거지로 '뇌휴식'을 취하면 된다.

감정노동자를 대하는 인식의 개선도 필요하다. '손님은 왕'이라는 인식으로 인해 직원에게 따지거나 민원을 제기하는 것을 당연시하는 사람이 적지 않다. 그러나 이는 감정노동자 뿐만 아니라 서비스를 이용하는 사람에게도 좋지 않다. 이러한 행동이 습관화하면 매사를 부정적으로 보는 시각이 형성돼 정신건강에 악영향을 끼칠 수 있기 때문이다.[237][238]

5. 감정노동자에게 힘과 사랑을

지난달 부산시의회에서 콜센터 상담원들의 처우개선을 위한 토론회가 있었다. 부산시의 청년 일자리 창출사업의 일환으로 고용된 그들 대부분은 2030 청년들로서 하루 7~9시간 정도를 동일한 자세로 앉아 전화를 걸거나 받으며 고객을 응대하는 일을 하고 있다. 고객의 주문이나 불편사항을 접수하는 등 고객의 요구를 만족하게 해줘야 하는 입장인 그들은 고객을 항상 친절하게 대하고 미소를 잃지 않으며 밝은 모습을 보여야 한다. 하지만 긴 시간동안 타인의 일방적인 요구나 불만사항을 들으면서도 진심으로 웃으며 밝은 모습을 유지한다는 것은 쉽지 않은 일이다. 그들의 얼굴은 웃고 있지만, 마음은 우울한 상태에 빠져 있기 십상이다.[239]

---

237) 우준태 헬스조선 인턴기자

238) http://health.chosun.com/site/data/html_dir/2015/03/24/2015032402446.html(2015.4.2.)

239) [부일시론] 감정노동자에게 힘과 사랑을, 천성문 경성대 교육학과 교수, 2015-03-09 [20:15:19] | 수정시간: 2015-03-11 [10:48:51] | 26면

콜센터 상담원처럼 대인서비스 종사자로서 겉으로 드러나는 감정표현을 직무의 한 부분으로 여겨 자신의 감정을 억누르고 통제하는 직장인을 감정노동자라고 한다. 대표적인 감정노동자로는 항공기 객실 승무원, 홍보 도우미와 판촉사원, 쇼핑센터의 판매근로자, 음식 서비스관련직 종사자들을 들 수 있다. 이들은 대인서비스 제공과정에서 겪는 감정적 부조화로 인해 식욕, 성욕 등이 떨어지고, 감정적 소진에 이르기도 한다.

그뿐만 아니라 좌절, 분노, 적대감으로 스트레스가 쌓여 정신질환이 발병되기도 하며 심지어는 자살에 이르기도 한다.

얼굴없는 폭력에 상시 노출

감정노동자 30% 자살충동 경험

사회문제로 대두, 대책 마련 시급

인간적인 삶 보장하는 처우개선

성숙한 시민의식과 소비자 문화의식

더불어 사는 사회 만들어야

우리나라의 경우 감정노동자들의 30%가 자살충동경험이 있는 것으로 나타났으며, 이들의 자살사건도 심심찮게 보도되고 있다. 대표적인 사례가 지난해 10월 입주민의 폭언을 견디다 못해 아파트 경비원 이 씨가 분신자살한 사건이다. 근로복지공단에서는 이 사건을 업무수행과정에서 누적된 스트레스가 극단적 형태로 발현돼 발생한 사고로 보고 감정노동으로 인한 첫 산재로 인정하였다. 이것은 감정노동자의 문제를 이제 더는 개인적 문제로 치부할 수 없을만큼 이들의 직업적 스트레스가 심각한 수위에 도달했다는 것을 의미한다.

그렇다면 사회적 문제로까지 대두하고 있는 감정노동자의 직업적 스트레스 감소를 위해 어떤 도움을 줄 수 있을까? 먼저 감정노동자의 근로환경을 들여다보자. 컨택센터 종사자들의 50% 이상이 120만~140만원 수준의 월급을 받고 있으며 직업의 장래성을 보장받지 못하는 계약직 근로자이다. 그들은 왜 투철한 서비스 정신과 직업이라는 이유만으로 일상에서 겪으면 참을 수 없는 상황들을 참아내야만 하는 것일까? 그것은 불안정한 고용상황이지만 이들에게는 생계유지를 위한 유일한 수단일 수 있기 때문이다. 그러므로 사회구조적 측면에서 감정노동자들의 인간적인 삶을 보장해 줄 수 있는 기본적인 처우개선이 시급하다.

그리고 소비자 문화의식도 되돌아보아야 하겠다. 우리는 왜 내가 필요한 물건, 정보 등에 대해 충분한 도움을 받으면 되는 일에서조차 극진한 대우를 받고자 하는 것일까? 많은 서비스직 종사자들은 고객들의 권위적이고 위압적인 태도에 대해 자신들이 사람대접을 못받는다고 느끼며, 특히 콜센터 상담원들은 전화를 통해 '얼굴없는 폭언'을 행하는 고객들의 무자비함을 호소하고 있다. 그러므로 우리 사회 전반에서 상대가 누구든 서로 존중하고 배려하는 인권에 대한 사회적인 의식이 성숙되어야 할 것이며, 갑과 을의 관계가 아니라 동등한 인격체로서 서로에게 도움주는 협력관계로 인식이 전환되어야 하겠다. 그리고 이를 보장할 수 있는 법적 조치도 필요하다. 감정노동자 자신들의 스트레스 관리나 대처방법, 감정 부조화를 해소하는 등의 개인적 측면에서의 정신건강관리도 요구된다. 감정을 표현하는 빈도가 얼마나 잦은지, 감정을 표현할 때 얼마나 긴장하고 주의를 기울이는지, 표현해야 할 감정의 종류가 얼마나 다양한지, 얼마나 큰 감정의 부조화를 느끼는지 등 감정노동의 정도를 점검해 보고, 적절한 해소방안을 찾을 수 있도록 사회적 지원체제를 구축할 필요가 있다. 사람들은 자신의 사회적 자원을 통해 자신의 정체성을 유지하고 자존감을 높이며 심리적 어려움에 적절히 대처할 수 있게 되므로 사회적 지원체제에는 직장의 동료, 친구, 선후배 등과 같은 사회적 관계를 통해 얻게 되는 정서적 지원부터 물질적인 원조, 칭찬, 정보제공, 직무나 활동의 보조 등도 모두 포함되어야 할 것이다. 감정노동자, 그들은 누구일까? 우리가 좀더 넓은 안목으로 이 사회를 바라본다면 그들 또한 우리의 가족이자 친구들이다. 지금 동시대를 살아가는 우리에게 절실하게 필요한 것은 더불어 사는 사회에서의 성숙한 시민의식과 소비자

문화의식이라고 여겨진다.[240)]

6. 배려하면 행복: 감정노동자 "폭언이 힘들어요"

〈앵커 멘트〉

연중기획, "배려하면, 행복합니다."의 순서입니다. 우리 사회에서 무시와 폭언을 가장 많이 당하는 사람들은 서비스업에 종사하는 이른바 감정노동자들인데요. 경제부 김기화 기자가 이들과 사흘동안 함께 생활하며 우리 사회의 민낯을 체험해 봤습니다.[241)]

자료: http://news.kbs.co.kr/news/NewsView.do?SEARCH_NEWS_CODE=3014931&ref=D

〈리포트〉

하루 수만명이 찾는 대형마트, 직원들이 가장 힘들어하는 곳은 입구에 있는 고객만족센터입니다. 화난 표정으로 찾아온 한 손님은 점원을 세워

240) http://news20.busan.com/controller/newsController.jsp?newsId=20150310000021(2015.4.2.)

241) [배려하면 행복합니다] 감정노동자 "폭언이 힘들어요" 입력 2015.02.04 (21:32), 수정 2015.02.12 (22:22), 뉴스 9 2015.02.04

놓고 다짜고짜 야단부터 칩니다.

<녹취> "(머리가 그렇게 돌대가리냐고. 나이가 40대 초중반이면 알 거는 알고 살았을 거 아니야. 애 엄마가 그거 몰라?) 네 (법만 안 무서우면 걷어차버리려고 했어)." 병뚜껑에 손을 다쳤다며 점원을 위협하는 손님도 있었습니다.

<녹취> "이게 날카로우니까. 한번 긁어볼까? 쫙 나가지. 이런거 다 고쳐줘야지." 인격 모독적인 폭언 때문에 감정노동자들은 하루에도 여러 번 눈물을 흘립니다.

<녹취> "너가 일을 이따위로 하니까 발전이 안된다고. 너가 여기 서서 돈이나 찍고 있는거라고. 그러면 눈물이 쏟아질 수 밖에 없어요." 이마트의 고객만족센터를 찾는 손님은 하루에 천여 명, 하루 12시간씩 사흘을 직원들과 같이 근무하며 지켜봤더니 이렇게 반말이나 폭언을 하는 손님이 하루 두세 명은 꼭 있었습니다. 감정노동자들은 자신들도 인간이라며 참기 어려운 때가 한두 번이 아니라고 말합니다.

<녹취> "죄송하다는 말을 계속해야 하고, 그렇게 살다보니까 내가 뭘 그렇게 잘못하고 살았지 그런 생각도 들고, 조금만 여유를 가지고 오셨으면 좋겠어요. 마음의 여유."

감정노동자의 바람이 뭔지 알 수 있었던 소중한 사흘간의 체험이었습니다. KBS 뉴스 김기화입니다.[242)243)]

7. "감정노동자는 우리의 이웃": 감정노동 네트워크 출범

24개 단체 참여, 시민홍보・토론회・실태조사[244)] 지난해 라면상무, 백화점모녀, 땅콩회항까지 세상을 떠들썩하게 만든 이른바 '갑의 횡포' 사

242) 김기화 기자 kimkoon@kbs.co.kr

243) http://news.kbs.co.kr/news/NewsView.do?SEARCH_NEWS_CODE=3014931&ref=D (2015.4.2.)

244) 추민선 기자| cms@newsprime.co.kr | 2015.03.12 14:19:28, [프라임경제]

건들이 유난히 많았던 한 해였다. 그 사건들 이면엔 어김없이 감정노동자들의 고통과 애환이 숨겨져 있었다. 지난 2014년 감정노동자 소비자의식 실태조사에 따르면 일반 시민들의 67%가 과도한 친절에 대해서 불편하다고 답하고 있지만 기업들은 여전히 고객만족경영이라는 슬로건으로 고객들에게는 무조건 친절해야 하는 서비스지침을 감정노동자들에게 강요하고 있다. 이런 상황이 이어지면서 녹색소비자연대 등 소비자단체까지 나서서 감정노동의 문제를 함께 해결해 보자고 캠페인을 시작했고, 감정노동을 생각하는 소비문화를 조성해야 한다고 역설하고 있다. 또한 사회적으로 감정노동자는 우리의 가족이며 이웃으로 인식하고 존중해야 한다는 여론이 높아지고 있다. 그리고 실제 그들의 고충과 고통을 치유하고 보호해야한다는 목소리도 확대되고 있다.

이와 함께 지난 11일 국회 의원회관에서 '감정노동 네트워크' 출범식이 진행됐다. 감정노동의 문제가 이제 당사자들의 열악한 노동조건으로만 해석하기에 앞서, 인식속에서 사회적・법제도적으로 이 문제를 여러 부문의 단체들이 함께 해결해야 한다는 선언을 밝히는 자리로 마련됐다.

감정노동 네트워크는 △노동 △법률 △여성 △의료 △종교 △연구소 부문에서 24개 단체가 참여해 구성됐다. 감정노동 네트워크 출범식에는 감정노동자보호법안을 발의한 심상정 의원과 감정노동의 문제에 관심을 가지고 있는 이인영 의원, 김기식 의원 등이 참석했다. 또 출범식에는 참석하지 못했지만 한명숙, 장하나, 윤재옥 의원 등이 네트워크 활동에 후원을 약속했다. 감정노동 네트워크는 올해 활동계획으로 대 시민 홍보 캠페인, 해결방안마련 토론회, 감정노동 실태조사 등을 확정했다.

이를 추진하기 위해 △정책연구팀 △조직선전팀 △법률지원팀 △집행위원장으로 조직체계를 갖추고 활동을 시작할 것이라고 밝혔다.[245][246]

245) 추민선 기자, 프라임경제(http://www.newsprime.co.kr)

246) http://www.newsprime.co.kr/news/article.html?no=301672(2015.4.2.)

8. 배려하는 사회: 7백만 감정노동자의 "우리도 사람"

〈앵커 멘트〉

우리 사회에 배려문화 확산을 위한 연속기획 세번째 순섭니다. 오늘은 감정노동자들의 삶을 통해 우리 사회의 배려수준을 살펴봤습니다. 최준혁 기자입니다.[247)]

〈리포트〉

한 가전업체의 서비스센터입니다. 서비스에 불만을 품은 남성이 휴대전화를 바닥에 내동댕이치더니, 막말에 욕설까지 내뱉습니다.

자료: http://news.kbs.co.kr/news/NewsView.do?SEARCH_NEWS_CODE=2994053&ref=D

<녹취> "고쳐, 돈줄게, 이 XXX아. 야, 고쳐, 고치라고." 대형마트에서 일하는 김 씨도 수시로 악성 손님에 시달립니다. 폭언과 희롱은 기본이

247) [배려하는 사회] 7백만 감정노동자 "우리도 사람입니다", 입력2014.12.31 (21:54), 수정 2014.12.31 (23:21), 뉴스 9 2014.12.31., 공감 횟수|2, 댓글|5

고, 무릎 꿇고 사과할 것을 요구하는 손님까지 있습니다.

<인터뷰> 김00(마트 계산직 직원) : "저 사람들 보기에는 우리가 사람이 아닌가 그런 생각이 들 정도로, 어떻게 사람한테 사람이 저렇게 할 수 있을까." 올해로 16년째인 백화점의 숙련된 상담직원도 손님응대는 여전히 힘들고 두렵습니다.

<인터뷰> 조은주(00백화점 고객상담실장) : "내가 왜, 뭐가 모자라서, 저런 사람들한테 왜 저런 소리를 듣나(라는 생각도 듭니다.)" 하루 수십 통씩 악성전화에 시달리던 서울시 콜센터는 결국, 올 2월부터 성희롱시 바로 경찰에 고소하는 등 법적 대응에 나서기 시작했고, 그 뒤 악성전화가 크게 줄었습니다.

<녹취> "뭐하고 싶니, 이 XXX아. (폭언을 계속하실 경우 법적 조치로 인한 불이익을 받습니다.)" 국내 감정노동자는 약 7백만명, 이들 중 30% 정도가 우울증을 호소하고 있다는 연구도 있습니다.

<인터뷰> 김종진(한국노동사회연구소 연구위원) : "감정노동을 한지 2-3년 지나면 건강상의 문제가 옵니다. 대표적으로 대인기피증, 공황장애, 탈모, 우울증, 심각하면 자살까지 고려할 수 있거든요." 상대가 누구든 서로 존중하고 배려하는 문화가 정착되지 않으면 감정노동자들의 고통은 계속될 수밖에 없습니다. KBS 뉴스 최준혁입니다.[248][249]

9. 감정노동자의 눈물에 대한 노동부 '산재인정' 확대

〈앵커 멘트〉

친절을 강요받는 감정노동자 10명 가운데 3-4명은 우울증에 걸린다는 조사도 있는데요. 감정노동으로 인한 산재인정 기준이 내년부터 대폭 확대될 예정입니다. 정부의 법 개정 윤곽을 김영은 기자가 보도합니다.[250]

---

248) 최준혁 기자 chunn@kbs.co.kr

249) http://news.kbs.co.kr/news/NewsView.do?SEARCH_NEWS_CODE=2994053&ref=D (2015.4.2.)

〈리포트〉

대형마트에서 10년동안 계산원으로 일해온 김효선 씨, 고객의 잦은 폭언에 시달리다 병까지 생겼지만 산재신청은 엄두도 못냈습니다.

<인터뷰> 김효선(대형마트 직원) : "얼굴이 빨개지고 (가슴이) 벌렁거리면서 질환을 얻기도 했는데, 산재로 신청할 생각은 못했거든요."

자료: http://news.kbs.co.kr/news/NewsView.do?SEARCH_NEWS_CODE=3070118&ref=A

김 씨처럼 감정노동으로 인해 얻은 정신질병으로 산재를 신청하는 사례는 매년 100여건에 이릅니다. 하지만 현행 법령은 업무상 생긴 정신질병, 즉 산재로 '외상 후 스트레스 장애'만 규정하고 있습니다. 이 때문에 우울증, 적응장애, 불안장애를 겪어온 근로자 상당수가 그동안 산재판정을 받지 못했습니다. 고용노동부는 정신질환으로 산재를 신청했던 6백여건을 전수조사해 감정노동자들이 폭넓게 혜택을 받게 할 방침입니다.

<인터뷰> 김인아(한양대 직업환경의학교실 부교수) : "한국 사회에서

250) 입력 2015.05.06 (06:31), 수정 2015.05.06 (07:42), 뉴스광장 1부 2015.05.06

노동자들이 겪고 있는 정신질환의 문제가 산재보상영역으로 들어오게 되는 굉장히 획기적인 사건으로 볼 수 있어요." 고용노동부는 연구용역 결과를 토대로 산재로 인정하는 정신질병을 대폭 확대하는 쪽으로 시행령을 개정해 내년부터 적용하기로 했습니다.[251][252]

10. 노동계 '감정노동 산재인정'법 개정 추진

노동계가 감정노동의 산업재해 인정을 위한 관련법 개정에 나섰다. 노동계에 따르면 민주노총 서비스연맹·보건의료노조·사무금융노조가 감정노동의 산업재해 인정을 위한 관련법 개정을 추진하고 있다.[253] 이들 노조는 "감정노동을 수행하는 노동자들이 직무 스트레스로 인한 정신과적 증상을 호소하는 경우가 늘고 있지만 이에 대한 보호대책은 전무한 실정"이라며 "이들의 건강권을 보호하기 위해 감정노동을 산업재해로 인정하는 방안을 시급히 도입해야 한다"고 밝혔다. 이들은 심상정 통합진보당 의원을 비롯한 국회 환경노동위원회 소속 의원을 중심으로 관련법 개정안을 발의할 예정이다. 이들 노조가 조합원들을 대상으로 실태조사한 결과에 따르면 유통판매직의 경우 응답자의 91%, 보건의료노동자의 경우 84%, 금융보험업 콜센터는 95%가 "감정노동을 하고 있다"고 응답했다. 감정노동이 산업재해로 인정받기 위해서는 산업재해보상보험법·산업안전보건법·근로기준법을 개정해야 한다. 이들이 작성한 개정안 초안은 △ 산업재해보상보험법상 업무상 질병에 감정노동으로 인한 정신과적 증상과 질병을 명시하고 △ 산업안전보건법상 산업재해의 정의에 감정노동 항목을 추가하고 △ 근로기준법상 근로의 정의에

251) KBS 뉴스 김영은입니다.

252) http://news.kbs.co.kr/news/NewsView.do?SEARCH_NEWS_CODE=3070118&ref=A (2015.5.10.)

253) 산재법·산안법·근기법 개정안 이달 말 발의 추진, 윤자은 | bory@labortoday.co.kr, 승인 2012.08.01

감정노동을 포함하는 내용을 담고 있다. 이수정 공인노무사는 "서비스 산업이 전체 산업의 60% 이상을 차지하고 있는 상황에서 현재의 법은 변화된 상황을 반영하지 못하고 있다"며 "서비스노동자들의 주된 업무가 감정노동이고 감정노동으로 인한 피해가 심각한 상황에서 감정노동을 산업재해로 인정하는 내용을 법에 명시해야 한다"고 강조했다. 노동계는 감정노동의 산재인정을 이슈화하기 위한 집단 산재신청도 계획하고 있다. 이성종 서비스연맹 정책실장은 "개정안 발의 이후 감정노동으로 인한 피해사례를 모아 집단적으로 산재를 신청할 계획"이라며 "감정노동에 의한 피해를 판정기관에서 어떻게 바라보고 있는지를 확인하는 상징적인 의미가 있다"고 설명했다.[254][255]

11. 독일과 일본의 감정노동 피해를 산재로 인정

여론조사기관 C사에 취직한 카렌 K, 매일같이 그녀는 회사로 가서 컴퓨터에 앉아 알지 못하는 사람들에게 전화를 건다. 통화가 시작되면 카렌은 상냥하게 인사하고 의견을 묻는다.

"대화할 때는 상대방이 알 수 있도록 웃으세요. 컴퓨터에 정보를 기입할 때는 잘못되지 않도록 똑바른 자세를 유지해야 합니다." 5시간동안 항상 반복되는 일상이다. 전화를 하면 카렌은 가능한 친절하게 말해야 한다. 반복되는 동일한 질문이다. 사람들은 종종 귀찮다는듯 화를 내거나 말없이 전화를 끊어버린다. 1시간이 지나면 이미 웃는 것도 힘들다.

마지막에는 감정이 사라진다. 그러나 그녀가 그렇게 전화하지 않으면 시간당 6유로(약 8,500원)의 임금은 깎기고 만다.[256] 독일 언론 <노이에스도이칠란트>는 카렌의 이야기를 전하며 독일에서의 '감정노동'에 주

254) 매일노동뉴스

255) http://www.labortoday.co.kr/news/articleView.html?idxno=112840(2015.5.10.)

256) [감시 통제, 벼랑 끝 감정노동자](10) 독일, 일본 감정노동자의 현실, 정은희 기자 newscham@jinbo.net

목했다. 콜센터, 핫라인에서 일하는 많은 이들은 카렌과 같은 상황이다.

화난 소비자와 장시간 기다려 지친 사람들은 전화상담 노동자들에게 불쾌감을 퍼붓는다. 그러나 회사는 직원들이 모든 상황에 대해 자신의 감정을 통제할 수 있어야 한다고 말한다. 한국과 비슷한 상황이다. 감정노동에 대한 독일이나 일본에서의 제도적 대응은 국내에 비해 진전된 것으로 알려졌지만 차이가 크지는 않다. "손님이 왕"이라는 교훈은 독일이나 일본에서도 통용되기 때문이다. 다만, 독일에서는 비정규직 증가, 서비스업 확대, 경쟁강화 등 산업여건의 변화에 따라 감정노동을 포함해 심리적 질병에 대한 사회적 관심이 증가하고 있다. 감정노동에 대한 특별한 노동정책은 없지만 일반 노동자에 대해 노동보호와 산재요건에 '심리적 부담'을 강조, 포괄적인 대책을 마련 중이다.

▲ 독일통합서비스노조(Verdi)가 노동조건개선을 요구하며 격무에 시달리는 감정노동자의 일상을 퍼포먼스로 표현하고 있다. [출처: http://www.verdi.de/]

자료: http://www.newsmin.co.kr/detail.php?number=3109&thread=22r02

일본에서도 업무에 의한 심리적 부하를 직무상 스트레스에 따른 산재로 보고 있다. 하지만 우리의 경우 감정노동자에 대한 종합적인 대책은 물론 감정노동을 산재로 인정하는 부분적인 조치조차없는 상황이다. 감정노동으로 인한 직무 스트레스로 발생하는 정신과적 증상이나 질병을 산업재해로 인정해달라는 산업재해보상보험법(이하 산재법) 개정안이 국회에 입법발의되었다. 그러나 아직까지 국회에 계류 중이다.

1) "손님이 왕"이라고 명령하는 똑같은 기업들

독일에서 감정노동에 대한 사회적 관심이 증가한 것은 최근이다. 독일에서는 올해 초중반 '심리적 부담', '스트레스' 등이 노동자의 건강에 미치는 영향이 잇따라 발표됐고, 특히 지난 5월초 10년간 심리적인 문제로 인한 병가가 약 2배 증가한 것으로 밝혀지며 감정노동에 대한 사회적 관심의 단초가 됐다. 2001년에는 3,360만명이 심리적인 문제로 병가를 냈지만 2010년 이 수는 5,350만명으로 10년간 6.6%에서 약 13.1%로 2배 가까이 증가했다. 특히 의료서비스, 사회복지, 교육분야노동자, 여성과 비정규노동자가 보다 심한 심리적 고통을 호소하고 있다. 독일 노동정책 전문가 우타 크렐만 좌파당 연방 하원의원은 이같은 정부자료를 공개해 독일 사회를 흔들었지만, 정작 독일정부는 법적인 조치는 필요없다는 입장이다. 학문적인 연구도 사회적 여건도 갖춰지지 않았다고 보기 때문이다. 그러나 최근 전체 노동자의 심리적 질병이 사회적 문제로 떠오르자 정부도 움직이기 시작했다.

2) 독일의 노동자 건강에 심리적 건재 포함

독일에서 심리적 부담에 대한 정부대책은 유럽이 WHO지침을 토대로 1989년 6월 12일 "노동자 건강보호와 안전개선을 위한 조치수행" 지침을 도입한 것을 모델로 한다.

1946년 WHO의 정의에 따르면 건강은 육체적, 정신적, 사회적 건재를 포괄하며 질병으로부터의 자유만을 의미하지는 않는다. 이러한 유럽 지침을 독일에서는 1996년 8월 노동보호법을 개정하며 국내법에 적용한다. 여기에서는 '심리적 부담'이라는 개념은 등장하지 않지만 전체 맥락과 핵심 개념은 심리적 부담을 포괄하는 것으로 해석되고 있다. 이 법은 노동자 건강보호를 위해 기술, 노동조직, 노동조건, 사회적 관계, 일자리 환경에 대한 조치를 계획해야 한다고 서술한다. 특히 1997년 독일연방법원 판결은 노동보호에 대해 건강 개념은 노동자의 심리적인 건재를 포함한다며 심리적 부담에 대한 보호의무를 명확히 한 바 있다. 독일 정부는 심리적 부담이란 "인간의 외부로부터 오며 그에게 심리적으로 효과를 미치는 것으로 파악될 수 있는 영향들의 전체"라고 규정한다. 시간압력, 노동강도, 고객과의 어려움과 함께 감정노동도 여기에 속한다.

3) 독일연방의회의 위험평가항목에 '심리적 부담' 도입

최근 사회적 관심속에서 독일연방 의회는 '연방 산업재해기금법 개정안'을 동과시키고 위험평가 항목에 심리적 부담에 대한 사항을 수렴해야한다고 규정했다. 이는 연방, 주와 법적인 재해보험의 공동목표로 규정됐다. 위험평가는 산업재해요건을 규정해 이후 재해보험 수급에 중요한 기준이다. 독일 정부가 이같이 심리적인 질병을 산재의 주요 항목으로 부각시킨 이유는 국가경제에 미치는 영향이 크다고 봤기 때문이다.

독일통계청에 따르면 업무성과를 저해하며, 병가의 13%를 야기하고 조기퇴직의 가장 빈번한 이유로 작용할 뿐 아니라 국가경제적인 측면에서 연간 290억유로가 심리적인 질병 때문에 소모된다. 이 때문에 독일 재계도 나서 노동자단체와 함께 노동자의 심리적 안전을 위한 조치에 대처하기로 했다. 한국의 고용노동부에 해당하는 독일 연방노동사회성(BMAS)과 독일고용주연맹(BDA) 그리고 독일노총(DGB)은 공동으로 "노동세계에서의 심리적 건강을 위한 공동선언"을 발표했다. 이들은 업무로 인한 심리적 질병은 방지돼야 한다며, 노동과 건강보호, 심리적 질병을 유발하는 위험평가 개선과 이용, 경영상의 건강보호에 합의했다.

그러나 실제적인 대책은 마련되지 않고 있다. 경영계가 보다 적극적인 조치에는 뒷걸음을 치기 때문이다. 한국경총에 해당하는 독일고용주연맹은 심리적 질병을 우선적으로 업무에 소급시키는 것은 잘못됐다는 입장이다. 노동권 보호가 이미 충분하며 노동은 오히려 심리적 건강에 긍정적인 효과를 가진다고 본다. 직장인이 실업자보다 심리적 질병을 덜 앓고 있기 때문이라고 보기 때문이다.

4) 감정노동의 해결 위해서 비정규직 제한과 사업주 제재 필요

독일노총은 오히려 '반스트레스조치' 등 사용자에 대한 제재가 필요하다는 입장이다. 독일노총(DGB)은 스트레스로부터 노동자를 보호하지 않는 사용자에 대해 제재조치를 부과해야 한다며 일자리에서의 스트레스를 줄일 수 있는 '반스트레스조치', 직원협의회와 직원에 대한 결정권 증대, 노동권과 노동법을 준수하지 않는 사용자에 대한 제재 확대를 요구하고 있다. 그러나 심리적인 부담, 감정노동의 문제를 궁극적으로 해결하기 위해서는 노동자들의 기본권부터 지켜져야 한다는 지적이다. 우타 크렐만 좌파당 의원은 기본적으로 비정규노동과 불안정노동에 대한 제한, 노동조건개선과 반스트레스조치가 필요하다고 제기한다. 이외에도 독일학계에서는 최근 감정노동이 질병을 야기한다고 드러내며 추후 정책대안의 실마리를 낳고 있다.

<노이에스도이칠란트>에 따르면 독일학계에서는 지속적으로 좋은 기분이나 친근감 또는 스스로 가지는 기분과 다른 감정을 기만해야 하는 경우 많은 이들이 병에 들 수 있다고 밝혔다.

연구를 수행한 프리데만 네르딩어 로스톡 대학 교수는 감정적인 불협화음이 감정적 탈진과 녹초를 초래할 수 있다고 전한다. 이에 대해 일부는 감정노동이 노동자에게 미치는 영향 때문에 노동자들에 대한 감정조절 교육이 갈수록 중요해진다고 주장하지만, 아우그스부르크 대학의 다니엘라 라스테터 교수는 고유 감정에 교육된 방법으로 영향을 미치는 것은 위험하다고 경고한다. 라스테터 교수는 "내가 나의 마음세계에 외

부의 규정을 지속적으로 개입시켜야 한다면, 난 언젠가는 무엇이 나의 실제 감정이고 조작된 감정인지 구분할 수 없을 것이다"라고 지적한다.

전혀 친절하지 않더라도 고유 감정을 유지하는 것이 건강상에 좋지만 기업의 요구와 충돌한다. 연구는 또 주체적인 노동자가 다양한 격무에서 보다 잘 처리할 수 있다고 제시했다. 그러나 콜센터나 여론조사기관, 상담회사에서 이런 경우는 드물다.

5) 일본의 "노동자의 정신건강 유지관리"

일본 <레이버넷>에 따르면 감정노동은 일본에서도 사회적 문제가 되고 있다. 그러나 현재까지 일본에서도 감정노동에 한정된 별도의 공적 지원이나 제도가 부족한 상황이다. 일본에서 감정노동은 정신적 스트레스에 의한 산재인정 기준에 따라 '업무에 의한 심리적 부하'로 규정한다.

또 일본에서는 '동일노동 동일임금'에 대한 직무분석의 맥락에서 감정노동을 노동의 내용으로 인정한다. 일본 사회에서 최근 감정노동의 문제가 증가한 사실은 통계로 잘 알 수 있다. 일본 후생노동성 자료에 따르면, 2012년 정신질환을 문제로 신청한 산업재해는 1,257명에 달했다.

이 중 사회복지 및 간호사업 111명, 의료업 87명, 경비업 및 건물청소업 등은 74명으로 간병인 및 간호노동을 하는 이들이 다수를 차지했다. 다른 업종에 대비해 이 분야의 노동자수 비율을 고려해야 하지만 산재인정 건수가 늘어난 것은 사실이다. 일본에서는 예를 들어, 한 노동자가 정신장애를 입고 자살할 경우 직무내용과 질병 사이의 인과관계를 입증할 수 있을 때 산재로 인정된다. 일본에서는 노동자의 정신건강의 유지 및 관리를 위해서도 주목하고 있는데 노동안전위생법에 따라 사업자는 사업장에서 노동자의 마음건강 유지를 위한 적절하고 효과적인 조치를 실시하도록 '노동자의 마음건강 유지증진을 위한 지침서'를 정하고 있다. 이 기준에 따라 발병의 원인이 된 작업을 했다고 인정되면 산재로 인정된다. 또한 이 때문에 노동자가 자살이나 자해 등을 일으키면 사용자에 대해 사용자 책임과 안전배려 의무 등 직장환경을 배려해야 하는 의무를 위반한 책임 등을 물을 수 있다. 그러나 현실적으로 감정노동만을 문제로 산업재해가 인정되는 경우는 거의 없다. 현재 산재인정 기준에서는 감정노동과 같이 장기간 지속되는 저강도의 정신적 스트레스와 발병과의 인과관계를 증명하는 것은 매우 어렵기 때문이다.

6) 일본 재계의 감정교육강화와 노동계의 사업주는 피해방지책

현재 일본 사회에서는 다양한 방면에서 이러한 감정노동문제에 대한 대응책을 제시하고 있다. 예를 들어 기업의 건강관리를 담당하는 이들은 채용시 감정노동에 대한 적응성을 고려해 감정노동에 견딜 수 있는 '강한 마음'을 기르는 훈련을 실시할 수 있도록 기회를 제공하자고 제안한다. 그러나 노동계는 이는 감정노동에 의한 피해를 노동자에 전가하는 조치라며 비판한다. 일본 노동운동은 먼저 감정노동에 의한 피해방지를 최우선으로 취해 사업주가 직장에서 스트레스를 파악하고 예방해야 한다고 반박한다. 아직은 미약하긴 하지만 예를 들어, 일본 노동과학연구소 만성피로연구센터는 노동과 피로를 연계해 관리하는 시스템이 감정노동을 예방하는 데 도움이 된다고 평가하고 있다.[257][258]

---

257) 정은희 기자 newscham@jinbo.net, 뉴스민 (http://www.newsmin.co.kr), 보도자료 newsmin@newsmin.co.kr

258) http://www.newsmin.co.kr/detail.php?number=3109&thread=22r02(2015.5.10.)

제8장 감정노동자의 치유방법과 사례

1. 애경의 여성감정노동자 '헬스앤 요거밀' 증정 행사

생활용품기업 애경의 프리미엄 식품브랜드 '헬스앤'에서 14일 화이트데이를 맞아 여성감정노동자에게 '헬스앤 그래놀라 요거밀 쁘띠'를 증정하는 행사를 실시한다고 3일 밝혔다.[259)]

평소 고마움을 느꼈던 감정노동에 종사하는 여성근로자와 단체에 대한 사연을 올리면 추첨을 통해 신청자와 해당자 모두에게 영양간식을 선물로 보내주는 이벤트다. AK LOVER 홈페이지(www.aklover.co.kr)에서 참여할 수 있고, 14일까지 진행한다. 총 314명의 여성감정노동자와 당첨자에게는 새롭게 출시된 헬스앤 그래놀라 요거밀 쁘띠 각 1세트(10포)를 무료로 보내준다. 당첨자 중 특별한 사연을 올려준 100명에게는 헬스앤 그래놀라 요거밀 1세트(10포)를 더 증정한다. 당첨자는 16일 AK LOVER 홈페이지에 발표하며, 제품은 발표 당일 해당 여성감정노동자, 소속단체 및 당첨자에게 일괄 배송될 예정이다. 애경의 프리미엄 식품브랜드 '헬스앤 그래놀라 요거밀 쁘띠'는 분말타입의 요거트로 물만 부으면 바로 먹을 수 있는 간식이다. 호두, 아몬드, 해바라기씨, 건포도 등 10여가지의 견과류와 건과일을 함께 첨가했고, 1회 제공량이 120kcal로 열량이 낮아 건강과 체중관리를 생각하는 여성의 영양간식으로 제격이라고 회사측은 설명했다.[260)][261)]

---

259) 입력시간 | 2015.03.03 14:22 | 염지현 기자 labri@, [이데일리 염지현 기자]

260) 종합 경제정보 미디어 이데일리

261) http://www.edaily.co.kr/news/NewsRead.edy?SCD=JC21&newsid=02742086609299712&DCD=A00302&OutLnkChk=Y(2015.4.2.)

2. 감정노동의 해결: 네가 필요해

510일 이랜드 장기파업투쟁을 담은 다큐멘터리 영화 <외박>은 김미례 감독의 피땀이 오롯이 밴 역작이다. 마지막 편집과정에서 감독의 요청으로 지난 투쟁의 중요한 사안을 들여다 볼 기회를 가졌다. 당시 김미례 감독의 방에 쌓인 수많은 모노테이프를 보면서 질렸다. <외박>에 짧게 담긴 민주노총 대의원대회 관련 영상만 4시간여가 넘었다. 길어질 줄 미처 예상못한 채로 결합했던 김미례 감독은 510일 파업투쟁 내내 기록자로 함께 했다. 그 기간동안 감당해야 할 고충이 오죽했으랴. 지금은 <외박>이 이랜드 투쟁을 당사자 관점에서 들여다 본 가장 중요한 역사적 사료로 남아 있다. 기록으로 투쟁에 연대하는 것이 참 소중하다는 걸 그때 느꼈다.

투쟁 주체들조차 긴박하고 지리한 투쟁의 일상속에서 제대로 기록하지 못한 채 넘어가는 경우가 허다하다. 여러모로 다큐멘터리는 언론방송이 외면하기 일쑤인 노동자투쟁을 가감없이 담는 가장 효과적이고 깊이 있는 매체다.262)

▲ 이남신 한국비정규노동센터 소장
자료: http://www.labortoday.co.kr/news/articleView.html?idxno=131165

262) 이남신 한국비정규노동센터 소장, 이남신 | labortoday, 승인 2015.04.02

지난 월요일 오전 광화문 인디스페이스에서 지엠대우 비정규직 노동자들의 장기투쟁을 담은 반가운 다큐멘터리를 관람했다. <니가 필요해>이다. <니가 필요해>는 완성차 사업장인 지엠대우 비정규직 노동자들의 기나긴 투쟁 대장정을 카메라로 끈질기게 따라 붙으며 만든 작품이다.

워낙 비정규 노동자들의 일상과 감정동선을 세밀하게 잘 포착해 83분의 러닝타임이 후딱 지나갔다. 영화는 별다른 극적인 장치없이 고지식할 정도로 담담하게 사내하청 노동자들의 일상과 생각을 애정어린 눈길로 뒤따라 갈 뿐이다. 간혹 감독 자신의 판단과 생각을 자연스럽게 녹여 내레이션으로 반영해 이 영화를 편집한 감독이 바라보는 관점이 어떤 것인지 짐작하기도 했다. 김수목 감독의 끈기와 성실함, 의리가 참 대단하다고 느꼈다. 2007년 8월 만들어져 2014년까지 길고 힘겨운 싸움을 이어온 비정규직 노동조합 투쟁을 다큐멘터리에 담는건 사실 무모한 도전에 가깝다. 투쟁의 고비고비마다 우여곡절을 겪으며 다시 힘을 내기가 쉽지 않았을 것이다. 사람 사이의 여러 갈등과 배신속에서도 투쟁주체가 아닌 영상기록자가 현장에 끝까지 남는 그 과정이 참 인상적이고 아름답다. 인간의 도리, 투쟁하는 노동자들에 대한 제대로 된 예의가 그런 것일 게다. 노동자 연대와 단결의 의미가 가 닿아야 할 어떤 경지다. 기록은 또 다른 투쟁의 현장이다. 아는 노동조합 간부들과 조합원들의 얼굴이 나올 때마다 조금 기분이 묘해졌다. 여러 번 연대하러 간 비정규직 사업장이라 더욱 남의 일이 아니었기에 마치 시험을 치르는 기분이었다.

노사합의가 나오기전 상급단체를 주축으로 한 지역공동대책위원회와 투쟁주체 사이에 만만찮은 갈등이 빚어질 때 긴장이 최고조로 올랐다. 재미있었다. 이랜드 투쟁과정에서 비슷한 경험을 했는데 참 판박이로 닮았구나하고 절감했다. 정규직과 비정규직의 연대와 갈등은 어느 사업장에서든 쌍생아처럼 반복되고 깊은 상처로 아로새겨진다. 언제 우리는 극복할 수 있을까. 공동체 상영을 한다고 하니 각별한 관심이 필요하다.

비정규 노동자들의 속내를 이렇게 폭넓게 속깊게 짚어낸 다큐멘터리가 흔치 않기에 나부터 "많이 봐야 하는데"하는 조바심이 생긴다. 비정규직 투쟁의 승패에 대한 판단과 평가는 일단 밀쳐 두자.

개개인이 감당한 고통과 우여곡절 끝에 이겨낸 과정을 지켜보는 것만으로도 많은 감흥과 생각이 교차하기 때문이다. 일상을 따라가다 보면 어떤 판단이 무의해지는 순간이 있다. 고통스럽지만 투쟁을 이어가며 끝내 어떤 결말로 자신의 정당함을, 인간의 자존을 확인하는 노동자들의 얼굴표정이 말하는 것보다 더 정확한 평가는 없다. 각설하고 지엠대우 비정규 노동자들과 교감하며 자신의 일상을 한번 되돌아보는 것은 또 하나의 온전한 연대체험이다.

<니가 필요해>는 <외박>만큼이나 잘 지은 이름이다. 우리 모두에게 필요한 손길은 바로 곁의 누군가이므로 생각과 취미가 다르고 때론 투쟁에 대한 판단이 달라도 사람 사이에 손 내밀어 함께 할 이유는 차고 넘친다. 자본이 주도하는 돈 중심 사회에서 가뭇하게 사라진 사람의 자취, 비정규직이라는 이름으로 차별받고 고통받는 우리 시대의 수많은 '장그래'들에게 필요한 누군가가 되고픈 이들에게 <니가 필요해>가 있다.

정말 많은 이들이 일부러 찾아가 보기를 소망한다. 먼저 노동자들이 비정규직 문제에 관심을 가진 많은 이들이 앞다퉈 김수목 감독과 지엠대우 사내하청 노동자들의 손을 잡아야 할 시간이다. 당신의 관심이 필요한 <니가 필요해>를 '강추'한다. 생동하는 봄 꼭 시간내시라.[263][264]

3. '고객갑질'에 시달린 감정노동자: 의무 휴식시간 부여

〈앵커〉

최근 백화점과 마트에서 직원들에게 폭언과 폭행을 한 이른 바 '고객갑질'이 논란이 됐죠.

---

263) 한국비정규노동센터 소장(namsin1964@daum.net)

264) http://www.labortoday.co.kr/news/articleView.html?idxno=131165(2015.4.2.)

직원들은 '을'이라 그저 당할 수밖에 없었다는데요. 정부가 이런 감정노동자들을 보호하기 위한 법 개정에 나섰습니다. 권세욱 기자의 단독보도입니다.265)

자료: http://news.kbs.co.kr/news/NewsView.do?SEARCH_NEWS_CODE=2994053&ref=D

〈기자〉

고속도로 톨게이트 수납원인 한은미 씨는 고객이 오면 회시기 정한 21가지 항목에 따라 행동합니다. 메뉴얼에 따라 고객을 대하는 것 뿐인데 한번 만나자는 말이나 명함이 돌아오기도 합니다.

[한은미 / 톨게이트 수납원 : 입꼬리가 귀에 걸리도록 웃어줘야 됩니다. 그렇게 한마디하시고 지나가시면 그 다음 차량부터는 사실 마음이 진정이 안되는 편이죠. 70% 이상이 스트레스성 탈모라든지, 병을 갖고 있습니다.] 콜센터 상담원인 김 씨는 때때로 이유없는 폭언에 시달리는 경우가 적지 않습니다.

[김 씨 / 콜센터 상담원 : 부모님 욕을 한다거나 가족들 욕을 한다거나

265) 매일노동뉴스, [단독] '고객 갑질' 시달린 감정노동자, 의무 휴식시간 생긴다.

굉장히 비하발언이 심할 때는 휴식시간이 정말 필요하다고 생각해요.] 이렇듯 자신의 감정을 숨기고 업무가 요구하는 감정과 표현으로 고객을 대하는 직업을 가진 사람들을 감정노동자라고 합니다.

항공기 객실 승무원과 홍보 도우미 등이 대표적입니다. 전체 근로자의 30% 이상이 감정노동자로서 숫자로는 740만명이 넘을 것으로 추산됩니다. 최근 이들에 대한 법적·사회적 보호가 시급하다는 지적이 잇따르자 정부가 법 개정을 추진하기로 했습니다. 핵심 내용은 폭언이나 폭행 등으로 스트레스를 받았을 경우, 일정 시간을 의무적으로 쉬도록 하는 것입니다. 정치권 일각에서는 정부안보다 더욱 강한 보호장치가 필요하다는 지적도 나옵니다.

[이인영 / 새정치민주연합 의원 : 위험한 상황에 놓여도 실제로 사고가 발생하지 않으면 징계나 해고 등의 불이익을 받기 때문에 감정노동자가 업무중지권을 행사하지 못합니다. 근로자의 대표나 노조의 대표에게 업무중지권을 함께 사용할 수 있도록 해서 사고를 예방할 필요가 있습니다.]

정부가 준비하는 방안대로든 정치권의 입장이 반영된 보다 강화된 내용이든 법 개정이 이뤄질 경우 경영계의 부담은 커지게 될 것으로 보입니다. 일단 휴게시간 보장은 근무시간을 줄이는 효과를 가져와 결과적으로 대체인력 확보를 위한 인건비 부담을 가져올 것이란 게 경영계의 판단입니다. 고용노동부가 감정노동자를 보호하기 위한 법 개정에 들어갔지만 경영계는 사업주의 의무를 법제화하는데 강하게 반대하고 있어 진통이 예상됩니다.[266][267]

---

266) SBS CNBC 권세욱입니다. 최종편집 : 2015-02-04 21:00, SBS CNBC

267) http://news.kbs.co.kr/news/NewsView.do?SEARCH_NEWS_CODE=2994053&ref=D (2015.4.2.)

4. 감정노동자는 우리의 가족 · 친구

승무원 · 식당종업원 등 전체 근로자 40% 달해, 기업들도 심각성 깨닫고 대책을 마련하는 점은 다행이다.[268) '지금 마주하고 있는 직원은 고객 여러분의 가족 중 한 사람일 수 있습니다.'

서울 구로동의 D백화점 고객상담실 입구에 붙어있는 문구다. 고객상담실에서는 종종 악성민원이 발생한다. 서비스에 불만을 가진 고객이 여과없이 뱉어내는 욕설, 고성, 이런 상황과 마주해도 직원들은 자신의 감정을 숨기고 고객에게 미소로 응대해야 한다. 우리는 이들을 '감정노동자'라고 부른다. '감정노동'이라는 용어는 1983년 미국의 사회학자 앨리 러셀 혹실드가 출간한 '통제된 마음(The managed heart)'이라는 책에서 처음 사용됐다. 감정노동은 말투나 표정, 몸짓 등 드러나는 감정표현을 직무의 한 부분으로 연기하기 위해 자신의 감정을 억누르고 통제하는 일을 수반하는 노동이다. 산업이 고도화되고 서비스업 종사자가 늘어나면서 등장한 노동형태로서 2012년 한국직업능력개발원의 설문조사에 따르면 항공기 승무원을 비롯해 홍보도우미, 휴대폰 판매원, 장례지도사, 아나운서, 식당 웨이터, 전화상담원 등이 감정노동의 강도가 심한 것으로 조사됐다. 우리나라에서 감정노동의 업무에 종사하고 있는 근로자는 560만명에서 740만명으로 추정되고 있다. 전체 임금근로자의 30~40% 수순이다. 문제는 그 숫자가 꾸준히 증가하고 있고, 앞으로도 감정노동 문제가 더 늘어날 것으로 예상된다는 점이다.

상당수의 감정노동자들은 손님에게 정신적 충격을 받은 뒤 관리자에게 질책을 받거나 고객만족도 점수를 낮게 받는 등 이중의 고통을 겪고 있다. 회사에서 받은 스트레스를 가족들에게 푸는 등 상처입은 감정이 주변으로 퍼지는 양상을 보이기도 한다. 우리 사회도 감정노동에 대해

---

268) [특별기고] 감정 노동자, 우리의 가족 · 친구입니다. 파이낸셜뉴스, 입력 : 2015.01.27 16:45 | 수정 : 2015.04.02 19:36, 2015년 01일자 25면

점점 더 관심을 갖고 있다. 언어폭력과 인격모독에 시달리던 아파트 경비원이 극단적인 선택을 하는 등 감정노동 근로자들의 안타까운 사연들이 알려지면서 정부는 감정노동 문제를 근로자의 건강을 위협하는 위험요소로 인식하고 다양한 대책을 마련하고 있다. 가장 중점을 두고 있는 부분은 '인식의 변화'다. 이를 위해 기업 차원에서는 고객응대보호방안을 자체적으로 마련하도록 독려하고 있고, 자문단을 구성해 콜센터와 백화점 등 감정노동 고위험업종을 대상으로 컨설팅과 교육을 지원하고 있다. 소비자, 시민·사회단체, 관련학회 등과 힘을 모아 전국 주요 도시에서 착한 소비문화 캠페인을 펼치며 감정노동에 대한 인식을 바꾸기 위해 노력 중이다. 아울러 사업주가 감정노동 근로자의 건강장해를 예방할 수 있도록 법적 근거를 마련할 계획이다. 다행히 많은 기업에서 감정노동의 문제해결에 적극 나서고 있다. 가령, 앞서 예를 든 D백화점은 감정노동자보호 안내문을 구로경찰서와 함께 만들어 고객이 폭언이나 욕설 등 근로자를 위협하는 행동을 할 경우 처벌받을 수 있다는 점을 알리고 있다. 구로보건소와 손을 잡고 스트레스 해소와 정신건강 상태를 자동으로 체크할 수 있는 무인검진기도 설치했다. N백화점 순천점은 고객불만 접수과정에서 단계별로 적절히 대처할 수 있는 매뉴얼을 만들었다.

매년 한 차례씩 근로자들의 우울증 테스트와 직무 스트레스 진단도 하고 있다. 고객상담실의 조명을 낮추거나 아로마 방향제를 설치해 고객들이 마음의 안정을 취할 수 있게 한 기업도 있고 개별상담이 가능하도록 별도의 내실을 마련해 놓은 곳도 있다. 감정노동문제는 정부와 기업의 노력도 중요하지만 소비자의 인식변화가 무엇보다 중요하다. 소비자로서 당당하게 권리를 주장할 수 있지만, 도를 넘은 말과 행동이 감정노동 종사자들의 마음에 깊은 상처를 남길 수 있다는 것을 잊지 말아야 할 것이다. 오늘도 일터에서 자신의 감정을 숨기고 눈물을 삼키며 미소를 짓고 있는 그들이 바로 사랑하는 나의 가족이, 친구가 될 수 있기 때문이다.[269][270]

5. 단순노동과 감정노동의 차이

단순노동과 감정노동의 의미는 완전히 다릅니다. 억울게시판에 하이에나님이 감정노동의 발생 이유는 노동공급 과잉이라 하셨는데, 이글에는 시급이 낮다는 것 이외에는 전면 사실이 아님을 밝힙니다.[271)]

단순노동: 특별한 훈련을 거치지 않은 상태의 평균적인 노동능력

감정노동: 실제 자신이 느끼는 감정과는 무관하게 직무를 행해야 하는 감정적 노동을 감정노동이라 하며, 이러한 직종 종사자를 감정노동 종사자라 한다. 감정노동의 발생이유는 노동공급 과잉이라는 글의 내용 중 일부입니다. 감정노동은 승무원, 은행원, 백화점 직원 등 고객을 직접 상대하는 것이면 감정노동입니다. 또한, 택배기사는 운송직이기에 감정노동에 해당되지 않는 것으로 알고 있습니다. 관리자들의 주된 업무는 신규인원을 충원하는 것이라 했는데, 실질적으로 관리자가 하는 일은 인원충원이 맞습니다만, 주된 업무는 아닙니다. 바로 상황정리입니다. 학교에서로 따지면 선도부 역할이라 하시면 됩니다. 단순노동이라면 인원충원에 신경쓰죠. 그런데 감정노동의 경우는 진상고객을 만나면 일상처럼 쉽게 상대하기가 어렵기 때문에, 관리자가 이를 관리해줘야 하며, 관리자가 직접 상황정리를 하고 고객응대를 마쳐야합니다. 저야 뭐 진상고객이 하도 만나서 왠만한 진상고객의 유형은 다 알지만, 진상고객 만나면 대충 말하고 보냅니다. 어느 회사가 기존 직원들의 사직이 두렵지 않다고 말합니까? 일을 잘하는 사람이 있어도 과연 두려워하지 않을까요?

우리쪽에 인원이 안들어오면 과연 사직을 두려워하지 않을까요? 그리고 나간다는 사람을 누가 말리겠습니까? 인원이 적은 회사면 극구 말리겠지만, 많은 회사라면 말리지 않고, 사정 묻고 확고한 의지가 있으면 인정합니다.

---

269) 안경덕 고용부 산재예방보상정책국장, 파이낸셜뉴스

270) http://www.fnnews.com/news/201501271644555370(2015.4.2.)

271) Say혼 (fegf****), 주소복사 조회 12614.06.06 07:24신고

한마디로 요약을 하겠습니다. 내용을 잘 보시면 손님과의 분쟁이 발생할 경우 직원편을 든다고 적혀 있습니다. 이말이 감정노동의 사실이라고 보십니까? 백화점, 마트, 항공기, 철도 등 고객을 직접 상대하는 곳에서 사고쳐 보세요. 관리자들이나 회사에서나 고객들 말을 더 우선적으로 듣지, 직원을 우선적으로 듣는 곳 없습니다. 컴플레인 걸려도 다 고객편입니다. 직원이 아무리 해명해도 직원이 패배하게 되어 있습니다.[272]

6. 114 콜센터 직원의 감정노동 극복기

'감정노동자'로 알려진 콜센터 상담사들이 업무상 어려움을 극복하고 성공을 일궈낸 경험을 담은 책을 발간했다. KT의 고객센터와 114 번호안내 등을 운영하는 KTcs는 42명의 상담사가 자신의 성공비법을 공개한 책 '기회는 포기하고 싶을 때 찾아온다'를 출간했다고 25일 밝혔다.[273]

이 책에서 충북 올레고객센터의 지현주 상담사는 35세 때 콜센터에 입사해 만년 꼴찌 실적을 내다가 최우수 상담사로 성장한 경험을 소개했다. 지 상담사는 업무성적도 안좋은데 육아문제로 극심한 스트레스를 받을 때 회사를 그만두려했으나 아들이 "나도 학교 잘 다니니 엄마도 회사 그만두지 말아요"라고 한 말에 힘을 얻었다고 밝혔다. 이처럼 수기집은 육아와 감정노동으로 어려움을 겪는 여성 상담사들의 진솔한 경험과 극복방법을 담고 있어 비슷한 상황에 있는 콜센터 직원들이 읽으면 큰 도움을 받을 수 있을 것이라고 KTcs는 기대했다.[274][275]

---

272) http://bbs3.agora.media.daum.net/gaia/do/story/read?bbsId=K161&articleId=483506(2015.4.2.)
273) (서울=연합뉴스) 최인영 기자
274) abbie@yna.co.kr, 연합뉴스, 2012/07/25 11:32 송고
275) http://www.yonhapnews.co.kr/economy/2012/07/25/0303000000AKR20120725098600017.HTML(2015.4.2.)

7. 고달픈 직장인의 '점심시간' : 휴식과 감정노동 피할 수 있는 때

젊을수록 '휴식'에 의미, "밥 먹는 시간" 14% 그쳐[276] 직장인이라면 누구나 점심시간을 손꼽아 기다립니다. 밥 먹으려고요? 아닙니다. 직장인 3명 중 2명은 '그저 쉬고 싶어서' 점심시간을 기다립니다.[277] 시장조사기업 트렌드모니터가 최근 전국의 만 19~59세 남녀 직장인 1000명을 조사한 결과입니다. 66%(중복응답)가 점심시간의 가장 큰 의미를 '휴식'에 두고 있었죠.

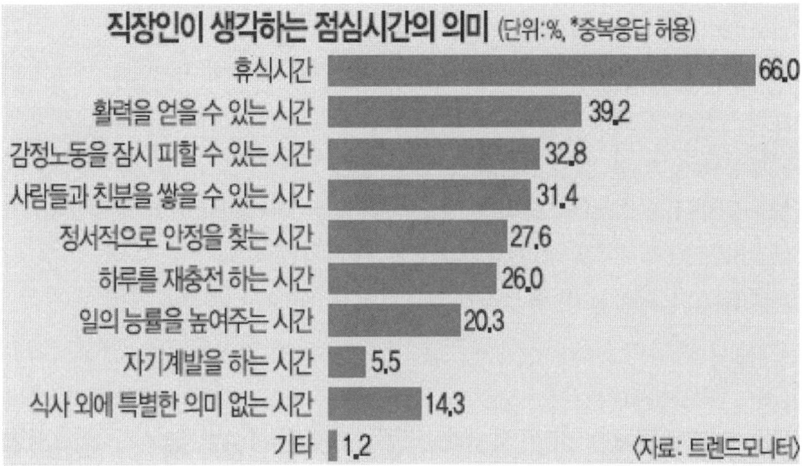

자료: http://news.kmib.co.kr/article/view.asp?arcid=0923020044&code=11131100&cp=du

대부분 직장인은 일찍 출근하고 야근이 잦아 저녁시간마저 부족하죠. 겨우 한 시간 남짓한 점심시간이 금쪽같은 시간일 수밖에 없습니다. 그냥 '밥 먹는 시간'이라는 응답은 14.3%에 그쳤습니다. 특히 젊은 직장인

---

276) [친절한 쿡기자] 고달픈 직장인에게 '점심시간'이란? "휴식" "감정노동 피할 수 있는 때"

277) 입력 2015-04-02 02:31, [친절한 쿡기자]

(20대 70.7%, 30대 68.4%)이 점심시간을 휴식시간으로 받아들이는 경향이 높았습니다. 장년층인 40대와 50대는 모두 62.8%였거든요. 그런데 여론조사 결과를 살펴보다가 '감정노동'이 눈에 띄었습니다. 3명 중 1명 꼴인 32.8%가 점심시간을 '감정노동을 피하는 시간'이라고 응답한 겁니다.

20대 여성 직장인의 경우에는 절반가량(49.1%)이 직장에서 겪는 감정노동을 조금이나마 피할 수 있는 시간으로 점심시간을 꼽았습니다. 감정노동이란 배우가 연기를 하듯 직업상 속내를 감춘 채 미소를 띤 얼굴과 부드러운 몸짓으로 고객을 대하는 것을 말합니다. 은행원, 승무원, 전화상담원처럼 직접 고객을 응대하면서도 감정을 드러내지 않고 서비스해야하는 직업이 대표적입니다. 밝은 모습을 보여야한다는 강박관념에 우울한 상태가 이어지거나 식욕이 떨어지는 '스마일 마스크 증후군'에 걸리기 십상이죠. 그런데 고객을 직접 상대하는 직장인에게만 해당되는 건 아닙니다. 직장상사와 회사동료에게도 표정을 함부로 드러낼 수 없는 게 현실이죠. 속마음을 들켰다가는 무슨 일이 벌어질지 모릅니다.

그래서 직장인, 특히 상대적으로 약자인 여성 직장인들은 점심시간만이라도 자신만의 시간을 갖고 싶은 겁니다. 식사장소를 정할 때도 절반가량(47%)은 가까운 곳을 가격보다 중요하게 생각하는 것으로 조사됐습니다. 빨리 식사를 해결하고 휴식시간을 확보하고 싶다는 속마음이 보입니다. 기업문화가 자유롭고 편안한 분위기로 변하고 있지만 아직 멀었습니다. 직장인에게 회사는 삶의 터전이지만 어렵고 거북한 곳이기도 합니다. 전날 야근으로 피로하거나 거래처와의 업무 때문에 과음을 했거나 출근길에 파김치가 된 날의 점심시간은 휴식과 충전의 기회입니다. 소중한 시간을 최대한 활용하는 지혜가 필요합니다.[278][279]

---

278) 김태희 선임기자, thkim@kmib.co.kr

279) http://news.kmib.co.kr/article/view.asp?arcid=0923020044&code=11131100&cp=du(2015.4.2.)

8. "위험작업은 사전허가: 감정노동근로자도 보호"

앞으로 산업현장에서 밀폐공간 등 위험작업에 대해 원청 대기업으로부터 사전에 허가를 얻어야 하는 '사전작업허가제'가 도입된다. 또 고객의 폭언, 폭력 등으로 고통받는 감정노동근로자에 대한 근로자 보호방안도 마련된다.[280] 고용노동부가 30일 발표한 산업안전보건분야 '안전혁신마스터플랜'은 안전에 대한 원청의 책임을 강화하고 예방 인프라를 확대한다는 게 골자다. 이는 최근 몇 년간 산업현장에서 발생한 사고 대부분이 대기업 협력업체, 즉 하도급업체의 사례라는 측면에 주목한 것이다.

먼저 고용부는 사내하청업체의 위험작업에 대한 원청의 안전보건조치의무를 확대하고, 위험작업에 대해서는 사전 작업허가제를 도입한다. 하도급업체들에서 동시다발적으로 위험작업이 진행되지 않도록 원청을 중심으로 안전관리를 강화하고 사전 조율하기 위한 조치다. 또 300인 이상 사업장에서는 안전보건관리 외부위탁과 안전보건관리사 겸직이 제한되고, 50인 미만 소규모 사업장에는 안전보건관리지원자 제도를 신설한다.

300인 이상 사업장부터 단계적으로 안전보건투자금액, 장비현황 등을 공개하는 안전보건공시제도를 도입한다. 건설현장 추락사고 등 재해요인별로 관리체계도 구축한다. 건설현장 추락사고를 막기 위한 사다리형 작업발판 설치, 화학업종 위험경보제 등이 일례다. 위험기계와 기구에 대해서는 안전인증을 확대하는 한편, 이력을 관리할 수 있는 시스템을 만들기로 했다.

아울러 고용부는 사업주가 감정노동근로자들을 대상으로 건강보호조치를 하도록 유도하기로 했다. 나노물질 취급 작업자를 위한 공학적 대책과 보호구 기준도 마련한다. 이 밖에 이론, 강의 위주인 안전교육을 실습, 사례, 현장중심으로 개편하고 보호구 착용, 안전보건표지 부착, 안

280) [안전혁신플랜]"위험작업은 사전 허가받아야…감정노동근로자도 보호", 최종수정 2015.03.30 15:27기사입력 2015.03.30 10:40, [아시아경제 조슬기나 기자]

전보건교육 실시, 안전작업절차 지키기 등 4대 필수안전수칙 준수 캠페인을 집중적으로 추진한다. 이를 통해 2013년 기준 0.71인 사고사망만인율(근로자 만명당 사고사망자수)을 2019년까지 0.3대로 낮춘다는 목표다. 2011~2014년 산업재해 피해자는 약 37만명으로 이 중 7500명가량이 사망한 것으로 집계됐다. 고용부는 앞서 1월에도 원청의 안전관련 책임을 강화하는 내용의 '산업현장의 안전보건혁신을 위한 종합계획'을 발표한 바 있다. 이기권 고용부 장관은 "근로자의 안전은 국민의 행복에 가장 기본적인 전제조건"이라며 "모든 안전보건 주체가 적극적으로 재해예방활동을 펼치고 안전보건 책임을 다해 줄 것"을 당부했다.[281][282]

9. 노동시장의 소비시장 넘어서는 제3의 공간 필요

<모멸감>을 쓴 김찬호 성공회대 교수, '여백없는 한국사회' 지적[283]
취업부터 퇴직까지 한국 사회는 노동자에게 모멸감을 견딜 것을 강요하고 있다. 대학생들의 취업 스터디 중에 '모욕 스터디'가 있다. 면접과정에서 드러날지도 모르는 취약한 부분에 대해 모욕을 주고, 이를 어떻게 대처할지를 미리 훈련하는 스터디다. 예컨대 "외모 때문에 고생 좀 하겠어요" "그 나이 되도록 뭐했어요?"라는 인신공격적 질문에 대한 대응력을 키우는 것이다. 취업부터 모욕을 견딘 노동자들은 퇴직과정에서도 모욕을 견뎌야 한다. '성과향상'이라는 미명하에 자신의 업무와 관계없이 봉사활동을 강제하거나 쓰레기를 줍게 하거나 낯선 곳에 가서 명함을 돌리게 한다. 결국 모욕감을 견디지 못하는 노동자들이 스스로 퇴직을 선택하게 만드는 것이다. 김찬호 성공회대 교양학부 초빙교수는 그의 책 <모멸감>에서 감정은 "시대를 지배하는 정서적 문법"이라고 말했다. 노동의 시작부터 끝까지 '모욕', '모멸'과 같은 부정적인 감정들이 우리 사

281) 세종=조슬기나 기자 seul@asiae.co.kr
282) http://www.asiae.co.kr/news/view.htm?idxno=2015033007594923433(2015.4.2.)
283) [표지이야기] "노동시장, 소비시장 넘어서는 제3의 공간 필요"

회를 극단적으로 지배하게된 데 대한 김찬호 교수의 분석을 들어봤다.[284)]

1) 노동자들에게 모멸감을 줘 결국 퇴직

"실제로 저성과자들 중에 모멸감을 느껴 자살하는 경우도 있다. 경영자들이 모멸감을 주는 방식으로 퇴직을 유도하는 것은 직원들을 솎아내는 방식으로 그것이 가장 효율적이라는 것을 알기 때문이다. 사람에게 모멸감을 주는 것은 법적으로는 크게 문제가 안되면서 사람을 굴복시키는 효과를 낼 수 있다. 예를 들어 해고하고 싶을 때 책상을 치워버린다. 자존감이 떨어지면서 직장에서 짐이 되는 존재로 만들어버리는 것이다.

인간이 가장 비참해질 때가 자신이 쓸모없는 존재가 됐다고 생각할 때다. 내가 왜 여기 있어야 하나, 그런 생각을 갖게 만드는 것이다." "신자유주의가 본격화되면서 한국 사회의 여백이 없어졌기 때문이다. 예를 들어 지하칠에시 내려야 하는데 문이 닫히려고 한다면 순간적으로 옆에 있는 사람이 사람으로 안보인다. 자기가 급하기 때문에 밀치고 가는 것이다. 한국 사회의 고도 압축성장 과정이 끊임없는 비교우위를 통해서만 살아있는 것을 느끼게 하는 식의 게임을 했다. 재벌총수도, 기업주도, 그들의 명령에 따라 해고통지를 날리는 사람들도 다 그 게임에 몰려있는 것이다. 살아남아야겠다는 생존투쟁이 절박하다 보니까 전철에서 빨리 내려야 한다는 급박한 심리밖에 남지 않은 것이다."

2) 노동자의 '쓸모'가 단기적인 성과위주로 평가

"한국 사회에서 노인의 삶만 봐도 그렇다. 예전에는 '나이가 많다'는 것만으로도 존중받을 수 있었는데 지금은 아니다. 노동도 마찬가지로 제한된 일정한 기능으로 성과를 낼 때만 쓸모가 있어지는 사회가 됐다.

IMF사태 이후 단순한 기능으로 환산할 수 없는 다양한 가치들이 다 해체됐다."

---

284) 김찬호 성공회대 교수. / 김문석 기자

3) 극복하기 위한 방법

'사회를 어떻게 다시 만들까'를 고민해야 한다. 사회라는 말은 쉬운 말 같지만 한국에는 사회가 없다. 노동시장, 소비시장 등 두 가지로만 이루어진 게 한국 사회다. 이걸 넘어서는 제3의 공간이 있어야 한다. 배움과 성장, 자존감과 유대감, 신뢰가 가능한 공간이 있어야 한다.

노동시장에서 인정받지 못했어도 이러한 제3의 공간에서 인정받을 수 있어야 한다. 제3의 공간의 힘이 세지면 역으로 기업들이 노동자들에게 모멸감을 주거나 함부로 대하지 못한다.

노동시장에서 죽도록 일하고 소비시장에서 술 마시며 푸는 2개의 공간을 넘어선 제3의 공간이 필요하다."[285)][286)]

10. 항공승무원의 감정노동: '땅콩회항' 외 다수

"항공사의 과도한 감정노동 관리규정 재검토해야"[287)] '땅콩회항'사건으로 촉발된 항공승무원의 노동인권문제와 관련해 항공사의 과도한 감정노동 관리규정을 고쳐야 한다는 의견이 나왔다.[288)] 한국노동사회연구소 김종진 연구원은 19일 국회 의원회관에서 열린 토론회에서 "승무원 서비스 매뉴얼과 지침에 명시된 과도한 감정노동관리규정을 전면 재검토해야 한다"고 주장했다. 김 연구원은 "항공사 승무원의 감정노동을 해소하기 위해서는 업무규정과 직무의 재설계가 필요하다"면서 "예를 들면, 승무원 업무의 핵심가치를 서비스 중심에서 '안전중심'으로 바꿔야 한다"고 말했다. 김 연구원이 소개한 인터뷰 사례를 보면, 서비스 문제로 일등석 승객에게 무릎 꿇고 사과하거나 이코노미석 승객에게도 사기

---

285) <박송이 기자 psy@kyunghyang.com>

286) http://weekly.khan.co.kr/khnm.html?mode=view&code=115&artid=201503311054291 (2015.4.2.)

287) 2015-03-19 16:56, CBS노컷뉴스 최인수 기자 · 문효선 수습기자

288) (사진=이미지비트 제공/자료사진)

그릇에 라면을 주라는 규정에 어긋나는 요구를 거절했다가 담배로 맞을 뻔한 사연 등이 포함됐다. 또, 회사 보고시스템으로 승무원들끼리 신뢰가 무너지는 내부감시를 하거나 예쁜 승무원만 일등석에 배치되는 인권 침해적 요소도 있었다.

자료: http://www.nocutnews.co.kr/news/4385183

공공운수노조 아시아나항공지부 전 지부장인 권수정 씨도 이날 토론회에서 0.8기압인 항공기 안에서 살인적인 비행스케쥴을 소화하면서도 연장수당, 휴게시간과 장소도 주어지지 않는 노동조건을 비판했다. 권 씨는 또 비행일정표가 수시로 바뀌면서 휴일도 불규칙하고, 휴가를 선착순으로 사용해야 하는 항공승무원의 현실도 지적했다. 이와 함께 인턴제도 악용, 지나친 외모와 복장기준, 전염병 노출 등 위험, 기내판매 강요 등이 일상적이라고 권 씨는 설명했다.

권 씨는 "이제라도 열거한 사례들에 대한 강도 높은 실태조사를 해야

한다"고 강조했다.[289]

11. 땅콩회항: 승무원 감정노동 짚어보고 대안모색

새정치연합 김상희, 김경협 의원 등 19일 오전 10시 국회 의원회관[290] 항공사 승무원 감정노동, 무엇이 문제인가? '대한항공 땅콩회항'의 재발방지 및 항공노동자 인권개선을 위한 '항공승무원 인권을 말하다'의 토론회가 국회에서 개최된다. 오는 3월 19일 오전 10시 국회 의원회관 제8간담회실에서 개최되는 토론회는 새정치민주연합 김상희 의원실, 김경협 의원실, 이미경 의원실, 이인영 의원실, 공공운수노조 항공협의회, 민주사회를위한변호사모임 노동위원회, 참여연대 등이 참석하여 토론할 예정이다. 이는 지난해 12월 대한항공 오너의 일명 '땅콩회항'이라는 항공기 승무원에 대한 노동인권 침해사례가 알려지면서 항공기 노동자들의 노동인권 실태와 문제점을 짚어보고 대안을 찾아보기 위한 자리다.

이번 토론회에서 김종진 한국노동사회연구소 연구원이 "객실승무원 조직운영과 인사관리제도를 중심으로", 권수정 공공운수노조 아시아나항공지부 노조원이 "노동기본권 실태와 문제점", 안진걸 참여연대 협동사무처장이 "재벌대기업의 갑질범죄와 노동권 침해문제"라는 주제로 발제를 한다. 이어 이종성 국토부 운항자격과 사무관, 이수연 국가인권위원회 여성인권팀장, 강민주 공공운수노조법률원 노무사, 이기일 항공정책연구소 소장 등이 토론자로 나서 활발한 토론을 벌일 예정이다.

김상희 의원은 "항공승무원에 대한 인권침해는 단순히 노동권의 문제에 국한되지 않고 항공기의 안전운행에까지 부정적인 영향을 미친다는 점에서 매우 심각한 문제이다. 이번 토론회를 통해 항공승무원들의 노동인권 실태와 문제점을 살피고 해결을 위한 다양한 방안을 논의할 것이

---

289) http://www.nocutnews.co.kr/news/4385183(2015.4.2.)

290) http://www.ibsnews.kr/news/26845 발행일: 2015/03/19 계 경 석 기자 miskye@naver.com

다. 그는 국토교통위 소속의원으로서 토론회에서 도출된 결론과 해법들을 최대한 의정활동에 반영하여 현실화될 수 있도록 노력하겠다."라고 말했다.[291)292)]

12. 보험사 직원의 감정노동 공황장애: 요양급여 못받아

법원은 "과로・업무상 스트레스와 공황장애 관련성 약해"[293)] 보험사 직원이 감정노동과 과로에 시달리다 공황장애에 걸렸더라도 요양급여를 받을 수 없다는 법원 판결이 나왔다. 서울행정법원 행정4단독 이병희 판사는 박 씨가 "공황장애도 요양급여 대상으로 인정해달라"며 근로복지공단을 상대로 낸 소송에서 원고패소 판결했다고 1일 밝혔다. 박 씨는 지난 2002년 8월 ㈜제일화재해상보험에 입사한 이래 줄곧 자동차 대물보상업무를 담당했다. 박 씨는 까칠한 고객들을 응대할 때마다 감정노동을 해야해서 심한 스트레스를 받았고, 사고현장에 출동해 사고로 다친 사람들의 처참한 모습을 볼 때면 충격과 공포를 느끼기도 했다. 박 씨는 2009년 회사가 ㈜한화손해보험측에 인수합병된 뒤 자동차 대물보상업무는 계속 담당했지만, 업무처리 규정 및 절차를 새로 익혀야 했다.

또 구조조정으로 퇴직한 직원들의 업무까지 담당하느라 밤 10시 이후에 퇴근하는 등 육체적, 정신적 스트레스를 받았다. 박 씨는 2010년 3월부터 두통과 어지럼증, 가슴의 답답함 등의 증상을 느꼈고 2011년 11월 급기야 호흡곤란과 가슴통증, 두통증상이 심해져 병원에 입원했다. 박 씨는 결국 병원에서 공황장애 진단을 받았다. 박 씨는 "정신병적인 질환이 없었는데 업무환경으로 인해 병이 발생했다"며 업무상재해를 주장해 이듬해 5월 근로복지공단에 요양급여를 신청했다. 그러나 근로복지공단은 "박 씨가 받은 업무스트레스는 통상적 수준에 불과해 업무상 스트레

291) 계경석 기자 miskye@naver.com

292) http://www.ibsnews.kr/news/26845(2015.4.2.)

293) 2015-03-01 09:00, CBS노컷뉴스 이지혜 기자, (자료사진/이미지비트 제공)

스와 공황장애 사이의 인과관계를 인정하기 어렵다"며 받아들이지 않았다.

이에 불복한 박 씨는 근로복지공단에 심사청구를 했으나 2013년 1월 기각결정을 받았고, 다시 소송을 냈다. 재판부는 "업무상 과로나 심한 정신적 스트레스가 공황장애를 유발했거나 자연경과 이상으로 급격히 악화시켰다고 하기 위해서는 업무상 증상과의 연관성, 증상과 정신질환과의 연관성을 인정할 수 있어야 한다"고 판단했다. 그러면서 "박 씨가 합병 후에도 이전부터 해오던 업무를 계속 담당해 적응이 어려웠을 것으로 보이지 않고, 현장조사제도도 2010년 말 폐지됐으며, 2010년 4월 승진해 승진 스트레스가 있지 않은 상황에서 발병해 과로나 업무상 스트레스와의 관련성이 약하다"고 덧붙였다.[294)]

13. 편의점 알바생도 감정노동 '심각'

10년전 편의점 계산원을 시작으로 6~7개 아르바이트를 해온 정 씨(29)는 "모든 일자리에서 '손님에게 무조건 친절해야 한다'는 암묵적인 계약이 있었다"고 말했다. 편의점 계산단말기 화면엔 '손님에게 공손하게 인사하는 법'과 '친절하게 미소짓는 법'이 항상 띄워져 있었다. 반말과 욕설을 하는 손님들 앞에서도 정 씨는 묵묵히 참아냈다고 한다. 2010년 쌀국수식당에서 서빙 아르바이트를 할 때 정 씨는 '무조건적인 친절'을 강요받았다. 음식가격이 비싸다며 항의하거나 아예 가게에 없는 음식을 가져다달라는 등 무리한 요구를 하는 손님들에게도 싫은 표정 한번 짓지 못했다. 가게주인은 "손님 앞에서 불쾌한 티내지 마라"는 말만 반복했다. 정 씨는 "직원의 감정을 무시하는 사장의 태도에 이중으로 상처받았다"고 말했다. 지난해 한 주점에서 바텐더 아르바이트를 한 류 씨(25)는 "다리보다 마음이 더 아프고 힘들었다"고 했다. 술에 취해 들뜬 손님들

294) http://www.nocutnews.co.kr/news/4375373(2015.4.2.)

이 주정하면 류 씨는 즐거운 표정을 지어야 했다. 사적인 이야기도 한참을 잠자코 들어줘야 했다. 죽은 여자친구 이야기를 하는 손님도 있었다. 류 씨는 4달만에 바텐더를 그만뒀다.

편의점 아르바이트 점원이 상품을 정리하는 모습[295)]
자료: http://www.nocutnews.co.kr/news/4375373

편의점·음식점 등 서비스업종에서 아르바이트로 일하는 청년 상당수가 '감정노동'을 경험하는 것으로 나타났다. 청년노동조합 '청년유니온'이 지난 8월22일부터 9월12일까지 전국 15~29세 서비스업 종사자 225명을 대상으로 조사한 결과, 192명(85.4%)이 '기분과 상관없이 항상 웃거나 즐거운 표정을 지어야 한다'라고 답했다. '일하면서 감정적으로 노력

---

295) 경향신문 자료사진

을 많이 해야 한다'(177명 · 79.0%), '솔직한 내 감정을 숨기고 일해야 한다'(174명 · 77.3%)고 답한 이들도 많았다. '무리한 요구나 신체적 · 언어적 · 성적 폭력을 한번 이상 경험했다'고 밝힌 응답자도 165명(73.3%)이었다. 153명(68%)은 '아르바이트라는 이유로 부당한 대우에 더 자주 노출된다고 느낀다'고 답했다. 감정노동전국네트워크 · 청년유니온은 24일 서울 중구 민주노총에서 기자회견을 열고 "감정노동에 따른 스트레스는 청년들의 자존감 저하와 감정적 소진, 우울증, 자기공격성, 취업거부 증상을 부른다"며 "아르바이트 감정노동 문제해결의 대책과 노동자와 소비자가 서로 존중하는 문화정착을 위한 노력이 필요하다"고 밝혔다.[296)]

14. 병원근로자의 감정노동 강도 '심각한 수준'

병원에서 일하는 병원근로자들의 감정노동수행이 타 서비스산업에 비해 매우 높은 것으로 나타났다.[297)] 보건의료노조가 62개 의료기관에 종사하는 1만8263명을 대상으로 실시한 설문조사 결과, '감정노동수행 80% 이상' 의견이 26.6%나 됐습니다. 조사결과에 따르면 병원근로자들은 '환자 및 보호자를 대할 때 솔직한 감정을 숨기고 일하거나'(70.9%), '자신의 기분과 상관없이 웃거나 즐거운 표정을 짓고'(67.4%), '환자 및 보호자를 응대할 때 실제 기분이 되도록 노력'(52.6%)하고 있는 것으로 나타났습니다. 갈수록 심각해지는 노동강도 및 감정노동과 맞물려 업무로 인한 소진(탈진)도 심각했습니다. 환자와 보호자를 상대하는 일을 하는 과정에서 현재의 업무가 힘들고(39.4%), 좌절감(23.8%)과 지겨움(22.6%)을 주고 있다고 대답했습니다. 이러한 상황을 반영하듯 10명 중 5명 정도(평균 53.2점, 간호사 59.1점)가 '현재의 일을 얼마나 오래할까'는 생각을 가져본 경험이 있는 것으로 나타났습니다.

296) http://www.nocutnews.co.kr/news/4375373(2015.4.2.)
297) [국기자의 건강톡톡] 병원근로자, 감정노동 강도 '심각한 수준', 입력:2014.12.13 08:26

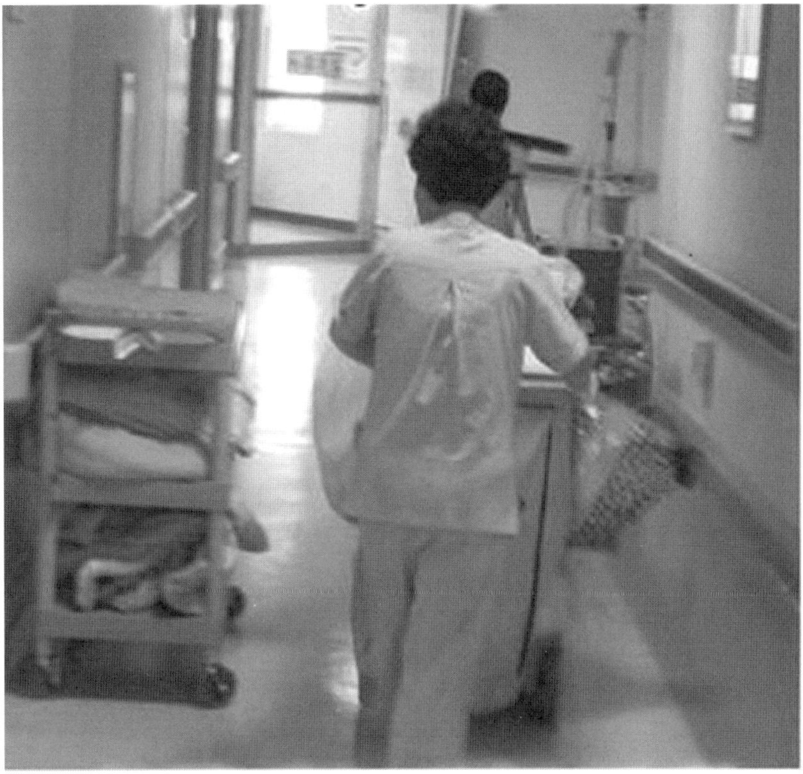

자료: http://news.kukinews.com/article/view.asp?arcid=0008943671&code=41171911&cp=du

이처럼 감정노동의 수행정도가 높고, 업무소진도가 심각한 이유는 만성적인 인력부족, 업무량 증가, 불규칙적인 교대근무와 같은 열악한 근무조건과 함께 아픈 환자와 가족을 대해야 하고 건강과 생명을 다루는 업무의 특성상 극도의 긴장감과 고도의 전문성 책임성이 요구되는 환경적 요인, 경직된 조직문화 등이 복합적으로 작용한 것으로 보입니다. 또한 이는 응답자의 절반이 '조직과 고객 모두로부터 인격적 존중을 받지 못한다'(48.8점)고 응답한 결과나 '조직으로부터의 인격적 존중'(49.9점)

과 '환자와 보호자 등 고객으로부터의 인격적 존중'(46.4점)을 받지 못하고 있다고 생각하는 응답이 많은 것과 무관하지 않았습니다. 또 병원근로자들의 수면실태는 나쁨이 65.2%로 좋음(34.8%)보다 더 많았습니다.

잠자리에 들어 실제 잠이 들기까지 평균 33.7분이 걸리고, 수면시간은 평균 6시간 12분이었습니다. 또 수면 중 잠에서 깨는 횟수는 주3~4회(58.5%), 주1~2회(25.2%)로 대부분 깊은 잠에 들지 못하는 것으로 나타났습니다. 환자의 건강과 생명을 다루는 업무를 수행하는 병원근로자들의 근로환경이 어려워지면 그 피해가 고스란히 병원에 입원한 환자들에게 돌아가게 됩니다. 병원근로자들이 직무스트레스에 시달리지 않고 건강해야 환자들에게 양질의 의료서비스를 제공할 수 있습니다. 보건의료노조는 높은 직무 스트레스와 업무상재해와 질병으로부터 건강한 노동환경을 확보할 수 있도록 많은 개선이 필요하다고 합니다.[298][299]

15. 마트 막말녀: 감정노동자는 그냥 당할 뿐

마트 막말녀가 화제다.[300] 한 손님이 마트직원에게 입에 담기도 힘든 막말을 일삼은 것이다. 해당 마트 막말녀는 자기보다 한참 나이 차이가 나는 직원에게 특별한 이유없이 막말을 한 사실이 알려진 후 누리꾼들의 관심이 집중되고 있다. 잊혀질만한 하면 다시 발생하는 막말사건, 그와같은 사건이 발생할 때마다 감정노동자들의 문제들이 회자되곤 했다.

마트 막말녀 사건을 통해 다시 부각된 감정노동은 서비스업종에 종사하는 노동자들이 손님들의 비위를 맞추는 등의 감정노동을 하는 행위를 일컫는다. 감정노동자는 자신의 상황과 처지와는 별개로 손님의 감정에 따라 행동해야 한다. 그래서 감정노동자들의 정신건강 등에 대한 우려들

298) 이영수 기자 juny@kmib.co.kr

299) http://news.kukinews.com/article/view.asp?arcid=0008943671&code=41171911&cp=du (2015.4.2.)

300) 온라인 이슈팀, 마트 막말녀, 출처 : 화면캡쳐

이 지속적으로 제기됐다.

자료: http://www.vop.co.kr/A00000862027.html(2015.4.2.)

일각에서는 손님들에게 감정을 혹사당하는 감정노동자를 위한 법 제정도 필요하다고 말한다.[301)]

301) http://www.vop.co.kr/A00000862027.html(2015.4.2.)

제9장 감정노동자의 고위험과 애로사항

1. 성인의 절반: "분노조절 어렵다" 10명 중 1명은 고위험군

[뉴스데스크]

◀ 앵커 ▶

우리나라 성인의 절반이 분노조절이 어려운 상태라는 조사 결과가 나왔습니다. 요즘 홧김에 저질렀다는 사건사고도 자주 들리는데요. 먼저 박주린 기자입니다.[302)]

◀ 리포트 ▶

승용차가 여성을 향해 돌진합니다. 건물안까지 밀려 들어간 여성을 향해 네 차례나 더 돌진을 반복합니다. 운전자는 헤어지자는 말에 격분한 남자친구였습니다. 사소한 다툼이 살인까지 이어지기도 합니다. 국물이 짜다는 말에서 비롯된 말다툼 끝에 식당주인이 손님에게 흉기를 휘두르는가 하면, 이웃간 주차시비로 30대 자매가 숨졌습니다.

[주민]

"안좋았죠. 주차문제 때문에, 서로 이해해야 하는데 계속 차 빼라고 하니까." 정도의 차이는 있지만 이런 분노조절장애는 특정집단에 국한된 문제는 아닙니다. 대한정신건강의학회의 조사 결과, 우리나라 성인의 절반 이상이 분노조절이 잘안돼 노력이 필요한 상태로 나타났고, 10명 중 1명은 치료가 필요할 정도의 고위험군이었습니다.

[윤혜자/직장인]

"소리를 지르게 돼요. 화를 표현하는거죠. 요새 좀 그런 경우가 많아지고 있어요." 경제문제나 인간관계의 단절 등에서 비롯된 스트레스가

302) 기사입력 2015-04-02 21:00| 최종수정 2015-04-02 21:21

조절되지 않는 상황이 반복되면 누구라도 외부를 향해 공격성을 띨 수 있다는 겁니다.

[조숙행/고대구로병원 교수]

"욕구에 대한 좌절감, 외로움, 이런 것들에 2차적으로 분노반응이 일어나는 겁니다." 지난해 '홧김'에 우발적으로 벌어진 폭력범죄는 15만건, 전체의 40%에 이릅니다.[303)304)]

2. 연애하는 것도 감정노동

연애나 결혼을 꼭 해야 할까? 솔직히 귀찮다.[305)] 여자친구를 사귀는 것도 감정노동이다. 직장생활도 힘들고 돈 벌기도 어려운데 불필요한 감정노동을 해야 할 필요가 있을까? 내사람이 될지 안될지 불확실한 여자들에게 내돈을 써야 하나? 돈벌기 참 힘든데? 그냥 혼자 있는 게 마음은 편하다. 그리고 요즘은 결혼한다고 해도 성년되식이나 병퇴 후 이혼당하는 일도 많아졌잖아? 그렇다면 결혼이 무슨 의미가 있을까. 자식을 낳는다고 해서 그 자식이 100% 올바르게 성장한다는 보장도 없고. 20년-30년간 마음놓고 살다가 어느 날 뒤통수를 맞는단 말이지. 20년-30년간 월급을 갖다 비친 대기기 황혼이혼, 옛날에는 이상한 남자들이 어쩌다 한두명이지만 요즘은 이상한 남자들도 많아졌고, 특히 성격이 이상한 남자들, 이상한 여자들도 늘어났다.

연애와 결혼이 결국 시간낭비, 돈낭비, 체력낭비임이 입증되고 있다고 한다.[306)]

---

303) MBC뉴스 박주린입니다. (박주린 기자 lovepark@mbc.co.kr), MBC (www.imnews.com)

304) http://news.naver.com/main/read.nhn?mode=LSD&mid=shm&sid1=102&oid=214&aid=0000482687&cid=428288(2015.4.3.)

305) pcaout (pca***), 주소복사 조회 2715.03.15 04:07

306) http://bbs3.agora.media.daum.net/gaia/do/story/read?bbsId=K161&articleId=521603 (2015.4.3.)

3. 감정노동을 하는 분들께

어느 필자의 글을 인용해서 감정노동에 대한 실상을 파악하고자 합니다. 야, 이거봤어? 자기야, 익숙한 게 무서운거야[307)]안녕하세요. 저는 올해 30세 여자입니다. 늘 게시판을 즐겨보다가 이렇게 글을 써보네요.

저를 소개하자면 감정노동을 하는 직업을 가진 사람입니다. 항상 사람을 상대하는 직업이에요. 저는 사람을 상대하는 게 적성에 맞다고 생각했습니다. 지금도 물론 하고 있어요. 그래서 안힘들고 참 잘 맞는다며 벌써 7년째 하고 있네요. 음, 저는 웨딩플래너입니다. 요새 웨딩플래너들 비판하는 글 많더라구요. 저는 제대로 읽어보지 않아서 잘 모르겠습니다만, 아무튼 나쁘게 써있는 것 같더군요. 어느 부분은 사실이겠죠. 그거와 별개로 제 얘기를 좀 하자면 2~4년까지는 마냥 좋았습니다. 즐겁고 예쁜 것만 보고, 이제 7년이 접어드는 시점, 새로운 정신적 고통과 회의감이 다가옵니다. 신부님 신랑님들께 항상 잘해 드릴려고 노력합니다.

다정하게 다가오시는 분들께 특히나 더, 어떤 분들은 굉장히 순조롭게 예식을 진행합니다. 근데 어떤 분들은 제가 잘해드리면 색다른 반응을 보여 주십니다.

사례1: 포토테이블을 예식장에서 준비해주기로 했는데 테이블과 액자, 장신구 다 준비해줄테니 예식장에서 신부님에게 사진만 현상해오라고 했지요. 예식 당일날, "아 맞다. 집에서 사진 갖고 오지 않았네. 플래너님 어제 전날 왜 말하지 않았어요? 제가 요새 정신이 없어서 못챙겼는데 왜 안하신 거에요?" 식장가는 길에 저를 들들 볶더군요. 너무나도 잘 지냈던, 친한 친구같이 잘 지냈던 신부님이 안면 딱 바꾸고 비난의 화살을 돌립니다. 나중에 식장에 물어보니 식장에선 신랑에게 1주일전에 말했다고 하고 물론 저도 계약 당시 말했고 진행 중간에도 예식장에서 포토

---

307) (네이트판) 감정노동을 하는 분들께 ...| 야, 이거봤어? 자기야, 익숙한게 무서운거야 | 조회 775 |추천 0 | 2015.01.09. 14:21, 내가 아는 카페, http://cafe.daum.net/cs11sz ⓒ 자기야, 익숙한게 무서운거야. 원출처 : http://pann.nate.com/talk/325458802

테이블 해주시죠? 체크했습니다. 이건 제 역할이 아니였는데도 전 사과합니다. 그래요, 웨딩의 모든 걸 제가 맡았어야 하니깐요. 이미 신부님과 뭔가 돌이킬 수 없는 감정이 되니 가슴이 아프더군요.

사례2: 신부님들 중에 웨딩드레스에 예민하신 분들이 많습니다. 드레스 투어 ABC 이렇게 3군데 하고 갑자기 인터넷을 뒤져서 D라는 업체의 가격을 알려달라고 합니다. 제휴가 되어있지 않았지만 껀바이껀으로 괜찮은 가격을 받아냈습니다. D의 가격을 알려드리고 신부님은 그 샵을 방문해서 실컷 입어 봅니다. 그리고 드레스샵을 정해야 되는데 불안해하시며 다시 D샵에 가서 두번째 또 입어 봅니다. 신부님의 만족스러운 피팅 후 결국 D샵을 하시기로 결정합니다. 얼마 후 웨딩촬영전에 드레스 고르러 한번 더 가서 촬영가봉을 하는데요. D샵에서 1시간 30분동안 실컷 촬영가봉하시고 안되겠다며 전화옵니다. 전에 투어했었던 C샵으로 그냥 가야겠다고 원하시는대로 다시 C샵으로 계약을 해드리고 촬영가봉을 잘 만족스럽게 마칩니다. 그런데 뭔가 이상합니다. D샵에 분명 위약금을 물어야 되는데, 촬영가봉까지 실컷했으니 말입니다. D샵에 전화해보니, 아니나 다를까 위약금을 30만원을 달라합니다. 무척 큰돈이죠.

그 샵도 신부에게 괘씸죄도 있었을 겁니다. 2번이나 투어를 하고 촬영가봉한뒤 파기하니깐요. 그리고 D샵에서 이런 말도 합니다. "신부님께 위약금이 발생된다고 말했더니, 그건 웨딩플래너랑 이야기하라고 하던데요?" 우리 신부님 저한테 아무 말씀도 없으셨는데 말이죠. 저는 D샵과 조율합니다. "30만원은 너무 쎕니다. 깎아주세요." 겨우겨우 10만원으로 내립니다. 신부님에게 말합니다.

"신부님 D샵에서 위약금이 발생되요"

"네."(몰랐던듯)

"제가 겨우겨우 깎아서 10만원으로 만들었어요 "

신부님 못마땅한 목소리입니다. 돈내긴 또 싫은거죠. 이 신부님 메이크업샵, 예식장, 드레스샵, 다 바꾸더니 회사에 제 욕을 실컨하시고 플래너도 바꾸시더군요. 저야 행복했습니다.

사례3: 시댁욕을 미친듯이 합니다. 신랑욕도 미친듯이 합니다. 듣다보면 가관입니다. 근데 가만보니 저한테도 못하시는 말이 없습니다. 하나하나 다 딴지걸고 불만을 토로합니다. 본인이 선택한 메이크업샵이 불만이라고 난리입니다. 힘듭니다.

사례4: 솔직히 뚱뚱합니다. 피오나공주같습니다. 허리가 잘록하고 풍성한 인터넷 사진을 보여주며 이 드레스가 좋다고 합니다. 같은 드레스를 입은 다른 신부님이 있었는데, 그 사진 보여주고만 싶습니다. 자신의 몸매가 문제인 걸 평생 모를 것 같습니다. 이밖에도 파혼하고 위약금 안 내려고 잠수타시는 분, 해달란대로 메이크업 헤어 다 해줬는데 맘에 안 든다고 난리치는 신부님, 일정 때마다 지각하는 신부님, 그래놓고 당당한 신부님, 돈 깎아달라고 난리인 신랑님, 뭐 수도 없습니다. 웨딩플래너, 좀 특이한 직업인 게 신부님과 친구같이 친밀하게 지냅니다. 한번 보고 말 사이도 아니고, 다섯번은 만나야 하고 계속 예식 때까지 이쁘게 만족도 있게 해드려야 합니다. 제가 해드린 것보다 너무너무 크게 보답해 주시는 신랑신부님도 계십니다. 정말 감사하지요. 그런데 많이 해 드려도 뒤통수 때리는 분들도 계십니다. 이런 일이 반복되면 부정하고 싶지만, 감정이 망가집니다. 근데 다시 또 사람들을 만나야 합니다. 그게 웨딩플래너이고 사람 때문에 또 행복해지니깐요. 감정노동, 무시하지 말아주세요. 많은 플래너가 그래도 자신의 고객을 무척 사랑합니다. 너무 소중한 마음으로 시작합니다. 어찌되었건 믿고 계약해주신 분들이니깐요. 그런데 현실은 믿었던 사람에게 찬물세례를 받는 경우가 다분합니다. 웨딩플래너가 그렇게 나쁜 사람들은 아닙니다.[308][309]

---

308) 내가 아는 카페 Mon~Sun, am12:00~am12:00

309) http://cafe.daum.net/cs11sz/LG19/209233?q=%B0%A8%C1%A4%B3%EB%B5%BF&re=1 (2015.4.3.)

4. 감정노동의 해결은 애로사항

감정노동 직업의 한가지인 고객센터 상담사로 근무한지 햇수로 13년째네요. 그런데도 고객들의 폭언과 무례함에는 익숙해질 수가 없는 것 같아요. 정말 천하고 무례한 사람들이 너무 많은 것 같아요.[310] 요금을 내지 않아 미납되고 인터넷과 TV가 정지되었는데 정지시켰다고 새벽에 전화를 해서 소리지르고 막말하고 자기 성질에 못이겨서 울고, 돈 안내서 정지시켰더니 정지시켰다고 적반하장으로 화를 내고, 우리 상담사한테 미안한 건 없겠지만, 그래도 통신회선을 빌려썼으면 그에 대한 비용을 지불하지 못한 것에 대한 미안함이 있을텐데, 미안함이란 건 전혀 찾아 볼 수 없이, 당장 정지시킨 거 복구시키라고 소리지르고 말꼬투리 잡고 시비걸고 욕하고, 장사도 안되는데 정지시켰다고 우리한테 뭐라고 하고. 정말 솔직히 말하면 우리도 고객들한테 물어보고 싶어요. 고객님이 돈 안내시 않났나고. 하지만 우리는 그럴 순 없으니까, 참고 죄송하다는 말을 하죠. 왜 돈 빌려주고 못받은 놈이 죄송해야 하는지. 하, 정말 너무 답답해서 글을 올려봐요. 우리 식구들만이라도 전화상담이라고 상대방을 너무 무시하지 말고 예의있게 말해주세요. 물론 상대방이 예의가 있어야 된다는 전제조건이 있겠지만요. 얼굴이 보이지 않는 대화에서 그 사람의 인격이 느껴진답니다. 우리는 모두 고급인들이잖아요?[311]

5. 퍼펙트 직장인의 직장공감

감정노동, 현명하게 대처하는 방법![312] 안녕하세요. 현대해상 블로그지기 하이현입니다. 주말에 백화점을 잠시 들렀다가 매장에서 무서운 얼

---

310) 질문+사담=신세계, 성적은 낮아도 성적 욕구는 높다 | 조회 235 |추천 0 | 2015.03.20. 00:41

311) http://cafe.daum.net/truepicture/mq3c/618705?q=%B0%A8%C1%A4%B3%EB%B5%BF&re=1(2015.4.3.)

312) 2014/10/15 08:00

굴로 점원을 혼내는 한 중년 아주머니를 보게 되었어요. 구입한 가방에 스크레치가 있어서 교환해달라는 요구를 하고 있었는데요, 점원쪽은 구매시에 제품에 대해 꼼꼼히 보여드렸다고 친절하게 답하고 있는 것 같은데, 중년 아주머니의 입에서는 점점 거친 말들이 쏟아져 나오고 있더라고요. 그럼에도 불구하고 최대한 웃으면서 대응하는 점원분을 보면서 '대단하다. 힘들겠네.'라는 두가지 생각이 절로 들었답니다.

감정노동자라는 말 들어보신 적 있으신가요? 배우가 연기를 하듯 타인의 감정에 맞추기 위해서 자신의 감정을 억누르고 통제하는 일, 그 일을 일상적으로 수행하는 근로자들을 감정노동자라고 하는데요, 서비스 요구수준이 높아지면서 감정노동자들의 스트레스도 배가 된다고 해요.

그렇다고 일을 그만 둘 수도 없는 노릇이고 오늘도 속은 타들어가지만 겉으로는 웃을 수 밖에 없는 모든 분들을 위해서 청담하버드심리센터 연구소장이자 정신과 전문의이신 최명기 님께서 알려주신 현명하게 대처하는 감정노동의 방법을 소개해드리고자 합니다.

1) 현대는 감정노동을 권하는 사회

강아지 인형을 끌고 나와서 '바꿔줘!'라고 끊임없이 외쳤던 코미디 프로그램 기억하시나요? 최명기 선생님께서 강의를 하시다보면 코너속 배우 '정여사'처럼 틀림없이 하자가 없는 물건인데도 반품을 해달라는 고객이 부지기수라고 해요. 비행기 승무원, 음식점 점원 등의 서비스직 종사자들도 난처한 상황에 놓이는 것은 마찬가지인데요, 그래도 그나마 다행인 건 그들은 고객의 얼굴을 직접 마주치고 일하기 때문에 고객이 부적절한 행동을 할 때 주위에서 바라보는 시선이 간혹 도움이 된다고 합니다. 그렇지만 콜센터처럼 얼굴이 보이지 않는 경우에는 그 정도가 더욱 심해지는 경우가 많다고 해요. 욕만 하다 끊어버리는 고객이 있는가 하면 제품불량과는 무관하게 오직 상담원을 괴롭히는 것이 목적인 고객도 있답니다. 경쟁이 심해지고 '친절 서비스'가 보편화된 요즘은 고객이 비합리적인 태도를 보여도 직원이 감정을 억누르고 '친절한 서비스를 제공해야'하는 이른 바 '감정노동'의 시대가 도래했습니다.

2) 우리 모두는 감정노동자

넓은 의미에서 모든 노동은 일정 부분의 감정노동을 포함하고 있어요. 고객을 대하는 부분이 적더라도 오너, 상사, 동료, 후배 등 많은 직원들을 대하게 되죠? 직장내에서 화가 나도 참아야 하고 어쩔 수 없이 웃어야 하는 상황도 넓은 의미에서는 감정노동이라고 할 수 있답니다. 감정노동은 우선 고객의 기대치가 지나치게 높은 경우에 발생되기가 쉽습니다. 비행기 승무원, 백화점, 고급음식점들이 이 범주에 속하게 되고요.

한편으로는 실적과 수입이 연계된 경우인 세일즈나 자영업의 경우, 업무강도가 강하고 통제가 강력한 경우도 감정노동을 필요로 하게되요. 대기업 서비스센터 직원, 응급실 의사 및 간호사, 그리고 '불특정 다수'를 대하는 콜센터 직원, 텔레마케터 등도 감정노동자에 속한답니다.

3) 차분하고 냉정하게 거리두기

감정노동은 괴로울 수 밖에 없습니다. 연기자도 아닌데 감정을 억눌러야 하니 당연히 스트레스를 받고, 더군다나 고객에게 인간적인 모욕이나 무시를 받게되면 굴욕감도 생기기 쉬운데요, 이럴 때 일수록 스트레스를 줄이기 위해서 생각과 감성을 긍정적으로 바꾸고자 노력해야해요. 전화해서 다짜고짜 욕부터 하고 끊는 민원인이 있다면 이는 자신을 겨냥한 것이 아니라 누구에게도 할 수 있는 부적절한 행위가 우연히도 '나에게' 향한 것이라고 생각하셔야 합니다. 또한 감정노동관련 스트레스가 쌓인 사람들은 한번 괴롭다는 생각에 사로잡히면 평소에 고맙다는 표현을 하는 좋은 고객들이 있었다는 사실조차 잊어버리게 되는 경우가 부지기수라고 합니다. 일주일에 한번, 한달에 1~2회 접하게 되는 고객의 부적절한 언사에 다른 보람있는 업무들이 덮어지게 되는 것이지요. 감정적으로 힘든 상황이 닥쳤을 때에는 그것에 조금 거리를 두고 냉정해지도록 하는 것이 필수입니다.

〈감정노동 스트레스 치유를 위한 십계명〉

1. 책임에 상응하는 권한을 확보하자
2. 기대치가 과도하게 높은 불만고객을 대처하는 시스템을 갖추자
3. 나한테만 그런 일이 생긴다는 생각에서 벗어나자
4. 스트레스를 받는 이에게 설명하지 말고 위로하자.
5. 스트레스를 받는 이와 함께 고민하고 괴로워하는 모습을 보이자.
6. 이기는 것이 목적인 고객에게는 차라리 져주자.
7. 책임을 미루는 것으로 오해받을 말은 조심하자.
8. 서서 얘기하지 말고 앉아서 얘기를 하자.
9. 때로는 침묵도 도움이 된다.
10. 슬픔, 두려움, 눈물을 적극적으로 표현하자.

4) 포기는 금물, 꼭 타인의 도움받기

반복적으로 과도한 감정노동 스트레스에 시달리다 보면, 나중에는 그 상황에서 벗어나는 것 자체를 포기하게 된다고 해요. 부당한 고객이 있을 경우에는 문제제기를 하거나 다른 직원에게 도움을 받는 방법이 있음에도 불구하고 그런 시도 자체를 안하고 자신을 계속 스트레스에 가둬두게 되는 거지요. 부당한 상황이 발생했을 때, 혹 대처를 하게되면 고객이 또 이의를 제기하고 다시 이것이 부메랑으로 돌아와 자신이 불이익을 당할 것이라는 생각은 우선 잠시 멈추시고요. 반드시 누군가와 이야기를 나눠서 나쁜 생각부터 머리속에서 지워나가는 것이 중요합니다.

지금까지 감정노동과 그에 다른 스트레스 대처방안에 대해서 알려드렸는데요. 어떠셨나요? 최명기 선생님의 대처법의 핵심은 '가능한 한 스트레스를 받지 않도록 냉정하게 거리를 두고, 실제적으로 도움을 받을 수 있는 방법을 적극적으로 찾아보자'인 것 같아요. 긍정적인 마음가짐도 큰 도움이 되겠지요? 그리고 혹시 내가 '감정노동의 가해자'가 아닌지도 한번 생각해보는 것도 좋을 것 같아요. 하이현도 곰곰이 생각해 보겠

습니다![313]

6. 감정노동과 마음건강: 고객상대 근로자와 정신건강

웃어야만 하는 고객상대 근로자의 정신건강[314] 고객과 감정을 교환하고, 고객의 마음을 읽어야 하는 고객상대근로자는 업무상으로 감정노동으로 인한 스트레스에 노출돼 있다. 특히 최근 5년새 서비스업종에 종사하는 근로자의 감정노동이 사회적 쟁점이 되면서, 고객상대 근로자의 보다 쾌적한 작업환경과 정신건강을 위한 다양하고 지속적인 환경개선이 중요해지고 있다. 감정노동(emotional labor)이란 용어는 미국의 사회학자 앨리 러셀 혹실드가 처음으로 사용했으며, '많은 사람들의 눈에 보이는 얼굴표정이나 몸짓을 만들어 내기 위하여 감정을 관리하는 일'이라고 정의했다.

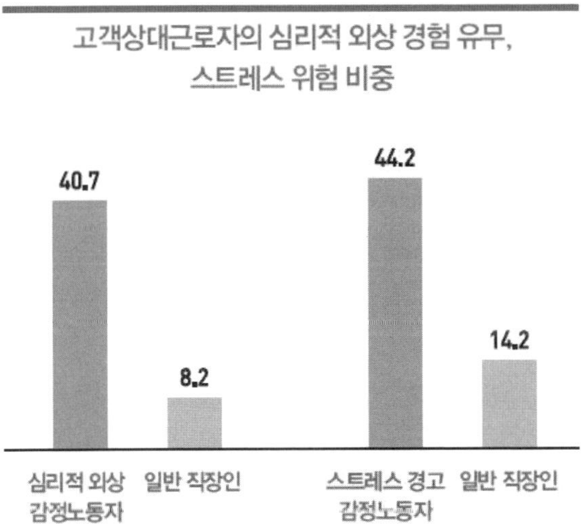

자료: http://koshamedia.tistory.com/892?srchid=BR1http://koshamedia.tistory.com/892

313) http://blog.hi.co.kr/1004?srchid=BR1http://blog.hi.co.kr/1004(2015.4.3.)

314) Safety | 2014/08/30 16:29 | Posted by 스마트 안전보건

고객을 항상 친절하게 대하고 미소를 잃지 않도록 교육받는 백화점이나 쇼핑센터의 판매근로자가 감정노동을 수행하는 대표적 사례다. 감정노동을 장기적으로 수행한 근로자들 가운데 상당수가 정신적 스트레스가 누적되어 스마일 마스크 증후군(smile mask syndrome)1)을 비롯한 정신적, 육체적 질병에 노출돼 있으며, 이로 인해 감정노동이 사회적 쟁점 중의 하나로 제기되고 있다. (주 1) '스마일 마스크 증후군'이란 밝은 모습을 보여야 한다는 생각에 사로잡혀 얼굴은 웃고 있지만 마음은 우울한 상태로 식욕, 성욕 등이 떨어지고 심하면 자살에 이르는 증세)

1) 고객상대 근로자와 스트레스

일반적으로 감정노동을 하는 근로자를 '감정노동자'라고 칭하지만, 최근에는 특정 직업군에 대한 부정적 인식을 전달하는 경향이 있어 '고객상대 근로자'로 순화해서 부르고 있다. 고객상대 근로자는 고객으로부터의 자극이나 위협속에서도 감정을 억누르고 흐트러지지 않는 상태를 유지하도록 요구받는다. 동시에 감정활동의 통제, 실적향상 및 고객친절에 대한 지속적인 압력을 받고 있어 우울증이나 대인기피증 등 직무 스트레스성 직업병이 발생할 수 있다.

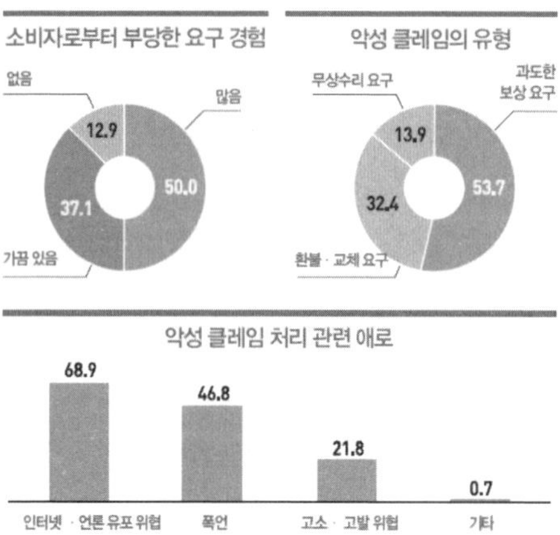

자료: http://koshamedia.tistory.com/892?srchid=BR1http://koshamedia.tistory.com/892

2) 고객상대 근로자가 상대하는 블랙컨슈머

'블랙컨슈머'는 악성을 의미하는 블랙(black)과 소비자를 의미하는 컨슈머(consumer)를 합친 용어이다. 주로 서비스업종에서 감정노동을 하는 고객상대 근로자가 업무상으로 대해야 하는 악성고객을 뜻한다. 이들은 제품에 특별한 문제가 없음에도 악의적으로 트집을 잡아 문제를 제기하며 기업의 이미지는 물론 다른 소비자의 건전한 소비행위에도 나쁜 영향을 미치는 악성 소비자 집단이다. 물론 소비자의 입장에서는 제품에 하자가 있는 경우 문제를 제기하는 게 당연하지만 이들의 경우는 제대로 된 원인규명이나 검증조차없이 인터넷이나 SNS를 통해 특정기업을 비방하는 내용을 무분별하게 유포하는 특징이 있다.

3) 감정노동을 많이 수행하는 직업군

직업분류 수준에서 감정노동의 정도를 비교해 보면 감정노동을 상대적으로 많이 수행해야 하는 직업군은 음식서비스 관련직, 영업 및 판매 관련직, 미용・숙박・여행・오락・스포츠 관련직 등의 순으로 나타났다.

이에 비해 감정노동을 상대적으로 적게 수행하는 직업군은 농림어업 관련직, 문화・예술・디자인・방송 관련직, 교육 및 자연과학・사회과학 연구 관련직 등으로 볼 수 있다.

직업별 감정노동 평균 비교

분류 평균(5점 만점)

분류	평균	분류	평균
음식서비스 관련직	4.13	경영 · 회계 · 사무 관련직	3.79
영업 및 판매 관련직	4.10	관리직	3.77
미용 · 숙박 · 여행 · 오락 · 스포츠 관련직	4.04	법률 · 경찰 · 소방 · 교도 관련직	3.74
사회복지 및 종교 관련직	4.02	운전 및 운송 관련직	3.60
보건 · 의료 관련직	3.98	교육 및 자연과학 · 사회과학 연구 관련직	3.54
경비 및 청소 관련직	3.93	문화 · 예술 · 디자인 · 방송 관련직	3.39
금융 · 보험 관련직	3.92	농림어업 관련직	3.17

출처: 한국직업능력개발원

자료: http://koshamedia.tistory.com/892?srchid=BR1http://koshamedia.tistory.com/892

4) 정신건강의 적은 스트레스

감정노동이 과중해지면서 가장 먼저 나타나는 공통적인 현상은 약자에게 공격성을 드러내는 것이다. 하급 직원이나 나이든 부모에게 짜증을 부리고, 기혼 여성의 경우 아이들에게 화풀이를 하기도 한다.

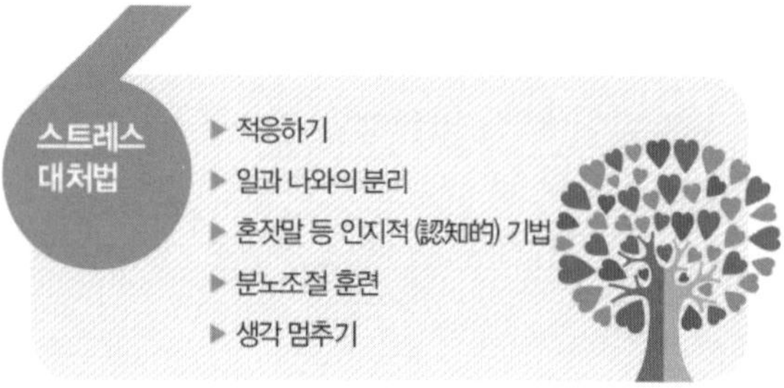

자료: http://koshamedia.tistory.com/892?srchid=BR1http://koshamedia.tistory.com/892

겉으로는 웃으면서 마음은 침체의 늪에 빠지는 가면(假面)우울증, 내가 남이 된 것 같은 이인화(異人化)현상을 겪는 경우가 있다. 자신이 못나 이 일을 하고 있다는 식의 자기비하나 자기존중심이 사라지는 것도 종종 볼 수 있다. 무엇보다도 고객상대 근로자들의 정신건강을 해치는 것은 궁극적으로 자신의 억눌린 감정을 풀지 못해 나타나는 일종의 울화병이다. 이로 인한 의욕상실과 심신의 피로를 호소하는가 하면 소화불량, 불면증, 생리불순, 과민성 대장증후군과 같은 심인성(心因性)질환을 호소하기도 한다. 직업성 스트레스를 해소·관리하기 위한 전문가들은 "일과 자신을 분리하는 게 가장 좋은 대처법"이라고 말한다. 가령 '나는 지금 연극을 하고 있어, 잠시 일 때문에 다른 사람이 된 거지'라고 생각하라는 것이다. 또한 현재 자신의 상황을 그냥 받아들이며 긍정적인 해석을 하려고 노력하는 게 필요하다고 말한다. 예컨대, '저 고객이 집에서 무슨 일이 있어 화를 낸 것이겠지, 나를 무시하려고 그런 말을 한 것은 아닐거야'라고 생각하는 것이다. 여기서 중요한 것은 스트레스를 받는 원인이 자신에게 있다고 생각하지 않는 것이다. 화가 나고 불쾌한 상황이 자신의 잘못으로 초래됐다고 여기게 되면 상황에 대한 객관적인 분석과 대처가 어려워질 수 있기 때문이다. 때로는 스스로를 위로하는 혼잣말이 도움이 되기도 한다. '이 상황에서 꼭 내가 화내야 할까? 그만큼 중요한 일인가?' 또는 '화내 봐야 나만 손해지. 그냥 무시하자'라고 생각을 하면 되는 것이다. 최악의 상황에서는 생각을 '중단'하는 것도 방법이다. 입 밖으로 소리를 지를 수 없기 때문에 속으로 '그만!'하고 소리를 지른 뒤 백지장처럼 그 고객을 지워버리는 것이다. 어떤 방법을 동원해도 반복적으로 쌓이는 분노를 억누를 수 없다면 보다 적극적인 스트레스 해소법을 찾아야 한다.[315)]

7. 감정노동의 재조명: 청년이 보는 세상

최근 우리의 눈살을 찌푸리게 만드는 사건들로 이른 바 '감정노동자'들의 근무환경이 이슈가 되고 있습니다.[316)] 기업임원과 비행기 승무원, 베이커리의 오너와 호텔 도어맨 사이에서 일어난 폭력의 문제는 우리 사회에서 감정노동자들이 일터에서 겪는 고충을 보여주고 있는데요. 얼마전에는 한 백화점에서는 실적 압박에 시달리던 직원이 자살을 한 비극적인 사건도 있었습니다. 일반적으로 생각했을 때 승무원, 도어맨, 백화점직원 등, 이들의 공통점은 '친절'하다는 점이죠. 감정노동자란 '실제로 자신이 느끼는 감정과는 무관하게 직무를 행해야하는 감정적인 노동을 하는 사람'을 의미합니다. 대표적인 감정노동직업에는 항공기 승무원, 콜센터 직원, 유치원 교사, 홍보 도우미 및 판촉원 등이 있습니다. 서비스직에 종사하는 근로자의 약 1/3이 감정노동자에 해당한다고 해요. 그런데 놀라운 점은 이들 중 1/4은 우울증을 앓고 있다는 연구결과가 있

---

315) http://koshamedia.tistory.com/892?srchid=BR1http://koshamedia.tistory.com/892(2015.4.3.)

316) 고용노동부 지킴이 2013/08/13 10:07, http://blog.naver.com/molab_suda/30173876416

다는 것입니다. 2010년 11월 민간서비스산업노조연맹이 노동환경건강연구소와 함께 민간서비스 노동자 3096명을 대상으로 직종별 우울증 정도를 조사한 결과, 전문적인 상담이 필요한 중증 이상의 우울증을 겪고 있는 근로자가 화장품 판매원의 경우 32.7%, 캐셔(계산원) 26.5%, 카지노딜러 31.6%나 된다고 합니다. 감정노동자는 자신의 감정과는 무관하게 고객의 폭언과 폭행, 인권침해까지도 무조건 수용하는 경우가 많고 이를 지키지 않을 경우 직장으로부터 부당한 대우를 받을 수도 있는데요. 이러한 상황은 개인적으로는 정신질환, 조직적으로는 업무효율성 저하, 인력손실로 이어질 수 있기 때문에 감정노동자의 권리가 재조명되어야하는 것이죠. 이를 해결하기 위해서는 감정노동자 개인의 노력으로는 부족합니다. 감정노동으로 인한 스트레스가 개인적인 차원에서 발생하는 것이 아니라 회사와 고객, 근로자 모두에게 원인이 있기 때문이죠. 그럼 감정노동자들의 근로문제를 해결할 수 있는 방법들을 알아볼까요?

1) 근로자 인식변화와 감정노동을 열정노동으로

서비스업무 활동에서 갈등이 일어나는 대부분의 경우는 근로자가 고객의 욕구를 제대로 파악하지 못했거나 서비스가 고객의 입장이 아닌 기업이나 근로자의 입장에서 제공되었을 때라고 합니다. 반대로 말하면 감정노동자들이 조금 더 고객의 입장을 이해하려고 한다면 갈등을 줄일 수 있다는 것이죠. 이 과정에서 기업이 근로자에게 '기업의 주인의식과 자부심'을 기를 수 있는 적절한 서비스교육도 실행한다면 더 많은 시너지효과를 얻을 수 있을 것이라고 생각합니다.

2) 기업의 제도변화

"회원님, 이미 말씀드렸다시피 비속어 사용으로 더 이상 상담을 진행하기가 어렵습니다. 저희 전담관리팀에서 회원님께 전화드리는 것으로 하겠습니다. 죄송합니다만, 저는 이만 전화를 끊겠습니다." 어느 카드사 고객센터 직원의 말입니다. 많은 사람들이 생각하는 고객센터나 콜센터 직원들의 무조건적인 상냥함과 정중함과는 사뭇 다른 모습인데요. 2012년 3월부터 현대카드와 현대캐피탈에서는 비속어 고객에 대한 응대 프로세스를 통해 감정노동자에 대한 보호제도를 실시하고 있다고 합니다. 이 제도는 악성고객에 의한 피해를 방지하고, 고객센터 직원들의 인격적인 모독을 방지해 효율성을 극대화한다는 취지를 가지고 실시되었습니다.

먼저 고객이 구체적인 성희롱 언행을 하거나 욕설을 퍼부을 경우 상담원은 "성희롱 발언을 계속하시면 상담이 중단될 수 있다"고 1차경고를 하게 됩니다. 그 이후에도 성희롱이나 욕설을 계속한다면 여성상담원 안내에서 남성상담원 안내로 상담이 전환됩니다. 그리고 고객센터 직원에게 정신적인 폭력을 가할시 법적인 규제가 가능하다는 경고를 한다고 해요. 일반적으로 카드업계의 경우 고객서비스를 중요하게 생각하기 때문에 이와같은 정책은 다소 파격적인데요. 잘못하면 불친절하다는 브랜드 이미지를 남길 수 있기 때문입니다. 하지만 그런 위험부담을 감수하고 감정노동자들의 인권을 보호하려는 현대카드와 현대캐피탈의 직원보호제도는 오히려 타 기업들의 벤치마킹 모델이 되고 있다고 하네요! 게다가 이러한 제도를 실시하고 나서 13.3%에 달하던 상담원 이직률이 6.5%로 하락했고, 악성고객 응대시간이 줄면서 업무의 효율성까지 증대되었다고 하니 효과는 입증된 것이겠죠?[317] 서울시 다산콜센터 120에서는 콜센터직원에게 폭언이나 성희롱을 일삼은 고객을 고소해 벌금형을 받게 한 사례가 있었습니다. 이른바 막장고객이 형사처벌을 받을 수 있다는 것이 증명된 사례인데요. 이 외에도 로레알코리아를 비롯한 샤넬, Elca Korea, 교보 핫트랙스 등 일부 판매 및 서비스 회사에서는 감정근로자의 고충을 고려, 인정하여 이미 이전부터 '감정수당'을 지급해오고 있다고 합니다. 감정근로자들이 업무환경으로부터 겪는 정신적 스트레스에 대한 금전적인 보상을 하는 제도인데요.

317) 2013.3.19 MBN 정오뉴스

매달 3만원~10만원 정도의 수당이 지급되고 있고, 일부 업체에서는 심리상담과 문화공연비 지원제도를 실시하고 있다고 합니다.

3) 법의 개선

지난 5월 국회에서는 감정노동자들을 위한 법안이 발의되었다고 합니다. 주요 내용은 사업주로 하여금 근로자가 감정노동으로 건강에 피해를 입지 않도록 예방 및 치료하는 것을 의무화하고, 업장내 고객에 의한 성희롱에 대해 대응 및 예방조치를 의무화하며, 각 객체간의 인격존중의 토대를 마련해야 한다는 것입니다. 이 법이 의결되어 시행된다면 더 많은 감정노동자들이 법의 보호를 받으며 근무할 수 있을 것 같아요! 그런데 고객센터와 같은 감정노동자들이 고객의 부당한 대우에도 무조건 참아야 하는 이유가 더 있는데요. 일반적으로 감정노동자는 근무하고 있는 기업에 직접 소속된 것이 아니라 하청업체를 통해 인력공급되기 때문이라고 합니다.

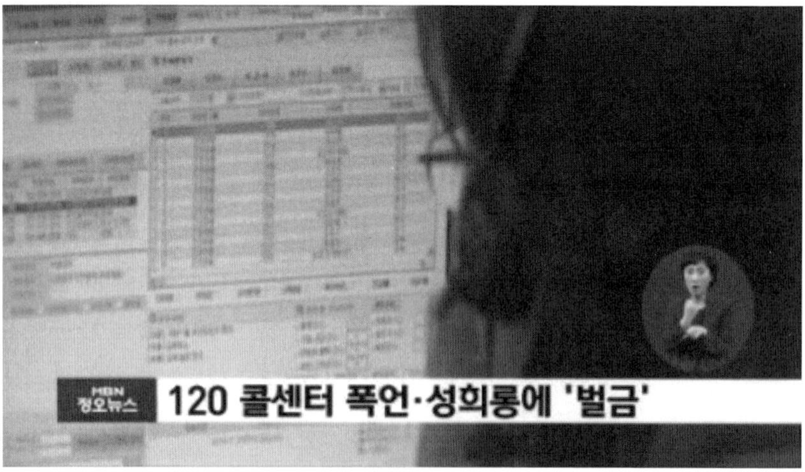

자료: http://blog.naver.com/PostView.nhn?blogId=molab_suda&logNo=30173876416

하청업체 입장에서는 자신의 회사에 소속된 직원으로 인해 원청업체에서 컴플레인이 들어오면 곤란하기 때문에 고객으로부터 성희롱을 당해도 항상 정중해야 한다고 직원들에게 교육하고 있다고 합니다. 이러한 구조적인 문제도 법의 개선을 통해 완화되었으면 하는 바람입니다.

4) 역지사지의 감정노동자 이해하기

곰곰히 생각해보면 대다수의 사람들은 판매자임과 동시에 소비자라고 할 수 있어요. 돈을 벌기위해 일을 하지만, 동시에 그 돈으로 물건이나 서비스를 구입하잖아요. 감정노동자들도 결국 회사 밖에서는 감정노동을 구입하는 소비자가 되고, 누구든 언젠가는 감정노동을 하게 될 수 있는 것이죠. 감정노동자들이 겪는 스트레스는 무례한 고객으로부터 오는 경우가 가장 많겠죠? 우리가 소비자의 입장일 때 감정노동자들의 고충을 조금 더 이해하고, 그들의 입장에 대해 한번이라도 생각해본다면 오늘날의 감정노동문제가 자연스럽게 해결될 수 있지 않을까하는 생각이 듭니다. 여기서 감정근로자에게 유용한 정보 한가지! 근로복지공단에서는 근로자들의 직무만족이나 생산성에 부정적인 영향을 미치는 문제들을 근로자 스스로 해결할 수 있도록 도와주는 상담 서비스 EAP를 무상으로 제공하고 있습니다. EAP 서비스는 근로자의 정신적 스트레스 해결을 지원해주는데요. 근로복지넷 회원으로 가입하고 상담신청만 하면 이용할 수 있으니 감정근로자 뿐 아니라 많은 분들이 이용해보셨으면 좋겠네요.[318][319]

8. 한국은 감정노동자의 무덤: 나쁜 감정은 빨리 환기

그녀는 7년째 공공기관에서 상담업무를 하고 있다. 보통 하루에 60~70건의 상담전화를 처리한다. 많을 때는 100건이 넘기도 한다. 정말 쉽지

---

318) ▶근로자 지원 프로그램(EAP) 신청하러 가기

319) http://blog.naver.com/PostView.nhn?blogId=molab_suda&logNo=30173876416(2015.4.3.)

않다. 그래도 나의 작은 지식이 남에게는 큰 도움이 될 수 있다는 보람으로 일한다. 한번은 중년 남자로부터 전화를 받았다. 그는 처음에 아주 부드럽게 자신의 주장을 얘기했다. 그러나 규정상 자신의 요구가 처리될 수 없음을 알게 된 후 태도가 돌변했다. "못 배운 ×, 건방지게 나한테 안 된다고 해?"라고 반말과 욕설을 퍼붓는다. 그렇지만 이 정도의 일은 비일비재하다. 며칠전 사건은 그녀를 정말 힘들게 했다.

그 사건도 도움을 줄 수 없는 것이었다. 문제는 그런 현실을 잘 이해하고 받아들이도록 조심스럽게 얘기를 했어야 했다. 그런데 많이 피곤해서 다소 건조한 말투로 도와드릴 수 없다고 했다. 상대방이 알았다면서 전화를 끊어 그것으로 끝이려니 했는데, 다음 날부터 매일 아침 전화를 해서 심한 말을 일삼는다. 더구나 어느 날은 감사실에 전화를 걸어 그런 불량 직원은 세금이 아까우니 당장 해고시키지 않으면 청와대 · 검찰 등에 진정서를 내겠다고 으름장을 놓는다. 심지어 어느 날은 회사로 찾아와 무작정 최고책임자를 만나겠다며 회사 전체가 떠나가도록 폭언을 일삼는다. 해도 너무 한다. 그렇지만 어찌할 방도가 없다. 감정노동은 감정을 상품화한 노동이다. 직업적 판단과 전문가적 식견을 토대로 하는 고품격 상품이다. 체계적인 훈련이 요구되는 노동이다. 연예인은 대표적인 감정노동자다. 훌륭한 연기는 감정이입이 필수다.

미국에서 배우들은 격한 영화를 찍고 나면 정신과 치료를 받는다. 목회자도 감정노동자다. 목회의 시작은 쓰레기통에서 시작한다는 말도 있다. 삶에 지친 영혼들을 위해 항상 행복한 척해야 한다. 상담전문가도 감정노동자다. 내담자의 위험한 무의식에 뛰어 들어야 한다. 현대는 고객 서비스의 시대다. 고객은 왕이다. 기업이나 공공기관 모두 고객만족, 심지어 '고객졸도'를 캐치프레이즈로 내건다. 현대인은 대부분 직장생활을 한다. 직장인은 누구나 어느 정도 감정노동을 해야 한다. 고객의 감정을 위해 자신의 감정을 통제해야 한다. 자신의 감정과 요구되는 감정이 다르다. 감정부조화는 큰 스트레스로 작용한다. 그런데 많은 사람이 감정처리 능력은 무시되고, 아무런 훈련없이 감정노동 현장에 투입된다.

조직은 감정노동을 개인의 성격이나 품성으로 치부한다. 어떤 악조건에서도 상냥함과 친절함을 유지해야 한다. 초보자도 대책없이 숙련자가 처리해야 할 상황에 노출된다. 매우 위험하다.

한국의 고객 서비스는 세계 최고 수준이다. 치열한 경쟁에서 차별화 서비스로 승부수를 건 것이다. 당연히 감정노동의 강도도 세계 1위권이다. 최근 통계에 따르면 직장인 5명 중 1명이 감정노동자다. 한국 사람들은 정이 많다. 감정이 풍부하다. 불만을 제기할 때 과격하게 표현한다.

한국 사람들은 한이 많다. 상대적 빈곤에 따른 사회적 분노가 많이 축적돼 있다. 작은 거절과 무시에 과민반응한다. 한국 사람들은 급하다.

요구사항이 즉각적으로 해결 안되면 폭발한다. 이는 서비스 현장에서 반말과 욕설과 폭언으로 나타난다. 모든 사회적 감정의 몫은 감정노동자가 떠맡는다. 최근 조사 결과를 보면 감정노동자들은 월 평균 1.3회의 폭행과 7.3회의 욕설을 경험한다고 한다. 잦은 상처의 경험은 대인기피증이나 공황장애, 우울과 자살충동으로 이어질 수 있다. 한국 사회에서 감정노동은 생계를 위한 전쟁터에서 무분별하게 착취되고 있다. 단순한 개인 치유와 서비스 개선을 넘어선 구조적 병폐다. 우리 모두 가해자이면서 피해자다. 감정의 법칙이라는 것이 있다.

① 강한 감정은 약한 감정을 다스린다. 뇌는 동시에 두 감정을 처리하지 못한다. 찬 기운이 강하면 더운 기운이 약해진다. 사랑이 없는 것은 두려움이 있기 때문이다.

② 진짜 감정과 가짜 감정의 구분이 어렵다. 뇌는 진짜로 말하든지 가짜로 말하든지 흑백을 구분하지 못한다. 일단 생각하면 그대로 만들어 내려고 한다. 말로 시인하면 증명하려고 한다. 강한 감정이 실린 쪽에 손을 들어준다.

③ 나쁜 감정은 독이 되고 좋은 감정은 약이 된다. 나쁜 감정은 스트레스의 주범이다. '정신독(Mental Toxin)'으로 작용한다. 최악의 감정은

분노 · 무기력 · 죄의식 · 수치심이다. 좋은 감정은 건강의 척도다. 최고의 감정은 사랑 · 평화 · 기쁨 · 자유다.

④ 감정은 전염된다. 상대가 화를 내면 나도 순간 화가 나게 된다. 내가 기분이 나쁘면 상대도 기분이 나빠진다. 감정은 투사되고 또한 동일시된다. 특히 피곤할 때 잘 일어난다. 내가 기분이 나쁜데 오히려 상대가 기분이 나쁜 것으로 파악한다. 상대가 화가 났는데 오히려 내가 화를 내는 것으로 오인된다.

감정지능(EQ)이란 게 있다. 감정을 정확히 인식하고, 표현하고, 조정하는 능력이다. 한 마디로 요약하면 대인관계 능력이다. 골먼은 그것을 5가지 영역으로 구분한다.

① 자기감정 인식하기

② 자기감정 다루기

③ 동기부여하기

④ 타인감정 인식하기

⑤ 타인감정 다루기 등이다.

지능(IQ)은 인간의 성공과 행복을 10~20%만 설명해 준다. 감정지능(EQ)이 나머지 80~90%을 결정한다. 이런 말도 있다. '입사는 IQ순이지만 승진은 EQ순이다.' EQ가 높은 사람을 우리는 '영업의 귀재' '인간관계의 마술사' '사회적 스타'라고 부른다. 감성지능은 삶속에서 인간성을 유지하고 발전하는 데 중요한 역할을 한다. 특히 사랑 · 열정 · 배려 · 헌신은 우리 인간관계에서 중요한 안내자 역할을 한다. 감정노동자에게 도움되는 처방법은 무엇일까?

첫째, 자신의 감정에 주목하자. 왜 화가 나는가? 화가 날 특별한 이유가 있는가? 우선 부정적인 감정을 벗어나는 게 최선이다. 사람들은 스트레스를 받게 되면 보통 세 가지 대응방식을 가진다. 반격형은 감정을 폭팔한다. 항복형은 감정을 억누른다. 회피형은 감정에서 도망간다.

폭팔도 억압도 도망도 안된다. 깊이 숨을 들이쉰 후 속으로 외친다.

'이건 내 문제가 아니야!'

둘째, 상대의 감정에 주목하자. 왜 화를 내고 있는 것인가? 화를 낼 특별한 상황인가? 우선 감정이 전염되지 않는 게 최선이다. 사실에 집중하자. 상대는 무언가 불이익이 있을까 불안해하고 있다. 도에 지나친 대우를 요구하고 있다. 종로에서 뺨맞고 한강에서 눈흘길 수도 있다. 숨을 멈춘 후 속으로 외친다. '집에 가면 안볼 인간이다!'

셋째, 감정케어가 필요하다. 나쁜 감정은 되도록 빨리 환기시켜야 한다. 쌓이면 병이 된다. 그날그날 씻어야 한다. 가족이나 동료에게 털어놓아야 한다. 자조그룹이 있으면 더 좋다. 아무 것도 안되면 정신과의사라도 찾아야 한다. 우리는 타고난 감정처리의 능력에 훨씬 미치지 못한 채 세상을 살아간다. 감정지능은 무한대로 개발될 수 있다. 단, 오랜 훈련과 수련이 필요하다.

인간의 머리는 작아서 세계를 넣을 수 없지만 가슴은 넓어서 우주를 품을 수 있다. 숨을 크게 쉬자.[320][321]

9. 감정노동자로 산다는 것

'롤러코스터'라는 한국영화가 있다. 지난해 개봉한 6억원짜리 저예산 영화로 배우 하정우의 감독 데뷔작이다. 비행기 안에서 벌어지는 각종 해프닝을 담은 이 영화에는 여성 승무원을 괴롭히는 '진상승객'들이 등장한다. 영화 '육두문자맨'으로 한류스타가 된 바람둥이 마준규(정경호 분)는 마음에 드는 승무원에게 끊임없이 명함을 달라고 요구한다. 비즈니스 클래스에 앉은 한 승객은 비행기가 출발하기도전에 "배가 고프다"며 식사를 달라고 요구한다. 승무원들은 커튼 뒤에서 '진상승객'에 대한 스트레스를 거하게 욕으로 푼다. 승무원은 대표적인 감정노동자다. 한국

---

320) <자료 : 이코노미스트(후박사 이후경 정신과의사, LPJ마음건강 대표 기자)>
321) http://blog.daum.net/haj4062/15737442(2015.4.3.)

직업능력개발원이 감정노동을 많이 하는 10개 직업을 조사했더니 항공기 승무원이 1위였다. 감정노동(Emotional Labor)은 앨리 러셀 혹실드 미국 버클리 캘리포니아주립대 교수가 1983년 '관리된 심장(The Managed Heart)'이라는 저서를 통해 처음 보급한 용어다. 감정관리활동이 직무의 40% 이상을 차지하는 대인 서비스업 종사자가 감정노동자다.

다수의 고객에게 친절과 상냥함을 유지하기 위해 자신의 감정을 통제해야 하는 승무원, 백화점 판매원, 콜센터 직원, 골프장 캐디 등이 여기에 해당한다. '웃고 있지만 웃는 게 아냐'라는 노래가사처럼 감정노동자들은 고객을 응대하면서 얼굴은 웃고 있지만 마음은 우울한 상태가 이어지는 '스마일 마스크 증후군'을 겪는다. 감정노동자 가운데 특히 승무원과 캐디의 스트레스는 다른 직업군보다 심한 편이다. 재수가 없으면 몇 시간동안 꼼짝없이 '진상고객'과 맞닥뜨려야 하기 때문이다. 여성들은 남성들의 성적인 농담이나 행동에 노출될 위험성도 높다.

백화점 판매원도 고객 스트레스가 심한 감정노동자다. 국내 백화점들은 입점업체에 고객 서비스 지침을 내린다. 한 백화점 서비스 매뉴얼을 입수해 봤더니 이런 내용들이 있었다.

기본강령은 '주차장에 입점하는 순간부터 퇴점할 때까지 모든 사원이 (고객과) 눈만 마주치면 인사한다'로 돼있다. '3불(不) 서비스'라는 것도 있다. 직원이 고객에게 하면 안되는 말 3가지로 '없어요, 안돼요, 몰라요'다. 없어요는 '고객님 죄송합니다. 그 상품은 인기상품으로 품절되었습니다'로, 안돼요는 '고객님 해드리지 못해 정말 죄송합니다'로, 몰라요는 '잠시만 기다려주시면 제가 알아보겠습니다'로 바꿔서 말해야 한다. 안전보건공단은 감정노동자의 수를 국내 임금근로자 1770만명 중 560만~740만명으로 추정한다. 전체 근로자 10명 중 3명 꼴이다.

이 중 절반가량이 여성이다. 지난해 전국민간서비스산업노동조합연맹과 노동환경연구소의 '감정노동종사자 건강실태조사'(남녀 2268명 설문)에 따르면 여성 감정노동자의 48.9%가 '우울증을 경험한 적이 있다'고 답했다. 전체 응답자의 30.6%가 자살충동을 느낀 적이 있고 4%는 실제로 자살을 시도했다. 고객으로부터의 피해 사실을 왜 알리지 않았느냐는 질문에 '회사가 별 대책을 세워주지 않을 것 같아서'라는 응답이 82.6%였다. '과잉친절'만 요구하고 직원의 힐링(치유)에는 관심이 없는 기업들도 문제의 근원지다. 자 어떤가. 이런 충격적인 실태를 보고도 '고객은 왕'이며 '난 대접받아야 한다'는 생각이 드는가. 어떤 말이나 행동을 하기전에 한번 입장을 바꿔 생각해보자. 상대를 배려하고 존중하는 사회적 문화를 만들 때가 됐다. 그런 면에서 박희태 전 국회의장을 성추행 혐의로 경찰에 신고해 우리 사회에 경종을 울려준 캐디분의 용기에 박수를 보낸다.[322)][323)]

10. 감정의 시대: 서비스 노동의 관계미학

견디는 삶의 대가, 서비스의 추학(醜學)[324)] <감정의 시대: 서비스 노동의 관계미학>은 조혜정(연출), 김숙현(연출), 임샛별(안무)의 공동작업의 연장선이다. 이번 공동작업은 2013년 <홀드 미>를 시작으로 2014년 <포트레이트>를 뒤이은 세 번째 작업이다. 작업은 영상설치, 퍼포먼스, 공연, 상영 등 다양한 형태로 이어져왔고 그 마지막으로 전시를 통해 영상작업을 한눈에 펼쳐 놓았다.[325)]

1) 역할부여

어두운 배경을 두고 눈, 코, 입이 없는 분절된 마네킹이 조립된다. 그리고 사람들은 마네킹에 유니폼을 입힌다. 스타킹을 신기고 셔츠의 단추

322) <자료 : 동아일보(김상수/사회부 차장)>

323) http://blog.daum.net/haj4062/15737442?srchid=BR1http://blog.daum.net/haj4062/15737442 (2015.4.3.)

324) Post at | 2014/11/19 11:26 | by indienbob. [리뷰] 감정의 시대: 서비스 노동의 관계미학, 조혜정, 김숙현, 임샛별, 글_정은미

325) (스페이스 15번지, 2014년 10월 30 ~ 11월 9일)

를 잠근다. 단정한 차림의 유니폼은 오차없이 마네킹에 입혀졌다. 한 사람의 이름, 한 사람의 나이, 한 사람의 직업, 명시된 활자는 마네킹이 '누구'인지를 알려준다. 동시에 입혀진 유니폼으로 인해 '누구'만의 특색은 천천히 덮인다.

2) 가식적 서비스

직종에 맞춰 유니폼을 입은 퍼포머는 정해진 일을 반복적으로 수행한다. 요리사는 탁탁탁 기계적인 손놀림으로 칼질을 한다. 도마 위의 야채는 사방으로 튀어나간다. 승무원은 흐트러짐없는 미소로 승객에게 허리 굽혀 인사한다. 계속해서 이어지는 인사는 기계인형을 연상시킨다. 경호원은 우두커니 선 채 먼 곳을 응시하다가 문득 주위를 두리번거리며 무형의 존재를 보호하는 몸짓을 한다. 간호조무사는 웃는 얼굴로 의자에 앉았다 일어서기를 반복한다. 퍼포머들의 이같은 왜곡된 재현은 각각의 직업에 요구되는 감정과 행위에 대한 감정적 그리고 육체적 통제를 보여준다.

3) 견딜 가능성

퍼포머는 견디기 괴로운 자세를 취하고 2분 30초동안 지속하는 작업을 한다. 손이 닿지 않는 마네킹의 가발을 손질하려 손을 뻗은 미용사, 인형을 등에 업고 양손을 펼친 후 인형이 떨어지지 않도록 유지하는 보육교사, 주방기구들이 가득 놓인 테이블을 짊어지고 있는 요리사, 계단 위에서 한발로 버티는 경호원, 좁은 공간에 갇혀 흔들리는 유리잔속 음료를 바라보며 쟁반을 들고 있는 승무원, 그들은 땀을 흘리고 고통스러워한다. 미소를 지어 보이기도 하지만 이내 그 미소는 미약한 경련을 들킨다. 버티는 몸은 바들바들 떨리지만 영상이 지속되는 시간동안 그들의 견디기는 계속된다. 감정의 시대에 살고 있다. 여러 가지 다른 모양을 하고 각자의 색깔에 맞게 만들어진 감정은 때로는 그 미묘함에 말로 표현되지 못하기도 하고 혹은 알맞게 들어맞아 묘사되곤 한다. "내 느낌엔

말이야, 내 기분은"의 감정을 표현하는 것이 어느 때보다 자연스럽고 당연한 시대에 이런 말들의 쓰임은 비일비재하다. 나아가 몸의 움직임, 표정, 소리의 뉘앙스와 같은 비언어적 표현은 기호로서 표출되어 수신자에게 다양한 의미를 불러 일으키며 상호작용한다. 이 과정에서 표출하는 이와 받는 이의 관계, 그 사이에 오고 가거나 그 언저리에 떠도는 감정은 더욱 풍부해진다. 하지만 이처럼 내면으로부터의 자유로운 표현이 가능한 주관적인 감정과는 달리, 사회적 상황과 맥락에 따라 구현되어야만 하는 감정이 있다. 이 감정을 표현하도록 요구받고 그에 따라 행하는 것이 감정노동이다. 감정노동은 특히 사람을 상대하는 산업종사자들에게 요구되는 정서적 노동을 지칭한다. 근대사회에서 현대사회로의 변화는 2차산업에서 3차산업으로의 이행과 궤를 같이 했다. 경제구조가 바뀌면서 3차산업인 서비스 노동의 영역이 넓어졌고 서비스업 종사자에게 부여되는 표현적 규칙은 더욱 확고해졌다. 노동에서 타인과의 교류가 중요해지고 그에 따라 관계의 바탕이라 할 수 있는 정서에 대한 일종의 지침이 생긴 것이다. 이 과정에서 서비스 노동자는 자신의 개인적인 감정을 억제하고 요구된 감정을 표출해야만 한다.

<감정의 시대: 서비스 노동의 관계미학>의 도서를 살펴 보고자 한다. 주요 내용으로서 작업은 감정노동자들을 주목한다. 휴대폰 AS기사, 스튜어디스, 보육교사, 간호조무사, 패밀리레스토랑 조리사 겸 서버, 경호원, 콜센터 직원, 마트캐셔 등 다양한 서비스 직종에 종사한 사람들을 인터뷰하고 그것을 토대로 역할극을 구성하였다. 그 과정에서 퍼포머를 통해 감정노동의 현실은 재조명된다. 감정노동자(퍼포머)는 통제된 육체적·정신적 조건과 내재화된 위계속에서 감정의 작동을 표현한다. 각각의 영상작업은 마네킹들에게 하나의 형태를 부여하여 그에 걸맞은 직업인이 되게 하는 것으로 시작하여 작업환경에서의 반복적이며 '가식적' 행위를 드러내기, 표출되지 못하고 은폐되는 다양한 감정으로 인해 괴로워하는 모습을 정지된 행위속에서 나타내기로 이어진다.

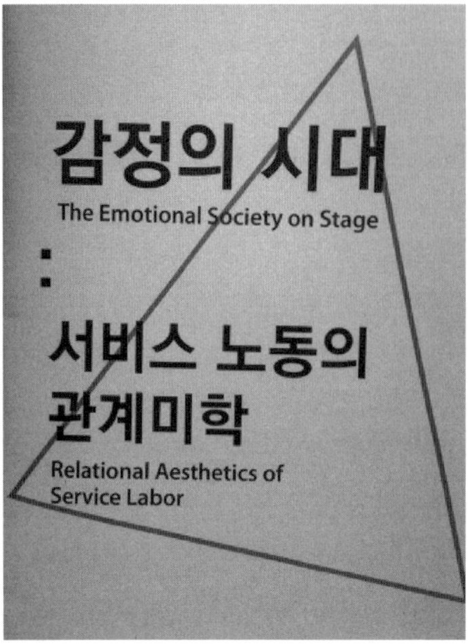

자료: http://indienbob.tistory.com/887?srchid=BR1http://indienbob.tistory.com/887

전시는 이 세 가지 영상작업을 비롯하여 무용수의 추상화된 몸언어를 담은 영상작품도 선보인다. 영상속 무용수는 한층 더 과장된 몸짓으로 직업적 행위를 표현하였다.

영상은 타인과의 소통을 위해 지어내는 움직임으로 가득 차 있지만 그 어떤 상호작용도 느낄 수가 없다. 무용수의 움직임은 이미 입력된 코드를 체현하는 것 이상은 보여주지 않는다.

또한 전시실 한쪽에서는 감정노동자의 인터뷰를 녹음한 음성이 흘러나와 사실감을 높인다. 이들의 인터뷰는 주로 서비스 노동의 상황과 노동에서 오는 육체적·심리적 고충, 그리고 그에 따른 부정적 견해를 가감없이 담고 있다. 전시는 서비스 노동에 대한 담론을 표면화시킨다.

감정이 산업구조로 인해 물질화되고 노동의 연장선이 되는 시대에 서비스 노동에서 두드러지는 감정노동의 정상화에 대한 필요성을 부각시키는 것이다. 그들에 대한 다소 왜곡된 묘사가 그들이 처한 현실의 정확한 재현은 아닐 것이다. 또한 모든 서비스 노동자들이 표현하는 감정을 고된 노동의 일종으로 생각하는 것도 아닐 것이다. 다만, 감정노동자들에게 요구되고 통제되는 상황이라는 것이 '비정상적' 상황은 아닌지 반성해 볼 수 있는 계기를 주고 있는 것만은 분명하다. 그리고 그들이 보여주는 획일적 감정의 양상이 그들에게 납득되는 것인지에 대한 의문 역시 던져준다. 주관적 감정과 규율화된 사회적 감정 사이의 틈은 그들로 하여금 내적 갈등을 불러 일으키고 스스로 일치되지 않는 외적 행위를 하도록 부추기는 원인이 된다. 서비스 노동에 대한 예술담론은 노동자를 둘러싼 환경과 그들이 관계맺는 사람들의 인식을 살피고 더불어 그들 자신의 인식 또한 되새기도록 펼쳐진다.

4) 작품소개의 프로그램 발췌

(1) 오랫동안 노동은 곧 육체노동이었고 구체적인 생산물을 전제로 하였다. 그러나 후기자본주의, 신자유주의 시대속에서 인간의 정신적인 부분이라고 할 수 있는 감정 역시 물화되면서 교환가치를 낳는 도구가 되었다. 그래서 감정노동이 주가되는 서비스업종에서 노동자들은 기업과 사업장의 규범에 따라 스스로의 감정을 통제하며, 주어진 감정의 표현규칙에 따르며, 또 자신을 감시 및 관리해야 한다. '최저비용으로 최고의 고객만족'이라는 기치 아래, 감정노동자들은 저임금과 유연한 노동조건속에서 자기감정을 자본에 저당잡힌 셈이다.[326]

(2) 감정을 거칠게 정의해 본다면 행동으로 나아가게 하는 내적인 에너지, 즉 일상적인 기분들로서 인지, 정서, 판단, 욕구, 육체 등을 포함

326) 사진 = jin3 / 전시 영상캡쳐 / @스페이스15번지, 필자_정은미, 소개_내가 누군지 글로 짓고 있는 중 ■감정의 시대-서비스노동의 관계미학展, 1. 문래예술공장 박스씨어터 - 영상설치 : 9. 23(화) - 9. 30(화) 11:00 - 18:00 / 퍼포먼스 : 9. 27(토) 18: 30 / 9.28(일) 18:30, 2. 스페이스 15th - 전시 : 10. 30(목) - 11. 9(일) 11:00 - 18:00, 3. M 극장 - 공연 : 10. 24(금) 19:00 / 10. 25(토) 17:00, 4. 스페이스 셀 - 상영 : 11. 1(토) 18:00, 창작자_미디어 프로젝트 팀 감정시대 - 조혜정, 김숙현, 임샛별

하는 것이다. 예술가는 감정을 주로 주관적, 내면적인 경험의 추상화된 상태로 다루어왔다. 하지만 감정은 주관적이고 우발적인 것일 뿐만 아니라 행위자가 당면한 사회적 관계와 맥락에 따라 다르게 표출되고 구성된다. 그리고 우리는 이러한 사회적 감정들을 일상적으로 소통하고 표현한다. 그래서 우리의 일상을 둘러싼 사회적 감정을 재연하기 위해서는 감정의 '안'에서 이해하기보다는 '밖'에서 구해야 한다.

『감정의 시대-서비스노동의 관계미학』은 감정의 '밖'에서 행해지는 담론들, 사회적 위계에 의한 감정의 위계문제, 나아가 그 감정의 도덕적이고 사회적인 배치를 통제하는 사회구조와 노동의 물리적인 조건들을 주목한다. 그리고 이를 '역할 퍼포먼스'로 표현한다. 예술은 감정노동과 무관한 것일까? 이 프로젝트는 감정노동자들을 대상화하려는 시도일까?

예술가를 감정노동자라고 할 수 없지만 예술가라는 직업군 역시 불안한 노동조건속에서 자신의 경력, 교육, 능력, 신체 그리고 관계망을 관리해야 한다. 예술가들은 비물질적인 가치와 감정을 재가공해서 파는 감정자본주의 시대의 일원이며, 심지어 그 가치를 제대로 인정받지 못하는 소외된 노동자이다. 그리고 서비스업종 안에서 부수적 수입을 찾는 이 시대의 관계망, 즉 변화해가는 역할 안에 있다. 우리가 일상에서 만나는 고정된 사람을 제외한다면 대부분은 서비스업에 종사하는 사람들이고, 그 역할은 언제나 전도 가능하다. 즉, 감정의 생산과 소비는 원형을 그리며 우리의 일상을 에워싸고 있다.

(3) 여기 무대가 있다. 무대에는 얼굴들이 있고, 그 얼굴들을 마주할 수 있다. 그 얼굴들은 너와 나의 얼굴이고, 이 프로젝트를 수행한 예술가들과 그들이 만난 감정노동자들의 얼굴이기도 하다. 무대는 감정이 재화가 된 감정(노동)의 시대이고, 재연된 영상은 서비스 노동의 조건이면서 부여된 역할이며, 얼굴들은 그 관계를 함께 마주함이다.[327)]

327) http://indienbob.tistory.com/887?srchid=BR1http://indienbob.tistory.com/887(2015.4.3.)

11. 감정노동의 공익광고

한국노총이 한국방송광고진흥공사(코바코)에 "감정노동을 공익광고 주제로 선정해달라"고 요청했습니다. 한국노총은 21일 공사 앞으로 이러한 내용을 담은 공문을 보냈는데요.[328] 감정노동자의 인권과 건강권을 보호하고 감정노동에 대한 사회적 인식을 높이기 위해 공익광고 선정을 요청했다고 합니다. '감정노동자, 당신의 소중한 가족입니다'를 주제로 제시했는데요.

한국노총은 △ 땅콩회항 사건 △ 경비원 분신 사망사건 △ 백화점 직원에 대한 고객의 갑질행동사건을 예로 들면서 "감정노동자의 인권과 건강권의 문제가 심각한 사회문제로 확산되고 있다"고 지적했습니다.

한국노총은 이어 "감정노동문제를 해결하기 위해서는 감정노동에 대한 사회적 인식이 더욱 높아져야 한다"며 "정부·기업·노동자·소비자 등 사회 구성원 모두의 문제로 이해하고 함께 해결해 나가려는 노력이 절실한 시점"이라고 강조했습니다.

공사는 공익광고협의회를 통해 국내에 방송되는 공익광고 주제를 선정하고 홍보하고 있는데, 2012년 말 기준으로 공사가 제작한 방송공익광고가 258편이라고 합니다. 공사가 한국노총의 요청을 받아들여 감정노동 공익광고를 만들지 궁금하네요.

키 작고 뚱뚱하면 패션 디자이너 못한다? 패션업체가 패션모델이 아닌 디자이너를 모집할 때도 모델 빰치는 신체사이즈를 요구해 논란이 되고 있습니다. 피팅모델 인건비를 아끼려는 업계의 꼼수라는 지적이 제기되고 있는데요. 패션노조·알바노조·청년유니온은 21일 "패션업계가 신입 디자이너를 뽑는 과정에서 피팅모델 역할까지 할 수 있도록 신체사이즈에 제한을 두고 있다"고 주장했는데요. 이들 단체에 따르면 일부 패션업체는 모델이 아닌 옷을 설계하는 디자이너를 뽑는데 '키 165~170

---

328) 편집부 | labortoday, 매일노동뉴스 승인 2015.1.22.

센티미터, 가슴둘레 33인치, 허리둘레 26인치, 엉덩이둘레 36인치'의 기준을 제시했다고 합니다. 이같은 업계의 관행으로 인해 구직에 나선 신입 디자이너들이 모멸감과 수치심을 느끼고 있다는데요. 이들 단체는 "세계적 디자이너인 샤넬의 칼라거펠트, 루이비통의 마크제이콥스, 안나수이와 같은 디자이너들은 한국 기업에서 취업할 수 없다"며 "그들은 뚱뚱하고, 키가 작고, 너무 말랐기 때문"이라고 꼬집었습니다.[329)330)]

12. 20대 여성 직장인의 절반: 점심시간은 감정노동 피할 수 있는 시간

직장들의 점심시간에 대한 인식조사 결과 직장인 66%가 '점심시간이 휴식시간의 의미를 갖고 있다'고 답했다.[331)] 시장조사전문기업 마크로밀엠브레인의 트렌드모니터는 1일 전국 만 19~59세 직장인 남녀 1000명을 대상으로 실시한 '직장인의 점심시간'에 대한 설문조사 결과를 발표했다. 점심장소 선택시 가장 중요한 기준은 맛(50.1%)과 회사에서 가까운 곳인지의 여부(47%)였다. 직장인 67.8%는 홍보전단지가 손님 유입에 도움이 된다고 생각하고 있고 실제로 10명 중 6명(58.5%)은 식당 홍보전단지를 받은 후 해당 음식점을 방문한 경험이 있다고 답했다. 직장인의 65.5%는 점심시간마다 자주 찾아가는 회사 근처 단골집이 있었고, 단골집이 된 계기는 음식의 질이 높다는 점 때문인 경우(66.1%)가 많았다.

잘가지 않게 되는 음식점의 특징은 음식이 입맛에 맞지 않고(58.2%), 음식의 질 대비 가격이 비싸다(56%)는 점이었다.

점심식사 비용은 4000~6000원이 가장 적정한 가격대라는 의견이 많았다. 5000원이 적당하다는 의견이 37.2%로 가장 많았으며, 이어 6000원 23%, 4000원 22.8% 순이었다. 점심식사 비용의 계산방법은 더치페이(53%)가 가장 일반적이었고, 그때그때 다르다(36.1%)는 의견이 뒤따랐

329) 매일노동뉴스, http://www.labortoday.co.kr/news/articleView.html?idxno=129920

330) http://blog.hani.co.kr/nomusa/65716(2015.4.3.)

331) 손봉석 기자 paulsohn@kyunghyang.com

다. 젊은 연령대일수록 점심시간을 휴식시간으로 받아들이는 경향(20대 70.7%, 30대 68.4%, 40대 62.8%, 50대 62.8%)이 강했다. 또 직장인의 32.8%가 점심시간을 회사 내 감정노동을 피하는 시간이라고 인식하고 있었다. 여성(남성 27.7%, 여성 37.7%)과 젊은(20대 39.1%, 30대 35.2%, 40대 30.2%, 50대 27.4%) 직장인들이 상대적으로 이런 인식이 많았다.

20대 여성 직장인 경우는 2명 중 1명(49.1%)이 직장에서 겪는 감정노동을 피할 수 있는 시간으로 점심시간을 생각하는 것으로 집계됐다.[332]

13. 감정노동자의 건강실태조사

얼마전 젊은 여성이 어머니 뻘되는 마트 직원에게 막말과 욕설을 하는 사건이 있었습니다. 하지만 이런 '진상'고객을 만나는 건 서비스업 종사자들에게 드문 일이 아닙니다.[333] 조사 결과에 따르면 고객으로부터 '인격무시'와 '폭인'을 들은 적이 있다는 시비스업 종사자가 10명 중 8명에 달했습니다.

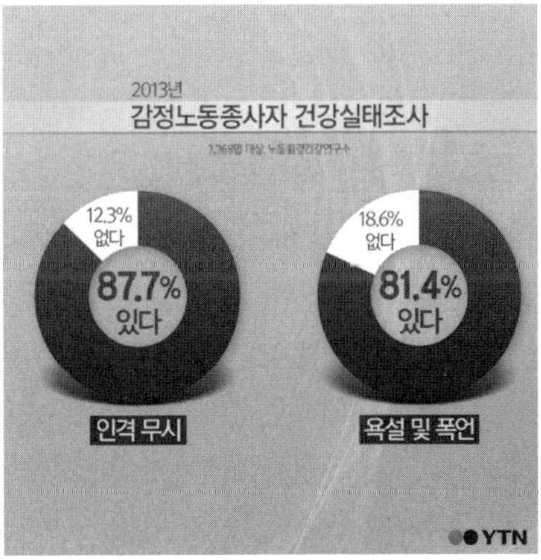

자료: http://www.ytn.co.kr/_ln/0103_201503211113134860

332) http://news.khan.co.kr/kh_news/khan_art_view.html?artid=201504011605131&code=910100
333) [한컷뉴스] 감정노동자는 감정이 없다? '뒤돌아 울어요', 2015-03-21 11:13

하지만 '감정노동자 보호법'은 여전히 환경노동위원회에 계류 중입니다. 이 법안에는 심리상담 서비스 도입 의무화와 고객에 의한 성희롱을 수사기관에 고발조치, 그리고 고객의 폭행과 폭언으로 인한 건강장해 예방을 위한 필요 조치가 포함됩니다. 하지만 기업들의 반발로 법안통과에 어려움을 겪고 있습니다.

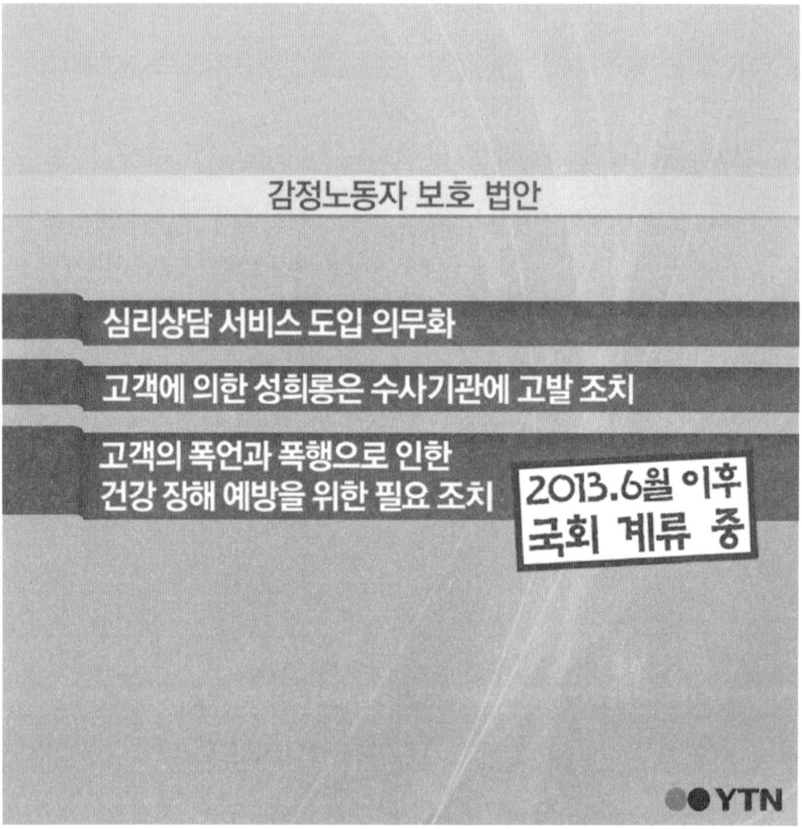

자료: http://www.ytn.co.kr/_ln/0103_201503211113134860[334][335]

---

334) 디자인:최승광[graphicnews@ytn.co.kr], YTN & YTN PLUS

335) http://www.ytn.co.kr/_ln/0103_201503211113134860(2015.4.2.)

제10장 감정노동의 발생원인과 해결방법

1. 감정노동의 발생 원인: 노동공급의 과잉 때문

감정노동을 해야하는 대부분의 직군들은 대부분 저임금을 받는다. 게다가 상당한 육체노동마저 겸하는 경우도 많다. 그러기에 현장에서 보면 엄청난 이직률이 발생한다. 관리자들의 주된 업무는 신규인원을 충원하는 것이고, 신속한 충원이 이루어지기에 기존 직원들이 사직이나 이직하는 것에 대해 별 신경을 안쓴다.[336] 기존 직원들의 사직이 두렵지 않기에 직원들에게 감정노동을 강요하고, 심지어는 관리자들이 직원 감정스트레스의 주요 원인이 되기를 서슴치 않는 것이다. 만약 충원이 원할하게 이루어지지 않을 경우 어떤 일이 발생할 것인가? 최소한 관리자들이 직원들에게 가하는 스트레스는 현격하게 줄어들 것이다. 직원들이 나가버린다면 그 빈자리는 온전히 관리자의 몫이 되기 때문에 직원들에게 함부로 못하게 될 것이기 때문이다. 그 다음 단계는 손님과의 분쟁이 발생할 경우 직원편을 들게 된다. 관리자가 직원편을 들게 될 정도까지의 단계라면 관리자 역시 한계상황까지 몰린 상황이라 더 이상의 직원 사직은 업장에 치명적인 서비스 질 저하를 가져올 것이기 때문이다.

그 다음 단계는 블랙컨슈머(속된 말로 진상)에 대한 대책을 강구하는 것이다. 사방팔방에 CCTV를 설치하고 녹음까지 하여 정확한 상황을 증거로 남겨 손님의 잘못인지 직원의 잘못인지에 대해 공정한 판단을 하고자 할 것이다. 감정노동의 원인은 잘못이 아닌 것에 대한 질책이지, 잘못에 대한 질책에는 감정노동이 아니기 때문이다. 이것은 노동시장에 노동공급을 늘리려는 일관된 정책들, 예컨대 외노자 수입, 맞벌이 장려,

336) 하이에나(zir***), 주소복사 조회 1078714.06.04 18:13

매우 긴 노동시간, 청소년들의 노동착취, 노인노동력 투입 등이 만들어 낸 결과이다. 외노자 수입을 중지하고 주40시간 이상 노동에 대한 임금 할증률을 높인다면 자연스레 해결될 문제다. 그럴 경우에도 만약 인간 이하의 취급을 해도 일을 하겠다는 사람이 있는 한 절대로 해결되지 않는다.[337]

2. 한국사회에서 며느리에게 부과되는 '감정노동'

왜 그런지 도저히 이해가 안가지만, 한국사회에서 여자는 결혼해서 며느리라는 지위로 떨어지면, 떨어진다는 표현이 정확할 겁니다. 결혼전의 '딸'이라는 지위보다 며느리에게 부과되는 의무가 더 많고 가족들에게서 받는 혜택과 권리는 존재하기나 한겁니까? 아무튼 혜택은 줄어듭니다.[338] 시가쪽 사람들이 어떠냐에 따라 정도는 다르지만 '감정노동'을 강요받습니다.

배우자의 부모에게나 형제에게 관심과 안부전화, 방문, 함께 있으면 신경쓰고 챙겨주고 웃는 낯을 하는 것. '나는 당신에게 늘 관심이 있다.' 내지는 '나는 당신에게 잘 보이고 싶다'라는 감정을 표현해야만 하는 노동, 이 노동이 며느리에게 암묵적으로 강요됩니다. 이 감정노동의 대표가 바로 '먼저 며느리가 거는 안부전화'죠. 이걸 강요하는 사람들 꽤 많습니다. 한데, 안부전화라는 건 얼굴을 자주 보지 못하는 관계에서 '만남' 대신으로 이용되는 것입니다. 즉, 자주 얼굴을 보는 사이에서는 안부전화 따위는 필요없다는 겁니다. 일주일에 한번 얼굴을 원치 않아도 보는 사이에서는 전혀 필요없는 것이죠. 원래 사람이 아홉개를 가지면 자기가 가진 9개는 잊어버리고 한개에 욕심을 낸다죠. 일주일마다 아들 며느리를 보면서 며느리의 부모를 만날 시간마저 주지 않는 주제에 안부전화

337) http://bbs3.agora.media.daum.net/gaia/do/story/read?bbsId=S103&articleId=280160(2015.4.3.)
338) 라면 (cope***) 공감 0 | 조회 1630 | 2009.10.20

를 먼저 안해서 서운하다라. 욕심이 턱끝까지 찬 시부모군요. 안부전화를 받고 싶으시면 일년에 네번만 아들부부 보라고 하세요. 그러면 안부전화를 일주일에 한번 정도 받는 게 당연한 것이 됩니다. 어느 것이 마음에 드십니까? 일년에 네 번(명절, 생일) 만나면서 안부전화 매주 받는 거? 아님 매 주말마다 보면서 안부전화 안받는 거? 하나만 선택하세요. 원래 세상은 모든 걸 한꺼번에 가질 수는 없게 되어 있습니다.

가지려고 하면 쪽박차고 다 잃게 되어있죠. 안부전화 강요하다가 아들을 이혼남 만들고 싶으십니까? 반면에 사위에게는 어느 누구도 이런 감정노동을 강요하지 않습니다. 왜 며느리에게만 이런 감정노동을, 그것도 며느리가 자발적으로 먼저 나서서 하기를 기대하다가 기대가 무산되면 무시당했다고 생각하는 것인지 도무지 이해가 안갑니다. 자존심이 얼마나 낮으면 며느리 전화에 자신의 가치를 던집니까? 정말 잘나고 존경받는 시부모님들은 며느리 전화없다고 무시당한다고 생각안합니다.[339)]

3. '감정노동의 해결방법(Solution)

안녕하세요, CS운영팀 김윤경 매니저입니다.[340)] 이번 겨울은 유난히 날씨의 변화가 많은 것 같은데요. 비가 오고, 눈이 오고, 바람이 세차게 불어오기까지 합니다. 이런 날씨에는 좋은 시 한편과 함께 따뜻하고 향긋한 커피 한잔을 마시면서 기분을 바꿔보시는 건 어떨까요?

<겨울나기>[341)]

아침에 내린 비가 이파리 위에서

신음소리를 내며 어는 저녁에도

---

339) http://bbs.miznet.daum.net/gaia/do/miztalk/love/womantalk/default/read?bbsId=MT005&articleId=654697(2015.4.3.)

340) [소통단] '감정노동을 어떻게 해결할 것인가?'에 대한 Solution, [福] 아주 행복한 생활 2014/02/06 10:14

341) 저자: 도종환

푸른 빛을 잃지 않고 겨울을 나는
나무들이 있다
하늘과 땅에서 얻은 것들 다 되돌려주려고
고갯마루에서 건넛산을 바라보는 스님의
뒷모습처럼 서서 빈 가지로
겨울을 나는 나무들이 있다
이제는 꽃 한송이 남지 않고
수레바퀴 지나간 자국 아래
부스러진 잎사귀와 끌려간 줄기의 흔적만 희미한데
그래도 뿌리 하나로 겨울을 나는 꽃들이 있다
비바람 뿌리고 눈서리 너무 길어
떨어진 잎 이 세상 거리에 황망히 흩어진 뒤
뿌리까지 얼고만 밤
씨앗 하나 살아서 겨울을 나는 것들도 있다
이 겨울 우리 몇몇만
언 손을 마주 잡고 떨고 있는듯 해도
모두들 어떻게든 살아 견디고 있다
모두들 어떻게든 살아 이기고 있다

지난 시간에는 감정노동에 대한 정의와 함께 직장에서의 감정노동 사례, 가정에서의 감정노동 사례에 대해 알아보는 시간을 가졌습니다. 이번 시간에는 '이러한 감정노동을 어떻게 해결할 것인가'에 대해 Solution을 제공하는 시간을 가져볼까 합니다. 현재 많은 기업체에서는 유행이라도 하듯 <힐링>이라는 주제에 집중하고 있습니다. 하지만 힐링의 치료는 그 효과와 관계없이 대부분 사후대책에 불과합니다. 즉, 감정노동의 현장에서 고객에게 받은 상처를 사후에 치료하거나 마음을 다독여주는 프로그램인 거죠. 또한 임시방편이기도 합니다.

하지만 감정노동자의 경우에는 사전에 미리 대응해야 하는 프로그램이 필요합니다. 이미 일어난 일에 대해서 나중에 치료하는 것보다는 사전에 먼저 대응하는 것이 중요하다는 뜻이죠.

우선 Solution을 제공하기에 앞서 감정노동 당시의 심리상태를 파악하는 것이 굉장히 중요한데요. 과연 우리가 '감정노동을 당했다'라는 생각을 들게 하는 것은 무엇일까요?

같은 사건을 겪은 사람이라고 할지라도 받아들이는 감정노동의 정도는 상당히 다릅니다. 어떤 사람은 노동으로 받아들여 굉장한 스트레스를 받는가 하면, 어떤 사람은 그냥 그러려니 하고 넘기는 사람들이 있다는 거죠. 이것은 바로 갑작스럽게 낮아진 심리적 서열로 인해 쓰레기통에 처박히는듯한 자존감의 상실 때문입니다. 그렇다면 이 자존감 상실의 감정노동을 극복할 수 있는 Solution에는 무엇이 있을까요?

1) 인간의 뇌에 말을 걸어주는 것

이것이 바로 P.O.E (Point Of Emotional Labor)인데요. P.O.E는 감정노동 현장의 바로 그 순간의 심리 컨트롤 방법으로 심리학, 진화심리학, NLP, EFT의 장점을 조합하여 만든 것입니다. 노암 촘스키에 의하면 <인간의 뇌는 현실(실제)과 언어를 구별하지 못한다>라고 주장합니다. 이는 언어가 실제를 창조하기 때문인데요. 한 예로 어려서부터 난독증을 겪었던 세계적인 인기배우 톰 크루즈와 성룡의 모습에서 볼 수 있습니다. 어려서부터 난독증이 있었던 이 두 배우는 글을 읽을 수 없었는데요. 지능검사를 하면서 사실을 인식하기 시작했습니다. '아~ 내 지능이 낮은 것이 아니구나'라는 생각을 하며 '난독증은 지능의 문제가 아니라, 단지 유전자 1개의 문제구나'라고 자기 뇌에게 알려주는 순간 난독증이 치유되었디고합니다. 즉, 감정노동 극복 솔루션 1단계는 자신의 뇌에게 현재의 모습을 알려주는 것입니다. “나는 지금 감정노동을 하고 있는 거야. 표현해야하는 감정과 내 진짜 감정이 다르기 때문에 어려움을 겪고 있는 거야. 그래서 너는 스트레스를 받을 환경에 처해있는 거야.”라고 자신의 뇌에게 수시로 말을 거는 것입니다. 실제로 S전자 대리점 대표 300명을 실험해본 결과 75%가 이것에 동의하였으며 D여대 대학생을 대상으로 한 실험결과에서는 80%가 동의했다고 합니다.

또 서열싸움에서 밀린 감정을 치유하는 방법입니다. 진화심리학에서의 행복은 금전, 사업, 성공, 취업, 승진 등과 같은 생존과 번식자원의 획득에서 옵니다. 인간의 본능에서 가장 중요한 것이죠. 반대로 낮은 서열은 번식자원의 상실에서 오는 불행과 좌절을 가져다 주고 우울증을 초래합니다. 예를 들어 도로 위 무법자들의 경우가 이에 해당됩니다.

“옆집 남편은 운전대만 잡으면 그렇게 폭력적으로 변한다더라. 왜 그러는지 나 참~!!” 누군가 나를 추월한다면 동물들은 서열의 본능에서 밀렸다는 생각이 들게 되고, 뇌 깊은 곳에서 서열이 엄청나게 밀렸다는 감정이 들면서 이것이 본능을 자극, 그것이 마치 삶의 전부인 것처럼 목숨을 걸고 반응하게 되는 것이죠. 영국의 공무원 1만7천명을 대상으로 진행된 실험에서는 고위직 공무원이 하위직 공무원에 비해 혈액 중 암을 유발하는 코티졸의 농도가 낮았으며, 고혈압, 당뇨, 고지혈증 등의 수치도 낮았고, 표정 또한 밝고 환하고 위엄있는 모습이었습니다. 즉, 감정노동은 서열노동이며, 나를 괴롭히는 <진상>의 핵심은 서열회복, 서열집착에서 비롯되는 것입니다. 우리에게 왕노릇을 하려는 상대는 자기가 속한 집단에서 왕따, 낮은 서열, 금전적 고통, 가정불화 등으로 상처받고 다른 곳에서 이 상처를 치유하기 위해 높은 서열을 만끽하고 싶은 것입니다.

‘당신도 참으로 불쌍한 인간이구먼, 여기서 서열회복을 하려고 하다니.’

‘바로 이 사람이 서열의 콤플렉스를 나에게 풀고 있구나.’

‘당신이 서열의 밑바닥인 거 알고 있어. 내 앞에서 왕이 되고 싶은 거지? 불쌍한 인생아’라고 뇌에게 말을 걸어줍니다.

또 다른 방법은 "이 또한 지나가리라."하고 생각하는 것입니다. 에이브러햄 링컨은 7살 때 산골로 이사하느라 초등학교를 1년밖에 다니지 못했고, 9살 때 어머니가 사망, 19세 때는 누나가 돌연 사망했고, 22세

때는 빚을 졌으며, 30세 때는 사랑하는 약혼녀가 사망하고, 41세와 43살에 두 아들이 사망했다고 합니다. 하지만 이렇게 고통스러운 순간에도 에이브러햄 링컨은 "이 또한 지나갈 것이다"라고 뇌에게 이야기를 건네었다고 합니다.

2) NLP

NLP는 내면의 이미지를 변형시켜 심리치료와 자아발전을 위한 도구로 발전한 것으로 뇌속의 이미지를 현실의 이미지로 일치시키는 최면과는 조금 다릅니다. 즉, 이미지는 창조된 것이므로 의지와 훈련에 따라 바뀔 수 있다는 것입니다. 예를 들어, 나의 인생에 있어서 가장 이롭지 않은 한 사람을 생각해 보세요! 어제도 나를 괴롭혔고, 오늘도 나를 괴롭힌 사람! 그리고 나를 극도로 스트레스받게 했던 상황을 상상해봅니다. 아주 치가 떨릴 거예요. 그 사람의 얼굴에 아래의 가면 중 한가지를 선택해서 씌워봅니나. 그리고 스토리를 만들어갑니다.

(1) 광대 가면 : 서커스단의 불쌍한 광대 캐릭터

(2) 슬픈 표정의 여자 가면 : 지능이 떨어지는 불쌍한 미친 여자 캐릭터

(3) 슬픈 표정의 남자 가면 : 부잣집 아들로 태어났지만 재산탕진하고 들어오니 부모님이 돌아가시고 후회하는 캐릭터

가면을 씌우고 나니 목소리도 변합니다. 2번 슬픈 표정의 여지 가면이라고 하면 미친 여자의 목소리가 들립니다. 그리고 그 장면을 극장의 스크린처럼 바라보다가 그 장면이 점이 될 때까지 뒤로 쭉 밀어보시고, 다시 앞으로 당겨도 보고를 반복해보세요. 그리고 다시 점이 되었을 때 그걸 손으로 집어 우주 밖으로 던져버리시면 됩니다.

3) 앵커링

앵커(ANCHOR)란 닻이란 뜻으로서 배가 항구에 정박할 때 사용하는 그 닻을 말합니다. 암벽타기를 할 때 줄과 사람을 연결하는 고리 역시

앵커라고 부릅니다. 앵커링이란 이러한 본래의 의미와 크게 다르지 않습니다. 배가 항구에 정박해 닻을 내리는 것처럼, 하나의 심리상태를 어떠한 특정한 심리상태로 닻을 내려 주는 것을 앵커링이라 부르는 것이죠. 앵커링의 순서는 다음과 같습니다.

(1) 인생에서 가장 기뻤던 때, 행복했을 때, 좋은 결과를 가져오게 했던 내적 자원이 풍부했던 때를 편안하게 떠올립니다.

(2) 그때 어떤 느낌이 드는지, 무엇이 보이는지, 어떤 소리가 들리는지 충분히 느껴봅니다.(예를 들어 사랑하는 사람을 생각하면 마음이 기쁘고, 가슴이 따뜻해지고, 입가에 미소가 흐르는 등의 느낌을 몸으로 느껴 보세요.)

(3) 그때 그 느낌을 기억하고, 몸에 기억장치를 하나 만듭니다. 예를 들어 손가락을 OK모양으로 만들어 보는 등의 앵커링 지점을 만드는 것이죠. 우울하거나, 상처받는 일이 생길 때 OK 손가락모양으로 행복했던 순간을 환기시키면서 감정을 조절하는 것입니다.

(4) 이시형 박사의 세로토닌 행복방법

행복주치의 이시형 박사는 행복하기 위해서는 '세로토닌'을 키워야 한다고 주장합니다. 세로토닌은 신경전달 물질의 하나로서 주로 식사, 수면, 각성, 고통조절, 꿈 등과 같이 감정(Mood)조절에 관련되어 있습니다. 행복을 느끼는 데 관여한다고도 하죠. 이 세로토닌은 새벽에서 저녁까지만 분비되는 물질로 햇볕을 쬐면 분비가 원활해지는데요, 원시시대에는 햇볕을 많이 받았기 때문에 세로토닌이 극대화되어 우울증 환자가 없었다고 합니다. 세로토닌이 부족하면 우울증을 낳고, 자신감을 떨어뜨리며 활동반경을 좁히고, 좁혀진 활동반경은 대인관계를 어렵게 합니다.

이를 증명하기 위해 영국에서 가장 불행한 슬라우 마을에서는 특별한 실험이 이루어졌는데요. 주민 50명을 대상으로 3개월간 10가지의 행복실천법을 주고 실행해보도록 했습니다. 행복실천법 10가지는 아래와 같이 우리 일상의 소소한 행동에 의미를 부여하는 것들입니다.

(1) 매일 저녁, 그날 일어난 감사한 일 세 가지를 쓴다.

(2) 신문에서 감사할만한 일을 찾아 스크랩한다.

(3) 평소 감사한 마음을 표현하지 못한 사람을 찾아 감사편지를 쓴다.

(4) 나에게 하루에 한가지씩 선물을 준다.

(5) 하루에 한번씩 거울을 보고 크게 소리내어 웃는다.

(6) 남에게 하루에 한번 친절한 행동을 한다.

(7) 아무도 모르게 좋은 일을 한다.

(8) 대화하지 않던 이웃에게 말을 건넨다.

(9) 좋은 친구나 배우자에게 일주일에 한번, 1시간씩 방해않고 대화한다.

(10) 연락이 끊겼던 친구에게 전화해서 만난다.

3개월 후, 놀랍게도 실험대상이었던 50명의 행복지수가 무려 33% 증가하는 모습을 보였다고 합니다. 감정노동, 감정의 노동자가 될 것인지 감정의 주인이 될 것인지는 자신의 마음먹기에 달려있다는 것입니다. 여러분은 반드시 여러분 감정의 주인이 되시길 바라겠습니다.

예를 들어 오늘 내가 고객으로부터, 아니면 동료로부터 스트레스를 받았다면 "아 스트레스 쌓여, 좋은 책을 읽으면서 좀 풀자"하고, 좋은 책을 집어 듭니다. 이렇게 스트레스 해소를 위해 <좋은 책을 읽는 행위>가 바로 힐링을 위한 행동입니다. 이는 이미 어떠한 끔찍한 일이 생기고 난 후의 치료방법이죠.[342]

4. 감정노동근로에 대한 의견

안녕하세요. 서비스직을 좋아하는 한 근로자입니다. 제가 쓸 글은 서비스직에 대한 의견을 쓰는 글입니다.[343] 감정노동이란 실제 자신의 성

---

342) http://blog.ajucapital.co.kr/798?srchid=BR1http://blog.ajucapital.co.kr/798(2015.4.3.)

343) Say혼 (fegf****), 주소복사 조회 3802414.06.04 09:07

격과 무관하게 직무를 행해야 하는 직종을 감정노동이라 하며, 이러한 직종에 해당되는 종사자를 감정노동 종사자라고 칭합니다.

감정노동의 대표적인 예로는 승무원, 은행원, 전화상담원, 백화점 직원 등이 대표적입니다. 2014년 6월 2일 월요일에 방송된 위기탈출 넘버원에서 방송된 감정노동에 대한 내용이 방송되었습니다. 그 방송내용 중 감정노동자를 괴롭히는 악성 고객 1위는 노동자의 인격을 무시하는 것으로 나왔고, 2위는 무리한 요구를 하는 고객으로 나왔습니다. 3위는 신체적 위협을 가하는 고객으로 나왔습니다. 노동자의 인격무시라함은 반말, 욕설 등을 말합니다. 특히 "당신, 이 일을 어떻게 하는거야?", "사람 불편하게 좀 하지 맙시다"와 같은 말을 많이 들으실 겁니다. 특히, 백화점이나 레스토랑과 같은 서비스직의 경우는 고객들의 잘못을 감정노동 근로자의 잘못으로 치우치는 경우가 많고, 이에 대해 사장이나 담당자들은 고객편을 들어주는 게 다반사입니다. 제가 하고 있는 백화점 주차관리같은 경우도 마찬가지입니다. 고객들이 주차를 못하는 것도 다 주차관리요원에게 화풀이하고, 자리가 만차여서 기다려 달라고 양해를 말씀드렸음에도 불구하고 계속 항의를 하고, 욕설과 반말이 난무했습니다.

감정노동근로에 대해서는 규칙을 준수해야하지만, 회사측에서는 감정노동하는 근로자들의 심정도 이해를 해야만합니다. 감정노동이란 것이 고객을 최우선으로 모시며, 항상 친절과 웃음으로 근무해야 하기에 다른 직종보다 상당히 어렵고, 감정조절 및 성격이 급하신 분들은 서비스직을 하기가 어렵습니다. 서비스직관련법은 잘 모르겠으나 보기에는 강화되고 있는 것 같습니다. 실제 사례로 백화점 주차장에서 주차유도원이 주차안내를 하고 있는데, 고객차가 기스가 난 경우에는 주차유도원이 잘못이지만, 안내를 안한 상태에서 고객이 주차하다가 기스가 난 경우에는 고객 잘못인데, 주차유도원으로 잘못을 넘기는 경우도 있습니다. 또한 고객이 무언가를 잃어버렸다며 CCTV조회를 해달라고 요청했지만, 주차관리자분은 자초지종을 설명을 해주셔야 조회가 가능하다며 죄송하다고 말씀드렸지만, 고객은 여기는 백화점 주차장이고 당신들이 관리하는 곳인데, 자초지종이 왜 필요해요. 고객이 해달라는 것부터 해줘야 그게 우선 아닌가요라고 반박했습니다. 예로부터 서비스직은 다른 직종보다 가장 힘든 직종으로 간주되고, 감정노동근로자들을 위한 치유프로그램도 많이 실행되어 왔습니다. 특히, 제일 힘든 서비스직은 콜센터 직원이라고 할 수 있습니다. 백화점이나 레스토랑 쪽은 어느 정도 커버할 수 있지만, 콜센터 직원은 고객이 아무리 욕하고 반말하고 성희롱을 해도 꿋꿋이 참아야하고 그에 대한 대답을 찾아야해서 다른 직종보다 질병 발병률이 매우 높고 자신의 성격이 차분함에서 난폭함으로 변화된다든가, 욕설을 안하던 사람이 하게된다든가 이런 경우입니다. 결론은 서비스직은 한마디로 손님이 왕이다처럼 고객이 왕이다라는 말로 전해왔습니다.

하지만, 감정노동근로자들을 위한 대책도 국가에서 마련하는 게 아닌, 회사 개별로도 세워져야 한다고 생각되고, 감정노동을 하다가 응대 중에 욕이 나왔다거나, 근무 중 도망쳤다거나 등의 경우는 담당자랑 상담해야 할 부분이라 생각하는데, 대부분 회사에서는 바로 해고시키더라고요.

이 부분에 대해서는 상당히 억울합니다. 일은 최대한 오래하는 것이 더 좋지만, 서비스직은 정말 힘듭니다. 생각에는 고객들이 먼저 바뀌어야 한다는 것인데, 그게 불가능하니까 단점으로 생각됩니다.

참고로 저희 백화점은 평일에도 가끔 일명 홀딩이라고 하여 차가 매우 막히는 날도 있습니다. 이럴 때 몇십분씩 자리가 안나면 화나는 건 이해가지만, 몇분도 안되서 자리가 왜 안나오냐, 자리를 숨기는 건 아니냐 등의 항의도 많이 받았고, 또한 저희는 자리를 제대로 안내를 안해주면 직원감독이라고 하는 CS요원에게 발각되어 백화점 주차부문 점수가 깎여 고객들에게 전달되는 겁니다. 자신의 잘못이 없는데도 고객들이 화풀이하는 것은 다른 것보다 상당한 스트레스입니다.[344]

344) http://bbs3.agora.media.daum.net/gaia/do/story/read?bbsId=S103&articleId=280098(2015.4.3.)

5. 무단결근 4일째: 내일 사직서 제출

아무한테도 말 못했어요. 여기에라도 써요. 무단결근한 건 굉장히 잘못한 일이고 무책임한 일이죠. 알고 있어요.345) 저는 카드사 콜센터에서 일을 해요. 입사하고 나쁜 고객들도 많았지만 좋은 분들도 많았어요. 사람들과 전화상으로 이야기하는 게 즐거워서 지치지도 않고 콜을 받은 날도 많았어요 스크립트에 써있는 걸로 마지막 멘트가 이거거든요. "다른 궁금하신 사항은 없으신가요?" 기계적으로 읽는 날도 많았지만 진심을 담아서 "제가 다른 거 도와드릴 건 없을까요 고객님?"이라고 한 적도 많았어요. 사람들이 항상 말하잖아요. 감정노동 콜센터가 그렇게 힘들다더라. 사실 그렇게 공감못한 적도 많았어요 감정노동? 어떤 날은 재수가 없지만 똥밟았다고 생각하고 콜 받으면 좋은 고객님들도 많고 고객님들이 요청하시는 거 들어드리는 게 참 보람있었어요. 적성에 맞는다고 생각했어요 매일매일 가끔은 꼼수도 알려주고, 고객님 사실은 다음달부터 이벤트 진행되니 지금 구매하시지 마시고 일주일만 기다리세요.

이러면 고객님들 아 그래요? 고맙습니다, 복받으세요라고 하시는 분들도 많았죠. 고객님, 제가 생각해도 이 부분은 불합리한 것 같고 고객님 마음을 이해하지만 저희 회사 방침상 어쩔 수가 없어요. 정말 죄송합니다라고 솔직하게 말씀드리고 고객님들이랑 진심으로 소통할 땐 정말 죄송하고 또 죄송했어요. 그런데 무너지는 게 한순간이더라구요.

한 여자 고객이 전화해서, 정말 말도 안되는 요구였어요. 결제일 당일이였는데

고객 : 나 지금 결제계좌에 돈이 없어. 이거 어떻게 해? 계좌 바꿔줘. 다른 계좌에 돈이 있어. 저희 회사는 결제일 당일에는 계좌변경이 되지 않아요. 다른 카드사는 모르겠지만, 그래서 저는 다음과 같이 말씀드립

345) (feat.콜센터 감정노동)| 여고판 이슈톡, ♥민석아♥ | 조회 65 |추천 0 | 2014.12.31. 16:17, 2011.6.20이후 적용 자세한 사항은 공지확인하시라예.
출처: http://todayhumor.com/?bestofbest_191485

니다.

저 : 고객님 정말 죄송합니다. 오늘 결제일 당일이시라 계좌변경은 어려우시고, 고객님 결제계좌에 이체해 두시거나 아니시면 가상계좌로 넣어주셔야 결제가 처리된다.

고객 : 나 지금 여기 도서지역이에요. 은행이고 뭐고 아무 것도 없어요.

저 : 아 그러세요. 고객님 혹시 인터넷뱅킹 사용하시면 그쪽으로 이용해 주셔도 되는데요. 혹시 텔레뱅킹이라도요.

고객 : 비밀번호 세번 틀려서 인터넷뱅킹 사용을 못해요. 텔레뱅킹 안 써요.

저 : 그러시면 주변에 혹시 ATM기 있으면 ATM으로도 이체 가능합니다.

고객 : 여기 그런 거 없어요.

저 : (할말없음)

고객 : 다른 계좌에 돈 있으니까 빼가라구요.

저 : 다른 계좌로 이체하려면 계좌변경을 해드려야 하는데, 오늘 결제일 당일이라 다른 계좌로 변경이 안되세요. 가상계좌로 이체해주시거나.

고객 : 씨발 계속 똑같은 말 반복하네. 다른 방법 찾아서 빼 가라구.

저 : 다른 방법은 없으시고 이 두가지밖에

고객 : 그러니까 다른 방법 찾아내라구. 그게 니 할일 아냐?

저 : (할말없음)

고객 : 씨발 짜증나게 진짜. 다른 방법 없다는 게 니가 할말이야?

그것부터 시작해서 각종 폭언을 퍼붓더라구요. 다른 방법이 있으면 제가 해드리죠. 방법이 없는 걸 어떡해요? 직장도 번듯하신 여성분이 욕에 욕에, 다음날 아침에 일어났는데 숨이 턱 막히더라구요. 전화받을 생각하니까 몸이 안 움직이고 숨이 안쉬어지더라구요. 그대로 가위눌린 것처럼 멍하니 한 시간을 누워있다가 결국 출근 못했네요. 그날로 그대로 4일간 아침에 숨이 안쉬어져서 도저히 출근을 못하겠더라구요. 전화받는 게 무서워요. 그렇게 즐겁던 일이였는데 매일매일 오늘 첫콜은 어떤 고객님일까 궁금해하면서 출근하던 저였는데 전화받기가 너무 무섭고 숨이 막히더라구요.

도저히 못하겠어서 내일 사표쓰러 가요. 내일 하루는 그래도 콜을 받아야 할텐데, 벌써부터 잠이 안오네요. 그동안 많은 진상들을 만났지만 이렇게 심한 인격모독은 처음이어서 진짜 막 죽고 싶더라구요. 제 정신력이 너무 약한건지, 들어주셔서 감사합니다.

"반갑습니다~ 행복 레스토랑입니다" 내가 하루를 시작하는 소리이다. 그 주변으로 면 튀겨지는 소리, 식기 부딪치는 소리, 불 올라가는 가스 소리 등이 화음을 넣는다. "네 고객님 ~필요하신 거 있으세요?", "금방 준비됩니다 고객님~" 나의 고객님들은 어린아이같다는 것이 특징이다.

원하는 것도 많고 성격도 대단히 급하다. 그럴수록 나의 미소는 활기를 띄고 나의 구두는 더욱 앓는 소리를 낸다.[346)]

와인잔 두드리는 소리에 귀가 쫑긋한다. "네 고객님 뭐 필요하신가요?" "저기, 내가 방금 주문을 했는데 면이 너무 덜 익어서 못먹겠어. 다시 만들어줘요" "아, 불편을 드려 죄송합니다. 다시 조리해 드릴게요."

수시로 들어오는 컴플레인은 항상 시험대에 오르게 한다. 가지각색의 컴플레인이 들어오고 그것들을 해결하는 것도 내가 할 일이다. 주방장에게 양해를 구하고 조리를 다시 부탁했다. 곧이어 음식이 다시 나왔다.

식사가 다시 나갔는데도 표정이 영 좋지않은 손님이다. "어디 불편하신가요?" "이봐 음식이 왜 이렇게 빨리 나와? 아까 내가 빠꾸시킨 거 면만 불려서 나온 거 아냐?" "네?" "아니~ 무슨 번갯불에 콩볶아 먹어? 음식이 뭐 이렇게 빨리 나오냐고~ 라면을 끓여도 이거보단 느리겠어!" "아 고객님 파스타는 가스불보다 센불에서 빠르게 조리하는 특성이 있는 요리라 주문이 밀려 있지 않다면 기본 조리시간이 5분 안쪽으로 가능합니다. 그리고 고객님이 주문하신 메뉴는 다른 메뉴보다 조리가 간단하여서"

---

346) [감정노동] 행복레스토랑입니다 | ■ 논 작 문 비 평, 기다림의 즐거움 | 조회 482 |추천 0 | 2015.03.21. 16:38

"뭐?" "네?" "지금 나 가르치는거냐? 내가 요리교습소에 왔어? 어? 내가 지금 파스타 먹으러 와가지고 아까는 생면같은 걸 음식이라고 내오더니 이번엔 팅~팅 불어서는 5분도 안되가지고 나오는 게 그게 내가 납득할 수 있는 상황이야? 딱봐도 아까랑 똑같이 생겼네 ! 내가 빠꾸시킨 거 다시 나온 거 아니냐고~ 내가 쿠폰써서 왔으니 두접시 다시 만들기 아까워서 그런 거 아니냐고! 그런데 이건 뭐 음식은 둘째치고 직원교육도 개판이네. 야, 내가 너한테 요리강습 들으러 왔냐? 니가 먹어봐. 그럼 니가 먹어보라고" "아, 죄송합니다 손님 제가 그런 뜻으로" "아 됐고 먹어보라고!!" 면이 흘러내릴듯 포크에 메달려있는 채로 포크를 내 얼굴로 들이미는 행동이 당황스러워 대응하지 못하고 있는데 그 손님과 같이 온 다른 여자가 파스타를 먹고 있는 게 눈에 들어왔다. 순간 화가 치솟았고 그 순간 손님이 포크를 집어 던졌다. "야 그 표정 뭐냐 어? 뭐 내가 틀린 말 했어? 니들 쿠폰써서 온 손님한테는 음식도 개판이고 서비스도 이따구냐? 어? 아 진짜 열받네. 야 니들 책임자 어디있어? 책임자 나오라 그래 !" 그때 쉬는 시간이라 밖에 나갔다 오시던 매니저님이 놀란 얼굴로 헐레벌떡 들어오시는 게 보였다. "네! 손님 무슨 일이신가요?" "당신이 책임자야? 직원교육을 뭐 이따위로 시켜! 손님인 내가! 이 파스타같은 게 얼마나 걸리는지 요리가 어떻게 만들어지는지까지 알고서 사먹어야 되? 어? 이 기지배가 말하는 꼬라지며 표정이며 교육이 제대로 안된다고!! 알아들어?" "죄송합니다. 죄송합니다. 아직 일한지 얼마 안되서 뭘 모르고 그런 거 같아요 죄송합니다. "이후 점장님의 허리는 펴질 줄 몰랐고 내 목도 펴질 수 없었다. 그 손님은 결국 새로 만든 식사와 서비스 음료 그리고 쿠폰까지 받은 뒤 부른 배를 두드리며 나갔다." 인사 안해?" 명언을 남기며

"지연 씨 화장실 좀 다녀와 담배를 피고오던가 바람 좀 쐬고와" "네" 이 일을 시작하며 배운 담배는 이젠 나의 하루 중 유일한 낙이 되었다. 아직 근무시간 중이다. 마감까지 3시간 남짓, 억지로 입꼬리를 올려본다.

날 신경써주느라 눈치보며 일하는 동료들을 위해서도 울 수 없다.

바닥까지 들어내버린 내 자존심은 시간이 해결해 주겠지. 화장실에 가 가글을 한 뒤 거울을 본다. "반갑습니다. 행복 레스토랑을 찾아주셔서 감사합니다." 목소리는 솔톤, 얼굴은 은은한 미소, 두손 공손히 고객님을 응대한다. 지금 내가 있는 여기는 행복 레스토랑이다. 글을 많이 써보진 않았지만 매일매일 쓰려고 노력 중인 언론준비생입니다. 읽고 조금이라도 표정의 변화가 있거나 공감되었던 부분이 있었다면 어떤 비평이든 부탁드립니다!![347]

6. '갑의 횡포' 막아주는 감정노동자보호법 마련 시급

사례1: A 씨는 서울의 한 대형백화점에 70차례 이상 악성 민원을 제기했고, 배송지 주소를 고의적으로 틀리게 적어 꼬투리를 잡기도 했다. 하루는 A 씨의 항의에 이 백화점 직원이 영업시간이 끝났음에도 A 씨가 주문한 물건을 직접 전해주러 갔다가 욕설과 함께 뺨을 맞았다.[348]

사례2: B 씨는 사간지 3~4일이 지난 귤을 대형마트에 가지고 와서 썩었다는 이유로 반품을 요청하고 직원에게 폭언과 욕설을 했다. 심지어 썩은 귤을 먹으라고 강요하고, 직원의 머리위에 상한 귤을 으깨는 일도 있었다. 유통업계에 따르면 대표적 감정노동자들인 백화점 및 마트의 판매직 종사자들은 자신의 기분과 상관없이 고객에게 항상 친절하게 응대해야 한다. 하지만 일부 고객들은 이를 악이용해 직원들을 화풀이 대상으로 삼거나 폭언, 폭행을 하기도 한다. 또 의도적으로 악성민원을 제기하고 이를 통해 보상을 요구하는 '블랙컨슈머'도 기승을 부리고 있다.

업계 관계자들은 갑질고객의 행태는 '황당'부터 '폭행'까지 상상을 초월한다고 입을 모은다. 한 백화점 고객은 홍삼 10뿌리를 구매한 후 7뿌

347) http://cafe.daum.net/forjournalists/DfX9/5603?q=%B0%A8%C1%A4%B3%EB%B5%BF&re=1(2015.4.3.)

348) 파이낸셜뉴스 입력 : 2015.01.09 16:29 | 수정 : 2015.01.09 16:29

리를 먹고, '힘이 나지 않아 가짜홍삼'이라고 주장한 뒤 남은 홍삼의 교환을 요청했다. 대형마트에서는 절반 먹은 분유, 꼭지만 남은 수박 등을 가지고 와 교환을 요구하는 경우도 있다. 유통업 종사자 외에도 호텔 등 서비스업 종사자, 항공기·철도 승무원, 간호사, 콜센터 상담원, 은행창구 직원, 판매업무 종사자, 민원담당 공무원 및 사회복지사, 우편집배원 등도 대표적인 감정노동자 직군으로 손꼽힌다. 현재 국내에는 약 600만 명의 감정노동자가 있는 것으로 추정되며, 최근 서비스업 발전으로 이 수치는 지속적으로 늘고 있다. 하지만 현재까지 이들을 보호할 법적 근거는 명확하지 않은 상황이다. 전문가들은 감정노동자들이 입는 피해에 대해 법적인 안전장치를 마련하고, 사업주의 책임소재를 분명히 할 필요가 있다고 지적한다. 현재 국회에는 고객의 폭언, 폭행, 성희롱 등으로 감정노동자들이 피해를 입는 경우 사업주의 책임소재를 명확히 하고, 능동적인 조치를 취하도록 하는 '산업안전보건법 일부개정 법률안' 2건과 '남녀고용평등과 일·가족 양립 지원에 관한 법률 일부 개정 법률안' 등이 계류 중이다. 해당 법률을 대표 발의한 새정치민주연합 한명숙 의원실은 "대부분 감정노동자들의 경우 '갑질고객'과 '갑인 사업주'사이에 끼어 피해를 봐도 적절한 구제를 받지 못하고 있는 상황"이라며 "감정노동자 보호를 기업의 부담·비용지원으로 이해하기보나는 세도의 개선을 통한 노사관계 및 노동자와 소비자 관계를 성숙시킬 수 있는 계기로 삼아야 한다"고 말했다.[349][350]

7. 금융권의 감정노동 후유증 심각성과 대책 마련 시급

콜센터, 은행창구 직원 절반, 우울증상 겪어, 근로기준법·산업안전보건법 등 법 강화 절실, 국회, 대처방안토론회, 이학영 "콜센터 문제 가장

349) hwlee@fnnews.com 이환주 기자, 파이낸셜뉴스

350) http://www.fnnews.com/news/201501091628528562(2015.4.3.)

시급"[351] 최근 은행권의 감정노동자 가운데 절반은 우울증상을 보인다는 실태조사 결과가 나왔다.[352] 최근 타인의 감정에 맞춰주기 위해 자신의 감정을 억누르며 근무해야하는 이른바 '감정노동자'들에 대한 보호법 요구가 대두되고 있다. 특히 콜센터나 은행창구 등 은행권 감정노동자는 실태조사 결과 절반이 '우울증상'을 나타낼 정도로 상황이 심각한 것으로 나타났다. 국내 굴지의 은행에서 7년째 근무 중인 한 은행창구 직원은 본지와의 인터뷰에서 "하루 평균 꼭 한명씩은 '진상고객'이 찾아온다"면서 "가장 힘들었던 고객이 누구였는지 기억도 없다. 하지만 다양한 형태로 업무에 부담을 받고 있다"고 털어놨다. 직장 상사에게 도움을 요청하거나 사측에 해결책 마련을 요구한 적 있는지에 대해서는 "몇차례 도움을 요청했지만 무조건 참고, 고객의 요구에 응대해야한다는 답변만 들었다"고 덧붙였다.

금융부문의 감정노동자들의 인권을 침해하는 사례가 빈번하게 발생하고 있는 상황에서 이에 대한 제도적 장치마련이 시급하다는 주장이 제기된 것도 이 때문이다. 실제 새정치민주연합 한명숙·김기준·김기식 의원이 개최한 '금융부문 감정노동문제와 블랙컨슈머 대처방안모색' 토론회를 열고 금융부문 감정노동자들의 인권을 보호하기 위한 공론의 장을 만들었다. 김인아 연세대학교 보건대학원 교수는 한국 노동자 정신질병에 대한 직업병 인정기준에 대해 산재인정이 지나치게 인색하다고 지적했다. 김 교수에 따르면 현재 산재보험법상 업무와 연관관계가 있는 정신질환 상태에서 자해행위를 할 경우에만 산재가 인정되고 있는 실정이다.

김 교수는 특히 지난 8월 근로복지공단이 내놓은 정신질병 업무관련성 조사지침 개정안조차도 아직 현실적인 정신질환문제를 제대로 담고 있지 못하다며 정신질환과 직무의 연관성을 폭넓게 인정해야 한다고 주

351) 기사입력 2014-12-02 16:39 | 최종수정 2014-12-02 16:39
352) 사진=연합뉴스 제공

장했다. '감정노동의 현황과 보호과제'에 대한 발제를 진행한 한인임 노동환경연구소 연구원은 정부와 국회에 포괄적인 법체계 개선을 촉구했다. 한 연구원은 현행 근로기준법이 고객이나 상급자·동료로부터 당하는 폭언이나 폭행에 대한 제재를 담지 않고 있다고 지적했다. 또한 "남녀고용평등법상 직장 내 성희롱에 대한 제재도 소극적"이라며 피해자들에 대한 문제의 악화 가능성을 제기했다. 한 연구원은 감정노동자들을 위한 매뉴얼을 만들어 고객이 요구할 수 있는 서비스와 수용기준을 마련하고 고객과 마찰이 생겼을 경우 상급자가 개입해 대응토록 하는 등의 구체적이고 명확한 절차를 만들 것을 제안했다. 특히 기업이 소속노동자들을 보호하고 고객에 대해 감정노동자들의 인권보호를 홍보하는 것을 강조했다. 정혜자 금융경제연구소 연구위원은 이날 금융권 콜센터와 영업창구에서 일하는 금융노조 조합원 3800여명을 대상으로 한 실태조사 결과 50% 이상이 우울증상을 보였다고 지적했다.

이 중 20%는 실제로 우울증 진단을 받았다. 정 위원은 가장 많은 응답자들이 '민원인의 과도하고 부당한 언행이나 요구'를 문제점으로 꼽았다며 '블랙컨슈머'의 문제해결이 중요하다고 강조했다. 이에 따라 그는 법규영역에서 정신노동과 육체노동만을 '근로'의 개념에 명시한 근로기준법에 감정노동을 포함시키고 산업안전보건법의 산업재해 개념에도 감정노동을 산재의 원인으로 명시할 것을 대안으로 제시했다. 또한 산업안전보건법의 업무상 질병을 일으키는 요인의 범위에도 감정노동을 명시해야한다고 지적했다.[353][354]

8. 손님이 엉덩이를 툭툭 쳐도 눈물만

알바 청년 73%가 성희롱 등 경험, 무료상담포함 적극적 교육·정보

353) 문혜원 기자 haewoni88@

354) http://news.newsway.co.kr/view.php?tp=1&ud=2014120216182114780&md=20141202163955_AO(2015.4.3.)

제공해야"[355] "바(BAR) 사장님 친한 동생이 '나랑 사귀자'라거나 '널 갖고 싶다'는 등 대놓고 성적인 요구를 하는데 뭐라고 말도 못하고 웃으면서 얘기할 수밖에 없었어요." 편의점과 커피전문점, 화장품 판매점 등 각종 서비스업종에서 아르바이트를 하고 있는 청(소)년들이 성희롱과 감정노동에 따른 스트레스 등을 호소하고 있지만 정부로부터 방치되고 있다. 청년유니온이 감정노동전국네트워크, 국회 환경노동위원회 장하나 새정치민주연합 의원실과 함께 지난 8월 22일부터 9월 12일까지 전국의 15~29세 아르바이트생 225명을 대상으로 조사한 감정노동 실태조사 결과, 고객으로부터 무리한 요구와 신체적·언어적·성적 폭력을 경험했다고 응답한 비율이 73.3%에 달했다. 1일 오후 서울 여의도 국회의원회관에서 열린 '아르바이트 청년 감정노동자 증언대회'에 감정노동 당사자로 참여한 류(26) 씨는 처음 PC방에서 아르바이트를 하면서 경험했던 감정노동의 고충을 털어놨다. "원래 제가 일하던 PC방에서 커피는 손님이 자판기에서 뽑아먹는 건데 한 손님이 지나가다 커피를 타 달라고 요구했어요. 그래서 제가 직접 타 드셔야 한다니까 자기는 게임을 해야 한다며 엉덩이를 툭툭 치는 거예요. 너무 놀라서 화장실에 가서 마음을 추스르고 나왔더니 사장님이 대신 손님한테 커피를 뽑아줬어요."

1일 오후 서울 여의도 국회의원회관에서 열린 '아르바이트 청년 감정노동자 증언대회'에서 감정노동 당사자들은 아르바이트를 하면서 경험했던 감정노동의 고충을 털어놨다. 류 씨는 편의점에서 일할 때도 "손님이 담배를 피우면서 '애인 있느냐. 자유분방하게 생겼는데 연애도 자유분방할 것 같다'는 성희롱 발언을 쏟아냈다"며 "일이 끝나고 집에 돌아오면 가족들과 얘기하기도 싫었고 월급이 들어오면 내가 이 정도 받으려고 자존심 상해가며 일하고 있나 화나기도 했다"고 말했다.[356] 청년

355) 입력 : 2014-10-01 18:46:38 노출 : 2014.10.01 18:46:38, 강성원 기자 | sejouri@mediatoday.co.kr

356) 사진=강성원 기자

노동자들의 감정노동을 가중시키는 데에는 고객만이 아니라 사업주의 지나친 친절강요도 한 몫하고 있다. 패스트푸드점에서 아르바이트 경험이 있다는 조 씨(24)는 "아르바이트하는 곳에 서비스평가가 있어 본사에서 손님인 척 가장하며 방문해 고객 응대방법을 평가해 간다"며 "본사에서 점장에게 얘기해 점장의 평가가 낮으면 아르바이트생에게 고스란히 책임이 전가돼 받는 스트레스가 더 크다"고 밝혔다. 이같은 청소년 감정노동 실태에 대해 김현주 이화여자대학교의료원 직업환경의학과 교수는 "사업주들이 노동자들에게 과도한 친절을 요구하는 CS(고객만족·Customer Satisfaction)제도의 점검이 필요하다"며 "소비자 입장에서도 커피숍에 들어갈 때마다 인사를 하는 과잉친절 제도를 개선해야 하고, 사업주는 무한경쟁속에서 개선이 어렵겠지만 CS제도는 청년노동자의 건강과 감정을 해치고 있음을 인식해야 한다"고 지적했다. 김 교수는 또 청년노동자의 감정노동문제에 대한 정부의 대책 마련과 규제강화의 필요성을 역설했다. 김 교수는 "현재 국회에서 발의됐다가 표류 중인 감정노동자보호법 예비법안에 따르면 사업주는 직원에게 스트레스를 주면 안된다는 경고를 해야 한다"며 "직원보호를 위해 녹취 등이 진행되니 함부로 대하면 안된다는 경고제도가 우리 사회의 기준이 될 수 있도록 지속적인 캠페인과 규제가 필요하다"고 말했다.

김 교수는 이어 "청년노동의 특징은 일하다가 폭력을 당해도 대처능력이 없고, 본인이 진로나 경제적 이유 등으로 불안정한 상황이어서 출구가 없다"며 "집이 어렵고 본인이 막막하면 정부에서 지원하는 상담센터에서 상담도 못받는 경우가 많다"고 설명했다. 그러면서 그는 "상담이 필요할 정도면 이미 신가한 상태이고, 상담이 만능인 것처럼 대책을 세우기보다 1차적으로 작업장에서 폭력상황 노출을 줄이기 위한 규제가 중요하다"며 "교육과 정보제공을 통해 당사자 스스로 초기 대응능력을 향상시키는 방법을 보급하는 등 서비스업종 노동자 건강보호를 위한 제도마련이 시급하다"고 덧붙였다.[357)][358)]

9. 영화 노동자의 카트와 함께 살자는 아우성

카트 제작자 심재명 명필름 대표의 “오래 기억될 영화로”[359] '노동자'에 대해 국립국어원 표준국어대사전에서 그 뜻을 찾아보면 '노동력을 제공하고 얻은 임금으로 생활을 유지하는 사람'이라고 나온다. 지구상에 머무는 절대 다수의 사람이 결국 노동자인 셈이다. 하지만 한국 사회에서 노동이나 노동자라는 단어가 주는 어감은 썩 좋지 않다. 마지못해 천한 일을 해야만 하는 사람들을 쉽사리 떠올리게 되는 까닭인지도 모를 일이다. 여기에는 많은 물음이 뒤따를 수밖에 없다. 우리는 어떻게 노동자인 자신이 노동자로 불리는 것을 꺼리게 됐을까. 우리가 노동을 바라보는 눈이 노동자로서 지녀야 할 의식과는 거리가 먼 때문은 아닐까. 누가 우리로 하여금 이렇듯 이율배반적인 생각을 품게 만들었을까. 이를 바로잡기 위해 우리는 무엇을 할 수 있을까. 26일 서울 필운동에 있는 영화제작사 명필름에서 만난 명필름의 심재명 대표는 "나는 영화 노동자"라고 했다. 명필름이 세상에 내놓은 영화 '카트'가 노동자의 눈으로 우리 시대의 노동을 바라본 데는 이러한 이유가 있다.[360] 대형마트의 비정규직 여성 노동자들이 부당해고를 당한 뒤 이에 맞서는 여정을 그린 카트는 13일 개봉한 이래 극장가에서 할리우드 블록버스터의 공습이 지속되는 와중에도 70만명이 넘는 관객을 모으며 선전하고 있다. 그럼에도 심 대표는 전날 자신의 트위터에 '제작자로서 뼈가 아프네요. 가늘고 길게라도 오래 가고 싶습니다. 함께 사는 세상을 향해 절박한 마음으로 만든 영화 많이 봐 주세요. 힘이 돼 주세요'라는 글을 올려 힘든 심정을 토로했다.[361] 인터뷰를 위해 자리에 앉은 심 대표에게 물었다. '지금이 제

---

357) 강성원 기자의 트위터를 팔로우 하세요. @sejouri

358) http://www.mediatoday.co.kr/news/articleView.html?idxno=119110(2015.4.3.)

359) 2014-11-28 08:05, CBS노컷뉴스 이진욱 기자, [노컷인터뷰]

360) (사진=황진환 기자)

361) (사진=황진환 기자)

작자로서 가장 힘든 순간인가요?' "우리 영화를 70만명이 넘는 관객이 봐 주셨다는 건 정말 감사드릴 일입니다. 상업적인 성공을 바랐다기보다는 이 영화를 만드는 데 희생을 감수한 많은 분들과 함께 나눌, 보다 보람찬 결과를 얻었으면 하는 마음이 큽니다."

'그러면 트위터 글의 의미는요?'

"감정이 크게 드러난 글을 올리기전에 고민을 많이 했어요. 카트는 대기업의 투자를 받은 영화가 아닌지라 제작비를 낮추는 데 배우들, 스태프들, 배급사, 투자사들, 개인투자자들의 헌신이 있었죠. 그분들에게 제작자로서 송구스러웠어요. 노동문제 등 민감한 이야기를 다룬 상업영화도 성공할 수 있다는 사례를 남기고 싶었거든요." 심 대표는 "카트가 흥행이라는 대중적인 성과를 내면서 많은 사람들에게 다가갈 수 있는 영화로 완성되기를 기대하는 마음이 크다"고 전했다.362)

Q: 카트라는 제목이 주는 느낌이 남다르다. 개인적으로는 노동자를 물건처럼 다루는 사회 분위기를 잘 드러낸 듯했다.

A: 카트의 모티브는 이랜드 비정규직 여성 노동자들의 투쟁을 기록한 르포집 '우리의 소박한 꿈을 응원해줘'(후마니타스 펴냄)다. 그 책의 제목을 허락받고 쓸까, 극중 주인공 선희(염정아)의 이름을 따 '선희의 약속'으로 할까 고민이 많았다. 마땅한 제목이 떠오르지 않던 중, 카트를 밀며 전진하는 사람들이 나오는 연대의 이야기인만큼 간단명료하게 가자고 해 카트로 결정했다. 사람에 따라 다양한 함의를 끄집어낼 수 있지 않나 싶다.

Q: 왜 지금 시점에서 노동 이야기를 내놨나.

A: 2007년 비정규직보호법이 시행될 당시 이를 악용하는 기업들의 행태를 접하면서 마음이 아팠다. 더욱이 카트의 주인공들은 비정규직에다 감정노동을 해야 하는 여성 노동자라는 점에서 더욱 힘든 처지에 놓여

---

362) 심재명 명필름 대표(사진=황진환 기자)

있다. 이 이야기를 노동영화를 넘어서 가족이 함께 볼 수 있는 휴먼 드라마로 만들면 보다 많은 사람들이 볼 수 있지 않을까 생각했다. 무엇보다 영화인으로서 우리 시대의 노동문제를 되돌아볼 수 있는 기회를 제공하고 싶었다.

Q: 비정규직 노동자, 더욱이 여성이라는 점에서 극중 인물들은 사회적 약자의 표본으로 다가온다. 소재 고민의 핵심은 뭐였나.

A: 상업영화에서는 다루기 껄끄러운 이야기인데다 팍팍한 현실을 그리고 있으니 대중성면에서 많은 고민이 됐다. 작가, 감독과 함께 이야기의 방향을 잡고 지향점을 합의하는 과정이 지난했다. 보편적인 정서를 끌어들여 보다 많은 이들이 우리 영화를 지나치게 무겁지 않게 볼 수 있는 의미와 재미를 함께 품은 상업영화로 내놓고 싶었던 것이다.[363)]

Q: 전작 '관능의 법칙'(2013)은 참여한 모든 스태프들과 표준근로계약서를 이행한 첫 사례라는 점에서 의미가 남다르다. 카트에서는 어땠나.

A: 마찬가지로 표준근로계약서를 적용했다. 현재는 권고사항에 머물고 있지만 바람직한 영화제작 현장의 운용을 위해서는 반드시 정착돼야 할 제도라고 본다.

Q: 노동문제를 정면으로 다뤘다는 점에서 대중과의 접점을 넓혀야 한다는 고민이 컸을 것이다. 전략은 어떻게 세웠는지.

A: 기획단계부터 상업영화의 틀 안에서 만들어야 한다는 것이 핵심이었다. 대중의 신뢰를 받는 유명배우들을 기용하고, 선희의 아들 태영역은 아이돌 스타가 맡는 것도 처음부터 정해 뒀다. 염정아 문정희 김영애 김강우 황정민씨 등 한 작품에 모이기 힘든 훌륭한 배우들이 흔쾌히 참여해 준 덕이 크다. 배우들을 통해 대중적인 인지도를 높이는 한편, 이야기는 눈물을 짜내는 가족영화가 아니라 돌직구처럼 정직하게 나가려고 했다. 이를 통해 영화의 정체성을 표현하고 완성도를 높이면서 대중

363) 영화 '카트'의 한 장면. (사진=명필름 제공)

영화로서 신뢰받고자 했다.

Q: 냉정하게 흥행에는 실패했다고 판단하나.

A: 그렇지 않다. 70만 관객 이상이 든 것도 대단한 성과다. 다만 아쉬움이 있을 뿐이다. 이 영화에 참여한 분들의 헌신과 희생에 대해 보람 있는 열매로 돌려 드렸으면 했으니까. 상업영화로서 흥행도 제대로 이뤄져 '이런 영화는 안돼' '외면당하기 십상이잖아'라는 생각이 조금이나마 바뀌었으면 하는 바람이다.364)

Q: 우리의 삶과 뗄려야 뗄 수 없는 노동, 연대 등의 말에 대한 일종의 학습된 거부감도 크게 작용한 듯하다.

A: 노동자들의 처지, 파업현장 등은 미디어에서조차 기피하면서 제대로 다루지 않는다. 카트를 통해 상업영화의 틀에서 그들의 현실을 가감없이 진실되게 보여 주고자 했다. '노동자 이야기를 극장에 가서 돈을 내고 봐야 해'라는 생각이 들었을 수도 있다. 그럼에도 우리 영화를 적극적으로 지지해 주고 찾아 준 많은 분들에게 큰 힘을 얻었다.

Q: '현실을 말하는 동시대성이냐' '보고 즐기는 오락성이냐'라는 영화를 대하는 대중의 입장에 대한 고민도 깊어졌을 것 같다.

A: 시장상황이 바뀌면서 영화를 관람하는 경향도 바뀌고 있는 듯하다. 소위 사회파 영화, 사회 고발성 영화가 관심을 받던 시절이 있었다.

하지만 지금은 팍팍한 현실에 반비례해 그러한 영화를 기피하게 되는 것은 아닐까. 힘든 현실에서 피로도를 크게 느끼는 듯하다.

Q: 여성 제작자, 여성 감독, 여성 배우 등 카트는 여성의, 여성에 의한 영화라는 인상을 준다. 제작단계에서 그런 의미를 중요하게 여겼나.

A: 특별한 의미를 부여한 것은 아니다. 남성 감독이 여성들의 이야기를 하다보면 별도의 학습을 해야 한다. 여성은 본능적으로 자신의 이야기를 할 수 있다는 점에서 자연스러운 만남이었다. 굳이 여성들의 이야

364) 심재명 명필름 대표(사진=황진환 기자)

기니 여성이 참여해야돼라고 생각한 것은 아니다.

Q: 영화는 줄기차게 연대라는 시대정신을 이야기하더라. 이 사회를 사는 한 사람으로서 연대의 중요성을 절감하는지.

A: 항상 그렇다. 카트가 그들의 이야기가 아니라 우리들의 이야기인 이유다. 결국 나의 이야기인 것이다. 서로를 이해하고 배려하고 함께 손잡는 연대의 소중함을 영화에 담고 싶었다.

나 혼자만 잘살면 된다고 여기더라도 그 와중에 사지로 몰리게 되는 사람들은 반드시 부메랑이 돼 돌아온다. 함께 사는 삶은 그래서 소중하다. 그렇게 사는 것이 인간답게 사는 게 아닐까.[365)]

Q: 공교롭게도 카트의 개봉 당일 쌍용차 노동자들에 대한 사측의 정리해고가 불가피한 일이었다는 대법원의 상식을 벗어난 판결이 나왔다.

A: 절망적이고 참담했다. 선고를 받고 노동자들이 눈물 흘리는 모습을 보면서 결국 이 사회는 갑을 위한 곳이라는 사람다운 삶에 대해 몰인정하다는 생각에 마음이 무거웠다. 그래서 우리 영화가 많은 관객을 모아 노동의 현실, 을의 현실을 다시 한번 되돌아볼 수 있는 계기가 됐으면 하는 바람이 더 커졌는지도 모른다.

Q: 스스로 노동자라 여기는지.

A: 물론이다. 계약서를 쓸 때는 제작자로서 스태프와 갑을관계지만, 나 역시 영화 노동자다. 카트가 노동영화를 표방했다는 점에서 노동의 의미에 대해 보다 깊이 생각하는 과정이기도 했다. 이 영화를 하겠다고 나선지 6년만에 세상에 내놨다. '한편의 영화를 6년이나 붙들고 있었구나' '오랫동안 지치지 않고 영화를 만드는 일을 했구나'라는 생각을 많이 했다. 어려운 순간이 많았지만, 굉장히 감격스러운 시간들도 있었다. 제작자로서는 몇년에 걸쳐서 영화를 만드는데, 개봉하면 한 순간에 상품으로 소비돼 버리는 아이러니함을 다시 한 번 곱씹고 있다. 지난하고 고단

---

365) 영화 '카트'의 한 장면(사진=명필름 제공)

한 작업, 언제나 그렇지만 결과보다는 과정이 소중한 작업이었다.

Q: '코르셋'(1996)의 여성인권, '공동경비구역 JSA'(2000)의 분단, '해피엔드'(1999), '건축학개론'(2012), 관능의 법칙속 결혼제도 등 상업영화의 틀 안에서 사회적 편견 깨기, 약자의 이야기를 주로 해왔다.

A: 소재의 선택에 있어서 의도한 것도 아니고, 지나치게 의미를 부여하지도 않는다. 감독과 마찬가지로 제작자도 각기 다른 성향, 세계관, 가치관을 지니고 있는 만큼 자연스레 영화에 반영되는 듯하다. 내가 살아온 모습이나 가치관과 반하는 이야기를 할 수는 없지 않나. 그런 측면에서 영화는 만드는 사람의 삶과 몹시 닮아 있다.

자료: http://www.nocutnews.co.kr/news/4333428[366)]

Q: 노동, 연대의 가치를 되짚어보도록 돕는다는 점에서 상업영화 카트의 성과는 특별하게 다가온다.

366) 심재명 명필름 대표 (사진=황진환 기자)

A: 한국 영화계에서 노동문제를 다룬 작품은 독립영화 진영에서 말고는 볼 수 없다. 한편에 수십억원이라는 거대자본이 들어간다는 특성상 상업영화는 당연히 상업성을 추구해야 하고 이윤을 남겨야 한다. 그렇기 때문에 노동문제를 다루지 않는 것이다. 카트 역시 상업적으로 크게 흥행할 수는 없을 거라 봤다. 지금 이 순간에도 카트의 흥행과는 별개로 비정규직 문제, 을의 처지가 사회적 이슈가 될만큼 부조리가 목까지 차오르고 있다. 삶의 질이 좋아지는 것이 아니라 후퇴하고 있는 것이다.

이는 거창한 이데올로기가 아니다. 가장 중요한 먹고 사는 문제, 생존의 문제다. 카트 역시 사람답게 사는 것이 뭘까라는 질문을 던진다는 점에서 생존을 이야기하고 있다.

Q: 카트를 봤거나 보게 될 관객들에게 바람이 있다면.

A: 카트의 이야기는 애써 외면하려 했을지도 모를 우리의 현실이다. 누군가를 표적으로 삼는 것이 아니라 따뜻한 시선으로 우리 주변을 돌아보도록 돕는 영화로 봐 줬으면 한다. 극중 주인공들이 30, 40, 50대 여성들이기는 하지만, 비정규직 엄마를 둔 가난한 10대 소년, 소녀의 이야기도 들어 있다. 결국 한창 꿈 많을 10대들에게 "곧 너희들이 만나게 될 세상은 녹록지 않다"고 알려주는 셈이다. 그들이 카트를 통해 부당한 현실을 미리 알았으면 한다. 내일이면 우리 사회의 주역이 될 10대들에게 그들이 만나게 될 사회, 잘 모르던 현실을 조금 일찍 알게 하는 영화로 평가받았으면 한다.[367)]

10. 편의점은 요지경: 진상손님에 몸살

24시간 편의점이 일상화되면서 요지경같은 일들이 밤낮없이 펼쳐지고 있다.[368)] "돈을 던지며 술심부름을 시키고 안주까지 갖고오랍니다. 나이 어린 학생들에게 무시당하고 최저임금도 못미치는 시급에 식대도 안나

367) http://www.nocutnews.co.kr/news/4333428(2015.4.3.)

368) 기사등록 일시 [2014-07-15 07:00:00] 【춘천=뉴시스】 조명규 기자

오는 게 현재 내 일상입니다." 강원 춘천시 강원대 정문의 한 편의점에서 아르바이트를 하는 이(27) 씨의 넋두리다. 14일 만난 그는 2년째 공무원 시험을 준비하고 있지만, 용돈이라도 벌 요량으로 시작한 편의점 알바를 하며 '감정노동'에 시달리고 있다. 고정적으로 찾아오는 '진상'손님들 때문이다. 어제도 외상으로 술을 달라는 손님과 실랑이를 벌였다는 이 씨는 "벌써 몇 번이나 싸웠는지 모른다"며 "워낙 다양한 사람들이 오가는 곳이다 보니 그러려니 해도 도가 지나칠 정도로 심기를 건드는 사람이 많다"고 토로했다.

편의점 알바 3년차인 원(28・여) 씨는 "손님들이 내 손을 무시하고 테이블에 던진 돈을 돈통에 넣을 때가 가장 비참하다"며 "여자이다 보니 반말에 막대하는 사람도 많고 때때로 신변의 위협까지 느낀다"고 말했다. 또 정(40) 씨는 "딱 봐도 중고등학생같은 친구들이 출처모를 신분증을 내세우며 담배나 술을 달라고 할 때 어처구니가 없어 욕이라도 하고 싶다"고 한숨을 내쉬었다. 아르바이트 전문구직 포털사이트 알바몬에 따르면 편의점 알바생 1031명을 대상으로 한 '편의점 꼴불견 손님' 설문조사에서 알바생 95.2%가 "손님 때문에 멘탈붕괴를 겪은 적이 있다"고 답했다. 또 최악의 손님으로 '미성년자인데 술・담배를 달라는 손님'(17.8%)부터 '자리를 치우지 않고 가는 손님'(17%), '돈을 던지거나 뿌리듯이 주는 손님'(14.2%) 등이 순위에 오르기도 했다. 이처럼 편의점 알바생들은 '진상'손님으로 인해 번번이 '감정노동'에 시달리고 있다. 하지만 마땅히 보호받거나 호소할 장치조차없는 현실에 직무 스트레스만 가중되고 있다는 지적이다. 알바연대 구교현 위원장은 "인권적으로 심각한 사건인 경우에는 국가인권위원회에 진정할 순 있지만 현재 감정노동자에 관련된 법적인 수단(보호법)은 없는 실정"이라며 "일반적으로 육체노동이 아니면 힘들지 않게 생각하지만 실제로 감정노동이 심각해지면 정신적인 스트레스로 직결돼 건강까지 위협할 수 있다"고 경고했다. 구 위원장은 "감정노동에 시달리는 노동자들을 보호할 수 있는 법적인 제재와

그들을 배려하는 선진 시민의식이 필요하다"고 지적했다.[369][370]

11. 백화점 서비스평가: 고과반영 폐지 가능성

감정노동자 문제가 어제 오늘 일은 아니다. 지난 봄 항공사 승무원을 폭행해 물의를 빚은 대기업 '라면상무'사건과 백화점 여직원 자살사건이 터진 직후 감정노동자 문제는 다시금 사회 이슈화됐다.[371] 우리 사회의 갑을관계 문제까지 엉키면서 국회의원 20여명이 소위 '감정노동자보호법'으로도 불리는 '산업안전보건법 개정안'과 '남녀고용평등과 일ㆍ양립 지원에 관한 법률 개정안'을 발의했다. 국회가 개점휴업 상태에 들어가면서 법안은 여전히 계류 중이다.

이 법안에는 근로자의 업무상 스트레스 예방과 치료를 위해 사업주가 근로자에 대한 심리상담 서비스 등의 조치를 취해야 한다는 내용이 담겨있다. 사업주가 근로자의 업무스트레스로 인한 건강장해를 예방하도록 하는 내용이다. 사업장에는 '고객 등이 근로자의 정신적 스트레스를 유발하는 행위를 금지한다'는 취지의 문구를 게시하도록 하고, 인권침해 소지가 있는 백화점 매장직원 평가방식(미스터리 쇼퍼)도 폐지해야한다는 내용이 포함돼 있다. 감정노동이란 단어는 1983년 미국의 사회학자 알리 호실드가 '관리된 심장'이라는 책에서 처음 언급했다.

소비자본주의 사회가 되면서 감정노동이 증가하고 있다는 건데 호실드는 백화점 여성 노동자를 대표적인 감정노동자로 봤다. 흔히 승무원이나 판매원, 외판원, 텔레마케터 등이 감정노동자군에 속하는 데 넓게는 고객서비스의 접점에 있는 모든 직종 종사자를 감정노동자로 볼 수 있

---

369) mkcho@newsis.com

370) http://www.newsis.com/ar_detail/view.html?ar_id=NISX20140714_0013046244&cID=10805&pID=10800(2015.4.3.)

371) [아시아블로그] 백화점 서비스평가, 고과 반영 폐지 가능할까. 최종수정 2013.09.24 11:42기사입력 2013.09.24 11:42, 산업부 김민진 차장

다. 최근 한 백화점에서 협력사원(하청업체 판매사원)을 대상으로 스트레스 설문조사를 했고 그 결과 '판매사원의 심리가 위험수위에 도달했다'는 내용을 보고 받은 CEO가 특단의 대책을 지시했다고 한다(물론 설문조사 결과를 보기전까지 이런 사실을 몰랐다면 문제지만). 대책의 핵심은 앞으로 서비스평가 결과를 인사고과에 반영하지 않겠다는 것이다.

만약 제대로 시행된다면 획기적인 일이다. 백화점 특성상 고객서비스에 공을 들이지 않을 수 없는데 사람관리, 즉 서비스평가에서 '인사고과 반영'이라는 커다란 무기를 스스로 내려놓기는 쉽지 않기 때문이다. 이 백화점은 지난해 초 본사에만 있던 고객서비스 전담부서를 전 점포로 확대했다. 별도인원을 배치할만큼 경영진이 서비스 강화를 외쳤다. 판매사원을 대상으로 하는 서비스평가 점수가 낮으면 점장들은 CEO에게 깨지기 일쑤고, 점장은 팀장을, 팀장은 직원들에게 압박을 가하게 된다. 서비스평가 점수가 공개되는 날이면 승진에 민감한 고참 정규직원들의 신경은 곤두선다. 정규직 인사고과에 영향이 있다보니 서비스 점수가 지나치게 낮게 나오는 매장의 매니저나 해당 직원은 해고를 당하기도 한다. 잘한 직원들에게는 포상이 따르지만 못한 직원들은 공개망신을 당한다.

서비스평가 자체는 어쩔 수 없는 스트레스라지만 서비스평가 결과가 인사고과에 반영되면서 그 스트레스와 부작용은 배가 되는 것이다. 대표적인 감정노동자인 협력사원들의 스트레스는 상상 이상이다. 특단의 대책이 '서비스'로 요약되는 백화점의 상징성과 감정노동자에 대한 배려 사이에서 묘수가 되기 바란다.[372)][373)]

12. 비정규직 여성의 시선으로 보는 감정노동의 영화

노동자들의 투쟁은 이제 뉴스거리도 안된다. 서울역 혹은 청계광장의

---

372) 김민진 기자 enter@asiae.co.kr

373) http://www.asiae.co.kr/news/view.htm?idxno=2013092409081159763(2015.4.3.)

노동자 집회소식은 교통체증을 예보하는 라디오방송을 통해서나 전해질 뿐이다. 길을 걷다 우연히 마주치는 노동자 집회의 구호소리도 “예수천국 불신지옥”을 소리치는 교인들의 외침만큼이나 그저 심상(尋常)하고 익숙한 소음이 되었다. 스피커 볼륨을 아무리 높여도 주먹을 쥐며 목 터지게 투쟁가를 불러도 그들의 주장은 다른 이의 가슴에 온전히 가닿지 못한다. “비정규직, 최저임금, 부당해고” 그 모든 언어가 따분하고 진부한 남의 나라 얘기로 들리는 세상에서 우리는 시간당 알바생에게 커피를 주문하고, 일당제 아줌마들이 차려주는 밥을 먹으며, 용역직 경비아저씨한테 택배를 맡긴다. 자본주의 먹이사슬의 최말단에 놓인 그들이 나와 내 가족, 내 아이의 현실이며 미래일지 모른다는 생각 따위는 접어둔다. 노동자의 이야기는 이 시대 가장 보편적인 현실이면서, 가장 외면하고 싶은 터부가 되었다.[374)][375)][376)] 영화 <카트>의 미덕은 여기에 있다.

강 건너 불구경으로 비쳐져온 비정규직 여성 노동자들의 부당해고 반대투쟁을 어디서 만날 법한 우리 동네 아줌마들의 이야기로 가져왔다.

염정아, 문정희, 김영애같이 잘나가는 여배우들에, 요즘 제일 “핫하다”는 기대주 도경수까지 가세한 상업영화다. 예상을 뒤집는 반전이나 화려한 스펙터클같은 것도 없는데 시사회장에서 영화를 보는동안 서서히 목이 메여오더니 나중엔 주체할 수 없이 눈물이 쏟아졌다. 메모하려던 노트를 바닥에 내려놓고 휴지와 손수건을 꺼내들 정도로, 울고 나서도 후련하지 않았다. 카타르시스보다는 묵직한 한숨이 남았다. 감독으로서 사측의 태도나 고객들의 행위에 대해서는 담담하고 객관적으로 그려내고 싶었지만, 주인공들이 개인적으로 갈등하고 가족간에 반목하는 부분은 감정이 깊어져야 한다고 생각했다. 그 대목은 특별히 절제했다고 생각하

---

374) 비정규직 여성의 시선으로 나를 본다면…영화 ‘카트’의 부지영 감독, 등록 :2014-10-31 18:42수정 :2014-11-02 11:19

375) 강재훈 선임기자 khan@hani.co.kr

376) [토요판] 이진순의 열림

지 않는다. 아마 이런 대목에서 여성이 남성에 비해 더 공분할 수 있었을 것 같다." "노동영화이자 상업영화"라고 소개가 되는데, 사실 난 이 영화를 노동영화이기에 앞서 여성영화로 봤다. 마트를 점거한 여성 노동자들이 한 지붕 아래 살게 되면서 같이 장을 보고, 같이 밥을 해서 빙 둘러앉아 먹고, 싱글맘인 혜미(문정희 분)의 아이를 함께 보살피고. 처음에는 서로를 "여사님"이라고 부르는 개별 노동자였다가 점차 한 식구(食口), 또 하나의 가족관계로 끈끈하게 이어져 가는 과정이 아주 사실적이었다. 영화 <카트>에 등장하는 여성 노동자들의 파업은 이랜드 홈에버의 투쟁을 주된 모티브로 한다. 2007년 7월 1일 비정규직보호법 시행을 앞두고 이랜드는 계열사인 뉴코아와 홈에버에서 계약기간이 끝나지 않은 비정규직 700여명을 무더기로 해고하고 외주용역으로 전환하겠다고 일방 선언했다. "2년을 초과해 근무한 비정규직은 정규직으로 전환"시킨다는 새 법률의 적용을 피하기 위한 꼼수였다. 해고된 이들의 대부분은 매장 계산대와 식품코너에서 일하던 기혼여성들이었다. 영화에서 5년동안 정규직 되기만을 소망해 온 선희(염정아 분)의 대사, "저, 생활비 벌러 나와요, 반찬값이 아니고요"라는 절규는 기혼여성의 노동을 단순한 부업벌이로 취급하며 노동법의 변방으로 밀어내온 현실을 고발한다.

Q: 시사회장에서 김영애씨가 "우리가 알게 모르게 누군가의 갑이 되어 '갑질'을 해온 건 아닌가 반성하게 된다"고 얘기하셨는데, 이런 메시지를 주려고 일부러 설정한 건가?

A: 영화 중에 보면 마트 직원실 벽에 "우리는 항상 을입니다"라고 붙어 있다. "이 영화에서 보여지는 모든 것은 다 자료조사를 통해서 재현된 것이다. '우리는 항상 을입니다'는 어느 백화점 탈의실에 붙어 있는 실제 문구다. 계단 아래 비좁은 공간에서 청소노동자들이 밥을 먹는 장면도 연세대 청소노동자들이 실제로 그렇게 한 데서 따온 거다. 이야기를 극화했을 뿐, 이 영화에서 리얼리티를 극화한 건 하나도 없다. 실제로 존재하는 걸 영화적인 공간으로 옮겨왔을 뿐이다." 부지영의 말을 들

으며 영화 <카트>가 던지는 불편함이 비로소 이해되기 시작했다. 카트는 나와 함께 살고 있는, 내 자매같고 이웃같은 비정규직 여성 노동자를 보여주면서, 한편으론 그런 노동자의 시선을 통해서 나와 같은 여성 고객을 보게 만든다. 나의 일부는 출근하느라 동동거리며 밥상을 차리는 여성 노동자에게서도 발견되지만, 또 다른 일부는 서푼짜리 소비자의 권력으로 "어쨌든 불편을 끼치면 안되잖아요!"라고 내쏘는 여성고객에게서도 발견된다. 내가 의식하지 못했던 나의 냉담하고 오만한 모습이 거기 있다.

남성 노동자들이 파업할 때는
아내가 도시락을 싸오지만
여성 노동자들이 파업할 땐
가족이 말리고 발목잡기 일쑤
그 외로움 이겨낸 여성공동체
"출산이 장벽이 되진 않았다
오히려 결혼하고 애 낳으면서
실존에 대한 고민이 깊어졌고
영화찍겠다는 의지가 강해졌다
더 좋은 기회가 되었던 것 같다"
제주의 여성성이 내 영화의 원천

Q: 영화 <안토니아스 라인>의 한 장면같다.(웃음)

A: "나도 아주 좋아하는 영화다. 근데 정작 나는 그런 여성적 유대쌓기가 잘 안되는 사람이다.(웃음)"

Q: <파업전야>를 보셨다니까 묻고 싶은데, 영화 <카트>의 마지막 장면은 <파업전야> 엔딩 장면의 오마주같이 보인다. 1990년 <파업전야>에서 멍키스패너와 쇠파이프를 들고 나오던 남성 노동자들의 엔딩신이 2014년 물대포를 맞으면서 카트를 밀어붙이는 여성 노동자들의 모습으로 바뀌었다. 1990년과 2014년 사이, 무엇이 달라진 걸까? "(곰곰 생각).

그때 그분들은 잘 살고 계실까? 파업전야에 나왔던 정규직 노동자들."

Q: 글쎄, 파업전야에 나온 노동자의 자식세대가 지금 카트를 밀고 있는 것 아닐까.

A: "그럴 수도. 노동시장은 더 넓어졌는데 고용은 더 불안해지고, 건강한 일자리는 더 줄어들었으니.(한숨)" 이랜드 홈에버 투쟁은 510일의 긴 싸움 끝에 2008년 11월 13일, 노조간부들의 복직포기를 조건으로 타결이 되었다. 근로기준법을 껴안고 자기 몸을 불사른 전태일의 기일과 같은 날이었다. 비정규직보호법 시행 7년이 지난 오늘날에도 비정규직의 현실은 크게 나아지지 않았다. 통계청 발표에 따르면 올해 8월로 비정규직 노동자가 사상 처음 600만명을 넘어섰다. 전체 노동자 셋 중 하나는 비정규직이란 얘기다. 정규직과의 임금격차는 10년전의 두 배 가까이 벌어져서 정규직 월급의 56%인 월 145만3천원에 머물러 있다. 국민소득 2만불시대에도 법정 최저임금도 못받는 사람이 200여만명, 전체 노동자의 10%에 달한다. 전태일의 싸움도, 이랜드의 싸움도 아직 현재진행형이다. 영화에는 다양한 비정규직 인물이 등장한다. 20년째 청소일을 해온 김영애부터, 대학졸업 후 면접만 50번 넘게 본 88만원 세대 천우희(미진역)까지. 특히 염정아의 아들, 도경수를 중심으로 10대 편의점 알바생들의 노동현장이 드러나는 대목이 인상적이었다. 캐스팅도 절묘했고. 진짜 그 집 아들인 것처럼 딱!(웃음) "그냥 사진으로만 볼 때는 아이돌그룹으로 찍힌 모습들이 다 방실방실 웃는 얼굴이어서 이 캐릭터에 맞을지 확신이 안섰다. 근데 막상 만나 보니 의외의 측면이 있더라.

아이돌스럽지 않게 차분하고 말 수도 적고. 그때 뭔가 '촉'이 왔다. 이 친구, 이 얘기를 이해할 수 있을 것 같다."

Q: 영화를 위해서 비정규직 노동자들도 직접 만나고 자료조사도 충실히 했다고 들었다. 그 가운데 가장 강렬하게 남는 대목은 뭔가?[377)]

377) 이진순 언론학 박사 · 희망제작소 부소장

A: "사람들이 너~무(눈을 동그랗게 뜨고) 법을 안지킨다는 점이다. 최저임금이 5210원인데 편의점에서 그렇게 받는 분 별로 없을거다. 그걸 왜 안지킬까? 위반하면 벌금도 내야 하고 구속도 될 수 있는데, 그리고 파업하는데 대체인력 투입하는 것, 그것도 불법이다. 해고자 구제명령 내려도 회사가 안지킨다. 그냥 이행강제금, 벌금내고 만다. 나는 정말 이해가 안된다. 법대로, 상식대로 살면 안되는 건가? 그러면 이분들도 싸울 이유가 없지 않나." 그저 법대로 상식대로 살게 해달라고 누군가는 온몸을 던지고 누군가는 노숙을 한다. 2007년도 2014년도 변한 건 없는데, 그래도 지치지 않고 우리를 대신해 싸우는 그들이 있다. "시민 여러분, 길을 가다가 투쟁현장을 보시면 내 일이 아니라고 외면하지 마시고 왜 무엇 때문에 투쟁을 하는가 관심있게 봐주시고, 희망의 한 말씀이라도 해주세요. 이것은 내가 아닌 우리 모두의 투쟁입니다."[378][379]

378) (2007년 7월 이랜드 농성노동자의 편지 중에서), 녹취 김연지(세명대 저널리즘스쿨대학원)

379) http://www.hani.co.kr/arti/society/labor/662396.html(2015.4.3.)

제11장 감정노동자의 새로운 해결사례

1. 감정노동자의 속풀이 한판

은평구에서는 대형마트 갑질녀, 갑의 횡포 등에 시달리고 있는 감정노동자의 속을 시원하게 풀어줄 속풀이 한판을 운영합니다. 감정노동자들 대다수가 얼굴은 웃고 있지만 속으로는 우울함이 지속되는 스마일 증후군에 시달리고 있으며 감정노동자 552만명 중(안전보건공단) 중증 우울증(38%), 인격무시발언・욕설(80%)을 경험하고 있다고 합니다. 특히 스트레스를 해소하지 못하면 불면증, 만성피로, 소화불량, 우울증 등이 나타나며 특히 우울증이 심해지면 심혈관계 질환, 자살발생률이 높아집니다. 이러한 스마일 증후군을 해결하기 위하여 응암지소 다독임센터에서는 마트직원, 요양보호사, 민원격무부서 직원을 대상으로 감정코치 속풀이 한판을 운영하고 있습니다. 속풀이 한판은 마음을 감추고 고객을 응대해야하는 감정노동자들을 위한 소시오드라마를 활용한 감정코칭으로 스트레스를 해소하고 업무와 관련하여 발생하는 자신의 감정에 대하여 효과적으로 대처할 수 있도록 하는 힐링 프로그램이다.

속풀이 한판으로 고객과 조직 내에서 쌓여 있던 스트레스를 속시원하게 해소하고 그동안 방법을 알지 못하였던 스트레스 조절과 대처방법도 적용하여 건강한 직장생활을 하는데 도움이 되시길 바랍니다. 은평구보건소에서는 앞으로도 지역구민을 위한 다양한 마음 건강 프로그램을 운영하여 적극적 심리지원을 할 예정입니다. 많은 관심 부탁드립니다.[380][381]

380) 문의: 건강증진과 351-8203, 댓글30 카카오스토리 트위터 페이스북

381) http://blog.daum.net/epblog/3208(2015.4.4.)

▲ 속풀이 한판 진행모습
자료: http://blog.daum.net/epblog/3208(2015.4.4.)

2. 교사도 감정노동자: 학부모 만나기가 두려워

1) 학부모총회에서 상처받을까,[382]

Q. 학부모총회가 곧 시작됩니다. 총회에서 꼭 마음의 상처를 받습니다. 잘난 척하며 자기 말만 하는 부모들, 말이 안통하는 부모들이 많습니다. 상처받지 않고 편안하게 만날 방법이 없을까요?

A. 학부모는 학교운영의 보이지 않는 힘이자 그림자이지요. 또 교사들이나 학교가 마음먹은대로 할 수 없는 분들이기도 합니다. 그들은 어른이니까요. 원래 교사와 학부모 사이는 어떤 위치에 서서 그 관계를 바라보느냐에 따라 달라지는 관계랍니다. 그들이 학교와 선생님들을 평가하고 쓸데없이 간섭한다면 늘 긴장상태의 관계이겠지요. 아마 이렇게만 생

382) [교사심리클릭닉] 교사도 감정노동자…학부모 만나기가 두려워요

각한다면 피하면 피할수록 좋은 대상일 수 있습니다. 평가받고 요구받는 갑을관계 혹은 대립적 구도의 관계로 느껴질테니까요. 편집적 관계라고 부를 수도 있습니다. 하지만 다른 각도에서 보면 정말 중요한 협력자일 수 있습니다. 교사를 돕는 존재, 교사도 학부모도 모두 어른이라는 공감대하에서 아이에게 도움을 주기 위해 어른의 시각을 나눌 수 있는 이해 가능한 관계이기도 합니다. 한팀이라고 생각할 수도 있겠지요. 연대적 관계라고 할 수 있습니다. 전자가 현실, 후자가 이상이라고 말하는 분들도 꽤 되리라 생각합니다. 하지만 단도직입적으로 우리 자신을 위해 말한다면 학부모를 평가자나 배후 조종자, 압력 제공자의 위치에서 내려놓고 조금만 더 편하게 대해 보세요. 아이에게 발견되는 긍정적인 면을 함께 공유하는 것으로 출발하세요. 그것이 서로에게 좋고 아이에게도 도움이 되는 일입니다. 우리도 모두 학부모이고 또 학부모를 이미 겪었거나 겪을 사람들이니까 그런 입장에서 생각해보기로 하는 건 어떨까요?

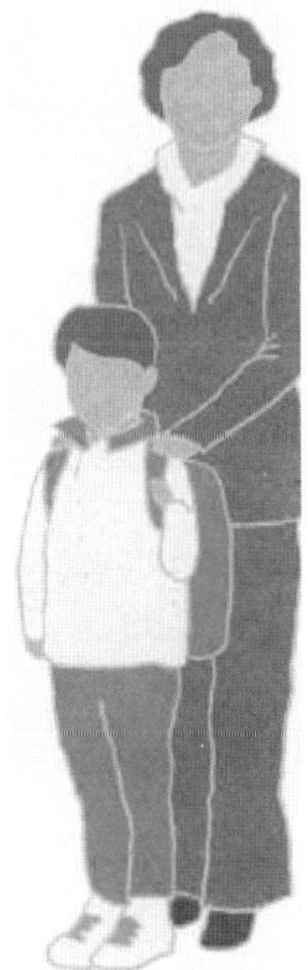

자료: http://blog.naver.com/PostView.nhn?blogId=ktcu_attic&logNo=220310551320

우리는 똑같은 어려움을 겪고 지나가는 대한민국의 학부모입니다. 학부모총회 날, 우리도 학부모들과 똑같이 부모가 되어 그분들이 듣고 싶어 하는 이야기로 시작하기로 해요. 긍정과 유쾌함의 순환을 먼저 시작하면 좋겠습니다.

아이에 대해 조언과 충고를 해주고 싶어도 다음에 하기로 해요. 내 아이를 긍정적으로 봐주는 선생님 밑에서 아이가 지내고 있다고 안심할 수 있도록 하면 좋겠어요. 그래야 앞으로 만들어가게 될 변화의 배에 함께 올라타서 같이 노를 저어 줄 가능성이 높아질테니까요.

2) 아이의 행동장애 어떻게 말할까.

Q. 학기 초인데 전혀 긴장을 하지 않고 혼내면 1분도 채 지나지 않아 떠드는 아이가 있습니다. 아마도 주의력결핍과잉행동장애인 것 같아요.

작년에 다른 선생님반에 비슷한 아이가 있었는데 그 선생님이 학생의 부모에게 이야기했다가 곤혹을 치르는 걸 봤어요. 어떻게 부모에게 전해야할지 모르겠습니다. 그런데 뭔가 조치가 없으면 수업에 큰 방해가 될 것 같아요.

A. 선생님들은 방학동안 많은 연수를 받습니다. 그러다보니 관련지식도 늘고 아이들의 어려움도 더 세심하게 발견할 수 있게 됩니다. 하지만 아이들에게 어떤 문제가 발견됐다고 해서 신중하게 고려하지 않고 학부모에게 바로 전달하게 되면 큰 어려움을 겪게 되는 경우가 종종 있다는 것을 명심해야 합니다. 제가 가끔 이야기하는 '의뢰의 원칙'을 이용해 보시죠.

첫째, 부모와 통화할 때 반드시 진단명을 피합니다. 교사가 의사와 같은 인상을 주는 것은 좋지 않습니다. 의사들도 진단명은 주의해서 쓴답니다.

둘째, 여러 교사가 함께 관찰한 행동을 설명해줍니다.

셋째, 그런 행동으로 아이가 어려움을 겪고있다고 이야기하면서 선생님의 공감어린 마음을 전해야 합니다. 문제가 아니라 어려움이지요.

넷째, 선생님께서 아이를 걱정하고 돕고 싶어서 부모님께 먼저 알려드린다고 하고, 마지막으로 전문가의 도움이나 조언을 권고합니다. 치료보다는 도움과 조언이라는 표현이 좋습니다. 그러면 많은 부모님이 고마운 마음으로 알아듣는 것이 대부분입니다. 교사로서의 관찰, 함께 걱정하기, 그리고 전문가의 도움에 대한 따뜻한 권고, 이것이 부모가 아이에게 도움을 줄 수 있도록 움직이게 하는 비결입니다.[383][384]

3. 감정노동자들의 형태

1) 다양한 감정노동자

겉으로 아양떠는 사람들을 본 적이 없는 사람들이 요새 있을까요? 매장점원, AS센터, 판매업, 보험사, 교육판매, 표현이 좀 그런가요? 혹은 광고전화나 통신사콜센터에 전화를 걸어보면 사실 저는 것도 되게 번거롭고 귀찮은 방법이지만, 솔음을 유지하며, '반갑습니다 고객님, 무엇을 도와드릴까요?' 이런 목소리를 심심찮게 들을 수 있어요. 연예인, 배우 등 무대 위에 서야하는 직업들도 크게 다르지 않습니다. 컨셉, 이미지에 따라 가면을 자유지재로 다루어야 하는 직업들에게 있어서는 자신의 정체성과 진짜 모습이 무언지 헛갈릴 때도 있고 우울증에 걸리는 경우도 많이 있어요. 이런 노래도 있잖아요 내가 웃는게 웃는게 아니야. 전국 3만 5천개업체에서 종사하는 80만명 상당의 상담원들, 어떻게 욕을 듣지 않고 기분좋게 대화가 끝날 수 있을까.

하루 이백번의 불만과 의문들을 풀어줘야 하는 그들이 있습니다. 항상 고객과 기업이 원하는대로 자신을 죽이고 표정과 말투를 흉내냅니다.

필요한 감정만을 다루어 쓰며 점점 본인의 감정이 어떤 건지 잊어가

---

383) 김현수 성장학교 별 교장, 명지병원 환자공감센터장 / 한국교직원신문 3월 23일자

384) http://blog.naver.com/PostView.nhn?blogId=ktcu_attic&logNo=220310551320(2015.4.4.)

는 사람들을 감정노동자라고 부릅니다. 언젠가 자신이 즐거웠었던 건지 잊는 경우도 허다하죠. 감정노동은 언제부터 시작된걸까. 사람이 사회적으로 거래라는 걸 하게 되면 성공적인 거래와 실적을 위해서는 상대방의 기분을 맞추고 배려해야 하는 노하우가 필연적으로 필요합니다. 이를 위해서는 대개 우위를 점한 쪽이 다소 불친절해도 받아들이는 경우가 대부분이죠. 판매자는 여럿이고 자신이 붙드는 구매자는 자신이 아닌 다른 사람을 선택할 수 있으니, 다소 불쾌해도 참고 웃어야 한다는 심리가 출발하여 지금과 같은 감정노동을 이루어냈습니다. 이미 겪은 사례도 되게 많죠. 사회에서는 특히 군대에서도 많이 경험하는 사례이죠. 선임이 뭐라고하면 일단 죄송합니다하고 본 대화를 시작하라고. 저는 그렇게 배웠어요. 따지고 드는 건 오히려 손해라고. 신입사원이 살아남는 방법에도 다들 이렇게 써있죠. 신입사원의 칼퇴근이나 도망치고 싶어하는 심리도 이러한 불편함속에서 생겨나는 것이라고 생각해요. 또 간신히 웃으려고 하면 웃지말라고, 말하는 것도 굉장히 기분나쁘고, 웃음 노이로제도 생기곤 하지요. 결국 돈이나 사회적 지위가 감정표현의 권리가 되는 현상도 있습니다.

2) 감정노동자의 사정

처음 상대에게 배려하는 법을 배우고 감정노동을 배우는 사람들은 항상 웃고 달래주고 성과를 올려야 하는 직업을 가진 사람들, 아니 거의 모든 직종의 사람들은 자신의 감정을 타인에게 감추고 원만한 일 해결과 사회생활을 위하는 선택을 합니다. 그 과정에서 자신에게 좀더 기다리라고, 누르고 억제하며, 웃으면서 상대방의 기분을 맞추며 선택을 조종하려 듭니다.

그렇게 해 나가다 할 수 없을 때, 점점 질질 새어나오기 시작하는거죠. 짜증을 부리고, 더 미친듯이 생각하고, 도와줄 사람을 찾고 이러다 보면 적응하지 못하는 사람이 나오기 시작하는데 '분노를 참지 못하고 표출하면 그 일을 하기 어려워집니다. 손님이나 대중앞에서 기업의 이미지를 들고 있기 때문에', 서비스를 제공하는 사람들의 웃는 모습이 중요하다는 사실을 알고 있지만 자신이 그럴 여유가 없다면 어떻게 될까요. 그 악순환을 어떻게든 메꿔가는게 이 사람들인데, 사람이란 다 그렇게 무너지는 것 같아요. 한번 망신을 당하거나 치부가 될만한 일들이 수습이 안되어 악순환에 빠지는 사람들입니다.

자료: http://blog.naver.com/PostView.nhn?blogId=skinnation&logNo=220312858500

첫 인상이 중요하다. 이미지 관리가 중요하다 이런 말들만 들어도 그게 무너지면 얼마나 사회생활에 치명적일지 너무나 쉽게 알 수 있죠. 감정노동자는 고객 혹은 사내 사람들과의 접촉하는 수많은 감성의 홍수속에서 둑을 무너지지 않게 떠받치고 있다고 표현해도 될듯해요.

3) 감정노동의 문제점

처음 만나는 사람들이나 한번 그럴 수도 있지라고 생각하면 맘 편히 넘기고 웃으면서 대화할 수 있습니다. 저도 그런 적 많구요. 솔직히 말하면 처음 만나는 사람들과 의견충돌이나 무조건적인 비난을 먹을 때 선택지는 참으로 많습니다. '앞으로 안볼건데 무시하면 되지', '가소로운데 좀 괴롭혀줄까.' 아니면 똑같이 흥분해서 같이 열띈 토론을 벌이거나 제압하거나 귀엽게 봐주거나 이해해주고 달래주거나, 근본적으로 생각한대로 행동할 '평등한' 관계가 성립되지 않기 때문에 대화는 선순환으로 만들기 위한 서로의 노력이 없다면, 감정요구를 받는 사람의 입장에서는 상대에게 억지로 웃어야 하고 분노를 참아야하는 자기학대가 이루어지는 상황이 발생합니다. 흔히 서비스업에서 행패를 부리는 사람들, '손님은 왕이다'를 외치는 흔한 손놈, 술먹고 와서 온갖 것을 쏟아내는 사람들, 계속해서 소비자에게 자신의 감정을 상품으로 판매하는 사람은 우울증의 씨앗이 됩니다.

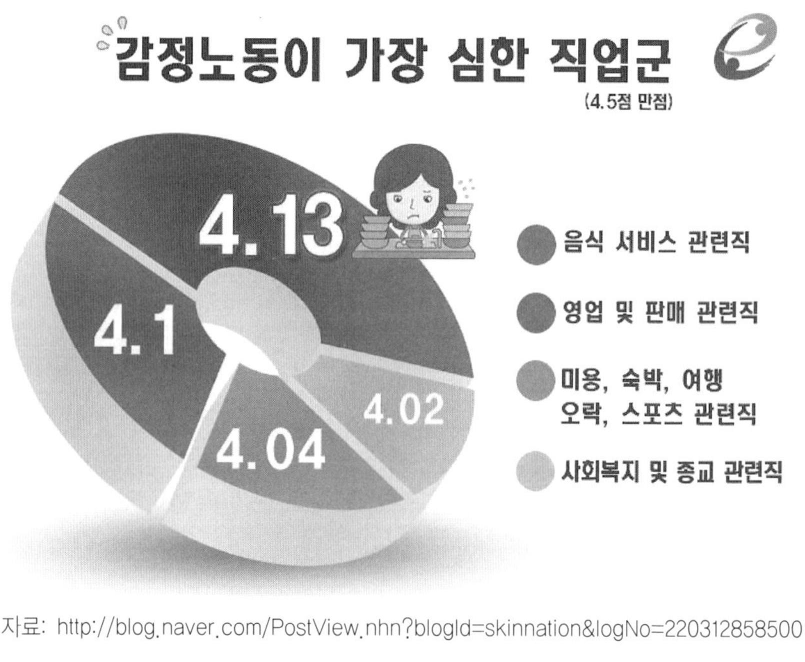

자료: http://blog.naver.com/PostView.nhn?blogId=skinnation&logNo=220312858500

이는 장기근무자가 드문 이유 중의 하나이며 대부분의 감정노동자가 여성에, 이중 61%는 비정규직이라는 말을 들으면 거의 소모품에 가까운 취급까지 받는다는 걸 알 수 있어요. 거기에 근무환경이 보장을 받느냐, 그것도 아닙니다. 지식채널 e를 보시면 항상 실적과 청취녹음에 의해 감시받고 있고 감정조절에 대해 교육이나 연수를 받고 메뉴얼대로 행동하지 않은 채 고객과의 불화, 즉 친절하지 않는다는 말을 듣게 되면 해고사유가 되는 겁니다. 감정노동이 회사 내의 사람들이 아닌 고객과의 문제를 해결하는 것이기 때문에 실적이 곧 회사매출에 비례하므로 말 그대로 상품화되어 팔리는 것과 같습니다. 그러기 때문에 개인의 정서조절은 계약에 의해 문서화되어 지켜질 것을 당부하고 있죠. 앞뒤가 꽉 막힌 곳에서 전화줄을 붙잡고 고객의 불만을 들어야하는 직업은 정말 괴로워 보입니다.

4) 감정노동자의 사건사례

포스코 임원 기내 승무원 폭행사건은 포스코에너지의 상무 왕씨가 2013년 4월 15일 LA행 대한항공의 비행기에서 자신의 식사를 빼먹었다고 생각한 승무원을 찾아가 눈두덩이를 책으로 때린 사건이었습니다.

대기업 임원이 그런 행패를 부린 것과 비행 중 승객들을 지켜야하는 승무원을 때린 것은 항공법으로 엄연히 승객들과 승무원에 대한 테러행위기 때문에 사건은 일파민파 피졌었죠. 사건의 전말은 이렇습니다. 탑승시 옆자리가 비어있지 않다. 밥이 설익었고, 라면이 설익었고 맛이 없다며 세번이나 바꿨으며, 식사 중 냅킨이나 접시를 통로로 던졌습니다.

그리고 비행기 온도를 바꿔달라거나 비행기 공기순환을 더하라, 벨트 착용거부 등 완전히 일방적으로 행패를 부리다가 누번째 식사시간 때, 주문한 양식을 치우고 라면을 시키려고 하며 자신이 행패를 부렸던 그 승무원을 찾아가 '나 무시하냐'며 책 모서리로 눈을 때린 사건이 되겠습니다. 이후 사무장이 기장에게 상황보고와 경찰요청을 했고 FBI에게 인계된 이른바 '라면상무'사건입니다.

자료: http://blog.naver.com/PostView.nhn?blogId=skinnation&logNo=220312858500

5) 감정노동자를 위한 소비자의 배려

감정노동으로 인한 피해사례는 수없이 많고 유명한 사건들은 수없이 회자되지만, 이런 일방적인 폭력은 끊임없이 계속되고 있고 피해자는 평생 이 상처를 안고 살아가야 할거에요.

평소 교회니 보험이니 방문하는 사람도 귀찮고 싫지만, 우리가 불만을 갖고 상담센터에 전화를 하거나 소비자 입장에서 서비스를 받을 때는 눈앞의 사람을 꼭 보고 평등한 입장에서 대화를 하려고 노력하는 게 필요해요. 꼭! 항상 마음 잘 추스리고 평소에도 타인에게 친절한 사람이 됩시다.[385)]

---

385) http://blog.naver.com/PostView.nhn?blogId=skinnation&logNo=220312858500(2015.4.4.)

자료: http://blog.naver.com/PostView.nhn?blogId=skinnation&logNo=220312858500

4. 감정노동자들이 공감하는 노래

저는 택배사무실에 근무하는 직원입니다. 감정노동자들이 뽑은 베스트를 알려드립니다.[386)]

7위 설 명절 : 까치까치 설날, 명절 선물 배송대란~~~~ 넘 힘들어요

6위 김종서: 겨울, 배송할 때 비, 정말 안돼요 물건 다젖고 비 맞으면서 배송 힘들어요

5위 GD: 삐딱하게, 우리 고객님들 전화받자마자 야. 너 제발 이러지 마세요. 정말 우리들이 삐딱해질 수 있어요.

4위 김범수: 제발, 너무 늦어지면은 안돼. 더 가까이 제발 모든 분들이 빨리빨리 배달해 달라고 하시는데 조금만 기다려 주시길 부탁드립니다.

3위 김혜림: 디디디, 우리 고객님들 전화는 왜 안받으시는 건지.

2위 남인수: 번지없는 주막, 제발 택배 보내실 때 주소 전화번호 성함 꼭 기재해 주세요.

---

386) 내맘 차트7 2015/03/08 17:40, http://blog.naver.com/mongi2009/220285183240

1위 : 조항조: 사랑찾아 인생찾아, 종영한 왕가네 식구들에서 택배기사님들의 애환을 잠깐 그렸었죠. 택배기사님들 이 노래 때문에 많이 위로받고 있어요

자료: http://blog.naver.com/PostView.nhn?blogId=mongi2009&logNo=220285183240

이상이고요. 꼭 소개해 주세요. 저희도 사람인지라, 가끔 전화안내하면서 정말 확 그냥 막 그냥 여기저기 막 그냥하고 싶을 때가 한두 번이 아니랍니다. 사랑하는 고객님들도 전화하시기전에 한번만 더 생각하시고 전화해주시고 택배 받으시면 감사합니다. 한마디 부탁드릴게요. 그러면 기사님들의 고생스러움이 눈녹듯 사르르 녹을거예요. 더 친절히 응대하겠습니다.[387]

387) http://blog.naver.com/PostView.nhn?blogId=mongi2009&logNo=220285183240(2015.4.4.)

5. 엄마라는 이름의 감정노동자

‘엄마’에게서 ‘인간 여자’의 모습을 본다는 건 어떤 느낌일까요? 수년 전 문득 깨어보니 초저녁 잠이 많은 엄마가 말짱히 깨어 있으셨습니다.

엄마는 옷장을 몽땅 털어 ‘프리티 우먼 옷갈아입기놀이’를 하고 있었습니다. 방안을 런웨이 삼아 걷기도 하고 턴도 하시고 앞태도 보고 뒤태도 보시는 겁니다. 말을 걸까 말까 고민하다 놀이를 방해하고 싶지 않아 가만히 있었습니다. 그때 생각했습니다. 부지런하기 이루 말할 수 없고 마을 사람들과 그 흔한 싸움 한번 없고 맏며느리로 큰웃음 웃는 ‘손큰’ 우리 엄마는 무엇을 좋아할까, 또는 무엇을 싫어할까? 오남매를 키우면서 싫어한다거나 좋아한다는 말을 입 밖으로 뱉은 적이 있으셨던가? 잘 기억이 나지 않네요. 사람인 이상 욕망이나 희망이 없진 않을터이니, 엄마는 생이 주는대로 받느라 한 세월 다 보내셨나 봅니다.[388] 유지연의 그림책을 보며 엄마를 떠올리니 짠한 마음이 듭니다.

‘엄마’와 ‘미영씨’, 지킬과 하이드처럼 ‘엄마’와 ‘미영씨’는 한 존재의 두 얼굴입니다. 엄마인듯 엄마 아닌 엄마같은 미영씨?! 대중가요의 가사를 인용했지만 우리네 엄마들은 자신과 ‘썸’ 탈만한 정신적, 육체적 여유가 없었을 겁니다. 지겹게 반복되는 가사노동으로 가족들을 거둬먹이고 엄마라는 이름으로 다른 가족들의 ‘짜증받이’가 됩니다. 가족의 몸건강과 정신건강을 책임지는 감정노동자 역할입니다. 거기에 어쩌면 모자라는 생활비를 알음알음 벌어오는 역할이 더해지기도 하겠지요. 지은이는 엄마의 두 마음을 딸의 시선으로 그립니다. 딸이 엄마가 되면 그 마음 헤아릴까요? 딸이 살아온 시절과 엄마가 살아온 시절이 다르니 그저 미루어 짐작할 뿐입니다. 어쩌면 엄마 또한 자신을 잊고 살아왔을 겁니다. ‘엄마’는 딸이 그린 자신의 모습을 좋아하지 않습니다. 현실이 그대

388) 어린이문학, goforit 1 2015-03-06 10:29 http://blog.aladin.co.kr/786920124/7409068, 엄마의 초상화, 유지연 지음 / 이야기꽃 / 2014년 9월

로 내려앉은 자신의 모습, 당신이 품고 있는 그 무엇도 보이지 않는 것에 대한 조용한 거부반응이겠지요. 엄마는 여행을 떠나고 그곳에서 '스스로' 갖고 온 그림을 딸이 그린 자신의 초상화와 나란히 놓아둡니다.

알록달록 오롯이 그 모습으로만 살 수 없지만 결코 포기하지도 않을 자신입니다.

자료: http://blog.aladin.co.kr/786920124/7409068

글밥이 많지 않은 그림책으로 엄마의 두 존재는 색상과 크기로 강한 대비를 줍니다. 현실의 엄마는 무채색, 여자인 엄마는 화려하게, 그림의 크기도 다릅니다. 현실의 엄마그림은 대부분 한장의 반쪽을 넘지 않습니다. 욕망에 충실한 엄마는 한장을 가득 채웁니다. 현실의 엄마가 여행을 꿈꾸자 엄마의 일상은 울긋불긋 물들기 시작하고, 장면 크기도 조금씩 커집니다. 마침내 엄마와 미영씨는 그림책 양면을 활짝 열어 화려한 빛깔로 태어납니다. 무채색과 화려한 빛깔로 구분되던 엄마는 미영씨와 합체하니 무채색 현실에 고운 빛깔 꽃무늬가 들어옵니다. 무채색 엄마는 고운 빛깔 미영씨를 가끔 불러내 조곤조곤 이야기 나누겠지요. 늘 그렇듯 엄마는 자식들이 부르면 달려갈 채비를 하고 있겠지만, 좋고 싫고가 있는 '미영씨'일 때도 있습니다. 엄마의 낯선 모습에 박수쳐줄 준비되셨나요? 어른을 위한 그림책으로 자신의 숨은 모습을 발견하고 싶은 분들과 장성한 아들, 딸들에게 추천하고 싶고, 아이들과 앤서니 브라운의 '돼지책', '우리 엄마'와 함께 보며 '엄마' 또는 부모님에 대해 이야기하기의 좋은 책입니다. 6, 7세 어린이들에게는 무언가를 꿈꾸는 엄마를 그린 그림책으로 읽어줄 수 있겠습니다.[389]

6. 감정노동자의 고충: 우리 함께 해결해요

땅콩회항, 백화점 모녀사건, 아파트 경비원 이슈 등 최근 우리 사회를 뜨겁게 달군 사건들이 있는데요. 이 사건들의 공통 키워드는 바로 '감정노동'입니다. 우리 사회에서 감정노동, 감정노동자라는 표현이 어색하게 들리지 않을만큼 널리 쓰이고 있죠.[390]

1) 감정노동이란?

실제 자신이 느끼는 감정과 무관하게 직무를 해야하는 감정적 노동을 뜻합니다. 그리고 이런 감정노동을 하는 직업을 가진 사람을 감정노동자라고 부릅니다. 자신의 개인적인 감정과 상관없이 늘 미소로 손님을 응대해야 하는 판매직이나 서비스직에 종사하는 이들이 대표적이죠. 신체적인 노동 뿐 아니라 감정적으로 스트레스를 받는 직입이라고 생각하면 쉽습니다.

2) 감정노동자는 어떤 스트레스를 받을까요?

'감정노동을 생각하는 기업 및 소비문화조성 전국협의회'는 감정노동자의 근무환경과 소비자 인식개선을 위해 다양한 상담접수와 진행, 관련 토론회를 개최하는 등 많은 노력을 기울이고 있는 곳인데요. 이 단체에서 서비스업 종사자 1천명을 대상으로 감정노동자의 스트레스 TOP 5를 조사한 결과, 1위가 무시, 반말(60.2%)이 차지했습니다. 2위는 부당한 요

389) http://blog.aladin.co.kr/786920124/7409068(2015.4.4.)

390) 상식보따리 2015/02/09 08:50, http://blog.naver.com/heatadd/220264692383

구(20.4%), 3위는 질문에 무응답(7.7%), 4위는 독촉(7.2%), 5위는 타업체 직원과 비교(4.7%)라는 결과가 나왔습니다. 이러한 조사결과를 비추어 볼 때 감정노동자의 문제는 개인적인 고민을 넘어 사회적 인식이 필요할 때입니다. 그렇다면 감정노동자들은 어떤 실질적인 고충을 겪고 있을까요? 주변에서 쉽게 접할 수 있는 감정노동자 몇명에게 이야기를 들어 봤습니다.

안그런 사람들도 있지만 불만을 좀 거칠게 표현하는 사람이 종종 있어 힘들 때가 있어요. 반말을 하거나 소리를 지르는 분도 있고, 심지어 욕설을 섞어서 말씀하는 분도 있어요. 수화기 너머로 저를 비난하고 조롱하는 식의 말들이 들려오지만 저는 그냥 참아내야죠. 어떨 땐 너무 힘들어서 통화가 끝나자마자 울 때도 있어요.

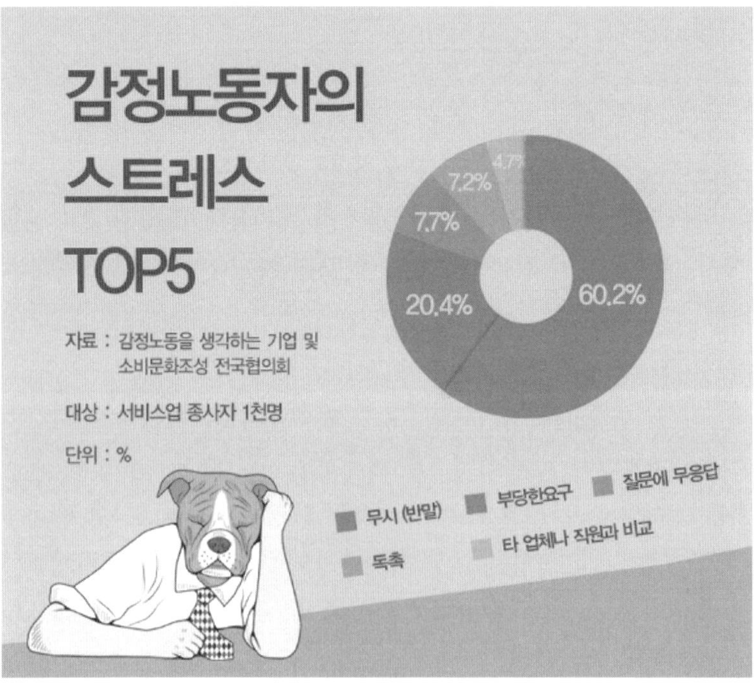

자료: http://blog.naver.com/PostView.nhn?blogId=heatadd&logNo=220264692383

(1) 의류 쇼핑몰 고객센터에서 근무하는 30대 여성 김 씨: 반말은 기본이고요. 카드나 돈을 던지듯 주는 사람도 많아요. 열심히 학비 벌고 용돈 벌기 위해 밤에도 알바를 하고 있는데 이런 손님을 만나면 괜히 서럽고 화도 나요. 일 자체가 힘들지는 않은데 이런 손님들 때문에 그만두고 싶다는 생각을 해요.

(2) 주유소에서 아르바이트하는 20대 남성 최 씨: 성적 수치심을 일으키는 농담을 하는 분이 종종 있어요. 처음엔 당황스러워서 몰래 울기도 했는데 이젠 참고 넘어가는 것이 일상이 된 것 같아요. 겉으론 웃고 있지만 점점 화가 쌓이는 것이 사실이에요.

3) 감정노동자의 고민에 귀를 기울이는 기업들

몸보다 마음이 더 힘든 감정노동자들의 고충을 덜어줄 수 있는 방법은 없을까요? 최근 감정노동자의 고충이 사회문제로 떠오르자 이들의 어려움을 조금이나마 해소하기 위해 특별한 아이디어를 내는 기업이 등장, 주목을 받았는데요. 바로 커피전문점 엔젤리너스에서 시행하고 있는 '따뜻한 말 한마디, 내 이름을 불러줘'라는 이벤트입니다. 매월 첫번째 수요일, 손님이 주문을 할 때 "안녕하세요. 맛있는 아메리카노 한잔 주세요."하고 주문을 하면 아메리카노를 50% 할인된 가격으로 즐길 수 있는 행사입니다. 여기에 "아메리카노 한잔 주세요"하고 말하면 20% 할인, "아메리카노 한잔"하고 말하면 할인이 적용되지 않는 방식이죠. 따뜻한 말 한마디로 주문을 받는 직원도 기분이 좋고, 할인을 받는 손님도 기분이 좋은 이벤트라고 할 수 있는데요. 고객에게 억지 친절을 강요하는 것이 아니냐는 의견도 있지만 실제 해당 카페 직원은 확실히 부드럽고 기분좋은 업무환경이 조성되는 것 같다며 긍정적인 의견이 나수라고 합니다.

이렇게 직원들의 감정노동으로 인한 문제를 미리 예방하고 기업 내에서 치료할 수 있도록 기업에서도 다양한 활동이 시작되고 있고 정부에서도 이런 활동을 하고 있다고 합니다. 기업과 정부의 활동도 중요하겠지만 이런 대우를 받는 감정노동자들이 바로 우리의 가족, 친구, 친척, 이웃들이라는 점, 여러분의 따뜻한 말 한마디와 미소 한번이 희망을 줄 수 있다는 점 기억해 주세요.[391][392]

7. 공무원도 감정노동자: 세금먹는 하마

하위직 말단 공무원을 정규직으로 뽑을 필요가 있나요? 네덜란드처럼 하위 말단들은 걍 비정규직화 해도 되고, 그게 안되면 잡쉐어링으로 아랫쪽은 일자리 쪼개서, 혜택을 나눠가지는 게 사회불평등을 줄이는 길이라고 보네요. 솔직히 애시당초, 인생 편하자고 들어간 거잖아요.

심지어 고딩까지 9급에 목숨거는데, 공무원이 편해 보이니까요 여전히 땡보니까요. 배가 불러도 한참 부른 얘기네요. 캐나다 이민 잘가세요.

그렇게 정신적으로 힘들고 박봉이라고 해도 대기업마다하고 다 시험봐서 공무원하겠다고 난리더라. 머리복잡한 거 싫어하고 단순업무가 좋은 공무원이 뭔가 더 좋으니까, 사법고시생과 박사급 인재들이 공무원하겠다고 난리지.

뭔 얘기만 나오면 박봉박봉하는데 돈 적어서 일하기 싫으면 하지 말어! 그 어린애를 무참히 때린 보육교사도 돈이 적어 그랬다고 하더구만! 연봉 1억원이면 충분하다고 할까? 웃기는 소리! 2억원 받는 놈이랑 비교하겠지. 개소리까지 말고 하기 싫으면 말어. 연봉 3000만원 이하로 살아가는 근로자도 애 둘 낳고 살아도 대기업 부러워하지 않습니다. 그리고 솔직히 공무연연금개혁해야 하지 않나요? 월급은 대기업보다 작은데 연금은 많다. 아이러니 아닌가요.

---

391) 먼댓글 주소 : http://blog.aladin.co.kr/trackback/786920124/7409068 먼댓글 바로쓰기
392) http://blog.aladin.co.kr/786920124/7409068(2015.4.4.)

자료: http://blog.naver.com/PostView.nhn?blogId=zionsolchan2&logNo=220286035282

그리고 당신들의 기여금만으로 정당히 받는 연금이 아니고 국민에 세금까지 포함해서 받는 연금, 어느 대기업도 국민에 세금까지 걷어 노후자금 마련해주지 않습니다. 정말 배때기 부른 소리 하고 있네. 하기 싫으면 관둬요. 평생 갑질하면서 웬만한 중견기업 보수에 맞먹는 봉급으로, 하는 일도 없이 정년보장에, 심지어 세무공무원은 세무시시험도 안 보고 자격증도 갖는 경우도 많아요. 구청, 세무서, 법원, 주민센터의 직원들이 대충대충 상담하고 싸가지없게 전화받을 때 이미 공무원에 대한 인식은 이미 바닥으로 추락했다. 내가 낸 세금이 정말 아깝다는 생각이 들지. 상담 후에 자기 이름 안 알려주는 교육청 공무원이랑도 통화해봤다. 393)

393) http://blog.naver.com/PostView.nhn?blogId=zionsolchan2&logNo=220286035282(2015.4.4.)

8. 감정노동자의 구분방법

설연휴를 보내며 느낀 점을 생각하며 살자.[394] 졸업식이다 뭐다해서 정신없이 꽃다발도 만들고 화분도 만들어 판매하고 하다보니 정말 알차게 2월 상반기를 보낸 것 같아요. 연휴전날 좀 조용해진 틈을 타 평소가 봐야지했던 곳 방문하고 느끼고 내가 하는 일을 위해 여유를 조금 내봤네요. 열심히 일하고 설에 쉬어야지 그렇게 마음먹었는데 설연휴가 되니 그래도 음식장만해야 되고 인사드릴 분 인사 챙겨야하고, 그냥 너부러져 난 무인도에 있으며 쉬고픈데 그럴 수 없는 현실. 그냥 좀 쉴 땐 전화도 오지 않았으면 하고 바라는데, 급한 것도 아닌데 상담은 들어오고 에휴, 속으로 짜증내면서 전화기에 화풀이, 쉬고플 때 못쉬고, 반갑게 전화상담을 하여야 하는 난 감정노동자인가봐요. 그리고 며칠이 지나니 전화가 넘 조용하니 은근 걱정되는 마음. 설연휴에 쉬어서 못한 매출 복구해야 하는데, 이건 또 뭐지? 쉼도 편히 못하고 불안감에 시달리는 난 감정노동자이다.

인터넷을 보니 명절에 상대적 박탈감에 시달리다보니 안좋은 선택을 한사람들도 생각보다 많고 일응 이해도 가고, 방관세대, 그런 말이 나오던데, 참 어디서 말은 참 잘 만들어내. 그들을 보니 그래도 29살에 샵을 차려 이제까지 굴려온 내가 어쩜 잘살고 있는 것 같기도 하고, 백만원도 안되는 돈 참 그렇게 벌어서 어찌살까 걱정도 되고, 나이가 드니 차도 굴려야 되고 여기저기 참석하려면 품위유지비도 필요하고, 가족들이 더 생기니 이리저리 경조사비용도 많이 늘어나던데. 당장 오늘만 살 것 같으면 괜찮지만 세이브해둔게 없으면 불안하던데, 20살때부터 통장관리 생활비관리하며 살아온 나는 참 그들의 생활방식도 여유로운 부모 때문에 유지되는 게 아닐까 생각이 드네요. 이런저런 걱정에 일하는 꿈을 꾸며 설연휴를 보내고 출근한 나는 오늘도 전화에 카톡에 시달리며 2월

394) 오늘나는 2015/02/23 12:45, http://blog.naver.com/jkjsomang/220280598166

매출 올리기에 심혈을 기울이고 있습니다. 경제는 점점 더 어려워진다는데, 감정노동자의 최대 적은 불안한 마음 부정적인 마음인 것 같아요. 마음아 마음아 넌 아직 젊다. 부정적인 마음은 멀리 날려버리자.[395)]

9. 대한민국에서 감정노동자로 살아남는 법

대한민국에서 감정노동자로 살아남는 법[396)] 감정노동자란 말을 요즘 많이 듣게 된다. 근데 굳이 감정노동자가 아닌 사람이 있을 수 있나? 혼자 산속에 가서 사는 사람 아니고서야.[397)]

사람들과 같이 일하는 것 자체, 아니 태어나서 가족에 속하는 것 자체가 감정을 써야 하는 일이다. 피해의식이 더 자주 느끼는 사람에게 도움이 많이 되는 책이었다. 그들은 왜 작은 일에 분개하는가. 생각해 보면 큰일을 두고두고 곱씹거나 기록하고 되새기기보다 작은 말 한마디, 그 상황, 그 눈빛, 그 태도를 기억하는 경우가 많다. 그런데 참, 저자의 답이 나는 왜 작은 일에 분개하는가에 대한 답이 옹졸하고 비겁하기 때문이란다. 환경을 통찰하지 못하고 만만해보이는 사람에게 큰 소리를 내는 것이란다. 글쎄, 옹졸하고 비겁하지 않는 사람이 있을까? 우린 절대평가가 중요한 것이 아니라 상대평가라는 관점에서 보면 개인의 순간순간 감정과 가치는 존중받아야 하는데 화내고 욱하고, 기분 나쁜 이유가 크게 보지 못해서, 멀리 떨어져보지 못해서라니. 그게 맞을 수도 있지만 옹졸과 비겁이란 부정적인 단어는 어감이 좀 그렇다. 이 책에서 가장 핵심가치는 타인에게 드물게 일어나는 일이 내게 자주 생긴다면 내 자신을 돌아봐야 한다는 것, 내 마음의 그 부분이 약점이어서 그렇다는 것, 나는 재수가 없고 운이 나쁜 게 아니다.

---

395) http://blog.naver.com/PostView.nhn?blogId=jkjsomang&logNo=220280598166

396) 게시판 2014/11/17 01:58, http://blog.naver.com/snowman50/220183292471

397) 작가 김계순, 박순주 출판 새로운제안 발매 2013.10.15.
http://blog.naver.com/PostView.nhn?blogId=snowman50&logNo=220183292471

자료: http://blog.naver.com/PostView.nhn?blogId=snowman50&logNo=220183292471

내가 그 부분을 잘못하기 때문에 계속 그 부분에서 문제가 되는 것이다. 깨진 쪽박이 물이 새듯 말이다. 곰곰히 많이 생각해보게 됐다. 난 사람관계를 잘못하므로 항상 사람들 틈에 있는 게 어렵다. 사람들 틈에 있는 게 너무 쉽고 편한 사람도 있겠지만 말이다.

난 지금 내 자신에게 잘맞는 옷을 입고 있는가? 그냥 어찌저찌 일하게 된 첫 직장이 내 옷이라고 착각하고 사는 거 아닐까? 요즘 많은 생각이 든다. 뭐, 솔직히 항상 쓸데없는 잡생각이 많았다. 생각없이 사는 사람이 있겠냐만은 이렇게 따지다 보면 할말이 전혀 없다. 말장난같다. 아무튼 누군가 나를 무시하는 것 같다고 해서, 함부로 대해도 내 존엄성은 훼손되지 않는다. 애시 당초 상대는 내게 관심조차 없었는데, 내가 과대망상 확대해석하는 것일 수도 있다. 얼마나 웃긴가. 그런 정황이 어디서든 강조하는 진심어린 소통, 참 어렵다. 말은 겨우 7%만 표현하고 눈빛, 억양, 태도 등이 의사소통에 영향을 미친다는데. 그놈의 의사소통 진짜 어렵다. 평생을 살아도 아마 어려울듯하다. 단순하게 생각하자. 상대의 마음을 알려고 노력하는 것, 사실 자신이 자기 마음조차 모르는데, 하나도 둘도 아닌 여럿의 마음을 관심사를 알고 소통하는 것 얼마나 어렵겠냐.

감정노동자는 일희일비하지 말고 아무튼 누군가 나를 무시하는 것 같다고 해서 함부로 대해도 내 존엄성은 훼손되지 않는다. 기억하자. 사실

상대는 내게 관심조차 없었을지도 모른다. 무관심한 사람에게 웃자고 한 말에 죽자고 덤벼들 필요는 없다. 내 시간에 내 부정적 감정을 사용하는 것 자체가 아까울 뿐이다라고 대응하고 살 필요도 있다. 그것은 또 하나의 삶의 방식이다.[398)][399)]

10. "손님은 왕" 잘못된 인식에 아픈 감정노동자들

[앵커]

젊은 여성이 어머니뻘 되는 마트 직원에게 막말과 욕설을 하는 영상, YTN이 보도해드렸는데요. 앞서 백화점 고객이 점원의 따귀를 때린 사건이 일어나는 등 서비스업 종사자들에 대한 막말과 폭행논란이 끊이지 않고 있습니다. 그 원인과 대책을 김승환 기자가 짚어봤습니다.[400)]

[기자]

욕설과 막말을 하고 직원을 폭행하기까지 하는 손님들, 이런 고객을 만나는 건 서비스업 종사자들에게 드문 일이 아닙니다. 한 조사 결과를 보면 고객에게 인격을 무시당하고 폭언을 들은 적이 있다는 서비스업 종사자가 10명 중 8명에 달합니다. 이런 일이 빈번한 건 돈만 내면 '손님은 왕'이라는 인식 때문이라는 지적입니다.

[인터뷰: 정혜선, 가톨릭대 보건대학원 교수]

"판매하는 분들의 인격까지도 구입할 수 있다고 생각해 폭행이라든지 폭력이라든지 이런 것들이 심하게 나타나고 있었던 것 같습니다." 이런 인식은 서비스업 종사자들이 피해를 입고도 제대로 항의조차 못하게 하는 걸림돌이 됩니다. 자신의 감정보다 자칫 고객과 마찰을 빚었다가 직장에서 불이익을 받지 않을까하는 걱정이 앞서는 겁니다.

---

398) 문학・책, 대한민국에서 감정노동자로 살아남는 법

399) http://blog.naver.com/PostView.nhn?blogId=snowman50&logNo=220183292471(2015.4.4.)

400) YTN|입력2015.03.21 06:43

[인터뷰: 슈퍼마켓 점장]

"(문제가 있어도) 사과하고 좋게 끝내는 편이에요. 웃으면서 돌아가야 고객들이 다음에 또 오고 그러니까." 이런 피해를 줄이기 위해 하루빨리 고용주가 고객들의 폭언과 폭행으로부터 직원들을 의무적으로 보호하게 해야한다는 지적이 나오고 있습니다. 횡포를 부리는 고객에게는 단호하게 대처하게 하는 등 체계적인 대응 매뉴얼을 만들 필요도 있습니다.

[인터뷰: 이성종, 서비스연맹 정책실장]

"감정노동자를 우선 그 자리에서 피할 수 있도록 하는 게 시급하고 고객들을 방치할 수 없기 때문에 고객들의 (고충을) 처리할 수 있는 전담자가 나서는 것이 필요합니다." 물론 고객들이 서비스업 종사자들을 존중하는 태도를 가져야 하는 건 기본입니다. '손님은 언제나 왕'이라는 인식속에 감정노동자들에 대한 횡포를 우리 사회가 당연하게 받아들여온 것은 아닌지 다시 한번 돌아봐야 할 때입니다.[401][402]

11. 감정노동자의 상처: 그들은 오늘도 운다

지방시대, 전국에서는 지금 어떤 뉴스가 화제가 되고 있을까요? 우리 고향소식을 지역신문으로 알아보는 코너 '클릭! 전국은 지금' 시간입니다.[403] 전북일보 소식입니다. 콜센터 상담원, 민원담당 공무원같은 서비스업 종사자들부터 백화점 점원들까지 감정노동자라고 부르는데요.

폭언을 들어도 감정을 통제할 수 밖에 없어 스트레스가 크다고 합니다. 한 조사에 따르면 80%가 넘는 감정노동자가 욕설과 폭언에 시달린 적이 있다고 답했는데요. 실제로 전주의 한 백화점 상담관계자는 고객의 폭언이나 욕설로 마음의 상처를 호소하는 상담신청이 한 달에 4~5건 정

401) YTN 김승환[ksh@ytn.co.kr]입니다. YTN & YTN PLUS.

402) http://media.daum.net/society/others/newsview?newsid=20150321064307448(2015.4.5.)

403) 클릭! 전국은 지금 감정노동자 상처입은 그들 오늘도 운다 外, 2014-06-23 업로드 · 53 시청

도 들어온다고 밝혔습니다. 이런 직원은 심한 우울증을 앓거나 퇴사를 고민하기도 한다는데요. 감정을 숨기고 일할수록 우울감과 자살충동을 느끼는 비율이 높아진다고 합니다. 감정노동자도 직장에서 일을 하는 하나의 노동자일 뿐입니다. 결국 자신도 같은 입장에 놓일 수 밖에 없는 노동자라는 것을 인식한다면 상대방을 상처입히는 일이 줄어들텐데요. 역지사지라는 금언을 다시 한번 생각해봐야 할 때로 보입니다.[404)405)]

12. 감정노동자 '을' 에게 친절하기 운동

1) 친절운동의 유래

"친절하기 운동에 힘을 모아주면 감정노동자들에게 큰 위로와 격려가 될 것이며, 결국은 더욱 활기찬 친절·서비스로 확대 재생산될 것이다"[406)] 우리나라에 친절·서비스운동이 시작된 것은 88서울올림픽이 유치된 1981년부터다. 기업은 마케딩의 목적으로, 사회단체는 문화시민운동의 일환으로 친절·서비스 교육을 대대적으로 전개했다. 그리고 1990년대 초에 고객만족(CS)제도가 도입되면서 그에 대한 관심과 바람이 태풍처럼 몰아쳤다. 그 때문에 30여년이 지난 오늘에 있어서 우리나라 친절·서비스 수준은 이미 세계적으로 인정받고 있으며 이제는 과잉친절의 문제가 대두될 정도다. 미국의 CNN이 '한국이 세계에서 가장 잘하는 10가지'를 선정하면서 항공기 승무원들의 친절한 기내 서비스를 꼽았다. 그처럼 친절·서비스가 강화된 이면에는 부작용이 적지 않다.

땅콩회항사건으로 온 나라를 떠들썩하게 하고 국제적으로도 망신을 당한 대한항공 조현아 전 부사장의 슈퍼 '갑'질의 형태가 이번에 밖으로

---

404) 연합뉴스

405) http://channel.pandora.tv/channel/video.ptv?c1=06&ch_userid=yunhap&prgid=50725370&ref=da(2015.4.5.)

406) 2015년2월24일) 감정노동자 '을'에게 친절하기 운동을 펼치자. (집행부) | 조회 122 | 추천 0 | 2015.02.24. 08:46, 충청신문 | dailycc@dailycc.net

드러났지만, 그동안도 항공기 승무원을 비롯한 서비스 종사자들의 친절의 뒷면에는 인격적으로 모멸감을 느끼며, 힘들어도 슬퍼도 웃어야만 했던 수많은 '을'들의 아픔이 있었다. 성희롱 등 심각한 언어폭력을 휘두르는 상사나 고객들에게 법적 조치를 한다지만 실제 그런 수준까지 간 사례가 드물며, 오히려 직원의 인권보다는 고객의 눈치부터 따지는 현실이다.

2) '을'인 감정노동자들이 받는 스트레스는 언어에서 시작

75초마다 습관적 욕설을 한다는 청소년들의 심각한 욕설, 정치권에서 터져 나오는 막말, 지하철 시내버스 등에서 노인과 약자에게 내뱉는 무례한 말, 영화 드라마 대중문화속에서 튀어나오는 비속어, 사이버공간에서의 천박한 댓글문화가 그대로 생활속에서 약자인 '을'에게 대수롭지 않게 던져진다. "미친×이 말귀 존× 못 알아먹네" "이딴 걸 팔아먹어" "밥 처먹고 하는 일이 이래" "×× 똑바로 하란 말이야!" 등 감정노동자에 대한 예의없는 악성고객 때문에 고객을 응대하는 감정노동자들은 극심한 스트레스에 우울증, 환청 등의 정신질환을 앓으며 심지어 자살의 위험에 노출된 사례도 있다. 지난해 보건복지부가 발표한 내용에도 막말에 상처받는 경우 실제로 상처가 증상으로 나타나는 '화병' 환자들 중 46.4%가 소화기계통 질환, 33.3%가 근골격계 질환을 동반한다는 것이다.

직장인이라면 누구나 직・간접적으로 감정노동자가 될 수 있다는 측면에서 이는 매우 심각한 문제다. 우리 사회가 그동안 감정노동자들에게 '절대친절'을 강조해왔기에 이제는 '결자해지'의 관점에서 고객인 '갑'은 물론 기업, 시민사회단체, 언론도 이제는 감정노동자에게 친절하기 운동에 적극 나서야 하는 일은 당연한 일이다.

고객도 자신의 권리와 지위를 누리는 것 못지않게 친절・서비스업에 종사하는 분들을 인격적으로 대해주고 함께 친절해야 한다. 이는 감정노동자인 '을'들의 처지를 고려하는 것 뿐만 아니라, 그것이 곧 우리나라의 친절・서비스를 한 단계 업그레이드하고 선진화하는 첩경이라고 확신하기 때문이다. 자신이 쓰는 언어가 곧 자신이 어떤 사람인지를 보여준다는 사실을 인식하면 그만큼 어휘도 적절히 제어하면서 쓸 수 있게 된다. 이를 위해 가정과 학교에서 사회적으로 어떤 언어가 용인되고 어떤 언어가 그렇지 않은지 구분하는 사회화 과정이 이뤄져야 하며, 지금부터라도 우리 사회의 품격을 높이기 위한 고운말 쓰기, 욕설 안하는 학교 선정, 아름다운 말쓰기를 어릴 때부터 사용하는 문화가 필요하다. 욕설, 막말 등 비정상을 정상화하고, 기초질서와 생활예절을 지키는 작은 실천이 국민대통합을 이루는 첫 단추임을 인식하고 지금부터 '갑'의 위치에 있는 사람은 물론 고객도 함께 "고맙습니다" "미안합니다" "수고많습니다" 등의 친절하기 운동에 힘을 모아주면 감정노동자들에게 큰 위로와 격려가 될 것이며, 결국은 더욱 활기찬 친절·서비스로 확대재생산될 것이다.[407)][408)]

13. 감정노동자 스트레스로 마음을 다치는 직업

감정노동자란 불쾌한 감정을 억누르거나 미소를 짓거나 친절하게 설명하고 불쾌한 언행, 행동에도 항상 친절하게 대하는 감정노동을 하는 사람을 이야기하며 1983년에 처음 언급된 개념으로 자신의 감정, 상태까지 조정해가면서 서비스를 제공해야하는 노동자를 이야기합니다.[409)]

많은 감정노동자분들이 극심한 우울증을 호소했으며 장기근속한 분들 중 많은 분들이 우울증 등의 증상을 보이기도 했으며, 이들 중 많은 분들이 전문적인 상담을 받아야 할 필요가 있다고 합니다. 특히 대다수의 분들이 폭언과 욕설을 들은 경험이 있다고 해서, 감정노동자와 이외의

407) 김영기 사랑의 열매 대전시나눔봉사단 총단장

408) http://cafe.daum.net/tj560561/E4JI/382?q=%B0%A8%C1%A4%B3%EB%B5%BF%C0%DA&re=1(215.4.5)

409) 건강/정보, 용인 | 조회 38 |추천 1 | 2014.12.16. 00:54, 감정노동자 스트레스로 마음을 다치는 직업

사람들도 놀라게 만들었던 통계결과가 있었으며 40%의 경우에는 성희롱이나 불쾌한 신체접촉의 경험이 있었다고 이야기하기도 했습니다.

자료: http://cafe.daum.net/allsingles/J06j/1443?q=%B0%A8%C1%A4%B3%EB%B5%BF%C0%DA&re=1(2015.4.5.)

특히 요즘에는 "미스터리 쇼퍼"라는 서비스 직종의 인물의 파견모니터요원들의 행동으로 인해서 극심한 스트레스를 받는 경우도 있으며, 이 미스터리 쇼퍼의 경우에는 정말 말도 안되는 행동, 극심한 불쾌감을 주는 행동을 하게 교육되어 있는 사람들로 인해서 회사내에서도 스트레스를 받게 되는 경우도 있다고 합니다. 감정노동자들이 일을 하면서 일상적으로 입는 마음의 상처들은 이제 스트레스를 넘어서 병이라고 불리울 정도로 힘들다고 합니다. 이들이 겪는 심리적인 스트레스의 반복은 생각보다 심각하다고 합니다.[410]

410) http://cafe.daum.net/allsingles/J06j/1443?q=%B0%A8%C1%A4%B3%EB%B5%BF%C0%DA&re=1(2015.4.5.)

■ 노 순 규(魯淳圭) 경영학박사

<약 력>

고려대(석사) 및 동국대(박사)
서울대학교 행정대학원 박사과정 수료
배성여상・상서여상 등 6년간 교원역임
새마을본부 연수원 5년간 교수역임
한국기업경영연구원 원장(27년간 재임중)
한서대학교경영대학원 강사역임
대한상공회의소, 한국경총, 한국생산성본부
한국능률협회, 한국표준협회, 현대중공업
현대자동차, 한국전력, 롯데제과, LG산전 강사
건설기술교육원, 건설산업교육원,
영남건설기술교육원, 건설경영연수원
전문건설공제조합 기술교육원
건설기술호남교육원 외래교수
경기중소기업청 공무원 경영혁신 강사
한국기술교육대학교 노동행정연수원 강사
경기도교육청(갈등관리와 교원의 역할) 강사
대구시교육연수원(리더십과 갈등관리) 강사
충남교육연수원(공무원노조의 이해) 강사
서울시교육연수원(교육관련 노동법) 강사
경남공무원교육원(단체교섭 및 단체협약 체결사례) 강사
속초시청(공무원 노사관계) 강사
부산시교육연수원(교원노조와 노사관계) 강사
울산시교육연수원(교원노조의 이해) 강사
전남교육연수원(갈등관리의 이해와 협상기법) 강사
제주도탐라교육원(갈등 및 조직활성화 전략) 강사
경북교육청(학교의 갈등사례와 해결방법) 강사
제주도공무원교육원(조직갈등의 원인과 유형) 강사
경북교육연수원(인간관계와 갈등해결) 강사
전북공무원교육원(공무원노조법) 강사
충남공무원교육원(사회양극화 해결방안) 강사
대구시공무원교육원(복지행정) 강사
부산시공무원교육원(조직갈등의 해결방안) 강사
광주시공무원교육원(투자활성화의 기업유치 전략) 강사
대전시공무원연수원(갈등의 원인과 해결) 강사
충북단재교육연수원(교원단체의 이해) 강사
경남교육청(학생생활지도와 인권교육) 강사
강원도교육청(직장인의 스트레스와 자기계발) 강사
전북교육연수원(커뮤니케이션의 기법) 강사
경북교육청(학교경영평가의 배경과 대응전략) 강사
경북교육연수원(청소년의 심리와 정서 이해) 강사
충남공무원교육원(소통에 대한 이해) 강사
대구시교육연수원(학생교원 인권교육) 강사
새마을운동중앙회(협력적 노사관계와 커뮤니케이션) 강사
전북인재개발원(문제해결과 자아성찰) 강사
충북단재교육연수원(교사의 자기관리) 강사
경북, 인천시, 광주시, 강원도 교육연수원 강사
한국방송대(전략적 인적자원 개발론) 강사
현대파워텍(노사관계와 노사협의회) 강사
건설기술호남교육원(건설업의 리스크관리) 강사
충북자치연수원(인간관계 개선과 커뮤니케이션) 강사
한국교원대학교 교장자격연수과정반(인성교육의 이해와 방법) 강사
한화테크엠 현장리더(현상의 리더십과 품질경영) 강사
현대엔지니어링(해외건설 노무관리) 강사
경북교육연수원(행복한 재무설계와 노후설계) 강사
숭의여대(인생목표와 장래비전) 강사
성남도시개발공사(공사비 원가계산의 실무) 강사
한국상사교육협회 회장
한국자살예방연구회 회장

강의문의 : 010-3760-8160, (02)737-8160
E-mail : we011@hanmail.net

<주요 저서>

- 건설업의 회계실무와 세무관계
- 건설업의 원가계산과 원가절감
- 한미・한EU FTA와 경제전략
- 건설업의 VE(가치공학)와 품질경영
- 토지투자와 부동산경매
- 협력적 노사관계의 이론과 실천기법
- 종업원의 동기부여와 실천방법
- CM(건설경영)과 시공참여폐지의 노무관리
- 산재・고용・연금・건강의 사회보험 통합실무
- 교원노조(전교조)와 노사관계
- 학교운영의 리더십과 갈등관리
- 프로젝트 파이낸싱(PF)과 건설금융
- 한・EU FTA와 경제전략
- 공무원의 갈등관리와 리더십 및 BSC
- 교수와 대학의 개혁
- 노동조합의 개혁과 역할
- 조직갈등의 원인과 해결방법
- 학생지도방법과 인권보호
- 지역갈등・주민갈등・사회갈등
- 칭찬의 감동효과와 조직관리
- 건설공사관리와 건축행정
- 사회양극화 해결과 복지행정
- 미래사회의 변화와 성공방법
- 학교와 교원의 개혁방법
- 사업계획과 사업타당성 분석
- 커뮤니케이션 기법(skill)과 효과
- 리스크관리(Risk Management)
- 공정한 사회의 실천방법
- 지방자치단체의 기업유치 전략
- 학생체벌의 사례와 금지효과
- 건설업의 원가관리(Cost Management)
- M&A(인수.합병)의 사례와 방법
- 학교장의 역할과 혁신의 리더십
- 기업가치평가의 방법과 실무
- 직장인의 스트레스와 자기계발
- 창의력 개발과 인성교육
- 청렴교육・국민권익・옴부즈만
- 복수노조・타임오프・제3노총
- 친절교육・고객만족・고객감동
- 학교폭력의 원인과 해결방법
- 퇴직후의 인생설계 재무설계
- 진보교육감과 전교조 분석
- 가정폭력의 원인과 해결방법
- 성폭력 성추행 성희롱의 해결
- 1인 창조기업의 창업경영
- 윤리경영과 기업윤리(사회적기업)
- 청소년 문화이해와 상담보호
- 소통의 교육 행정 경영 효과
- 주폭(酒暴)과 음주문화의 개선
- 담배(흡연)의 폐해와 금연방법
- 미인되는 방법과 미인의 효과
- 입학사정관제 분석과 합격전략
- 아동 성폭력의 해결과 예방
- 문제해결 자아성찰 목표관리
- 한류열풍(K-POP)과 강남스타일
- 싸이(PSY)의 강남스타일 성공과 한류
- 건설업의 원가계산과 공사비
- 삼성전자의 조직과 전략
- 현대자동차의 품질과 경영
- 자기주도학습법과 입시전략
- 대우건설의 성장과 세계경영
- SK텔레콤의 서비스와 마케팅
- 정년 60세 연장법과 경영방법
- 혁신학교의 사례와 성공방법
- 진로교육의 사례와 지도방법
- 창조경제와 창조경영
- 인성교육의 사례와 방법
- 한국사 ① 선사시대와 고조선
- 한국사 ② 고구려 백제 신라
- 한국사 ③ 통일신라의 발해
- 한국사 ④ 고려
- 한국사 ⑤ 조선
- 한국사 ⑥ 일제식민지와 해방
- 한국사 ⑦ 이승만 대통령과 6.25
- 한국사 ⑧ 박정희 대통령
- 한국사 ⑨ 전두환 노태우 대통령
- 한국사 ⑩ 김영삼 김대중 대통령
- 한국사 ⑪ 노무현 이명박 대통령
- 건설업의 타당성분석과 사업계획서
- 건설업의 노사관계와 노무관리
- 경영전략과 인재관리
- 부동산투자와 개발실무
- 21세기 리더십과 노무관리
- 신입사원의 건전한 직업관
- 공무원노조와 노사관계
- 교원평가제와 학교개혁
- 교사의 올바른 역할과 개혁
- 비정규직의 고용문제와 해법
- 학교의 갈등사례와 해결방법
- 녹색성장과 친환경 경영
- 리더의 자기관리와 성공법칙
- 사교육 없애기 공교육 정상화
- 학교장 경영평가와 CEO 리더십
- 건설업의 클레임과 민원해결
- 정부 3.0과 행정혁신
- 자살원인과 자살예방
- 학교의 안전관리와 안전지도
- 노인의 고독・빈곤・질병・성
- 갑을관계와 감정노동의 해결 외 163권 저서

갑을관계와 감정노동의 해결 정가 30,000원

2015년 6월 1일 초판인쇄
2015년 6월 10일 초판발행

저 자 노 순 규
발행인 노 순 규
발행처 한국기업경영연구원
서울특별시 양천구 목동 505-11 목동빌딩 1층
등 록 제2006-47호
전 화 (02) 737-8160, HP : 010-3760-8160

값 30,000원
03330
9 788993 451849
ISBN 978-89-93451-84-9